许维格 著

許瑤光

诗文注评集

上海書店出版社
SHANGHAI BOOKSTORE PUBLISHING HOUSE

嘉興許公雪門

许瑶光画像

彭雪琴宮保鑒定

雪門詩艸

同治十有三年鐫

雪門詩草 總序

《雪门诗草》十四卷

青溪碧嶂鎖煙蘿曲徑斜通小石多蕪穢顆垂紅梨綴綠

一鞭殘照出東阿○

車中曉懷

駿馬為誰忙西風踏早霜天連沙路白霧迷柳條黃鄉

思長河隔秋心曉日涼高堂應記念遊子薄衣裳○

夜泊淮浦

白雲橫天空秋露下如雨絛絛涼風生篋湖蘆花舞推

逢見漁燈罩酒聽戍鼓明月近揚州欲與問今古○

高郵道中

雪門詩草〈卷二〉悠游集

游金山寺

金山秋高照海天我來剛值重陽前江平風靜片帆喜

草連螢楚易斜暉一江紅葉雁初下兩岸蘆花蘚正肥

莫道來游春去久繞陂煙雨尚霏霏○

黃河回望白雲飛篋社湖清秋浪微樹隱露祠迷過客

紅樹招人登塔巔浮雲不障遊子目天清水碧渾無邊

南徐北固尺尺耳東焦料與蓬瀛連乘風破浪世誰有

往來但見番賈船憶昔英夷犯邊順茲山盤踞然烽煙

櫻觀碑亭屹無恙豈有阿護勞金仙山僧引余指階下

七

祇一鐵鑱言夷遠雲壽萬里載竟去夷情詭難追綠

颯颯西風吹綠髻使我長懷韓蘄賢古事今情查無極

登高望遠遷延況復秋濤勢正殺不愁波浪迷歸年

時清境勝殊腰腳健衣襆且欲中冷泉安能對此誓江水

欲歸不得愁無用○

閶門紀事

金閶簫管喚雲開小泊紅妝結束來細雨重陽秋夜永

勸人酣飲菊花杯○

到杭州

雪門詩草〈卷二〉悠游集

黃花驛路過重陽橋鎖清波故長水陸三千京國遠

秋風綑雨到錢塘○

錢塘雜感

聳蘇何事海邊遊薄宦心情易感秋懶把香襟賒酒債

更無銀笏壓潮頭衣冠南渡浮雲在歌舞西湖夜月休

滿地荷花是誰主不妨暫買小杭州

日近黃妃塔易斜吟開醉倚殘霞無多金碧迷春雨

絕好湖山待翠華孤與梅枝寒守鶴六橋楊柳晚藏鴉

行人指點西泠側蘇小當年駐玉車

八

《雪门诗草》十四卷内页书影

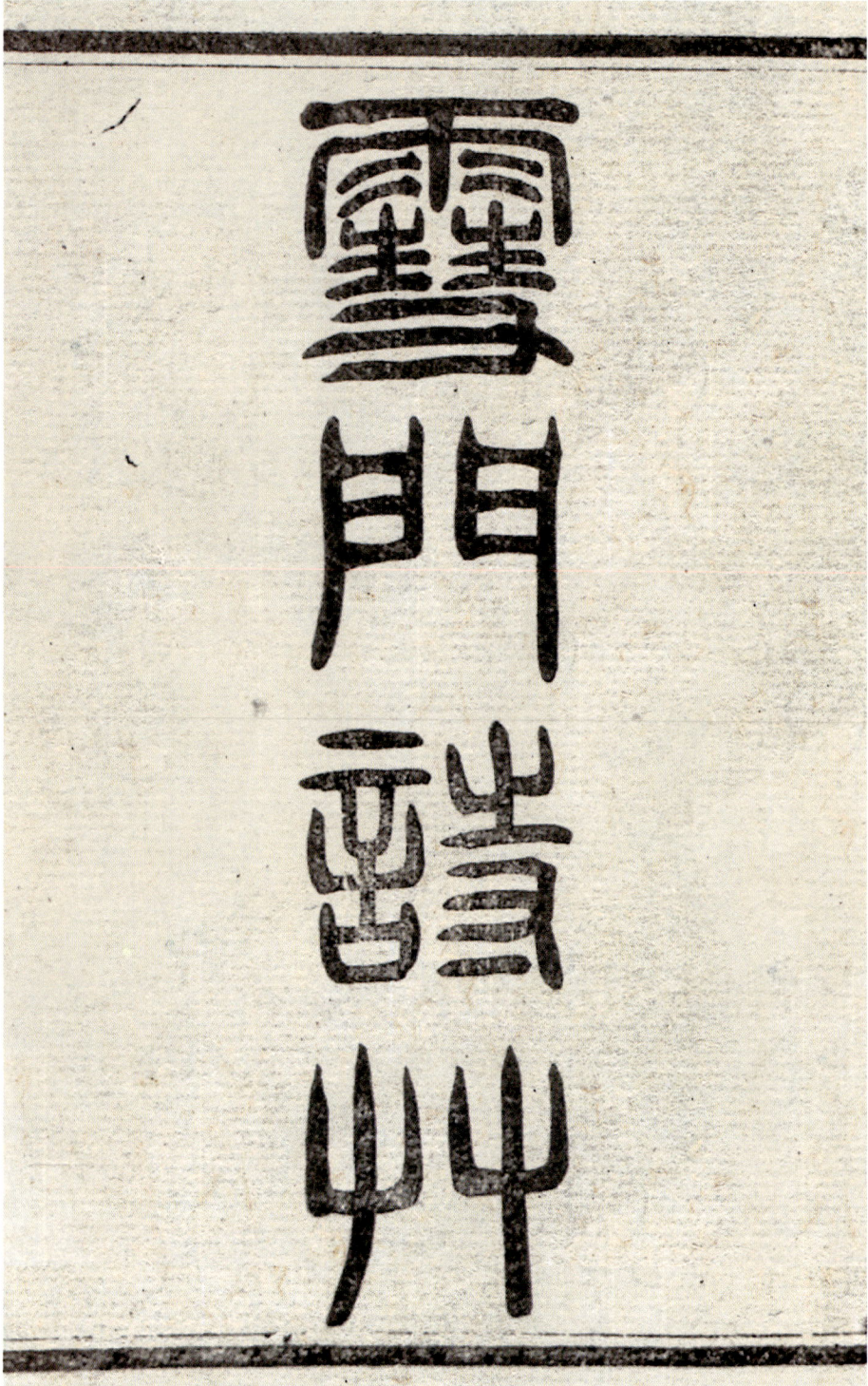

《雪门诗草》十六卷

解皋溫風有去時而余此去較人遲前經十載古無
有昨又七年纔一離嬬孀但聞遮道歎紳耆卻作拜
棠詩龍潭新築亭相餞秋色依依上柳枝
态任榮於到任時送何來速別何遲相從長水慘無
語已到西湖不忍離鄉絪鄉黎沈大獄荒田海國譜
新詩相期秦駐山頭月重與圖圖話桂枝

書事

自漢回樺蔓甘涼陸沈隔斷新疆勢如甌脫俄國
乘而踞之十有餘年及關隴蕭清我兵出塞迭次

可蕭條其奈眾芳何

歲暮書感

禿尾羣鴉刺碧天九苞采鳳落荒田升沈無準浮雲
過毀譽何干皓月懸且看寒梅姚晚臘夐栽叢桂待
來年勞佗檥李諸耆舊時寄瓊琚慰問篇

求仙

已收松子滿囊青莫夔按根劚茯苓服食縱然仙可
得雲山地脈恐彫零

七月廿五卸嘉守事留別耆舊

《雪门诗草》十六卷内页书影

5

談浙

光緒十
四年戊
子春正
月校梓

《谈浙》四卷

談浙自序

古書以談名者唐有桂苑叢談戎幕閒談宋見
於藝文志者十有八種而鐵圍山叢談夢溪筆
談為最著明史經籍志有深雪偶談席山輔談
廣撥兼聽也有諷議矣夫粵匪之擾躪十六省
說茇撥街談巷議以成編類多因人而樔綴若
國朝談往談錄談龍錄則止談一事矣夫稗官小
二書凡其所談皆不專指一事也

渝陷六百餘城河山錦繡也而草莽叢之城郭
樓臺金碧也而瓦礫狐兔紛迷之傭奴牧豎皆
鋤耰課稅之赤子也而青燐螢火變化之幸賴
中興日月重麗雲霄篤生佐命諸賢整飭乾坤
白簡以繩驕悍飛檄以走雄師露布以馳捷報
襄海告平億兆歡怵異日修中興
聖武之紀必有著作鴻儒綜天下之大勢考數
十年前後之得失秉筆成書藏之名山登之天
府以昭示於億萬年者若瑤奔走下僚既未能

韓聋樞密與閒軍報又弗克負笈開遊歷泰
惹焉趙齊梁百粵之區訪求新知以成巨
族繁身吳越卻東吳西吳且未能盡識褊陋極
矣與自道光庚戌歷咸豐一朝迄今同治辛未
已二十有二年均輾轉備仰於浙東浙西之境
所任之地亦赤緊居多烽火驚心羽書駭魄夫
天時之遷變地利之陰易人情之糾紛皆以靜
念觀其動態而知其成敗之由也久矣茲於交
游朋好接韓筆記作談浙一編即紀身世之遺

逢也章分之欲其明也體綴之欲其連也錯綜
之欲其變也事詳紀之欲其實也情臆度之欲
其虛也說文曰談淡也徐氏解為和懌段氏解
以平淡余意從言炎聲或有紫莊炎炎之意與
詩云憂心如惔不敢戲談懊懊者如焚如熏也則
談者豈皆和懌平淡之義與請以質之知言者
同治十年九月重陽善化許瑤光雪門誤

《谈浙》四卷内页书影

左宗棠书《吟诗味道之轩》 赠许瑶光
装裱：水墨纸本 尺寸：45cm×174cm

大学士章　　　　青宫太保恪靖侯　　　　御赐旗常懋绩

　　同治元年（1862）许瑶光谒左宗棠于衢州，两人一见如故，此后交谊深厚，一直保持诗书往来。许瑶光为左宗棠西征筹措军粮做了大量工作。

《南湖八咏序碑》

河洲荇菜，江汉乔木。风诗所载，地以景彰矣。嘉兴南湖，吐纳苕雪，襟城带郭，古奥区也。而禾志止绘烟雨一楼，何揽胜之少乎。询之耆旧，云："前朝曾有八景之目，而评章未确，志阙不载，未免烟霞色晦矣。"余守嘉今七年，凭眺川原，俯仰风月，目之所寓，有会于心。为湖山标异，得南湖八景，且系以诗，增嘉话也。有客进曰：秦驻秋涛，独山晓日，非由拳之钜观乎。即玉溪輂路，桥挂双虹，胥山访古，剑试一石，亦墨客骚人，所宜流连也。子均不齿，及顾独注意于鸳鸯湖上，无乃拘墟。余曰："不然，八景莫著于潇湘，而渔村、远浦、山市、江天，无匪曲绘洞庭之状。即西湖之孤山段桥，南屏花港，相去亦不过咫尺。可知雨奇晴好，会心原不在远也。夫文章之事，散而汗漫，不如聚而结采。景物者，大块之文章也，何独不然。"客唯而退。因记之以为序。

　　　　　　　　　同治九年 岁在庚午仲夏月 善化许瑶光撰并书

9

東塔朝暾
地鄰東海曉波
黄縹緲朝雲捧
太陽吳越河山
都入照却饒孤
塔早霞光

南湖煙雨
湖煙湖雨盪湖
波湖上清風送
櫂歌二罷樓臺
凝暮靄芰荷深
處水禽多

杉閘風帆
蘇州佶客布帆
輕買醉楓橋趁
曉晴一路東風
吹酒醒夕陽紅
泊秀州城

茶禪夕照
西麗橋波洗暮
鐘江天倒浸落
霞紅茶禪寺外
灣三水霜葉蘆
花一釣蓬

《南湖八景诗碑》之一
许瑶光撰书 秦敏树画

漢塘春桑

虞二清溪虞處
桑緣雲低護古
時塘鳴鳩喚醒
黃梅雨知否江
村四月忙

禾墩秋稼

繡壤交橫古稻
田青林紅樹起
炊烟鹵風無恙
秋收好又話黃
龍紀瑞年

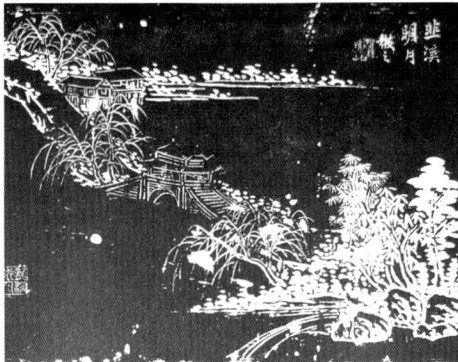

韭溪明月

萬古清光勝蹟
留月波樓在韭
溪頭白雲散盡
長天碧搖曳江
城鐵笛秋

瓶山積雪

試上瓶山莫畏
寒樓臺白玉倚
闌干雪晴海國
陽春早撬入梅
花一色看

《南湖八景诗》碑之二
许瑶光撰书　秦敏树画

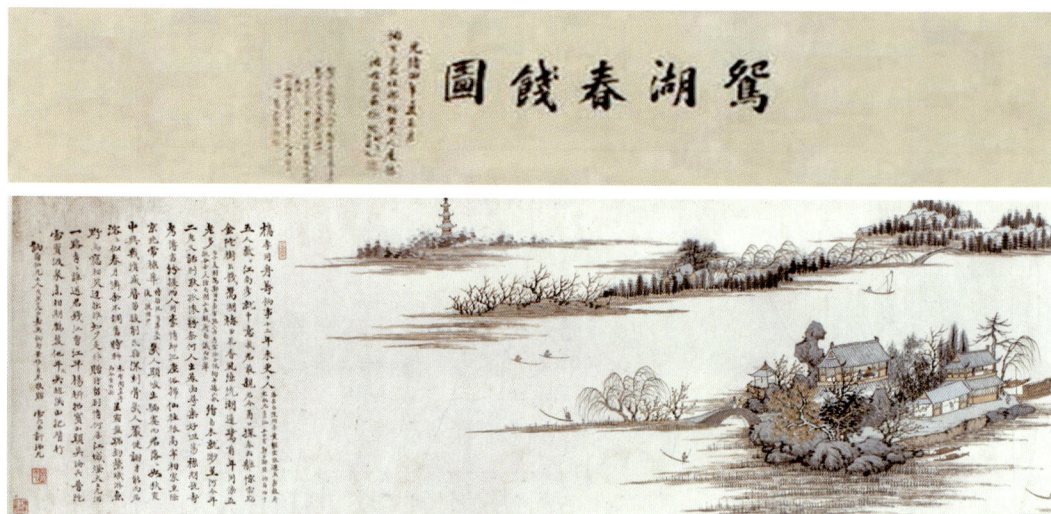

清秦敏树《鸳湖春饯图》长卷（局部）许瑶光跋
引首纵 43.8cm 横 94cm 画心纵 43.8cm 横 247cm 光绪四年绘制

　　引首有时年八十有九岁张恕的题字"鸳湖春饯图"和落款。引首左侧有噪名晚清同光年间，诗、书、画三绝，后名闻海内外秦敏树的诗："湖畔春灯闹上元，湖中梅雪照清尊。多情更有天边月，宜送兰桡渡海门。"并题词："戊寅上元节，雪门廉访命绘鸳湖春饯图，奉送讷翁都转大人司权甬东。"画心左侧为许瑶光长跋：

　　槜李同舟筹饷事，十五年来更十人（潘芸台、陈湘亭、黄黼堂、张逊侯、郭穀斋、宋叔元、李小涵、王申甫、郭子瀞，暨讷翁而十）。五人岳岳江南彦，就中意气君最亲。君今甬口探春去，离惊雪点金陀树。出饯鸳湖梅正花，香风缭绕湖边鹭。前年同僚五老多（丙子夏别驾郑伟士、嘉宰张六舟、秀宰徐子佩，均年逾六秩，拟合余二人绘南湖五老观荷图，议而未举），绘图未就溯星河。今年二老又话别，耿耿孤怀将奈何。人生暮齿寻乐好，坦荡襟期饶寿考。薄书纷扰两人同，豪情却把尘俗扫。仙桂根高宰相家，重除京兆常棣华（时哲昆、芍亭先生复授俯尹）。几人显峻生骄蹇，而君落落如秋霞。中兴战绩盛簪笏，朘削民脂深刺骨。几人严健诩才能，而君溶溶似春月。怜余不调旧时稀（禾守阅十五年为今昔所无），星霜盘踞钓鳌矶。游鱼野鸟应相笑，迂拙谁知少是非。赠诗留别情何厚，江城灯火上元酒。一路青青谁送君，钱江曹江早杨柳。招宝山头莫论兵，普陀雪窦汲泉烹。相期鹤发他年杖，吴越溪山把臂行。讷翁仁兄大人戊寅上元由嘉兴饷局量移甬东敬赠，雪门弟许瑶光。

　　详见本书第二部分(八)第8篇《送彭纳生由嘉兴厘局量移甬东》注释。钤印：落款章"雪门六七"（朱白文方印）。启首章"率心所安"（朱文长方印）。

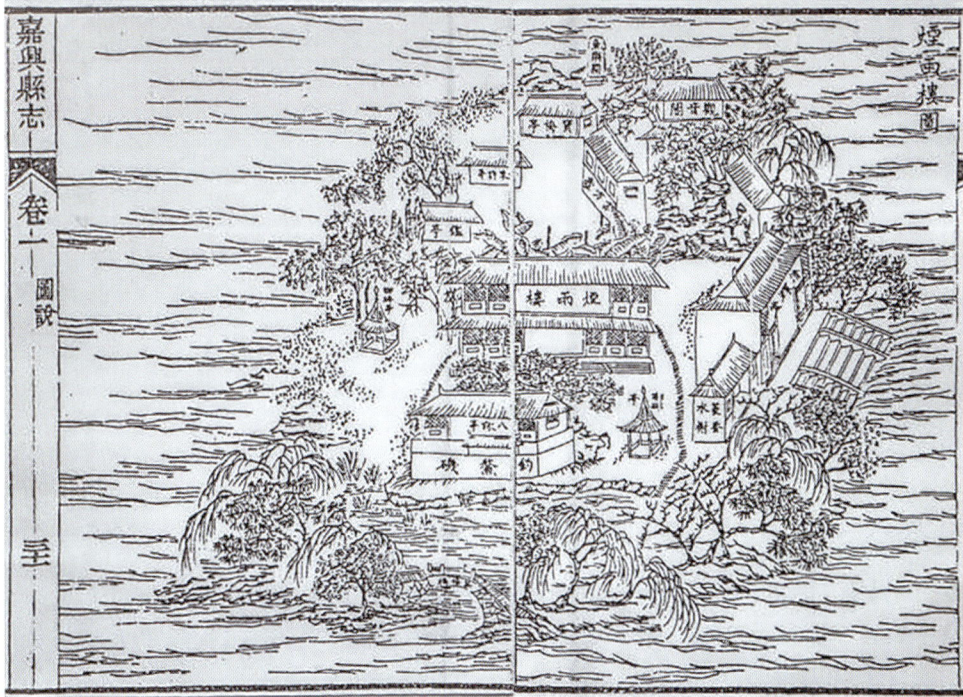

烟雨楼图 《嘉兴县志》卷一　　光绪四年（1878）刻本

嘉兴南湖烟雨楼

嘉兴南湖清晖堂

同治六年（1867）夏，许瑶光重建清晖堂，表示皇帝曾在此驻跸。

嘉兴南湖来许亭

来许亭室内

来许亭后门

16

更將淥酒醉黃菊

煩向蒼煙問白鷗

雪門許瑤書

来许亭楹柱对联

因竹為亭春陰在地

以蘭作室靜氣可入

雪門許瑤光

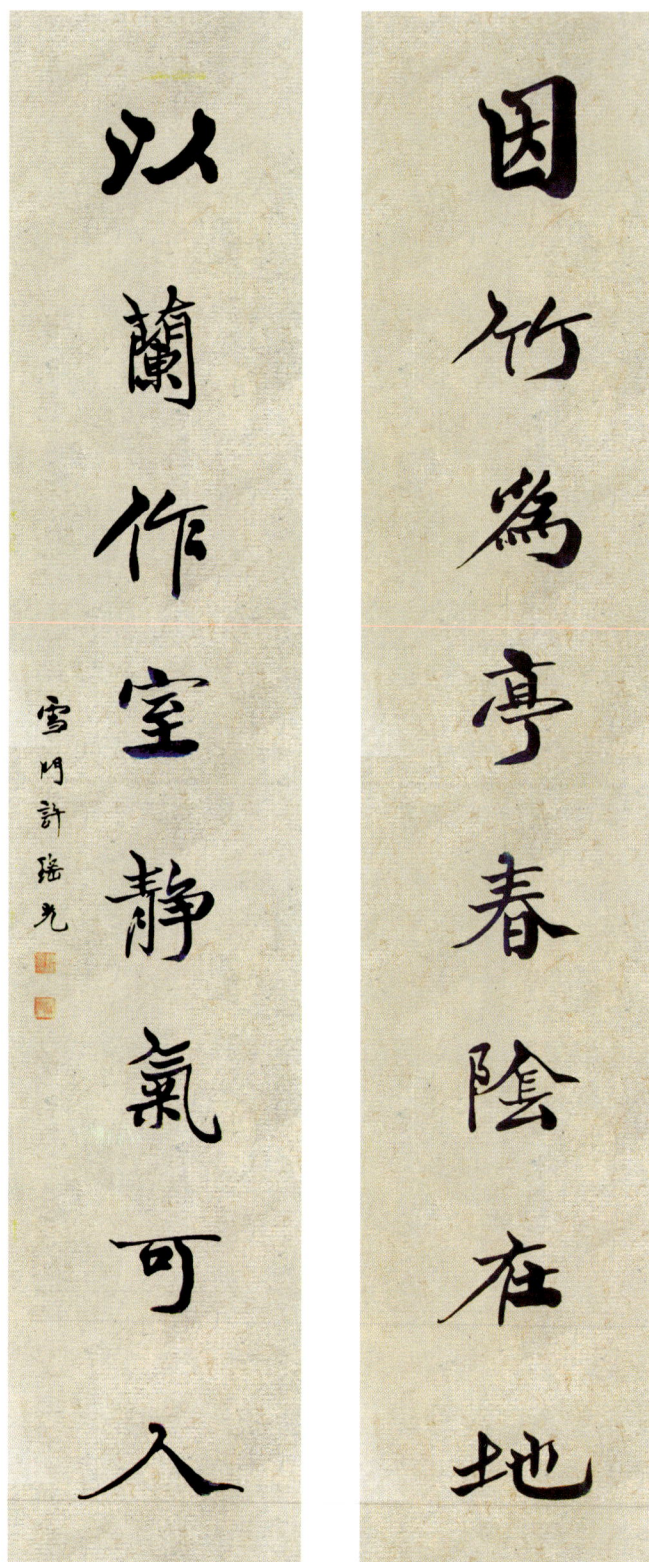

来许亭内许瑶光画像两侧对联

洛水橋南學士家青林遙對碧山斜春風細雨柴門閉滿樹啼鳥杏子花庚午夏日許瑶光

展示在来许亭内的许瑶光手迹
（许瑶光改原著"一树莺啼杏子花"为"满树啼鸟杏子花"）

嘉兴南湖鑑亭
（内墙嵌《鑑亭之铭》碑）

鑑亭銘

同治癸酉百孟夏之月　予以倅鴻將觀北關嘉禾者舊出錢鴛湖水濱百築清酒涵此地滿別臨眺踟躕亭構來許意在跂子泰承之賴往爰舉天子命于今十年周爰勞送客以德督脩懸辨惑弃窵典型天光雲影源頭式仁者予靖建瓷方勞敢不報有胡德惠勞君蕩詠言式實往爰舉釋曰盒曰唯長君子洞察之節耆者曰茲亭興在水中央不為多萬壽無疆有似明月亦靜則有似長君子洞察之節耆者曰以保安東茲亭軒曠四無纖障量亭下高天瀁暢明月亦逸宕有似智者洞察之節耆者曰以鑑之吾以摘識量亭川以海諸則藏亭卉吐納菁華謝古今悠悠有似勇者自強不休君子鑑之學百川以海諸則藏亭而卉木春秋謝古今固勢華謝亦雯貌寒魄核生風有似潔士不與俗來著往得之則為廉隅以表孤衷朝開暝闔寒魄核陰陽雨潤日麗亭中殺剛寒來著君子鑑之礪以表孤衷小鳥知止淵魚知藏漁樵朋友荇藻文章俯仰皆樂吟嘯非狂剡亭中炎涼小鳥知止淵魚知藏漁樵朋友荇藻文章俯仰皆樂吟嘯非狂剡石表意敢告同行聞情鷗遠興雲翔硯鑑何用不藏

同治十有二年癸酉四月道銜知嘉興府事善化許瑤光撰書

《鑑亭之銘》碑
許瑤光撰書

21

许瑶光致牧翁书

牧翁，即吴仰贤，字牧驺，嘉兴人，咸丰二年（1852）进士，主讲嘉兴鸳湖书院。许瑶光任鸳湖书院山长并讲学，自称教弟。

许瑶光题扇两件　同治七年戊辰（1868）

许瑶光随身携带四十五年的砚台（8cm×11.5cm）
赵之谦镌刻

序

　　中国古代诗歌的整理与研究以唐宋作品最引人关注。相对而言,清代诗歌的出版与研究则显得较为冷落。实际上,清代的诗歌创作从已知的文献来看,其作者人数、作品数量与传世的诗文出版之多,均超越前代,是中国文学史上文学创作十分普及的时期。据《清人诗文别集总目提要》著录的传世清代诗文别集达四万余种,作者一万九千七百余人。其丰富的文献为我们研究清代诗歌提供了极大的便利,与唐诗的辑佚、补遗相比,清诗文献具有极大的资源优势,是有待深入开发研究的文学宝藏。近年来,继国家清史编纂项目《清代诗文集汇编》800 册出版之后,国家出版基金项目的国家图书馆藏《清代诗文集珍本丛刊》600 册接踵问世,由浙江大学主持的《全清诗》整理工程也正在进行之中。这些大型清诗出版项目的实施对推进专业研究具有重大意义。同时,我们对于清代诗歌作品和诗人的关注仍需从以往有限的对象基础上扩大视野,整理出版更多的个人诗文作品集。

　　本书是晚清诗人许瑶光(1817—1882)诗文作品的评注集,由其后人许维格从许瑶光《雪门诗草》十四卷、《雪门诗草》十六卷、《谈浙》四卷中选编了 173 篇,434 首诗。并收录许瑶光在嘉兴的碑刻和对联、书信、题图、题扇等图片。全书所收诗文据许瑶光一生经历,依年编次,共分为十个主题对作品予以注评,是一部概览许瑶光诗文创作成就的选本。

　　许瑶光身处清代晚期的大变革时代,为官浙江三十年,三任嘉兴府知府,政声卓著,以“循吏”载入《清史列传》,被舆论誉为“贤太守”。作为清廷的地方官员,许瑶光在勤于政务之间,著有《雪门诗草》《谈浙》刊行于世。在文学史上,许瑶光的作品虽未被列入清代主要作家研究之列,但因其个人的经历和作品的内容特点在清末曾受到诗评家的好评,之后也得到了文学研究者的关注,有着继续深入研究的文学价值与史料价值。

　　在许瑶光的官宦生涯中,经历了鸦片战争和太平天国运动前后的社会动荡,深刻的社会变革不仅使他备尝为政之难、颠沛之苦,也看到了残酷的战争对社会造成的破坏和民众的疾苦。因此,许瑶光的诗歌投射了强烈的时代烙印。清代诗歌评论家林钧在《樵隐诗话》中评价许瑶光作品时说:"其诗皆多纪时事。"在本书诗文注释与简评的第三部分"江南战诗,直笔褒贬,堪称诗史"中,许瑶光在作品中对战事作了生动的叙述与深沉的思考。其中一些诗作对太平军与清军的战役过程的记录具有独特的历史叙事价值。如《六月十八日克复金陵纪事》十六首和题下注释与诗的尾注,对清军攻占金陵的战事过程以诗为记,历历在目。对于诗述浙事的《暮春志慨》六首被林钧赞为"可称诗史"。

许瑶光诗作的"时事"性特点还体现在对民间疾苦的同情。当时的战乱对农村造成了极大的破坏,民众因战争而流离失所,遭受了无穷的苦难,面对饥饿、流亡、疾病的人民,许瑶光在《难民行》《阻饥行》《荒村叹》《凋敝叹》《慨流亡》等诗中发出了"我见双泪下"的悲凉叹息。他的作品,让我们看到了江南大地另一番悲惨的境况,是一幕幕晚清社会生活的实录。

所以,许瑶光重视吟咏时事的创作特点使他的诗歌表达无法以传统的律诗绝句承载其丰厚的容量,于是,乐府诗成为他重要的诗歌表达形式,许多长诗以丰沛的感情,朴实的语言,拟古的风格,发挥了诗人所擅长的诗歌艺术。从一系列题为"叹""行""怨""哀"等作品中,可感受到强烈的现实主义色彩,读之令人动容。

作为"循吏"的诗人许瑶光,他在嘉兴知府任职期间,殚精竭虑、以身作则、严整吏治、其理政成效出现了"剔奸除莠,嘘瘵起枯。七邑官吏,咸奉条教。凡黉序书院之属,养老恤贫之举,以次兴复,推广靡遗。民和年丰,百货鳞集,农忙于野,商歌于市"的景象。许瑶光的《拙宦叹》对清代官场的腐朽、官吏的昏庸给予了无情的揭露。如今,嘉兴人民一直传颂着这位爱民、清廉、干实事的清官事迹,成为当地开展廉政教育的有益的历史资源,我们从他的诗中可获得有资政意义的启示。同时,许瑶光的诗文也是嘉兴地方史构建的重要素材,其历史价值和现实意义值得我们珍视和利用。

本书以诗彰人,通过十组诗文的编选与注评,既反映了诗人的人生履迹,又展现了诗人的诗文创作特色。书中所选诗文均突出了许瑶光一生的主要经历与诗文佳作,跳动着强烈的时代脉搏,为我们认识晚清社会的变迁和"时事"诗歌创作提供了有价值的文本。尽管本书作品只是许瑶光一生诗文创作的部分选录,但从中我们切实地感受到文学史的作品发现与书写有赖于文献的整理,对于浩瀚的清代诗文作品,我们还需加强整理出版,让更多的优秀作品展现在读者的眼前,为文学研究提供资料。

近年来,我与嘉兴地方文史颇有缘分,曾为嘉兴作者的著作写过序,与嘉兴图书馆合作开展了嘉兴乡邦文献《槜李文系》《槜李诗系》的整理出版。而许瑶光也是对图书馆资源建设有贡献的前辈,他当年在嘉兴编纂光绪《嘉兴府志》后留在鸳湖书院的图书成为以后嘉郡图书馆的早期藏书来源之一,他的后人曾将其藏书捐赠于嘉兴图书馆,福泽嘉兴,书香永续。此次有幸为本书撰序,又给了我学习嘉兴历史的机会,令我进一步加深了对嘉兴的认识。特别是当我来到嘉兴,流连于南湖之畔,参观先贤许瑶光的遗迹时,不禁由衷地缅怀他的政绩和诗文贡献。

黄显功

2018.11.25 于上海图书馆

自　序

一

由于长期以来有"一代有一代之文学"的提法，也就是所谓"楚骚"、"汉赋"、"唐诗"、"宋词"、"元曲"和"明清小说"等，以致"秦汉以下无文，三唐（盛唐、中唐、晚唐）之后无诗，两宋（北、南宋）以还无词"成为定论。甚至出现过现代文学源于晚明的认识，对清代诗文予以批判的现象。这些不符合文学发展实际的观念，造成清诗长期被忽视和冷落。

事实上，清代在其二百七十年间，出现了大量有诗流传于世的诗人。清代诗歌反映的是当时的现实生活，抒写了诗人的真实感情，具有时代的特色。清代诗歌在艺术方面，可以说囊括了历代诗歌的多种风格，具有古代诗歌集大成的风采，并创造出别样的格调，孕育了近代的"新诗派"和现代的白话诗。

二

中国古典诗歌创作思想源于孔子编定的《尚书》提出的"诗言志"的主张。西晋著名文学家陆机提出"诗缘情而绮靡"后，形成"言志"与"缘情"对立的两派，并向重"抒情"而不重"叙事"的方向发展。唐代杜甫以长篇叙事诗开创一代新风，号称"诗史"。此后宋诗重意，元诗近纤，明人叙事诗之可观者亦仅少数几题。这种情形到清代有了明显的改观，出现了诗歌议论时政、揭露时弊、反映民间疾苦的风气。诗歌的形式，也变得比较自由，不太拘泥于格律，语言大都平易直达，由此推动了诗风的转变。同治、光绪时期的洋务运动中，又出现了梁启超以"旧风格含新意境"的诗界革命。以诗歌叙说时政、反映现实，成为清诗的一大特色。

三

许瑶光是善于以诗叙事闻名的诗人,作品体察和反映了嘉庆、道光"中衰",咸丰"动荡",及同治、光绪"中兴"的面貌,其叙说太平军战事、乱离光景、民间疾苦的作品尤为人称道。他认为"孔子以兴、观、群、怨"作为诗的功用。诗要能从理智上启发人,感情上感动人;诗要观察社会之盛衰和政教的得失,真实反映社会的发展;诗要能沟通人们感情,互相切磋砥砺,提高思想道德修养;诗要针砭时弊,抨击为政之失,抒发人们的哀怨之情。许瑶光强调诗歌的社会功用,通过写身世以自己的经历和见闻,留下了大量受人称道的叙事论世、抒发情感的诗篇。

中国古典诗歌绝大部分是抒情短诗,以诗叙事是作诗的难题之一。它太详太简都不行,太详则语冗而势涣,太简则意暗而气馁,连一些名家都或过或不及。而人们在评论时,往往以抒情诗的标准来要求叙事诗,以短篇的写作标准来要求长篇。许瑶光善于以诗叙事议论,他的诗把时政记事与旧体诗意境和表现方法结合起来,为古体诗的实践和开拓作出了贡献。

四

乾隆年间由纪昀(字晓岚)主持的《四库全书总目提要》,对清中叶前的基本古籍作了全面的清理和评价,但因"四库所收,浩如烟海,自多未见之书。而纂修诸公,绌于时日,往往读未终篇,拈得一义,便率而操觚",且每种书都牵涉到复杂的学术问题,其提要往往"带有明确的倾向性的偏失"。

《续修四库全书总目提要》的撰写始于1931年,前后共有71人参加撰写,至1938年共撰写提要20 319篇,平均每人每年要撰写几百种,要一一就全部原书加以检讨,确实是很困难的。当时由于时间和时局原因,提要稿本未内部讨论,也不做任何修改。因此今天尚须要有更多的人员和时间,对清代诗人的生平、心迹、文学主张、创作特点、历史背景,以及整个作品的内容、意义、价值,进行研读、梳理和审视,这样才能更好评价清代各时期的诗人,寻绎清诗演化的史程,避免讹误和偏见。

五

许瑶光不仅是一位卓有成就的晚清诗人，还是为百姓称颂的爱民、清廉、干实事的贤明太守，"为政浙中冠，盖诗人而兼循吏也"，其爱民事迹传颂至今。同治十二年，许瑶光俸满入觐，嘉兴百姓纪念他十年治理，殚精竭虑，盼望他重回嘉兴，在南湖建的"来许亭"，以及许瑶光临别赠言建的"鉴亭"一百多年来得到很好的保护。嘉兴市曾出版《清官的故事》，拍摄的《嘉兴知府许瑶光》电视片在"来许亭"播放，介绍他的《许瑶光传略》流传于网络，提高了许瑶光在群众中的知名度。

近年来人们对国学和古典诗文日益重视。一些研究单位有"许瑶光诗歌创作方面的成就，他的这份遗产长期封存，令人惋惜"的呼声。也有学者认为我们没有理由忽略许瑶光，应该关注清代非主流但颇有个性特征的作家作品。一些市民也建议学界选编许氏诗文，以飨读者。由此，笔者在 2001 年 8 月撰写《许瑶光传略》和 2007 年写的《诗文集》草稿基础上，在嘉兴市图书馆支持和帮助下，再次撰写了《许瑶光诗文注评集》。

六

《许瑶光诗文注评集》选编了许瑶光各个阶段和各个方面，反映其身世、思想、成就等有代表性、为人推崇的诗文 173 篇，诗 434 首。为了使更多的人能看懂许瑶光的诗文，通过阅读陶冶情操，获得一些文学和历史知识，编写时除介绍他创作背景和个人经历，也对诗文作了注释和评介，以满足读者各方面的需要。

笔者文史水平有限，抱着学习的态度，对许瑶光诗文做了些梳理和注评工作。不当之处，敬请各位专家、读者指正。

许维格　2017 年 6 月于上海

凡　例

一、本书诗文选自许瑶光《雪门诗草》十四卷、《雪门诗草》十六卷、《谈浙》四卷，及其在嘉兴的有关碑刻。《雪门诗草》第十四卷中的"衍古谚谣"未选编。

二、《雪门诗草》存诗 1 197 篇，2 085 首。《谈浙》有 20 篇。本书选编《雪门诗草》154 篇，437 首诗；加上《谈浙》20 篇，共计 173 篇，434 首诗。

三、本书《俸满入觐，嘉兴百姓，建"来许亭"》和《查荒大案，为民伸冤，遭致罢官》两节内，分别附有吴仰贤撰书《来许亭记》与《申报》所刊《嘉守罢官记》，帮助读者对"建来许亭"、"查荒大案"两件事来由和过程的了解。

四、所收诗文，依年编次（除"《诗经》评论，诗学理念，深受关注"这一部分按"诗经"、"诗学"和"读书"次序编排），并在诗篇标题后注明年代。

五、诗文加有标点，诗篇标题不设标点，诗文摘句一般不加省略号。

六、诗文中古体字、异体字、繁体字等均改为简体字。通假字则在注解中说明。

七、各章诗文前有对本章简单的评论和介绍，归纳性的评论和介绍见本书第一部分"生平与诗文评介"。

八、一些著名诗文如《南湖八景咏序》、《鑑亭之铭》等，加有译文。一些难懂的诗篇如《再读〈诗经〉四十二首》、《论诗三十二首》等，在注释时以译为释。

九、本书对史学著作《谈浙》，也作了必要的介绍和注解。

十、本书一些学术界对许瑶光的评价详见参考书目。注解中对词语出处，除有助于理解词义，或有较强知识内容，或涉及典故，一般不作注解，以控制本书篇幅。

十一、本书对《雪门诗草》中的题图诗选录了几首找到原图带诗文的作品，并制成图片。

十二、本书配有许瑶光画像，《雪门诗草》、《谈浙》，"来许亭"、"鑑亭"及"南湖八景"碑、《鑑亭之铭》碑等有关照片。并有许瑶光的对联、书信、题图、题扇，以及许瑶光随身携带四十五年的砚台等有关图片,供读者欣赏。

十三、为完整展现诗文原意,本书中所涉清代时事、人物的指称及论述均保持原貌,未作改动。

目　录

一、生平与诗文评介

（一）生平简介

许瑶光,字雪门,号复斋,晚号复叟。湖南善化(长沙)人。清嘉庆二十二年(1817)生,光绪八年(1882)卒。道光二十九年(1849)拔贡。官浙江三十年,历任桐庐、淳安、常山、诸暨、宁海、仁和、诸暨等县知县,有循声。同治三年(1864)起十八年间三任嘉兴府知府,政声卓著,以"循吏"载入《清史列传》。著有《雪门诗草》十四卷、《雪门诗草》十六卷、《谈浙》四卷,总修《嘉兴府志》,均收录于《续修四库全书》。许瑶光被当时舆论誉为近世少有的贤太守,同时还是当时比较著名、卓有成就的诗人。在嘉兴有纪念他的"来许亭",作为爱民清官传颂至今。

（详见附录《许瑶光传略》、《许瑶光年表》）

（二）诗文著作

许瑶光的《雪门诗草》久脍炙人口（林钧《樵隐诗话》），至今仍为海峡两岸学者所研究。

《雪门诗草》十四卷，同治十三年镌，收道光二十年庚子至同治十三年甲戌（1840—1874）古今体诗1 079篇，1 859首。

《雪门诗草》十六卷，光绪廿四年刊，收道光二十年庚子至光绪八年壬午（1840—1882）古今体诗1 197篇，2 085首。

《雪门诗草》分《悠游集》二卷、《蒿目集》四卷、《上元初集》八卷、《上元二集》二卷。

《悠游集》为咸丰二年赴浙江出任县令前"悠游自在"时期诗，多言志、读书、科试，纪行闻见。

《蒿目集》为同治三年任嘉兴府知府前，太平军与清军作战，百姓遭战乱流离，"蒿目时艰"时期，反映时局动荡，忧虑不安的诗。

《上元初集》为同治三年首任嘉守时作，多治理嘉兴、俸满入觐等时事咏叹诗。附《衍古谚谣》55首（古代历法称第一个甲子为"上元"，许瑶光同治三年甲子首任嘉守，故称）。

《上元二集》为嘉兴二任、三任时作。多强国求富，及罢官后居杭州的诗。

许瑶光还以其史学著作而知名，所撰《谈浙》四卷是中国近代史有关太平天国的重要史料。

《谈浙》四卷于同治十年（1871）成书，有光绪十四年（1888）刊本，从《谈咸丰三年设防宁国之始》至《谈同治元年四月中外官兵克复宁波府城连复各邑事略》等共20篇，叙述太平军浙江战事始末。

（三）诗文成就与特点

诗文成就

1. 许瑶光出身微寒，父兄种菜务农送他入学。他在长沙城南书院读书时，已有不少诗文被人称之为上乘之作。他的《再论〈诗经〉四十二首》对《诗经》四十二篇诗的主题，以及历代《诗经》的注解进行评论。今日有学者认为："该组诗思想深刻、视野开阔、论述精深、别具匠心，对全面理解《诗经》有重要意义，而以组诗评《诗经》在许氏之外更是少见。"当代大家钱锺书提出，后世对《诗经》中《君子于役》的文学定位——曾不约而同地说它反映了当时重役之下人民生活的巨大痛苦"诚为迂拘"。他认为："许瑶光《雪门诗钞》卷一《再读〈诗经〉四十二首》第十四首云：'鸡栖于桀下牛羊，饥渴萦怀对夕阳。已启唐人闺怨句，最难消遣是昏黄。'大是解人。"钱锺书高度评介许瑶光"已启唐人闺怨句"这一句，道出《君子于役》是中国最早的一首"闺怨"诗，正确论述了该诗在中国诗史上的开创性地位。著名古籍研究教授程俊英也认为"该诗是千百年来最得《君子在役》之诗旨"。

2. 道光二十九年（1849）各省选拔贡生，许瑶光赴京师会考，主试者批他的卷子"惊才绝艳"。因诗中有过多放任敢讲之词句，最终虽得朝考第七名引见皇上，但仍被任用为浙江县令，未能留京做官。这是他人生道路上的一次挫折，打破了他谋求立足朝廷，有朝一日实现驱逐外夷的愿望。尽管遭受挫折，但许瑶光并不悲观消极，他的诗作走向现实，走向抒写人世遭遇和议论时事的广阔天地，在各地留下了大量受人赞美的叙事论世、抒发情感的诗篇。

3. 咸丰元年（1851）秋，许瑶光到浙江出任桐庐县知县。三年，太平军进攻江西，他调省协助浙赣当地防备太平军，了解到双方交战的实况。自咸丰二年《闻长沙被围书愤十六首》详述太平天国起事经过，至同治三年《六月十八日克复金陵纪事十六首》太平天国战争结束，十二年间每一重要战役均记以诗，写了大量有关江南和浙江太平军战争的诗，反映了太平军从起义、发展到失败的全过程。《台湾文献丛刊》称："楚人许雪门观察所著《雪门诗草》,读之,自道光至同治数十年来国家之治乱、将帅之贤愚、民情之苦乐、中外之情形、军务之胜败,历历在目,直笔褒贬,语复蕴藉,深得忠厚之旨,近今诗人所未有也,可称诗史者惟许雪门观察一人而已,且可为他年史料,直足与曾文正公文集共观,而察知当年得失之源。"其他各种《诗评》《诗话》,林钧《樵隐诗话》等也均举例称许瑶光的诗为"诗史"。

4. 许瑶光反映战争造成百姓乱离的作品尤为人称道。林钧《樵隐诗话》说:"雪门观察写乱离光景,与少陵(杜甫)笔墨无二。"咸丰十年李秀成进攻诸暨,许瑶光在后勤途中,遇太平军骑兵被长刀相劈受伤,回长沙养伤。咸丰十一年离长沙到安庆谒见曾国藩,后去衢州随左宗棠回浙江,途中见到国家连年战乱,民不聊生,一片凄凉。他以强烈的义愤、忧虑和批判的精神,写了大量痛感于战争的诗篇,揭示百姓遭受到的深重灾难,写出流离难民的悲惨境况。许瑶光通过太平天国战争,丰富了诗材,激发了诗情,写出了许多内容充实、情深意切的诗文,形成了一个创作新高潮。

5. 同治三年(1864),许瑶光经左宗棠推荐,任嘉兴知府。据吴仰贤《来许亭记》:"善化雪门许公宦浙久,大府倚其才,檄绾郡符。至则辑和将弁,约束健儿,土著之民始稍稍与客兵相狎处,未几即凯撤去。公乃辟榛芜,广招徕,剔奸除莠,嘘瘠起枯。七邑官吏,咸奉条教。凡簧序书院之属,养老恤孤之举,以次兴复,推广靡遗。民和年丰,百货鳞集。农忭于野,商歌于市,衣冠文物,蔚若旧观。入其境者,几忘昔年有兵燹事。而公之出斯民于水火而衽席之者,殚精竭虑,盖十年于兹矣。"许瑶光在治理嘉兴期间写了不少时事咏叹诗。这些诗篇不仅体现了许瑶光作为循吏的为官之道,更能感受到他对百姓的深厚感情和良苦用心。

6. 同治八年(1869),许瑶光取嘉兴八个景点,聚之起名"南湖八景",系以《南湖烟雨》《东塔朝暾》《茶禅夕照》《杉闸风帆》《汉塘春桑》《禾墩秋稼》《韭溪明月》《瓶山积雪》八诗,被传为近远胜事。这八首气势不凡、清新脱俗、朗朗上口、极具韵味的诗,给人以赏心悦目的享受。人们吟咏嘉兴景点,品赏意境,增添谈资,成为当地雅事,显扬了嘉兴的风光和名胜。

7. 同治十二年(1873),许瑶光秩满将进京向朝廷述职。嘉兴民众在烟雨楼旁建"来许亭",盼望他再回嘉兴。许瑶光临别赠言,请建"鑑亭",并撰书《鑑亭之铭》刻碑置于其内。"鑑"为"诫",同"鉴",是对人的一种劝告和对照。"亭"是正确处理的意思。许瑶光将孔子《论语》倡导的"知,仁,勇"的人格要求,及自己的做人准则,扩展为"知、仁、勇、达、洁"等"五鑑"和"三亭",并赋予其现实意义。"五鑑"一是做有道德品行的仁者,二是做聪明有见识的智者,三是做有胆量的勇者,四是做通达事理的达者,五是做操守清白、高尚纯洁的洁士。"三亭"则要正确处理各种矛盾,处理矛盾要刚柔相济,要处理好世态炎凉。

《鑑亭铭》构思巧妙,内容深刻,其积极的意义倍受各方重视。

8. 许瑶光曾亲见太平军在浙江的战事,他据见闻撰《谈浙》四卷,是记载太平军江南、浙江战事的重要史籍。他认为:"若广摘兼听,仍以己见断其是非,则浅语也。"由于抱这样慎重的态度,《谈浙》直言"经讳国恶",书中议论纵横,记叙翔实,与清代正史有"同异之闲",足补官书之阙,反证当时之真相。《谈浙》因此被史家广为引用。

诗文特点

1. 诗主性灵,反对依傍宗派。许瑶光认为写诗要抒发人的真性情,句句应出自心灵,作诗缺乏真情实感会使人厌烦。他反对宋诗派"学人之诗与诗人之诗合一"的诗学主张。所谓"学人之诗",就是以学问为诗,堆砌典故考据为诗,而诗中带着写景言情,则又"与诗人之诗合一"。他主张实践与学问并重,在实践中才能写出好诗。他在《论诗》三十二首诗篇中认为,如果重读书轻实践,一味与古人对话,这样的诗人是写不出深刻而有见解的诗。

2. 经世致用,援经议政。许瑶光受湖湘文化、今文经学和经世思潮影响,秉持儒家的诗学理念,强调探索经书致治的"微言大义",学问必须有益于国事。他的诗歌具有关注民生,体恤民情,心系国事,感慨时局,以天下为己任的特点。他不袭古而自抒见解,独立思考,自行其道,具有思想解放、敢于直言、勇于探索的风格。

3. 擅长古体,善于以诗叙事议论。叙写战乱和反映现实多用古体或乐府,常用长诗撰写时事。许瑶光仰望古体诗的雄健有力,并强调古体诗句的风度声韵。他的叙事古体诗,知识面广、词汇丰富,善用成语典故,语言古朴明快。作品风格与他做人一样质实,求真务实,不尚空谈。情感朴素而不虚浮,语言大都平易直达,为古体诗的实践和开拓作出贡献。

4. 诗境雄厚,工文辞而不屑雕琢。许瑶光认为自己在道光和咸丰初期,其诗作也是模山范水,吟风弄月而已。至咸丰中期,特别是调省协防赣鄂以后,开阔了眼界,丰富了诗材,写出了许多身之所历、目之所见,内容充实、见解深刻的诗篇。

他的诗注重词采而不争工丽,题材广泛,语言平易晓畅,诗风更近白居易,但较白诗深沉。

5. 言志抒情,近体诗歌不拘一格,各种诗体都有佳作。许瑶光的记游写景之作多淡雅有致。他写的不少咏物抒情诗,多数是或隐或现地象征诗人身世遭逢、寄托诗人人生体验和感慨的咏怀诗。他的近体七律和七绝,具有工于比兴、巧于用典等特点,读之饶有兴味,而能回味无穷。

许瑶光作诗不宗宋人,与时尚相异,然其读书治学,又不以当时的考据学家们,唯寻章摘句是务,他推崇的是辩明义理,得其大端。他的诗歌与他经世济民,救焚拯溺的务实品格是一致的。

许瑶光是一位有能力、有政绩的地方官员,因以循名传世,反掩其诗名,幸时人即有誉之为"政为浙中冠,盖诗人而兼循吏也",真可谓知音哉!

许瑶光的作品由于真实地反映了太平天国时期的战争和百姓乱离,确立了他在清代诗坛的不朽地位,可视为晚清"诗史"的代表人物。林钧《樵隐诗话》云:"其留心时事以诗记事可称诗史者惟吾乡许雪门观察一人而已。"

二、诗文注释与简评

（一）出身微寒，读书出众，立志报国

　　许瑶光，嘉庆二十二年（1817）正月八日出生于湖南善化（长沙）圭塘许家冲。许氏家族系明正德年间（1506—1521），全国性流民潮中自江西吉安移居湖南。许瑶光是这支家族第十一代。

　　父亲许永璜，字国贤，母张氏，兄仁甫、次衡、荔裳（力常），许瑶光排名第四。长兄仁甫尝语："治生之事吾任之，显扬之事则属之弟辈。"许瑶光5岁开始受学。考取秀才（附生）后，进省城东南的紫荆山房读书。25岁（道光二十一年）父亲去世，28岁丧满，正好骑跨省试日期，错过了考举人。清代科举，丧服三年未满者不得应试。29岁（道光二十五年），岁试《四十贤人赋》，及《秋兰》诗，见赏于南皮张振之（名燦）学政，补升为增生。次年，科试《谷山研赋》，及"拟西崖"乐，在长沙府得第一，成廪生，享受廪饩银（每年可从国库支取白银四两）。

　　许瑶光冀望能博取举人，有相命者对他说："你文才星相虽佳，然而命中决定你接连三科均不能实现你的愿望。至己酉年（道光二十九年），当因明经科（即拔贡科、拔萃科）得官，今世你过悠闲的日子无指望了，四十五岁时应防大难。"他不以为信。

　　后肄业于城南书院，为陈尧农（名本钦）老师所赏识，每年科试诗赋，四次均得第一。二十八年番禺梁矩亭（名同新）学政选拔贡生，许瑶光果然入道光二十九年己酉拔贡科。

　　道光二十年至二十四年（1840—1844）值第一次鸦片战争时期。外夷的侵略和鸦片的毒害，激发了民族爱国情绪的高涨。许瑶光立志报国，希望科举进身，以实现驱逐外夷的愿望。

　　这个时期许瑶光风华正茂，作品中已有不少佳作。如反映他禁烟和抗击外敌志慨，以天下为己任情怀的《五古》、《勖志》、《阿芙蓉咏》、《炎洲行》、《粤海从军咏》等；画描山水景物、纪行闻见的《湘江竹枝词》、《射蟒台怀古》等；叙说妇女悲伤民间故事的《沔阳女儿行》、《湘江词》、《杨花薄曲》等，以及《荒园》、《秋日晚眺》、《秋夜》《木芙蓉》《菊花》等抒情写景诗歌，都被称为上乘之作。

在城南书院读书时写的《再论〈诗经〉四十二首》，更被今天的学者认为对全面理解《诗经》有重要意义（详见第九章"《诗经》评论，诗学理念，深受关注"）。

1. 五古十四首

（道光二十年至道光二十八年）[1]

天下有大道，不付浮华人。古今有重器，不寄夐陋身。冰霜炼晚节，松柏无早春。郁郁河岳气，挺挺严廊珍。大材经哲匠，盘错出精神。奈何桃李花，东风空自鬶。[2]

理财慎其去，用人慎其来。夤缘斩不断，比附酿祸胎。昨日薜荔虎，攀缘上高槐。伤人挺暗刺，坏此梁栋材。惟有青竹枝，森森碧云开。修洁以自好，明月与徘徊。[3]

成童受学年，耳识读书好。咿唔鲜真味，古义骤难讨。稍长诵诗歌，风情入花草。怡然感吾心，石破露至宝。情动性自明，浅得深方造。兴发出葩经，圣训胡不考。[4]

旧家湘城东，门对桂花井。地高多灵源，长年汲修绠。上倚凤凰台，吉士留古境。青年少怀感，春天但游骋。蝴蝶扑青芜，流莺唤红杏。夕阳谁校射，箭叫东风静。宇宙正恬嬉，边廷息烽警。不解战阵艰，仅学步伍整。雍容园林间，弸弸销健猛。安得千万年，古道留此景。[5]

读子心易荡，读史心易悲。不如读经训，语语典则垂。牺爻象明理，葩诗风可规。四书留治法，三礼树纲维。周末出鲁论，万古圣贤涯。学

11

问起切近,义礼辩微危。后儒谈太极,好高转觉卑。我欲呼颜闵,朗诵同缁帷。[6]

文章性情花,盎盎春心开。群艺仅灌溉,经训实根荄。奈何浮华子,雕琢丧怀来。惊人眩妖电,袭古同殷雷。兰苕与翡翠,那如菽粟佳。世道日以薄,文教日以衰。大雅谁与扶,望古空徘徊。[7]

春风无私情,绿我园中草。古圣无私教,开我心中宝。语默阴阳机,衣食安怀抱。身世协天则,何事穷幽讨。我读述圣书,鸢鱼上下造。那知愚夫妇,知能含至道。下学而上达,请君问苍昊。[8]

尼山器量宽,自谦还自任。谦纳群流深,任作群伦荫。骤闻达巷言,射御执不禁。一旦怀凤鸟,却缅河图识。周旋斯人群,四海滔滔浸。小儒咋不解,颇讶低昂甚。楚狂可与言,惜我趋避喑。[9]

人藏不测心,何处见深隐。城府千万重,机缄在牙吻。乐士吐温和,愁人出悲愤。有意或缘稀,无心执丹粉。机锋酒后多,谰语梦中近。君子知其然,谨言行先谨。[10]

宦室几女骄,膏粱长其傲。词林年少骄,聪明助其耀。多资如象齿,多才如文豹。矜夸不自抑,遗祸谁能料。所以古干将,常年藏宝鞘。[11]

孝子象春和,忠节象秋劲。昭昭千古垂,扶持乾坤正。遭逢君父贤,芳声转难竞。冰雪跃鲤山,风霜孤柏盛。家贫世路难,蹉跎显奇行。与博宇宙名,盍留太和性。无宝山岳安,无奇家国庆。[12]

江河抶地文,星汉分天章。千古文章事,实馨造物藏。鸿裳订礼乐,麟里赞义皇。郁郁垂万古,道德日以彰。秦汉踵步武,醇厚生乔煌。自兹二千年,代有作者强。小儒不解事,鹨鸰笑凤凰。雕华博科第,矜骄步明堂。学术坐浮薄，经术弥乖张。作伪悉华士，谁与挽澜狂。[13]

宝镜中含光，不磨光渐改。群花中蕴香，不开香何在。吾心中有灵，不学灵不倍。儿时诵经史，老大发菁采。艰难显至性，蹉跎去尤悔。好古参以今，迥然会真宰。天机在眼前，何必离尘海。[14]

风云会作雨，日月交生明。造诣可孤往，欣赏宜同声。好鸟亦朋友，奇石联弟兄。非族能感触，缠绵且关情。刿一二知己，肺腑通生平。幸免关河阻，联兹风月盟。把酒言心曲，不言心亦倾。欢乐难具道，挑灯共残更。[15]

释：

这是《雪门诗草》开卷的第一篇，是道光二十年(1840)鸦片战争爆发那年的作品。诗中先后写了立身、行事和读书的道理，厌恶"夤缘"，并表达了立志报国的心愿。接着写到自己的出身，借用魏源(1794—1857)的文章，表达了对当局"承平恬嬉，不知修攘"，"不解战阵"，"雍容"，"弸彄"的忧虑。

注：

[1] 五古：即五言古诗，诗体之一。形成于东汉初。每句五字，每首句数不拘。用韵较灵活，可以隔句或每句押韵，可用平声或仄声韵，一韵到底也可换韵。不讲求对仗、平仄等格律。

[2] 道：自然运行与人世共通的规律。　　重器：比喻能任大事的人。　　弇陋：见识浅陋。　　晚节：晚年的节操。　　郁郁：文采盛貌。　　河岳气：河岳为黄河和五岳的并称。气，气势，气概。　　挺挺：正直貌。　　严廊：庄严的廊庙。借指朝廷。珍：比喻贤才。　　哲匠：泛指有高超才艺的文人、画家等。　　盘错：盘绕交错。比喻事情错综复杂。　　精神：风采神韵。　　奈何：怎么办。　　东风：指春风。代指春天。　　颦：皱眉。忧愁。

[3] 慎：小心，当心。　　去：减少。　　来：归服；归顺。　　夤缘：比喻拉拢关系，阿

上钻营。　　**比附**：归附。　　**祸胎**：犹祸根。　　**昨日**：过去;以前。　　**薜荔虎**：植物名,义为饿鬼。　　**攀缘**：援引他物而上,攀拉援引,比喻投靠有钱有势的人往上爬。**高槐**：树型高大的槐树。　　**挺**：触犯别人。　　**梁栋材**：栋梁之材。比喻能担当国家重任的人才。　　**森森**：树木繁密貌。威严可畏貌。　　**碧云**：碧空中的云。　　**修洁**：高尚纯洁。　　**自好**：自爱;自重。　　**徘徊**：往返回旋;来回走动。

[4] **成童**：年龄稍大的儿童。　　**耳识**：佛家用语,有眼识、耳识、鼻识、舌识、身识、意识六识。指耳根对声境所发生的识别作用。　　**咿唔**：象声词。多形容吟诵声。　　**鲜**：少。少有。　　**真味**：真实的意旨或意味。　　**古义**：书中古奥深邃的道理。　　**骤**：急匆匆,匆忙。　　**讨**：探讨。　　**风情**：丰采,神情。　　**入花草**：描写花草。　　**怡然**：安然自得的样子。　　**石破**：开窍。指儿童开始长见识。　　**至宝**：极其珍贵的宝物。喻经书中的道理。　　**情**：情趣。　　**性**：人的本性。　　**浅**：程度不深。　　**深**：程度深。　　**造**：学业等造就的程度或境界。　　**兴**：对事物感觉喜爱的情绪情趣。兴致。　　**发**：开放。　　**葩经**：《诗经》。　　**圣训**：圣人的训诫告谕。　　**胡**：疑问词,为什么,何故。　　**考**：研究。

[5] **湘城东**：湖南善化东乡。　　**灵源**：对水源的美称。　　**汲修绠**：汲指汲水种田,修为学习,绠为汲水器上的绳索。可理解为"耕读"。　　**吉士**：贤人。　　**怀感**：心怀感激。　　**游骋**：驰马出游。　　**青芜**：杂草丛生的草地。　　**流莺**：即莺。流,谓其鸣声婉转。　　**校射**：比试射技和武艺。　　**箭叫**：射箭时发出的声音。　　**宇宙**：天下,国家。　　**恬嬉**：嬉戏逸乐。　　**边廷**：边地的官署。　　**息烽警**：谓边境无战火警讯。　　**战阵**：交战对阵。　　**步伍**：谓军队操演行进的队形。　　**雍容**：引申为缓慢行走。　　**弸**：弓力不强。引申为微弱无力。　　**鹄**：枯瘦貌。　　**销**：溶化,消融。**安**：副词。表示疑问。相当于"怎么","岂"。　　**千万年**：指国运久长。　　**古道**：泛指古代的制度、风尚等。

[6] **读子**：古书分为经、史、子、集四大类,子,子书,即诸子书。　　**经训**：经籍义理的解说。　　**语语**：每一句话。　　**典**：经典。　　**垂**：传下去,传留后世。　　**牺爻**：指伏牺(羲)氏所画八卦,两两相重,可演为六十四卦。　　**象**：象征。　　**明理**：显明通达的道理。　　**葩诗**："葩"通"葩"。韩愈《进学解》："《诗》正而葩。"后因此称《诗经》为"葩经"。　　**风**：社会风气。　　**规**：规范。　　**四书**：《论语》、《孟子》、《大学》、《中庸》的合称。　　**治法**：治理国家社会的方法。　　**三礼**：儒家经典《周礼》、《仪礼》、《礼记》的

合称。　　纲维:总纲和四维。总纲,朝廷的法纪。四维,礼、义、廉、耻。　　鲁论:即鲁《论语》,《论语》的汉代传本之一。　　万古:犹远古。　　圣贤涯:圣贤,圣人与贤人的合称。涯,岸。指达到圣贤之岸。　　切近:贴近;相近。　　义礼:指普遍皆宜的道理或讲求经义、探求名理的学问。　　危:危害。　　后儒:后世的儒者。亦以指二程(即程颢和程颐)、朱子(朱熹)。　　太极:太极即是阐明宇宙从无极而太极,以至万物化生的过程。　　卑:低下,低劣。　　颜闵:孔子弟子颜回和闵损的并称。　　同:介词。"跟"。　　缁帷:喻林木繁茂之处。《庄子·渔父》:"孔子游乎缁帷之林。"成玄英疏:"缁,黑也。尼父游行天下,读讲《诗》《书》,时于江滨,休息林籁,其林郁茂,蔽日阴沉,布叶垂条,又如帷幕,故谓之缁帷之林也。"后因以为高人贤士讲学之典。

[7]性情:人的禀性和气质、性格、脾气。　　盎盎:洋溢、充盈。　　春心:春景所引发的意兴或情怀。　　群艺:指《易》、《书》、《诗》、《礼》、《乐》、《春秋》六艺。　　仅:不过,只是。　　灌溉:浇灌;滋润。　　经训:见注[6]。　　根荄:比喻事物的根本,根源。　　浮华:表面上豪华、动人而实际内容空虚、无用。　　子:对人的称呼。　　雕琢:指过分地修饰文字、语言。　　丧:丢掉,失去。　　眩:炫耀。　　妖:同"炫",媚,艳丽。　　电:雷电。　　袭:沿袭,重复。　　殷雷:轰鸣的雷声。　　兰苕:兰花。　　菽粟:指豆和小米,泛指粮食。　　世道:社会道德风尚。　　薄:不庄重,不厚道。　　文教:此处指儒学。　　衰:衰弱。　　大雅:《诗经》组成部分之一。此处指好的社会道德风尚。　　与:给。　　扶:搀扶;帮助。　　望古:仰慕古代。　　徘徊:彷徨,犹豫不决。

[8]春风无私情,绿我园中草:借用白居易的成名作《赋得古原草送别》中"野火烧不尽,春风吹又生,"的"春风"和"古原草"。"春风"比喻皇帝的恩泽,将自己称作"园中草"。　　古圣:古代的圣人。　　私教:私人的指教。　　宝:谓美德,善道。　　语默:亦作"语嘿"。谓说话或沉默。　　阴阳:君臣。　　机:时机,机会。机巧。机变。　　衣食:借指俸禄。　　安:副词。表示疑问。相当于"岂"。　　怀抱:指抱负。　　身世:指人生的境遇、身份来历。　　协天则:合并天道,同归于成。　　幽讨:寻讨幽隐。　　述圣书:孔子嫡孙孔伋(字子思,尊称"述圣")的书。指《中庸》。　　莺鱼上下造:不走上天入水的极端,取中庸之道,学业、事业才能等达到某种程度或境界。　　那知愚夫妇:《中庸》中所指的"道之不行也,我知之矣:知者过之,愚者不及也"中的"愚者"。　　含:容纳。　　至道:高深奥妙的要理。　　下学而上达:成语典故"下学上达",指学习人情事理,进而认识自然的法则。　　苍昊:指苍天;天帝,古人想象中的万物主宰者。

[9] 尼山：孔子父母"祷于尼丘得孔子"，所以孔子名丘字仲尼，后人避孔子讳称为尼山。 **器量**：才识；度量。 **宽**：度量宽宏；宽厚。 **自谦**：自抱谦逊态度。古人对自谦内涵的诠释始终贯穿着阴阳之对立与统一。 **自任**：犹自禁，自己承受。 **谦**：谦虚；谦让。 **纳**：结交。 **群流**：诸河流。犹同辈。 **深**：深入。情意厚。 **任**：信赖；信任。 **群伦**：同类或同等的人们。 **荫**：庇荫。 **达巷**：处于重要交通地带的巷子。 **射御**：射箭御马之术。古代六艺中的两种，都属尚武的技艺。 **不禁**：抑制不住，不由自主，情不自禁。 **怀**：怀念；思念。 **凤鸟**：谓凤凰。中国传说中的神鸟。 **缅**：缅怀。 **河图**：儒家关于《周易》卦形来源的传说。孔传："伏羲王天下，龙马出河，遂则其文以画八卦，谓之'河图'。" **识**：知识；见解。 **周旋**：古代行礼时进退揖让的动作。引申为交往；交际应酬。 **斯**：指示代词。此。 **四海**：天下，全国各处。喻指人气派大，性情豪爽、交游很广泛。 **滔滔**：形容大水奔流貌。 **浸**：淹没。 **小儒**：学问见识小的人。 **讶**：惊奇，奇怪。 **低昂**：犹沉浮；不能随世低昂。 **楚狂**：春秋时楚人，姓陆名通，字接舆。昭王时，政令无常，乃披发佯狂不仕，时人谓之楚狂。后常用为典，亦用为狂士的通称。楚狂曾经劝说孔子不要热衷政治。 **趋**：快走。 **避嗫**：闭口。

[10] 不测：料想不到的事情，喻指深渊。 **深隐**：深奥，隐晦。 **城府**：比喻人的心机。 **重**：副词。表示程度深。 **机缄**：犹关键。指事物变化的要紧之处。 **牙**：形容一个人聪明，敏捷，机警，灵巧，不好对付。 **如**：这孩子真牙。 **吻**：语气；口气。合；闭。 **乐士**：愉快喜悦的人。 **温和**：平和不猛烈。 **愁人**：心怀忧愁、苦楚的人。 **悲愤**：悲痛愤慨。 **缘**：机缘；缘分。 **稀**：少。薄。 **执**：拿，持。 **丹粉**：泛指颜料。宋陆游《芳华楼赏梅》诗："天工丹粉不敢施，雪洗风吹见真色。" **机锋**：佛教禅宗用语。指问答迅捷锐利、不落迹象、含意深刻的语句。 **谰语**：妄语，没有根据的话。 **近**：接近。君子：对别人的尊称，犹言先生。 **知其然**：知道这是怎么回事。 **谨**：谨慎；慎重。

[11] 宫室：泛指官员的内眷、家人。 **膏粱**：肥肉和细粮。泛指肥美的食物。 **词林**：词坛。 **年少**：指年轻男子。 **耀**：显扬。 **资**：钱财。 **象齿**："象齿焚身"，成语，比喻人因为有钱财而招祸。 **文豹**：豹皮有斑文，喻文才灿烂。 **矜夸**：骄傲自夸。 **抑**：抑制。 **遗祸**：遗害；遗患。 **所以古干将，常年藏宝鞘**：出自古代干将莫邪神话传说。干将，是楚国最有名的铁匠，楚王命干将铸雌雄两把宝剑。干将告诉其妻莫邪："吾为王作剑三年乃成，王怒，往必杀我。"并说："你生下男孩的话，告诉他

说：'走出家门看到南山，一棵松树生长在一块巨石上，我留下的另一把剑就藏在巨石的背后面。为我报仇。'"随后就拿着一把雌剑前去进见楚王。

[12] **孝子**：孝顺父母的儿子。孔子认为，孝是至善的美德，是一切道德的基础。　**春和**：春日和暖；春风和煦。　**忠节**：忠贞的节操。　**秋劲**：劲如金石。千秋，很长久的时间。　**昭昭**：明亮光明。　**垂**：传留后世。　**乾坤**：天地。或指国家。　**君父**：国君。　**芳声**：美好的名声。　**转**：转变。　**竞**：副词。争着；争相。　**跃鲤**：传说汉代孝子姜诗母嗜鱼脍，诗夫妇常力作供脍，舍侧忽有涌泉，味如江水，每旦辄出双鲤鱼。　**孤柏**：是黄河岸边一个有着2 000多年历史的古渡口。传说古时候这里有一棵高大挺拔、树荫蔽日的老柏树，曾是当年汉王刘邦避雨的地方。　**世路**：人世间的道路。　**蹉跎**：指虚度光阴。失意。　**奇行**：不同于凡俗的行为。　**博**：取得。　**名**：名声。　**盍**：何不，表示反问或疑问。　**太和**：平和的心理状态。　**无奇**：平淡无奇。　**家国**：家与国。亦指国家。　**庆**：庆幸。

[13] **江河**：泛指大江、大河。　**抉**：抉择。　**地文**：地面山岳河海丘陵平原之形；地貌。　**星汉**：古称银河。经天的日月，似乎是从海中升起，横贯长空的银河，又降落于海中。　**天章**：犹天文。指分布在天空的日月星辰等。　**文章**：泛指著作事。　**罄**：竭尽。　**造物**：创造万物，也指创造万物的神力。　**藏**：宝藏。　**鸿**：鸿渐。鸿鸟飞翔由低处逐渐进于高位。　**裳**：衣裙。从黄帝开始去皮服，穿衣裳（上衣和下裳）。　**订**：订立。　**礼乐**：礼节和音乐，中华民族的礼乐文化是中国古代文明的重要组成部分。　**麟**：麒麟。代表孔子，他的《春秋》别称"麟史"、"麟经"。　**里**：内。　**羲皇**：三皇之一的伏羲。　**郁郁**：形容风采文笔。　**道德**："道"指自然运行与人世共通的真理；而"德"是指人世的德性、品行。　**王道**：圣人成了君王，其统治即是王道，儒家尊崇的"圣王之道"。　**彰**：表露。　**踵步武**：追踵步武。跟着前人的脚步走。　**醇厚**：为人淳厚谦逊。　**乔煌**：明媚辉煌之意。　**自兹**：自此。　**小儒**：学问浅漏的儒者。　**鹖鸣**：鹖鸣似鸡，勇于斗，一死乃止。　《礼记·月令》："鹖鸣不鸣。"相传黄帝和炎帝争夺天下时，在河北阪泉大战，就曾"帅熊罴狼，驱虎豹为前，驱雕鹖鹰鸢为旗帜"。其中鹖指的就是这种雄鸡。　**雕华**："雕"，大型猛禽。"华"，美丽而有光彩。　**博**：博取。　**科第**：科举考试。　**矜骄**：自大倨傲。　**明堂**：古代君王宣明政教和选士的地方。　**学术**：指治国之术。　**坐**：停留。　**浮薄**：轻薄，不朴实。　**经术**：经学，此处指儒学的造诣。　**弥**：充满。　**乖张**：形容人偏执、不驯服，与众不同。　**作伪**：弄虚作假。　**悉**：全部。　**华**：浮华。　**挽**：挽救。　**澜狂**：

17

狂澜。危险的局势。

[14] **含光**：蕴含光彩。谓内蕴不外露。比喻至德。　**改**：改变。　**蕴**：蕴含,蕴藏。**灵**：灵性。天赋的智慧。　**不倍**：不加倍。《礼记·大学》："上恤孤而民不倍。"郑玄注："不倍,不相倍。"　**发**：放,射。　**菁**：华丽。　**采**：精神上的活力或生气。**至性**：天赋的卓绝的品性。　**蹉跎**：时间白白地过去,事情没有进展。　**去**：特指刚过去的一年;去年。　**尤**：更加,格外,尤其。　**悔**：懊悔。　**好古**：崇尚古代的道德。　**参以**：检验。　**今**：现在。　**迥然**：形容差别很大,完全不相同。**会**：表示聚合、聚拢集合。　**真宰**：指自然之性。或指君主。　**天机**：谓天赋灵机。**尘海**：尘世;人间。

[15] **交**：相互。交叉。　**生明**：生明亮。　**造诣**：学业所达到的程度。　**孤往**：独自前往,喻指归隐。　**同声**：志趣相同者。　**联**：联结,彼此结合。　**非族**：非同类之人。　**关情**：动心,牵动情怀。　**矧**：况且。　**肺腑**：内心深处。　**通**：通达,没有障碍。　**生平**：一生。人的整个生活过程。　**关河**：关山河川、关塞、关防等。　**兹**：此。　**风月**：清风明月。　**盟**：指结拜弟兄。　**心曲**：内心深处的感怀。　**倾**：向往。　**具道**：具体详细地说出来。　**挑灯**：点灯。　**残更**：深夜。旧时将一夜分为五更,第五更时称残更。

2. 湘江竹枝词五首

（道光二十年至道光二十八年）[1]

湘水南来湾复湾,湘山杳蔼簇螺鬟。渔翁打桨唱歌去,摇动绿云天地间。[2]

他家船上饲鸬鹚,我家船头补网丝。网得鲋鱼没人问,自家沽酒自家炊。[3]

清波远接洞庭长，大船小船随流忙。惟有橘洲不流去，长年浮住水中央。[4]

梅雨连天四月分，抱黄仙洞碧氤氲。试上妙高亭子望，七十二峰多白云。[5]

不晴不雨烟雾连，西风正是赛香天。同游南岳同船坐，饱啖黄精不羡仙。[6]

释：

这是现存许瑶光最早的山水风情诗，在城南书院肄业时所作。

注：

[1] 竹枝词：乐府《近代曲》之一。本为巴渝（今四川东部）一带民歌，唐诗人刘禹锡据以改作新词，歌咏三峡风光和男女恋情，盛行于世。后人所作也多咏当地风土或儿女柔情。其形式为七言绝句，语言通俗，音调轻快。

[2] 湘山：山名。即君山。在湖南省岳阳市西南洞庭湖中。　　杳：深远；高远。隐约。蔼：茂盛貌。笼罩；布满。　　簇：丛集；聚集。　　螺鬟：螺鬟烟发，形容盘旋直上、云烟缭绕的峰峦。

[3] 鸬鹚：俗名鱼鹰，渔人常驯养之以捕鱼。

[4] 长：远，不近。　　橘洲：今称"橘子洲"。

[5] 抱：环绕。　　黄仙洞：俗称黄金洞，位于大洪山山脉之南。　　碧：青白色。氤氲：古代指阴阳二气交会和合之状。指弥漫的烟气。　　妙高：长沙城南妙高峰。亭子：城南书院卷云亭。　　七十二峰：指南岳衡山七十二峰。

[6] 西风：多指秋风、秋天。　　香：指谷物熟后的气味。　　南岳：指衡山。　　啖：吃。品尝。　　黄精：中药，味甘平无毒。主补中益气，除风湿。久服延年。《别录》以为其得坤土之精粹，故谓之黄精。

3. 沔阳女儿行

(道光二十年至道光二十八年)[1]

沔阳女儿年十五,流离转鬻沅江浦。穷岛依人投失主,含辛茹苦垂双羽。[2]依稀记得别家时,阿耶早岁将侬许。某村某水某人家,寒林双树同心花。[3]花逐狂风飘忽去,旧林回首知何处。鸿雁南翔燕北归,水远山长隔烟雾。[4]断港荒流望海心,可能重渡蓝桥路。缺月团栾纵有时,银河阻绝终难遇。[5]奉帚挥匜忍自持,那知岁月如流注。来时九年今六年,主人怜我市花钿。多谢主人意,自说儿时事。[6]野水莲花旧有根,珠归合浦双双泪。主人微哂道儿痴,沧桑变幻无定期。[7]君山北望波渺渺,风雨摧折斑竹枝。可怜竹枝节不朽,泪痕交错黄金扣。[8]欲语不语情转坚,未动主人动太守。太守清风兰芷香,呼儿一一问家乡。[9]亲裁翠简飞邮递,门巷深深探绿杨。朗朗书声出矮屋,果然长大一儿郎。[10]离鸾复聚歌弥烈,别鹤重归语更长。为作沔阳女儿曲,何如海上牧羝羊。[11]

释:
诗中既希望现今有"清风太守"能解救民间苦难,又认为这是"海上牧羝羊",是不现实之事。

注:
[1]沔阳:今仙桃市,位于长江、汉水交汇冲积的三角洲上。 行:古诗的一种体裁。或名曰乐府,诗之可歌也。汉魏乐府诗产生以后,文人受乐府诗的影响而创作的以五言和七言为主,偶间杂言的诗歌作品。乐府中有歌有谣,有吟有引,有行有曲。

[2]转鬻:谓另投别主,卖身为佣。 沅江:地处湖南省东北部、洞庭湖滨。 浦:江河与支流的汇合处。 投失:投错。 垂双羽:双眼流泪。

[3]依稀:仿佛。 阿耶:同阿爷,父亲。 早岁:早年。 许:许配。 侬:吴语"你"。 寒林:秋冬的林木。指贫寒的村落,或寒冷的野外。 双树:指两人。

同心花：情投意合的爱情。

[4] 逐：随；跟随。　　飘忽：指生活动荡漂泊。　　旧林：禽鸟往日栖息之所，比喻故乡。　　回首：回想，回忆。　　鸿雁：俗称大雁，一种候鸟。后即用以比喻灾乱流离之民。　　水远山长：形容路途遥远，关山阻隔。宋辛弃疾《临江仙》词："忆得旧时携手处，如今水远山长"。

[5] 断港：同别处的水流不相通的港汊。　　荒流：不通江湖大海的小河。　　海心：海中。　　蓝桥：常用作男女约会之处。　　缺月：不圆之月。　　团栾：指圆月。团聚。　　银河：又名天河、天汉、星河、银汉。晴天夜晚，天空呈现的银白色由大量恒星构成的光带。

[6] 奉帚：持帚洒扫。　　挥匜：抛洒，甩出盥洗盛水之具的水。　　自持：自我克制。　　岁月如流注：形容时光流逝，如流水之快。　　九年：九岁。　　今：至今。　　怜：通"吝"。吝惜。　　市：购买。　　花钿：用金翠珠宝制成的花形首饰。

[7] 野水：野外的水流。　　珠归合浦：珠还合浦，成语典故。出自《后汉书·循吏传》：合浦郡海出珠宝。原宰守并多贪秽，采求无度，珠遂徙于邻境交趾郡界。及孟尝赴任，革易前弊，未逾岁，去珠复还。后遂用"珠还合浦"比喻东西失而复得或人去而复回。　　双双泪：双泪垂。　　哂：讥笑。　　痴：幼稚，天真；愚笨；迷恋，入迷。　　沧桑："沧海桑田"的略语。比喻世事变化巨大。

[8] 君山：山名。在湖南洞庭湖口，又名湘山。　　渺渺：幽远貌；悠远貌。　　斑竹：一种茎上有紫褐色斑点的竹子，也叫湘妃竹。　　节：竹节。泛指草木枝干间坚实结节的部分。　　交错：交叉；错杂。　　黄金扣：金黄色的覆盖。

[9] 情：情绪。　　坚：坚强。　　太守：秦汉以后太守不再是正式官名，仅用作刺史或知府的别称。明清则专称知府。　　清风：高洁的品格。　　兰芷：兰草与白芷，皆香草。　　呼：呼唤。

[10] 裁：写作。　　翠简：书简。书信。　　长大：年满 18 周岁的人，即可称之长大，超过 20 周岁为真正意义上的长大成人。　　儿郎：男儿；男子。

[11] 离鸾：比喻分离的配偶。　　歌：对歌。　　弥：更加。　　烈：热烈。　　别鹤：喻离散的夫妇。南朝宋鲍照《拟行路难》诗之三："宁作野中之双凫，不愿云间之别鹤。"　　为作：造作。　　何如：用反问的语气表示胜过或不如。　　海上：指湖滨。李善注引《汉书》："匈奴乃徙苏武北海上无人处。"　　牧羝羊：《汉书·苏武传》："乃徙武北海上无人处，使牧羝，羝乳乃得归。"羝羊，公羊也。羝乳，公羊产乳，喻不可能发生之事。

4. 射蟒台怀古

(道光二十年至道光二十八年)[1]

玉笥铜官朝雾黑，骋雨驰风春莫测。昭潭下有毒龙藏，鼓刺掀鬐翻水国。[2]腾波忽见土台高，屏息收声出不得。台势何岑岑，吸景纳光湘江浔。[3]斯台何始始东晋，永昌之载陶公临。公性勤敏理微密，志埽鲸鲵忧陆沉。[4]猗卢在野石羯肆，幺麽何暇强弓寻。老叟攀辕向公语，为虺勿摧祸将巨。[5]云麓山腰抱黄洞，涵淹卵育潜蛟处。儵昱绝电色妖露，双目眇暗夜如炬。[6]影沙礜石川倒流，噏波喷野将谁拒。五马渡江去，一马化为龙。[7]公木扶龙来帝室，磨刀请贯乖龙胸。玉腰弓弝金鋜箭，虎头燕颔军容变。[8]林薄遥窥妖火明，霹雳一声浑不见。毒雾漫山顷刻收。惟见澄江净如练。[9]湘水潺潺去不回，江花江草绕荒台。晋代衣冠问烟雾，风流裒屐安在哉。[10]爱惜分阴苏国脉，惟公不与挥麈谈元之辈同尘埃。[11]当时紫陌移龟穴，蜂目已露豺声裂。击凤徒思温太真，闻鸡空蹴刘琨烈。[12]牧猪奴子戏樗蒲，中原大恨凭谁雪。铜驼石马荆棘横，石头一战雌雄决。噫嘻乎！蛟窟何如兔窟藏，愿公挽弩暂彷徨。[13]

释：

此诗从岳麓山"昭潭下有毒龙藏"写到陶侃"磨刀请贯乖龙胸"。再从大禹"爱惜分阴苏国脉"写到"八王之乱"、"五马渡江"，怀念温峤"计间钱凤，忠心救国"和刘琨"抗击匈奴，志存社稷"。最后在赞叹中认为蛟龙避祸无术，"愿公挽弩暂彷徨"。

注：

[1] **射蟒台**：位于长沙市小西门外湘江边白鹤观，传说为东晋名将陶侃设台射蟒处。相传大禹治水时，曾把一条殃及百姓的大蟒降服，关在岳麓山抱黄洞中，还用禹王碑镇压着。年深日久后，神碑失去神威，妖蟒出逃，常浮悬空中双眼为灯，吐舌为桥，吞食生民。陶侃镇长沙时，乃于白鹤观筑台，操弓射灯，杀死蛇妖。　　**怀古**：思念古代的人和事。

[2] **玉笋**：喻秀丽耸立的山峰。　　**铜官**：铜官镇，位于湖南省长沙市沿湘江下游东岸。**骋雨**：狂雨。　　**驰风**：疾风。　　**昭潭**：在湖南省长沙县南昭山下。相传周昭王南征不复，没于此潭，故名。　　**毒龙**：凶恶的龙。　　**鼓**：凸起；涨大。　　**刺**：尖锐像针的东西。　　**掀**：兴起。　　**鬣**：泛指动物颈上的长毛。　　**水国**：犹水乡，此处指长沙。

[3] **腾波**：翻腾的波浪。　　**屏息收声**：抑制语声和呼吸。形容畏惧、小心的样子。**岑岑**：高貌。　　**吸景**：摄取日光。　　**纳光**：接纳时光。　　**浒**：水边。

[4] **何始**：何时开始。　　**永昌之载**：东晋明帝永昌年间(322—323)。　　**陶公**：陶侃，东晋名将，封长沙郡公，葬于长沙南20里处。　　**公性勤敏理微密**：《晋书》记载："(陶)侃性聪敏，勤于吏职。"陶侃在任职期间，对各类公文书函都及时处理答复。　　**埽**：除掉；消灭。　　**鲸鲵**：即鲸。雄曰鲸，雌曰鲵。比喻凶恶的敌人。

[5] **猗卢在野石羯肆**：猗卢，西晋鲜卑首领拓跋猗卢。石羯，指羯族首领，建立后赵政权。指陶侃居于多民族杂处的时代。　　**幺麼何暇强弓寻**：幺麼，微不足道的人，陶侃被人称为"望非世族、俗异诸华"的人。明诗人陆相《射蟒台》诗云："烧丹人去但空崖，古洞年深锁绿苔。我有强弓无用处，春风闲上射蛟台。"　　**攀辕**：拉住车辕，不让车走。旧时用作挽留好官的诔辞。　　**虺**：蝮蛇一类的毒蛇。　　**摧**：摧毁。

[6] **云麓**：岳麓山顶的云麓峰。也指岳麓山。　　**抱黄洞**：即今人所称蟒蛇洞。　　**涵淹**：潜伏。　　**卵育**：谓孵育繁殖。　　**鯈**：古代神话传说中的鱼名。《太平御览》卷九三七引《山海经》："带山苃湖之水，其中多鯈鱼。其状如鸡，而赤毛，三尾、六足、四首；其音如鹊。食之已忧。"　　**昱**：明亮。照耀。　　**绝电**：瞬息即逝的闪电。常用以比喻速度极快。　　**色妖**：好女色的精怪。　　**眇**：眼睛小。　　**暚**：明。　　**炬**：火把。灯火。

[7] 曩：飞卷；翻飞。　　礐石：大石。　　噏波："噏"通"吸"，吸取波浪，出自西晋木华《海赋》，该赋描写大海气势浩瀚，物产丰富，多神怪精灵："鱼则横海之鲸，突扤孤游；戛岩嵓，偃高涛，茹鳞甲，吞龙舟，噏波则洪涟踧踖，吹澇则百川倒流。"　　喷：喷出，喷吐。野：田野。　　五马渡江去，一马化为龙：即"五马渡江一化龙"，指西晋末，皇族司马氏五王（琅琊王、汝南王、西阳王、南顿王、彭城王）避战乱南渡长江，最后琅琊王司马睿于建邺（今南京）建立东晋王朝事。

[8] 木：质朴。谓拙直。　　贯：指穿刺。　　乖龙：传说中的孽龙。　　玉腰：西夏称用竹牛角制成的一种强弓。　　弓弝：弓身正中手把握处。　　金龇箭：饰以金箭头之箭矢。　　虎头燕颔：成语典故。旧时形容王侯的贵相或武将威武相貌。典出《后汉书·班超传》："（班超）行诣相者曰：'祭酒，布衣诸生耳，而当封侯万里之外。'超问其状。相者指曰：'生燕颔虎颈，飞而食肉，此万里侯相也。'"

[9] 林薄：交错丛生的草木。　　霹雳：响雷。　　浑：全，整个。　　毒雾漫山：漫山的大蟒毒雾。　　澄江：清澈的江水。　　练：练过的布帛。一般指白绢。

[10] 溁溁：流水声。　　江花江草：成语典故。年年依旧，岂有终境。典出杜甫《哀江头》诗："人生有情泪沾臆，江水江花岂终极。"　　晋代衣冠：成语典故。代称缙绅、士大夫。典出唐李白《登金陵凤凰台》诗："吴宫花草埋幽径，晋代衣冠成古丘。"古丘，古墓。风流：指杰出不凡的人物。　　裙屐：裙，下裳；屐，木底鞋。指六朝贵族子弟的衣着。安在：在什么地方。　　哉：语气助词。表示感叹。

[11] 爱惜分阴：成语典故。分阴，谓极短的时间。典出《晋书·陶侃传》："大禹圣者，乃惜寸阴，至于众人，当惜分阴。"　　苏：苏醒；复活。　　国脉：国家的命脉。　　挥麈：晋人清谈时，常挥动麈尾以为谈助。后因称谈论为挥麈。　　谈元：谈圆说通，论说权变之道。　　尘埃：犹尘俗。犹言庸俗。

[12] 紫陌：指长沙郡郊的道路。　　龟穴：风水宝地，指禹王碑。　　蜂目：眼睛像胡蜂，形容相貌凶悍。　　豺声：比喻凶恶残忍者的声音。　　裂：裂裂，象声词。　　蜂目豺声：成语典故，形容坏人。典出《左传·文公元年》："蜂目而豺声，恶人也"。　　击凤：东晋大臣温峤计间钱凤，中国历史上经典反间计之一。当时东晋明帝司马绍暗弱，权臣王敦谋反，王导、陶侃这些中兴能臣对朝廷也不十分尊敬。温峤在一次宴席中，设计伪

醉"以手击落钱凤酒杯"，离间王敦和他心腹钱凤的关系，破坏了王敦起兵谋反事。作为从北方流亡来的温峤对司马氏的忠心实在难得。　　**温太真：**温峤，字太真。　　**闻鸡：**"闻鸡起舞"为志士仁人及时奋发之典。　　**蹴：**蹴踏，踌躇，踌躇满志，心满意足，从容自得的样子。　　**刘琨：**西晋诗人。《晋书·祖逖传》记载过他夜间闻鸡起舞的故事。怀帝永嘉元年(307)，持续了近十年的八王之乱的尾声中，为了抗击匈奴，刘琨被任命为并州刺史。刘琨不长于政治军事才略，在艰危困顿中志存社稷，屡经挫败，却锲而不舍，终被杀害。在当时的文人中确属难能可贵。　　**烈：**坚贞。

[13] **牧猪奴子戏樗蒲：**仍指温峤计间钱凤。樗蒲，古代一种博戏。牧猪奴，指赌徒。李光《友人刘竞生续学保定诗以送之》："缟纻惯交屠狗客，樗蒲忍逐牧猪奴。"　　**中原大恨：**指西晋为匈奴刘曜所亡事。　　**凭谁：**何人。　　**雪：**洗刷，昭雪。　　**铜驼：**铜铸的骆驼。多置于宫门寝殿之前。借指京城，宫廷。　　**石马：**石雕的马。古时多列于帝王及贵官墓前。　　**荆棘：**"铜驼荆棘"喻世乱荒凉。形容国土沦陷后残破的景象。　　**横：**充满。　　**石头：**石头城，建邺(今南京)，省作"石头"、"石城"。　　**一战雌雄决：**晋武帝司马炎死，惠帝即位，统治集团内部矛盾愈演愈烈，终于爆发了"八王之乱"。所谓"八王"，一般指汝南王亮、楚王玮、赵王伦、齐王冏、河间王颙、成都王颖、长沙王乂和东海王越。他们为争夺中央统治权，先是同外戚杨、贾两家斗争，而后宗室诸王兵戎相见，直到西晋灭亡前夕。306年，东海王越入朝专政，以后又毒死惠帝，诸王力量消耗殆尽，"八王之乱"才告结束。西晋末司马睿与西阳、汝南、南顿、彭城等五王南渡长江，于建邺建立东晋王朝，司马睿即位称帝。　　**噫嘻：**叹词。表示赞叹、慨叹。　　**乎：**语气助词，相当于"啊"。　　**何如：**用反问的语气表示不如。　　**蛟窟：**意思是龙宫。　　**兔窟藏：**兔子的巢穴。"狡兔三窟"之省。比喻藏身之处甚多，避祸有术。　　**挽弩：**挽弓弩，形容射箭前的动作。　　**彷徨：**优游自得。

5. 阿芙蓉咏十四首

(道光二十年至道光二十八年)[1]

绿雾缯云海外山，青瞳绀发古时颜。频年满载芙蓉土，巨舰齐停浪泊湾。[2]

快蠏扒龙濠镜前,赤藤手握鏨花钱。金枪抛落神州去,从此人间有禁烟。[3]

白纯红燥品分明,试火宵然短玉檠。更有团圞人不识,银刀剖出紫花饧。[4]

精铜磨炼出圆瓢,青竹箄儿沸水浇。寄语海鸥敲榾柮,夜来炉火要频烧。[5]

不袋鹌鹑割绛纱,不笼蟋蟀饲黄花。齐飞六鹤无人问,海上新来紫玉鸦。[6]

镔铁方盘鋈白银,法蓝小盒蹙麒麟。蔗枪金托沈泥斗,巧样西洋馆里新。[7]

已没银蟾夜气凝,虾须帘箔窣层层。休嫌斗帐无光采,红毯长添凤脑灯。[8]

无管争吹引凤箫,鸡鸣枕畔堕珠翘。牙床玉体横陈日,别有氤氲气不消。[9]

匆匆不及卸云鬟,鸾镜台前解玉环。自卷一双蝴蝶袖,香痕撩乱唾花斑。[10]

为滚珠泡的䓖圆,搓酥宛转蘸螺旋。十分火候成功否,供奉惟应让鼻先。[11]

银缕垂垂缀素馨，香魂沉醉几时醒。阿侬新病长卿渴，为买林檎蔗杆青。[12]

凤肩高耸不因寒，每到黄昏出玉阑。生怕抬头望新月，乌云西海正漫漫。[13]

绕屋烟霞此卧游，水纹碧簟睡痕秋。高高斜倚龙须枕，梦见蚩尤雾不收。[14]

惨淡乾坤贮一壶，模糊岁月伴灯孤。晓来试取菱花照，可似当年玉貌无。[15]

释：

外夷的"巨舰""频年满载芙蓉土"，鸦片烟毒连年输入，大量的白银被"錾花钱"。道光十九年(1839)林则徐禁烟，不少人仍从"试火宵然短玉檠"入瘾，成天与烟具为伴。道光二十一年四月中英在广东地区战争七天后休战，"已没银蟾夜气凝"，而仍"别有氤氲气不消"。当时中国已经破败，清朝投降派仍在梦想外夷终归会退出中国。在鸦片战争前后，爱国诗人写了不少民族自尊、自救和自卫的诗，这是当时一篇较好的劝世诗，其中也表示了诗人对清政府的失望，曾为时人所推崇。

注：

[1] 阿芙蓉：即鸦片。　　咏：为诗体名。用诗词等形式来写景抒情。

[2] 绿雾：青茫茫的雾气。　　缯云：厚云。　　海外山：指外国。　　青瞳：绿色的瞳睛。　　绀发：青红色的头发。　　古时颜：古代人的面貌，此处指外国洋人。　　频年：连年。　　芙蓉土：鸦片烟土。　　浪泊湾：避浪的泊船海湾。

[3] 快蟹：蟹同"蟹"。清道光、咸丰、同治时战船名。其式仿广东船，左右桨多至二十余，其行甚速。　　扒龙：清末一种装备武器的手划的走私快艇。　　濠镜：平静如镜的护城河。　　赤藤：又名红藤。产南方山中，古代用以作杖。　　錾花钱：将银子一块一

块凿走。錾,凿刻。花钱,花银,通常指成色较纯的银子。　　金枪:古兵器之一种。此处指烟枪。　　神州:中国的别称。

[4]燥:燥热。燥烈。　　品:品质。　　试火宵然:夜晚试抽鸦片。然,助词,在词尾表状态。　　檠:灯台。指烟灯。　　团圑:浑圆貌。　　紫花饧:用麦芽糖做的一种花式糖果。

[5]精铜:精炼的铜。　　磨炼:冶炼锻造。　　青竹箪儿沸水浇:做竹制笼具时要用沸水浇。箪,笼具。　　寄语:传话,转告。　　海鸥:一种战船名。　　敲:敲打。楉柚(骨柮):木柴块,树根疙瘩。可代炭用。

[6]不袋鹌鹑:不斗鹌鹑。鹌鹑是清代八旗子弟玩乐的一种吉祥鸟,性好斗,玩时把鹌鹑装在布袋里,拿到茶馆里放在笼子里,两个鹌鹑一见面就斗,主人以此用来打赌。　　割:方言,制作。　　绛纱:红纱。纱,绢之轻细者。　　不笼蟋蟀:不玩蛐蛐。　　饲黄花:这是感恩图报之典故。意为对生灵的爱护会有好的报应。典出《后汉书·杨震传》中的注引《续齐谐记》,杨震父亲杨宝九岁时,在华阴山北,见一黄雀被老鹰所伤,坠落树下为蝼蚁所困。杨宝怜之,将雀带回放在巾箱中,喂饲黄花。百日之后,黄雀羽毛丰满,就飞走了。当夜,有一黄衣童子向杨宝拜谢说:“我是西王母的使者,君仁爱救拯,实感成济。”并以白环四枚赠给杨宝,说可保佑杨宝的子孙位列三公,为政清廉,处世行事像这玉环一样洁白无瑕。　　齐飞六鹤:“六鹤齐飞”。这是制成短箭六枝,箭头用象牙装饰,雕成仙鹤形状,然后投掷在一个飞旋的转盘上,根据击中方位以定胜负,输家罚饮。无人问:无人人关心询问。　　海上:海边。　　紫玉:紫色宝玉或紫竹。　　鸦:鸦片烟具。

[7]镔铁方盘:指放烟具的盘。镔铁,泛指精铁。　　釜:镀。　　法蓝小盒:存鸦片的景泰蓝盒。　　瘗:愁苦貌。　　麒麟:古代传说中的一种象征祥瑞的动物。有时用来比喻才能杰出、德才兼备的人。　　蔗枪金托:烟枪。　　沈:亦作“沉”。沉积。沉浸。泥:烟土。　　斗:像舀水的勺子。　　巧样:灵巧、精致的式样。　　西洋馆:指英国人开的烟馆。

[8]银蟾:月亮的别称。　　夜气凝:夜晚气色凝重。　　虾须帘箔:帘子,多以竹、苇编成。　　窣:下垂。　　层层:一层又一层。　　斗帐:形如覆斗的小营帐,小军帐。

红毯:帐内红毯。　　　　凤脑:凤凰的脑子。传说中为周穆王西征所用的灯油。西周常受游牧部落攻掠。周穆王曾两次率军西征,大败西戎部落,打通了前往西域的道路。

[9] 争吹:出自元朝诗人谢应芳《一翦梅四首》:"东风吹醒老梅枝。南也芳菲。北也芳菲。月明半夜五更时。笛也争吹。角也争吹。"描写梅花初开景象。　　　引凤箫:明代小说《引凤箫》,曾为禁书,讲为善者终有益,作恶者徒自伤。轻薄儿冒名才子贪心淫欲,虽可勾引贱奴婢,却被千金慧眼识破。蠢才终葬身鱼腹,唯是真名士自出头,白引终娶金凤为妻,收霞箫为妾。　　　鸡鸣枕畔:犹枕畔娇啼。　　　堕:落下。　　　珠翘:用珠子缀成的妇女首饰。　　　牙床:饰以象牙的眠床或坐榻。亦泛指精美的床。　　　玉体:多指美女的身体。　　　横陈:横卧,横躺。　　　别有:另有。　　　氤氲:指弥漫浓烈的鸦片烟气。

[10] 云鬟:高耸的环形发髻。　　　鸾镜台:指梳妆镜台。　　　解玉环:结秦晋,比喻两姓联姻。见清代小说家陈朗《雪月梅》:"解玉环刘苏结秦晋。"　　　蝴蝶袖:像蝴蝶翅膀的衣袖。　　　香痕撩乱唾花斑:香粉痕迹杂乱,都是唾沫的花纹和斑点。

[11] 珠泡:指鸦片烟泡。　　　的皪圆:犹言的溜圆。　　　搓:揉擦。　　　酥:比喻物之洁白柔软而滑腻。　　　宛转:随顺变化。　　　蘸:谓将物体浸入液体、粉末或糊状物里沾一下就拿出来。　　　螺旋:像螺蛳壳纹理的曲线形。

[12] 银缕:银丝。银缕衣。　　　缀:装饰。点缀。　　　素馨:常绿灌木,原产印度,后移植于我国南方地区。以其花色白而芳香,故称。　　　香魂:美人之魂灵。　　　沉醉:比喻深深地迷恋某种事物或沉浸在某种境界当中。　　　阿侬:古代吴人的自称。也称对方。　　　长卿渴:长卿病。汉辞赋家司马相如字长卿。"相如口吃而善著书。常有消渴疾。"后以"长卿病"形容文人之病。消渴即糖尿病之口渴善饥症状。　　　林檎:植物名。又名花红、沙果。果实卵形或近球形,此处指烟泡。　　　青:指没有成熟的庄稼。

[13] 凤肩:女子漏肩膀。　　　出玉阑:出门。阑,门前栅栏;栏杆。　　　乌云:比喻险恶的形势。　　　西海:对中原而言,指西方;指西洋。　　　漫漫:遍布貌。

[14] 烟霞:烟雾。　　　水纹:月光下水波荡漾。　　　碧簟:绿色的供坐卧铺垫用的苇席或竹席。　　　睡痕:眼角的睡痕、皱纹。　　　秋:对时光易逝的感叹。　　　高高斜倚龙

须枕：高枕无忧。龙须枕,用龙须草编成的枕头。　　梦见蚩尤：梦见蚩尤入侵中原。
雾不收：鸦片烟雾不控制。

[15] 惨淡：悲惨暗淡。　　乾坤：国家;天下局势。　　贮一壶：唐元稹《春分投简阳明洞天作》中"幢盖迎三洞,烟霞贮一壶"。一壶,道家传说壶中别有天地,因常以"一壶"喻宇宙或仙境。　　岁月：泛指时间。　　伴灯孤：孤灯为伴。　　晓来：天亮时。　　菱花：指菱花镜。亦泛指镜。　　可：副词。表示疑问。犹言是否。　　似：似乎。
玉貌：对人容颜的敬称。

6. 炎洲行

（道光二十年至道光二十八年）[1]

　　熊罴不自靖,拔木炎云洲。蹂躏率狐兔,千百皆其俦。[2]麒麟仁爱化以德,乃使五鹿宣怀柔。五鹿岳岳,戴头角角。[3]衔花有长技,触邪无奇略。长者逡巡,少者欲嗔。[4]海草蹴伤春无春,貔貅不出世。虎豹乃其群,扫巢荡穴尔何人。[5]

释：
此诗针对当时朝廷在对待英国鸦片和英军侵略问题上,"千百皆其俦"。道光帝"乃使五鹿宣怀柔"。以致"五鹿岳岳,戴头角角","长者逡巡,少者欲嗔"。在此"海草蹴伤春无春"之际,诗人祈盼貔貅出世,扫荡熊巢罴穴。

注：
[1] 炎洲：泛指南方炎热地区。　　行：乐曲。古诗的一种体裁,或名曰乐府,诗之可歌也。乐府中有歌有谣,有吟有引,有行有曲。

[2] 熊罴：熊和罴。皆为猛兽。比喻贪残的人。此处指英国侵略军。　　靖：平息,止息。　　拔木：大风拔起树木。古人以为灾异之变。　　炎云：红色的云。唐独孤及

《太行苦热行》:"炎云如烟火,溪谷将恐竭。"　　洲:水中的陆地,大陆及其附属岛屿的总称。　　蹂躏:侵扰;侵略。　　狐兔:狐和兔。亦以喻坏人、小人。　　千百:极言其多,比喻特别多。　　俦:同类。

[3] 麒麟:传说中的瑞兽,比喻才能杰出的人,此处指道光帝。　　仁爱:宽仁慈爱。化:变化,造化,教化,教育。　　德:道德,品行,恩惠;恩德。　　五鹿:复姓。指西汉五鹿充宗。《汉书·朱云传》载,充宗尝凭借权势与诸儒辩论,诸儒不敢与争,惟朱云多次将他驳倒。故时语曰:"五鹿岳岳,朱云折其角。"后借指能言善辩的人。　　岳岳:喻人位尊气盛,锋芒毕露。　　戴头:犹言捧着脑袋,不畏强暴,不怕杀头。　　角角:四角,四方。唐杜牧《郡斋独酌》诗:"中画一万国,角角棋布方。"犹角落。

[4] 衔花:受命。　　长技:擅长的本领。　　触邪:谓辨触奸邪。古代传说中有神羊,名獬豸,能辨邪触不正者。　　奇略:奇谋,奇策。　　逡巡:迟疑;犹豫。　　嗔:发怒;生气。

[5] 海草蹴伤:被海草喷出的液体接触了皮肤,伤口造成剧痛。海草是生长于温带、热带近海水下的单子叶高等植物,此处指外国侵略者。　　春无春:指由于闰月造成的立春处在春节前面而被称为"春无春",不是好日子。　　貔貅:古籍中的两种猛兽。比喻勇猛的战士。　　虎豹:喻指残暴之人。　　群:指其他同类动物聚集而成的群。　　扫巢荡穴:比喻彻底摧毁。　　尔:你。

7. 粤海从军咏四首

(道光二十年至道光二十八年)[1]

海畔牙璋调遣忙,黑番借衅扰零洋。明知粤瘴黄花甚,料理军装且起行。[2]

繁华艳说五羊城,城外新田种素馨。一阵奇花迎战士,香风缭绕大观亭。[3]。

快蟹扒龙第次排,连营十里锦帆开。夜烧银烛窥洋面,怕有乘潮敌舰来。[4]

负剑从戎赴海湄,青青榕树映旌旗。椎头斩尽还乡日,请把弓衣贮荔枝。[5]

释:

写"黑番借衅扰零洋"和广东边境情况,流露诗人"负剑从戎赴海湄",抵抗英军侵略的心情和愿望。

注:

[1] 粤海:指广东一带的海域,又作为广东或广州的代称。

[2] 海畔:指海边。　　牙璋:古代的一种兵符。借指将帅。　　借衅:利用借口挑衅。零洋:珠江口外零丁洋。　　瘴:瘴气,指南部、西南部地区山林间湿热蒸发能致病之气。　　黄花:指菊花。

[3] 艳说:艳羡地评说。　　五羊城:广州的别名。相传古代有五仙人乘五色羊执六穗秬而至此,故称。　　新田:开垦两年的田地。　　素馨:原产印度,后移植于我国南方地区。以其花色白而芳香,故称。　　缭绕:回环盘旋。　　大观亭:能对宏远和全貌观察的边境岗亭。

[4] 快蟹:蟹同"蟹"。清道光、咸丰、同治时战船名。其式仿广东船,左右桨多至二十余,其行甚速。　　扒龙:清末一种装备武器的手划的走私快艇。　　第次:等级,座次,第次之序。　　连营:连绵不绝营寨。　　锦帆:锦制的船帆。亦指有锦制船帆的船。银烛:巡视,考察之意,

[5] 负剑从戎:持剑投身军旅。　　海湄:海边。　　旌旗:军旗。　　椎头:椎状的头发,指外夷。　　弓衣:装弓的袋。　　贮:储存;收藏。

8. 湘江词二首

（道光二十年至道光二十八年）[1]

蔼蔼青云护女萝，春风回首十年过。妾心那似昭潭水，藏住蛟龙故作波。[2]

愿学湘娥副帝车，直随夫婿走天涯。苍梧绿竹何须怨，偕过百年还几家。[3]

释：

唐朝诗人白居易有《浪淘沙·借问江潮与海水》诗，为妇女呐喊出"人生莫作妇人身，百年苦乐由他人"的名句。许瑶光以舜帝与湘妃的故事，指出妇女应学湘妃随夫走天下，才能白头偕老。

注：

[1] 湘江词：词也是一种诗的别体，别称近体乐府，是配合宴乐乐曲而填写的歌诗。

[2] 蔼蔼：形容众多的样子。　女萝：植物名，多附生在松树上，成丝状下垂。　春风：比喻恩泽、融和的气氛。　妾心：出自唐代白居易的《浪淘沙·借问江潮与海水》"借问江潮与海水，何似君情与妾心？相恨不如潮有信，相思始觉海非深。"　昭潭水：昭潭在湘水又北，西对橘洲。谚曰：昭潭无底橘洲浮。　蛟龙：传说中一种善变化、能兴云雨、利万物的神异动物。　故作：指假装处于某一状态或情况。　波：兴风作波。

[3] 湘娥：指湘妃，相传为帝尧之二女，帝舜之二妃，曾助舜登上君位。　副：意为辅助。　帝车：即北斗星。指帝舜。《史记·天官书》："斗为帝车，运于中央，临制四乡。"　天涯：犹天边，指极远的地方。　苍梧绿竹：喻指帝舜和湘妃。　偕过百年：白头偕老，偕老百岁。

9. 勖　志

（道光二十年至道光二十八年）[1]

　　余于世无忤，而忌者不遗余力，乍遭非分，不能无介于怀。既而深思，若有由致，作诗自勖。[2]

　　明月出东岭，时被浮云封。春花吐幽艳，攒撩来群蜂。[3]万汇忌光采，高明世难容。弭谤谤更至，蝇点咎黄琮。[4]忌我实爱我，无为撄机锋。毁誉两不计，天机日酖酖。[5]佩刀莫露刃，登高莫极峰。藏身以为宝，蠖屈而伸龙。[6]

释：

许瑶光读书出众，忽遭非分，经深思后认为"若有由致"、"忌我实爱我"而作诗自勉。

注：

[1] 勖：勉励。　　志：志向。

[2] 无忤：不抵触；不违逆。　　忌：嫉妒；憎恨。　　乍：忽然。　　非分：非本分所应有。　　无介于怀：把小人的非议不放在心里。　　由致：由原因造成。

[3] 幽艳：文静秀美。　　攒：聚集。　　撩：挑逗；招惹。

[4] 万汇：犹万物，万类。　　高明：高超明智。　　弭谤：禁止非议。　　蝇点：比喻遭到谗人的诽谤诬蔑。　　咎：过失，罪过；怪罪，处分。　　黄琮：黄色的瑞玉，古代祭祀所用。

[5] 无为：无所作为。　　撄：触犯，招致。　　机锋：泛指机警锋利的语句。　　毁誉：诋毁和赞誉。　　天机：犹灵性。谓天赋灵机。　　酖酖：浓厚。

[6] 蠖屈：屈身以居下位，退隐。　　伸：展现。　　龙：喻才俊之士。

10. 杨花薄曲

（道光二十年至道光二十八年）[1]

　　西蜀杨少眉（国荣）将家子纳粟补黔阳，合蓄爱姬二，长骆姬，次周姬，皆蜀人。少眉弦断，以偏易正，遂妻骆姬。骆悍而妒，周婉而贞。骆意不容周，而进难于谤泪。少眉丁母忧归蜀，寓二姬于湘城东。骆乘衅逐周，周始居尼庵，继居子傅胡教授家，胡母怜而留之。少眉返，骆作骊姬诉，遂诬周。少眉不察，舁周归，牢之土室，绝其饮粒，不死遽纳之棺。周泪涔涔下，有紫玉重生望，少眉不顾也。殓以破敝红衫，厝其馆于城北铁佛浮屠寺中。舁棺时阴风惨烈，愤雨横飞，电光雷震相随不绝，倘亦沈冤所致乎。先是被饿时，周有小婢名素馨者，私以杯水进，少眉痛加鞭楚，以故无敢以食进者。周有子女二人，亦绝不与通。少眉真薄情郎也，为作杨花薄曲。徐梅庄（泽醇）廉访察其实，斧棺重验，讯案时有蛇缠于公堂之梁，以诉冤者，湘人莫不诧异。已而镌少眉，取骆自缢死。好事者为作《土牢记》，里巷有能诵之者。[2]

　　夜雨湘江啼蜀魄，声声似怨东风恶。东风飘荡入杨花，可惜杨花太轻薄。杨枝旧种锦城中，亚夫营前雨露浓。[3]一双燕子衔泥住，软襟交舞夕阳红。帷庙泉丘征旧梦，银环不妒双弦弄。鸾胶忽断正宫声，美珥谁教薛公送。[4]早见黄姑替月光，独把朝云供侍从。同织青蒲入木门，季兰心性本温存。一旦绿衣居翟荓，遂教桃叶妒桃根。[5]藁砧出宰黔阳土，芙蓉楼上箫声谱。同看琴堂万顷花，朝朝暮暮常相聚。金井从无乱步来，婥孟谗言噤莫吐。[6]蛾眉霜色顿生寒，压损菱花珠泪弹。收拾银章营宰树。独留家寄楚云端。楚云遥望蜀云暮，白衣苍狗须臾故。[7]少女风高势总狂，蹂花躏柳纷无数。不是蛾眉谣诼多，谅因狐媚羞成怒。独抱冰心河水深，一种闲愁向谁诉。[8]荆棘纵横兰蕙焦，婵娟鬓影乱骚骚。且伴玉真佺入道，当归种遍应生苗。待得郎归都告与，低徊说尽莲心苦。[9]那知郎意似春水，磨牙更胜胭脂虎。鸩鸟为媒入间言，采凤随鸦摧吉羽，安置红墙锁翠蛾，渴辙谁加一滴波。[10]可怜骨似香桃瘦，荷荷空呼没奈何。仓皇揉碎鸳鸯牒，忍把名花生覆压。名花落地亦无声，但见棠梨风猎猎。[11]

棠梨空对殡宫开,冤云四压浮屠摧。愁霖妖雾昼昏黑,青枫黯黯磷火来。铁佛无情徒岂崿,儿女双双竟谁托。[12]破敝红衫赴夜台,欲把因缘问寥廓。最是匆匆永诀时,双泪带雨梨花枝。妾身零落何足惜,莫遣郎情世共知。[13]

释:

这是一则发生在湘城的真人实事。作者根据民间记载作曲,表示对薄命蜀女的同情,最终清官出现,薄情郎被降职并调至边远之地,悍妇自缢死。

注:

[1] **杨花**:古代诗词中"杨柳"不是指杨树和柳树,而是指柳树。杨花指"柳絮",轻柔多情。   **薄**:薄,指人命运不幸,薄命。   **曲**:一种诗体的形式,多口语。亦泛指乐曲的唱词。

[2] **纳粟**:古代富人捐粟以取得官爵或赎罪。   **补**:填补(缺额)。   **合蓄**:总共蓄养内人。内人,妻妾等。   **弦断**:琴弦断了,喻指正房去世。   **妻**:此处指娶。   **贞**:旧称女子操守洁净。   **谤**:恶意攻击别人。   **洎**:至,及。   **丁母忧**:母亲去世之丧。   **子傅**:官名。   **骊姬诉**:骊姬,春秋时期晋献公妃子,阴险狡诈,离间挑拨晋献公与儿子申生、重耳、夷吾的感情,迫使申生自杀,重耳、夷吾逃亡,改立自己所生之子奚齐为太子,史称"骊姬之乱"。   **赍**:携带。   **遽**:仓促。   **涔涔**:泪落不止。   **紫玉重生**:指吴王夫差小女紫玉,年十八,爱上家仆韩重,两人私订终身。韩重自知学问不够,便决定远赴齐、鲁游学。临行时,托父母向吴王代为提亲。三年后学成归国。不料父母告知,吴王大怒峻拒,紫玉郁结于心而死,葬于阊门外。韩重往吊,紫玉芳魂自墓中飘出相见,并完成合卺之礼,紫玉赠明珠为信物。韩重持明珠诣王,言成婚事,王怒斥爱女已亡,怎能成婚? 一定是盗墓取得,下令逮捕。韩重逃脱,奔至墓地,诉说经过,紫玉便亲自返家,禀报始末。王见紫玉,惊问:"人死怎会复生?"夫人听见女儿回来,急忙趋前拥抱,紫玉立刻化为一缕青烟逝去。这就是"紫玉重生"、"玉生烟"的典故。也是多情少女及少女早逝的用典。   **破敝**:破烂。   **厝**:把棺材停放待葬。   **舁**:共同抬东西。   **沈冤**:亦作"沉冤"。谓难以辩白或久未昭雪的冤屈。   **鞭楚**:刑具。鞭子和刑杖。引申为鞭打。   **镌**:降级,削职。

[3] **夜雨湘江**：出自元王冕《竹图》"湘江夜雨深"。 **啼**：悲哀的哭泣。 **蜀魄**：犹蜀魂。鸟名。指杜鹃。相传蜀主名杜宇，号望帝，死化为鹃。春月昼夜悲鸣，蜀人闻之，曰："我望帝魂也。"故称。 **东风恶**：陆游《钗头凤》中一句词。东风本来是春的象征，美的化身。但《钗头凤》中故人不在，春天、美丽也变得可恶和丑陋了，心情使然也。 **飘荡**：在空中随风摆动。 **轻薄**：轻盈纤弱。 **锦城**：代指成都。 **亚夫**：西汉名将周亚夫，因事入狱，不食五日，呕血而死。 **营前**：亚夫驻军细柳，"营畔柳青青"，严于治军。 **雨露**：伤心落泪。

[4] **衔泥**：筑巢。 **软襟交舞**：意为衣襟和裙带随风相互舞动。 **夕阳**：比喻晚年。 **帷庙**：古代丧礼小殓前设帷幕于堂上。张挂帷幕的殿堂，指停放灵柩的寺庙。 **泉**：泉下。指人死后埋葬的地方。 **丘**：坟墓。 **征**：证明；证验。 **旧梦**：过去经历过的事。 **银环**：指周姬。 **双弦**：指骆姬、周姬。 **鸾胶**：相传以凤凰嘴和麒麟角煎的鸾胶可黏断弦。后多用以比喻续娶后妻。 **断**：消失。 **正宫**：打击乐器，相传为黄帝发明，故亦称黄钟，当时广泛用于各种宫廷礼仪和宗教祭祀活动。 **美珥谁教薛公送**：指战国时期齐国前王妃亡故后，相公薛公献珥荐王妃之事。时齐王有十名爱姬，他就准备十组玉珥(珠玉做的耳饰)，其中一组特别漂亮，献给齐王。第二天，发现最美的玉珥戴在一位爱姬的耳朵上，他就郑重向齐王推荐这位爱姬继承王妃，他的推荐正中齐王的心意，他自己的目的也达到了。

[5] **黄姑**：牵牛星。 **替**：替代。 **独把朝云供侍从**：朝云，宋苏轼之妾。本为钱塘妓，姓王，苏轼官钱塘时纳为妾。初不识字，后从轼学书，并略通佛理。轼贬官惠州，数妾散去，独朝云相随。 **青蒲**：即蒲草。同"伏蒲"，典故名，咏忠臣直谏。典出《汉书·史丹传》。西汉竟宁元年，元帝病重，史丹在元帝躺着休息时闯入寝室，拜伏青缘蒲席上说："路上流播太子有不稳固的议论。如果确实是这样，公卿大臣会以死抗争。"元帝见史丹流泪悲泣，言辞恳切，大为感动，要史丹辅佐引导太子，太子因此终于继承皇位。 **季兰**：李季兰，唐代女诗人、女道士。常与远近诗友行文酒之会于乌程(今湖州吴兴)开元寺，即席赋诗，谈笑风生，毫无禁忌，被一时传为美谈。唐玄宗闻其才貌，下诏命她赴京。此时李季兰如花的美貌已衰落大半，就在李季兰心怀忐忑地赶往长安时，"安史之乱"爆发了，唐玄宗仓惶西逃。李季兰没能见到皇帝，在战火中不知去向。 **心性**：性情；性格。 **温存**：抚慰，体贴。 **绿衣**：古代称官阶较低者为绿衣，官阶高者为紫衣、金衣等。也以"绿衣"为婢妾等人的代称。 **翟茀**：古代贵族妇女所乘的一种车子。 **桃根桃叶**：泛指美女。 **桃叶**：晋王献之爱妾名。 **桃根**：桃叶之妹。

[6] 薰砧：为妇女称丈夫的隐语。　出宰：出任县官。　黔阳土：黔阳县,在湖南怀化地区。　芙蓉楼上箫声谱：唐代著名边塞诗人王昌龄在芙蓉楼上写诗,形容自己两袖清风。　琴堂：州、府、县署称为琴堂。　万顷花：常用以形容面积广阔。花：比喻事业的精华。　金井：借指墓穴或骨瓮。　肖孟谗言：说坏话毁谤人。亦指坏话,挑拨离间的话。　喋：闭口。谓不能出声或不许作声。

[7] 蛾眉：蚕蛾触须细长而弯曲,因以比喻女子美丽的眉毛。　霜色：白色。　菱花：指菱花镜。亦泛指镜。　珠泪：眼泪。泪滴如珠,故称。　弹：挥洒(泪水)。银章：银印。其文曰章。汉制,凡吏秩比二千石以上皆银印。隋唐以后官不佩印,只有随身鱼袋。金银鱼袋等谓之章服,亦简称银章。　营：置办。　宰树：《春秋公羊传》汉何休解诂云："宰,冢也。"宰树,大树。　寄：寄居。　楚云端：湖南那边。楚云：指楚天之云。比喻女子秀美的发髻。暮：日落时。　白衣苍狗：唐杜甫《可叹》诗："天上浮云如白衣,斯须改变如苍狗。"后以"白衣苍狗"比喻世事变化无常。　须臾：片刻,短时间。

[8] 势：姿态。　风高：风仪高超。　狂：狂妄自大。　谣诼：造谣毁谤。谅：料想。　狐媚：妖媚的女子。　水心：水中央。水心剑,传说中的宝剑名,亦省称"水心"。　闲愁：无端无谓的忧愁。

[9] 荆棘：比喻奸佞小人。比喻纷乱。　兰蕙：兰和蕙。多连用以喻贤惠者。　焦：干枯。　婵娟：指美人。　鬓影：鬓发的影子。语本唐骆宾王《在狱咏蝉》："那堪玄鬓影,来对白头吟。"　乱骚骚：形容混乱和骚动。　玉真：谓仙人,特指仙女。佯：假装。　入道：谓出家为僧尼或道士。　当归：根入药。古代诗文中常用以寓"应当归来"之意。　低徊：迂回曲折。谓情感或思绪萦回。

[10] 春水：流水。　磨牙：费口舌,无意义地唠叨。　胭脂虎：谓悍妇。　鸩鸟为媒人间言：鸩鸟,传说中的一种毒鸟。以羽浸酒,人饮之立死。《楚辞·离骚》："吾令鸩为媒兮,鸩告余以不好。"　彩凤随鸦：比喻才貌出众的女子嫁给远不如自己的男人。吉羽：羽通"宇",屋宇。平安吉祥的住所。　红墙：红色的墙。唐李商隐《代应》诗："本来银汉是红墙,隔得卢家白玉堂。"　锁：束缚。　翠蛾：妇女细而长曲的黛眉。借指美女。　渴辙：干渴的困境。　波：水。

[11] **骨似香桃**：香桃骨。比喻女子的坚贞风骨。　**瘦**：细瘦而有骨力。　**荷荷**：象声词。怨恨声。　**奈何**：犹言办法。　**仓皇**：匆忙急迫。　**鸳鸯谍**：旧谓夙缘冥数注定作夫妻的册籍。　**名花**：有名的美女。　**生**：活生生。　**覆压**：覆盖压住。　**棠梨**：俗称野梨。　**风猎猎**：形容风声或风吹动旗帜等的声音。

[12] **棠梨空对殡宫开**：此是鬼诗中之最峭者。清空空主人《岂有此理·鬼诗》："流水涓涓芹努牙，织鸟西飞客还家。荒村无人作寒食，殡宫空对棠梨花。"　**殡宫**：停放灵柩的房舍。指坟墓。　**冤云**：冤案疑云。　**四压**：四面受压。　**浮屠**：佛教语。梵语Buddha 的音译。指佛塔。　**愁霖**：久雨。雨久使人愁，故称。　**昼昏黑**：天色黑暗。比喻社会黑暗腐败。　**青枫**：苍翠的枫树。　**黯黯**：光线昏暗；颜色发黑。　**磷火**：俗称鬼火。　**铁佛**：指铁佛浮屠寺。　**徒**：徒然，白白地。　**岑崿**：山势高峻貌。　**竟**：到底。　**托**：托身(寄身)。

[13] **破敝红衫赴夜台**：殓以破敝红衫葬入墓中。夜台，指坟墓，亦借指阴间。　**因缘**：佛教语。佛教谓使事物生起、变化和坏灭的主要条件为因，辅助条件为缘。旧时常以宿世的"因缘"来解释人们今生的境遇。　**寥廓**：借指天空。　**永诀**：永别。指死别。　**双泪带雨梨花枝**：引自宋词，谢逸《江神子》："恰似梨花春带雨，愁满眼，泪阑干。"　**零落**：喻死亡。　**遣**：古时随葬之物。遣斥。　**郎**：旧时妻称夫为郎君。　**世共知**：指因缘关系世共知。

（二）朝考求举，遭受挫折，遣任县令

　　道光二十八年（1848）各省选拔贡生。明清时朝廷为征天下贤才，每十二年由各省选拔贡生，不问是否举人，于每个学校数十百人中拔取一二名，再由省学政复试，选其文行兼优、才品出众者，会同督抚选择，送京师由皇帝考验授职。许瑶光初试列第一，复试仍第一，入道光二十九年拔贡科。

　　考拔贡与考进士一样，朝考前几名拣选引见皇帝，送国子监读书，侯选录用。或即以京官、地方官、儒官试录用，或回省补充教职。

　　道光二十九年许瑶光赴京师会考，当时京师因薛执中邪门左道酿案，文部会考文题为"务民之义敬鬼神而远之"，诗题为"兴雨祁祁"。许瑶光考后以诗谒拜各位老师，大家都相信他必能中选，但笑称诗中有过多放任敢讲的词句，恐怕要被派遣到下面去当县令了。

　　许瑶光最终得朝考第七名，觐见皇帝于勤政殿，果然被任用为浙江县令，未能留京做官。后因浙江正在清查国库款项，经主考梁矩亭建议，先改进翰林院，在曾国藩内阁中书科中书入仕，后再去浙江。

　　未能在京做官，是许瑶光人生道路上的一次挫折，打破了他谋求立足朝廷，有朝一日实现他为国出力的愿望。他在《闱中感事》中云："兰浦枫江荡性情，惊才绝艳楚骚评。只因误写眠蚕字，一幅蛾眉画不成。"

　　许瑶光在京城和去浙江途中所作，如《都门杂纪》、《车中晓怀》、《高邮道中》、《游金山寺》，到杭州后作《到杭州》、《钱塘杂感》、《西湖竹枝词》、《孤山赏梅》、《闱中感事》等诗被认为是佳作。

　　咸丰元年（1851）秋，许瑶光上任桐庐县知县，二个月后卸去桐庐事务去杭州，在省试时任誊录官。同年十二月到淳安县任知县。三年调去江西、浙西协防太平军。六年署常山县。七年署诸暨县，在任皆安民养生，不遗余力。九年补宁海县。十年三月调署仁和县。同年十一月，再任诸暨县知县。

　　咸丰十年（1860）太平天国天京被围，忠王李秀成进军浙江，以解天京之围。

同年九月二十六日李秀成进攻诸暨。当时诸暨驻军扼守城中，而县官出城，负责后勤之事。许瑶光行至东门，遇太平军骑兵三，各以长刀相劈，他头部、臂膊致伤七处，裹伤后回湖南家中养伤。同治元年（1862）许瑶光离开湖南。七月，许瑶光谒左宗棠于衢州，两人一见如故，许瑶光遂在左处留营帮办。

同年二月，许瑶光随左宗棠至诸暨，办理善后工作。时城中无遗粮，许瑶光亲赴金华运谷三千石移赈诸暨百姓。"借给耕牛籽谷，以开济农民。招商贾贸易。命绅董，劝筹米，捐平粜。修葺书院，以待开课。斯民欣欣有生机矣"。宣统二年（1910）编纂的《诸暨县志》，列许瑶光为名宦，对他在诸暨任内之事，"暨民至今犹思之不置云"。

许瑶光在浙江被认为是有能力的官吏。他在咸丰年间被调去江西、浙西协防太平军，后在诸暨抗水灾，接着被派往宁海剿海盗，又调回杭州仁和设难民接待站和参加抵御太平军，以及战后治理嘉兴等所为，均深得民心。

这一时期，许瑶光在各地留下大量诗歌，代表性的有《登桐君山》、《到严州》、《留别青溪》、《视事常山阅视曹城有感》、《留别定阳》、《诸暨县湖种柳》、《西施庙》、《别诸暨作》、《闰三月初八将赴仁和任慰宁海诸父老》、《闰三月廿四日视仁和事作》、《浙西从军行》、《长沙春日》、《五月朔日赴安庆谒节相涤生师时庐州新复》、《从军苦热行》、《二月重至诸暨时县城初复》等。

1. 朝发白鱼矶

（道光二十九年）[1]

篙师解缆行，残梦醒波里。揽衣船头立，朝霞射衣紫。[2]戢戢万渔舟，点破一江东。风迟举网轻。浪静得鱼喜。[3]心事托沧波，升沉复何恃。而我为浮名，碌碌辞乡里。[4]前路未可知，且揽湖山美。伊谁劝我闲，白鹭沙边峙。[5]

释：

这是许瑶光离开家乡，起程去京师参加拔贡科会考时的心情。

注：

[1] 矶：水中小沙洲,借指泊船处。

[2] 篙师：撑船的熟手。　揽衣：提起衣衫。　衣紫：衣衫像大官装束的颜色。

[3] 戢戢：密集貌。　迟：徐徐。

[4] 复：再,再度。　恃：依赖。凭借。自负。　浮名：虚名。

[5] 揽：搂,拥抱,　伊：语助词。用于句中,无义。　峙：站立。

2. 都门杂纪八首

(道光三十年)[1]

　　浮湘截汉渡黄河,春到皇州气色多。碣石晓云开凤阙,西山霁雪照鸾坡。国丧谒密梨园曲,军政遥传桂海波。二百余年光化日,蚩尤休挺逆天戈。[2]

　　昨来灾兆正阳门,玉儿惊传顾命尊。金匮虽缄留寝庙,龙衣豫锡定乾坤。苍黎爱重戎兵偃,宫苑凉多殿阁温。精益求精神圣德,熊湘下士泣重阍。[3]自注：吕尧仙太史拟祭奠文有精益求精、圣不自圣语,大蒙上赏。

　　保和玉殿御炉香,携卷东隅受夕阳。衣润轻纱沾晓露,诗吟五字蒴秋光。皇天恩重西湖许,师友情多东海长。珍重赠言铭肺腑,吴中纨绮水云乡。[4]自注：朝考试题乃"秋光先到野人家"。出都无资赖梁矩亭师、黄黼卿膳卿、陈岱云太史力,乃成行。

两湖宾舍虎坊桥，饯别凉秋退晚朝。桑梓新修师弟礼，梗楠敢负馆材翘。经筵上疏陈丹箧，荐牍焚香捧碧霄。私喜龙门瞻道范，醉归宵逐彩云飘。[5] 自注：曾文正师时任少宗伯，上经筵疏，并特荐王庆云、江忠源诸人。

将离上界倍萦怀，命驾聊瞻龙爪槐。七月荷花犹石海，千年乔木自金台。松筠有寺忠祠访，万柳围堂别墅开。惟有玉泉琼岛秘，未游他日待重来。[6]

三京六外一儒官，吴蜀燕齐道路宽。无分仓储分禄米，颇输苜蓿作亲盘。南行遵海求秦驻，东去看潮吊宋端。倘把湖山夸宦境，仁皇纯庙旧鸣銮。[7] 自注：同年陈义臣、涂心如、邝墟青俱京秩，贺仪仲、杨树屏分直隶，梁昆甫山东，何绍春、熊曙初四川，欧阳春担教职。

拟过青岱圣贤关，瞻仰文宣日月颜。路人淮阳横铁柱，波分江海锁金山，同行塞雁青天迥，迎我吴蝉白露闲。更有故交黄叔度。苏台访古讵辞艰。[8] 自注：时长沙黄鹿溪宰吴县。

踌躇佯掣浙同年，范驾初途赖骧前。匪独关河资引掖，即询风土亦先鞭。新霜正熟金华枣，秋雨应添虎跑泉。从此天台和雁宕，好将清俸当游钱。[9] 自注：同行者东阳龚润山、汤溪祝梧冈、富阳孙芋香诸同年。

释：

此诗记许瑶光在京都的见闻和会试前后的各种情况。

注：

[1] 都门：借指京都。

[2] 浮：水上航行。　截：直渡；跨越。　皇州：京城。　碣石：山名。在河北省昌黎县北。　凤阙：皇宫、朝廷。　霁：雨止天晴。　鸾坡：翰林院的别称。

遏密：指帝王等死后停止举乐。　　梨园曲：泛指戏曲。有"曲中依约断人肠，除却梨园无此曲"之说。　　桂海：古代指南方边远地区。　　波：比喻挑起事端，制造混乱。光化：犹德化。　　逆天：违背天意或天道。

[3]正阳门：今北京前门。　　玉儿：太后。　　顾命尊：帝王临终前托以治国重任的大臣。　　金匮：指周武王病，周公祈祷，藏策于金匮故事。　　缄：闭藏；封闭。豫：先事准备。　　锡：赐予。　　乾坤：指局势，大局。　　苍黎：百姓。　　爱重：喜爱和看重。　　偃：停息。　　宫苑：畜养禽兽并种植花木，供帝王及皇室贵族游玩和打猎的园林。　　殿阁：宫中的各类建筑。　　神圣：帝王的尊称。　　熊湘：古山名，此处喻指湖南。　　下士：才德差的人，此是许瑶光自谦。　　阊：门。常指宫门。

[4]轻纱：质地细软的衣服。　　剪秋光：指试题"秋光先到野人家"。　　纨绮：精美的丝织品。引申为富贵安乐的家境。　　水云乡：水云弥漫，风景清幽的地方。

[5]虎坊桥：京城高官的住处。　　晚朝：谓君王上朝听政很晚才结束。　　桑梓：古乡，老家。　　师弟：老师和弟子。　　楩：古书上说的一种树。　　馆：宫馆，喻指朝廷。　　翘：杰出的人才。　　经筵：汉唐以来帝王为讲论经史而特设的御前讲席。疏：奏章。　　陈：上言。　　荐：再；又；接连。　　牍：指奏章。　　碧霄：青天。龙门：会试中式为登龙门。　　瞻：尊仰；敬视。　　道范：敬称他人的容颜和风范。逐：追逐。

[6]上界：指仙佛所居之地。喻指京师朝廷。　　萦怀：牵挂在心。　　聊：姑且；暂且；勉强。　　龙爪：喻指天子的手。　　槐：三槐九棘之官，即三公九卿，古代中央三种最高官衔的合称。周以太师、太傅、太保为三公。　　石海："石"通"硕"，大海。　　金台：指古燕都北京。　　松筠：松树和竹子。　　琼岛：琼华岛的省称，北京八景之一。

[7]禄米：用作官员俸给的粟米。　　苜蓿：马嗜苜蓿，故亦用作马的代称。　　亲盘：指税款。　　遵海：沿着海岸。　　秦驻：居留其地。　　宋端：宋端宗，南宋末三帝之一。　　宦境：做官的处所。　　仁皇：对当朝皇帝的尊称。　　纯庙：指结构完整的成套大屋。　　鸣銮：装在轭首或车衡上的铜铃。车行摇动作响。有时借指皇帝或贵族出行。

[8] **青岱**：青州泰山。青州古九州之一，东北据海，西南距岱。　　**文宣**：指孔子。**日月**：每天每月。　　**颜**：容貌。　　**淮阳**：地名。　　**锁**：封锁。　　**塞雁**：大雁。**迥**：遥远。　　**吴**：长江中下游。　　**苏台**：山名。因苏台地处苏州，故亦用以借指苏州。　　**访古**：查考古训。　　**讵**：副词。表示反诘。相当于"岂"、"难道"。

[9] **佯**：徜徉，安闲自在地步行。　　**同年**：古代科举考试同科中式者之互称。　　**范**：依规矩行事。　　**驾**：莅临。把车套在马等牲口身上。　　**途**：仕途，官吏晋升之路。**骥**：骏马。比喻杰出的人才。　　**匪**：不仅，不但。　　**关河**：指函谷等关与黄河。**资**：通"咨"。商量；咨询。　　**引扶**：引导扶持。　　**鞭**：督促，勉励。　　**天台**：天台山。　　**雁宕**：雁荡山。

3. 车中晓怀

(道光三十年)[1]

骏马为谁忙，西风踏早霜。天连沙路白，雾逼柳条黄。[2]乡思长河隔，秋心晓日凉。高堂应记念，游子薄衣裳。[3]

释：

去浙江上任途中的感怀。

注：

[1] **怀**：想念，怀念。

[2] **西风**：秋风。　　**早霜**：每年秋末所降的霜。　　**天连**：向远处望去。　　**沙路白**：像在沙漠中的道路一片白茫茫。　　**逼**：逼迫，即紧紧催促。　　**柳条黄**："桃枝难梳妆，霜落柳条黄。"

[3] **乡思**：对故乡的思念。　　**长河**：特指黄河。　　**隔**：隔离。　　**秋心**：秋日的心

绪。多指因秋来而引起的悲愁心情。　　凉：秋凉。　　高堂：对父母的敬称。
应：应会。　　记念：记挂。　　游子：离家远游的人。

4. 高邮道中

(道光三十年)[1]

　　黄河回望白云飞,麔社湖清秋浪微。树隐露祠迷过客,草连萤苑易斜晖。[2]一江红叶雁初下,两岸芦花蟹正肥。莫道来游春去久,绕陂烟雨尚霏霏。[3]

释：

去浙江道中所见。

注：

[1] 高邮：清朝时期高邮州,今江苏省高邮市。　　道中：中途;半途。

[2] 白云飞：汉朝刘彻的诗："秋风起兮白云飞,草木黄落兮雁南归。"　　麔社湖：湖名。在江苏高邮市西北。　　秋浪：秋日的水波。　　微：微小;轻微。　　祠：镇国寺,位于高邮,现为世界遗产,全国重点文物保护单位。　　过客：过路的人。　　草连萤苑：腐草能化为萤火虫是中国古代的传统说法。隋炀帝三下扬州凿运河,修隋堤,建宫室,置园林,造迷楼,设置"萤苑","大索萤火数斛,夜出游山,放之,光遍岩谷"。

[3] 一江红叶：一江碧水两岸红叶。　　雁初下：秋末大雁开始南下。　　两岸芦花：江两岸的芦花盛开。　　莫道：别说,不用说。　　绕陂烟雨：环绕山坡的烟雨。烟雨,就是指像烟雾那样的细雨,如诗如梦。　　霏霏：雨雪烟云盛密的样子。

5. 游金山寺

（道光三十年）

　　金山秋高照海天，我来刚值重阳前。江平风静片帆喜，红树招人登塔巅。[1]浮云不障游子目，天清水碧浑无边。南徐北固咫尺耳，东焦料与蓬瀛连。[2]乘风破浪世谁有，往来但见番贾船。忆昔英夷犯边顺，兹山盘踞然烽烟。[3]楼观碑亭屹无恙，岂有呵护劳金仙。山僧引余指阶下，只一铁镬言夷迁。[4]云海万里载竟去，夷情诡傺难追缘。飒飒西风吹绿鬓，使我长怀韩蕲贤。[5]古事今情杳无极，登高远望殊迁延。况复秋涛势正杀，不愁波浪迷归年。[6]时清境胜腰脚健，效腹且饮中泠泉。安能对此誓江水，欲归不得愁无用。[7]

释：

金山寺是文人施展文才的天地。许瑶光的《游金山寺》写于第一次鸦片战争之后，道光己酉(1849)拔贡科朝考因有为霖任敢词句被遣浙江任县令，此诗是在赴任途中所作。前四句写登上金山塔巅对四周山水景观的描写。中间是见江中"往来但见番贾船"后，忆英军进犯长江，侵占镇江，"兹山盘踞然烽烟"，发出对战争起因和失败"难追缘"的感慨，怀着当国家患难之风吹动自己的"绿鬓"时，希望能像韩世忠那样来实现为国驱敌的愿望。最后写到自己在"时清境胜腰脚健"，暂且到浙江当官的无奈。欲归京当官不得，愁也无用。

注：

[1] 秋高：秋日天空澄澈、高爽。　　片帆：江面上的孤舟。　　红树：经霜叶红之树。塔巅：塔顶。

[2] 浑：大水涌流声。　　南徐北固：南徐是古代江浙一带的州名。北固是镇江金山、焦山、北固山等三山之一。　　咫尺：形容距离近。　　耳：文言助词，而已，罢了。东焦：焦山。　　蓬瀛：蓬莱和瀛洲。神山名，相传为仙人所居之处。亦泛指仙境。

[3] 乘风破浪：成语典故。出处：《宋书·宗悫传》："悫年少时，炳问其志，悫曰：'愿乘长

风破万里浪。'" 　　番：旧称少数民族或外邦。 　　贾：商人。 　　边：边境；边界。
顺：顺利。 　　兹：现在,此时。 　　然：同"燃",燃烧。 　　烽烟：烽火台报警之烟。
亦借指战事。

[4] 楼观：道教楼观台。 　　碑亭：对石碑起保护作用的亭子。 　　屹：屹立。 　　无
恙：虽然受到了侵害,但是没有产生不良影响。 　　金仙：道教仙人的最高境界为大罗
金仙。指佛。 　　镬：锅子。 　　迁：离开。

[5] 云海万里：云海茫芒一望无际。 　　辂：特指战车。 　　竟去：不存在了。 　　诡
俶：欺诈,奸猾,奇异。 　　缘：原因。 　　飒飒：风声。 　　西风：多指秋风。 　　绿
髻：髻同鬟。绿鬟,黑发。 　　韩蕲：即韩世忠,南宋抗金名将。建炎三年(1129)冬,金
兀术率军渡江,连破临安(今浙江杭州)、越州(今绍兴)。次年韩世忠率水师八千,乘海舰
从海口(今上海)进趋镇江,截击其归路,差一点儿活捉金兵元帅兀术。死后追封蕲王。

[6] 杳无极：渺茫没有终极。 　　殊：不同。 　　迁延：退却;徘徊。 　　况复：何况,
况且。 　　秋涛：泛指钱塘江一带夏历八月观潮景观。 　　杀：表示程度之深。
迷：迷失。 　　归年：结局;归宿。

[7] 时清：时代清明。 　　境胜：景色优美。 　　效腹：进食。 　　中冷泉：中冷泉也
叫中濡泉、南冷泉,位于江苏省镇的江市金山寺外。 　　安能：怎么能。 　　誓江水：表
示决心的话。宋代陆游有"前年还东时,指心誓江水"句。

6. 到杭州

（道光三十年）

黄花驿路过重阳,桥锁清波故故长。水陆三千京国远,秋风细雨到
钱塘。

释：

作者以最短的诗句，将到杭州的时节、风景、路程，以及到浙江上任的平和心境，作了精巧而生动的描绘。

注：

黄花驿路：大道两旁开满了黄色的菊花。指秋天时节。　　过：度过。　　重阳：每年农历九月初九的重阳节日。　　桥锁清波：指杭州断桥、清波门一带。　　故故长：鸟鸣声长。水陆三千京国远：离京城走了水陆三千里路远。　　秋风细雨：秋风细雨送凉气，指作者所怀的平和心境。　　钱塘：杭州府治钱塘县。

7. 钱塘杂感八首

（道光三十年）

髯苏何事海边游，薄宦心情易感秋。懒把香襟赊酒债，更无银弩压潮头。衣冠南渡浮云在，歌舞西湖夜月休，满地荷花是谁主，不妨暂买小杭州。[1]

日近黄妃塔易斜，冷吟闲醉倚残霞。无多金碧迷春雨，绝好湖山待翠华。孤屿梅枝寒守鹤，六桥杨柳晚藏鸦。行人指点西泠侧，苏小当年驻玉车。[2]

三竺云山不世情，泠泠万壑啸猿声。巉岩古佛无香火，洞壁残诗蚀姓名。聊汲冷泉怀判事，莫凭顽石问三生。峰头桂子年年发，落月飘香句且赓。[3]

宇内销金只此锅，鱼盐富庶近如何。堂中易惹蛮声斗，海上难消蜃市多。铁券千年沉渭水，锦衣故里隔苕河。灯花五夜堤边盛，应让平章

49

贾八哥。[4]

表里湖山起暮云，新来菊部不堪闻。秋风薜荔荒于墓，细雨莓苔湿岳坟。吠犬如闻新府尹，骑驴闲煞故将军。忠奸倒置非今始，鸥草浮江早不分。[5]

一自秦皇石系舟，唐藩宋室倚雄州。拒梁可惜罗横策，迁汴谁讥吕相谋。一代偏安成愤事，两朝刺史几风流。更思玉帛涂山会，渐水何缘贡未收。[6]

皇恩许住是前缘，翠黛琵琶江上船。诗册句添东浙派，茶烟火试武林泉。曾怀香草增骚怨，不道残杯过瘦年。辜负昂藏躯七尺，长源欲问老神仙。[7]

太息凫飞尚早春，阮公墩畔且逡巡。山中远志羞称草，湖上秋风喜食莼。宝相群教瞻大佛，芳心我欲恋花神。试登南北峰头望，只有潇湘月照人。[8]

释：

通过大量历史、人物、故事、名胜、古迹，喟叹自身的处境。在诗作上许瑶光不主"东浙派"柔婉而流于纤巧的诗风，而是"曾怀香草增骚怨"，要增强诗句的讽刺性。

注：

[1] 髯苏：为宋苏轼的别称，以其多髯故。　　薄宦：卑微的官职。有时用为谦辞。感秋：对秋季的感受。出自南宋陆游的诗作《感秋·会稽八月秋始凉》。　　香襟：女子衣服的胸前部分。借指前胸，胸怀，心怀。　　酒债：因赊饮所负的债。出自唐杜甫《曲江》诗之二："酒债寻常行处有，人生七十古来稀。"　　潮头：潮水的浪峰。　　衣冠南渡：原指西晋末天下乱，中原士族相随南逃、中原文明或中原政权南迁。后衣冠南渡逐渐演化为熟典，代指官宦、士大夫等避乱南方并落地生根的事件。　　浮云：指的都是被看淡的一些东西。　　歌舞西湖夜月休：西湖游船上轻歌曼舞，日夜不歇。出自宋朝林升《题临安邸》诗的第一二句："山外青山楼外楼，西湖歌舞几时休。"　　满地荷花是谁

主：荷花绽放，夏天来了。谁主江山。　　小杭州：指明、清杭州府治所钱塘县。

[2] 日近：太阳落山。　　黄妃塔：五代吴越王钱俶因黄妃得子而建，故名黄妃塔。因建于杭州西湖南岸净慈寺前的雷峰上，故又名雷峰塔。　　冷吟闲醉：唐代白居易前往杭州任刺史的途中所作《舟中晚起》有"且向钱唐湖上去，冷吟闲醉二三年"句。　　无多：没有多少。　　金碧：中国画颜料中的泥金、石青和石绿。凡用这三种颜料作为主色的山水画，称"金碧山水"。　　翠华：天子仪仗中以翠羽为饰的旗帜或车盖。为御车或帝王的代称。　　孤屿：指西湖孤山。　　梅枝寒守鹤："放鹤亭"在孤山北麓。"若问梅消息，须待鹤归来"。　　六桥杨柳：元代钱塘十景之一。六桥在苏堤上，一名映波，一名锁澜，一名望山，一名压堤，一名东浦，一名跨虹。　　指点：评说。　　西泠：乃名妓苏小小魂断处。　　苏小：即苏小小。　　驻玉车：指什么生肖。

[3] 三竺云山：钱塘十景之一。　　不世情：不理世态人情。　　泠泠：清凉、凄清。　　壑：山谷。　　啸：动物长声嘶叫。　　巉岩古佛：山峰陡峭的岩洞内，石笋和钟乳石形状如仙似佛。　　洞壁：洞壁指飞来峰北麓的呼猿洞。　　聊：姑且，勉强，凑合。　　汲：从井里打水。　　冷泉：指冷泉猿啸，钱塘十景之一，位于飞来峰北麓的呼猿洞。　　怀：考证。　　判事：审理、裁决狱讼。　　莫凭顽石问三生：不要凭借杭州法镜寺后山的"三生石"，问前尘来世是怎样。　　峰头：峰顶。　　桂子：桂花。宋柳永《望海潮》词："有三秋桂子，十里荷花"句。　　且：暂时，姑且。　　赓：连续，继续。

[4] 宇内：整个世界。　　销金：销熔金属。特指销毁兵器。　　堂中：院子内。　　蛩声：蟋蟀。　　蜃市：滨海和沙漠地区，因折光而形成的奇异幻景。　　铁券千年沉渭水：铁券，封建时代皇帝赐给功臣允其世代享有优厚待遇及免死罪的一种符凭，也叫免死券。吴越王钱弘俶（钱镠四世孙）降宋后，宋室赐其铁券，至宋末兵乱，铁券沉没于渭水，经过了五十六年又被渔人捞得。　　锦衣故里：做了官员后，身穿官服回家探亲，光宗耀祖。　　苕河：自古杭嘉湖以治苕为急务，代不乏人，史不绝书，每遇山洪暴发，洪水一泻数十百里。　　灯花五夜：出自《苏轼·蝶恋花》："灯火钱塘三五夜，明月如霜，照见人如画。"　　堤：指苏堤。　　盛：盛大隆重。　　平章：古代官名。　　贾八哥：南宋晚期权臣贾似道任平章军国重事。贾府与皇宫隔湖相对，早晨听到上朝钟声，贾丞相才下湖入朝。一天趴在地上与群妾斗蟋蟀玩，一个赌友笑着说："这就是平章的军国重事吧？"时人谑称"朝中无宰相，湖上有平章"。

[5] 表里：外表和内心。 暮云：黄昏的云。 菊部：泛指梨园,戏曲班子。这里指新来知府。 秋风：蟋蟀的别名。 薜荔：一种蔓生的常绿灌木,多生田野间。 荒：荒废。 莓苔：即青苔。 吠犬：会叫的狗,喻拍马。"犬吠知府"意为拍马的知府。 骑驴：从骑马降为骑驴,意为贬职或退居的官员。 闲煞故将军：指退居南山后的名将李广。 鸱革浮江：指用革囊浮之于江的春秋吴人伍子胥。因为其忠心为国,却惨遭赐死且沉尸水底。 不分：不分忠奸。

[6] 一自秦皇石系舟：宝石山(位于杭州西湖的北里湖北岸)南麓有一块"秦皇系缆石"。相传当年秦始皇南巡会稽郡祭大禹,船行至此,因钱塘江口风恶浪高,便停泊在宝石山下,将船缆系在此石上,后人称作"秦皇系缆石"。 唐藩：唐朝境域。 宋室：宋朝皇室。 倚：依重。 雄州：地处冀中平原,今隶属于河北保定市。 拒梁可惜罗横策：罗隐,一名横。唐末五代时期诗人。依吴王钱镠,先后任钱塘令、镇海节度使。曾说钱镠拒绝向后梁称臣,建议钱镠讨伐后梁,保住杭州、越州之地而称帝。 迁汴谁讹吕相谋：汴,开封。讹,欺骗的意思。吕相：指秦相吕不韦。吕不韦对秦王政兼并六国的事业出谋划策有重大贡献。后因嫪毐叛乱事受牵连,被免相出居河南封地开封。不久,秦王政复命让其举家迁蜀,遂饮鸩自尽。 一代偏安：指封建王朝失去中原而苟安于仅存的部分领土。指南宋。 愤事：让人愤恨的事。 玉帛：古代是"诸侯亲如兄弟、大家共尊天子"的表示物,用作诸侯国之间、诸侯与天子之间见面时互赠的礼物。 涂山会：夏禹在打败"三苗"后为巩固王权,沿颍水南下,在淮水中游的涂山(安徽蚌埠西郊怀远县境)大会夏、夷诸部众多邦国和部落的首领,这就是"涂山之会",是夏王朝正式建立的重要标志。 渐水：即"渐江水"。在今湖南常德北,东南流入沅水。 贡：古代臣下或属国把物品进献给帝王。

[7] 前缘：前世定的缘分。 翠黛：美人。翠为年轻。黛为女子的眉,古代女子以黛(青黑色的矿石)画眉,故称。 诗册：诗集。 东浙派：清代康熙、乾隆时期的一词派。创始人是朱彝尊。浙派词致力纠正明词末流迂缓淫曼的毛病,崇尚清灵,学习南宋姜夔、张炎的词,不愿迫近北宋词人,不师秦观、黄庭坚。其流蔽在于主清空而流于浮薄,主柔婉而流于纤巧。 茶烟火试：特指烧茶煮水、泡茶时产生的烟。 武林：杭州之旧称。 怀香草：出自《聊斋志异》卷二十四《桓侯》：荆州彭好士,友家饮归。下马溲便,马龁草路傍。有细草一丛,蒙茸可爱,初放黄花,艳光夺目,马食已过半矣。彭拔其余茎,嗅之有异香,因纳诸怀。超乘复行,马驾驶绝驰,半日已千余里矣。后遇桓侯,谓彭曰："所怀香草,鲜者可以成仙,枯者可以点金。" 骚怨：指诗文的讥讽。《论语·阳货》：

"诗可以兴，可以观，可以群，可以怨。"　　　　不道：不堪。　　　残杯：指喝剩的酒。　　　过瘦年：南宋吴地风俗多重冬至而略岁节。称"肥冬瘦年。"　　　昂藏躯七尺：成语"昂藏七尺"指轩昂伟岸的男子汉，高大的男人。　　　长源：长远的根源。　　　老神仙：长生不老的神仙。

[8] 太息：叹息。　　　凫飞：汉叶县县令王乔，有神仙之术，每月初一、十五乘双凫飞向都城朝见皇帝。后用"凫飞"指县令上任或离去。　　　尚早春：春尚早。　　　阮公墩：西湖中一座绿色小岛。清嘉庆初年，浙江巡抚阮元疏浚西湖，将浚挖的淤泥集中堆叠，这便是后来湖中三岛之一的阮公墩。　　　逡巡：因有所顾虑而徘徊不前或退却。　　　山中远志羞称草：远志为中药，有"志向远大"的喻意。此句典出《世说新语·排调》："处则为远志，出则为小草"。意指士大夫既能志向高远地入世，又能退居卑下地隐居。　　　湖上秋风喜食莼：秋风起，吴中喜食菰菜羹、鲈鱼脍。　　　宝相：佛的庄严形象。　　　瞻：瞻望。　　　芳心：美好的心灵和情感。　　　花神：十二月花神：正月梅花，二月杏花，三月桃花，四月牡丹，五月石榴，六月荷花，七月蜀葵，八月桂花，九月菊花，十月木芙蓉，十一月山茶，十二月水仙。　　　南北峰：西湖十景中有一处叫"双峰插云"，说的是南高峰和北高峰上云烟缭绕。　　　潇湘：潇水源出湖南省宁远县南九嶷山，至零陵县西北入湘江。潇湘是湘江与潇水的并称。多借指今湖南地区。

8. 西湖竹枝词六首

（道光三十年）[1]

银丝弹鬓碧兰花，茜色罗裙百褶斜。正是清明好时节，踏青齐唤水晶车。[2]

绀珠翠缬洒流苏，摇荡东风似柳须。湖上寻春年小惯，登舟不倩女奴扶。[3]

宜风宜雨更宜晴，画舫玻璃水样明。别有小舟载茶鼎，绿杨深处细烟生。[4]

牙签香盒付云鬟，小镜随身换玉环。花柳六桥春自好，笑郎何苦上青山。[5]

真珠绽领入时新，桃碧轻衫闪线春。小衩芙蓉花样巧。不知绣制出何人。[6]

孤山峭石与梅清，落尽梅花更出城。碧草茸茸苍藓厚，遮人绿屏不分明。自注：杭俗喜著绿屏。[7]

释：

许瑶光在吟咏西湖风土后，"落尽梅花更出城"道出他与唐代诗人李贺应进士举失败后离开长安城时作《出城》有一样的心情。

注：

[1] 竹枝词：一种诗体，是由古代巴蜀间的民歌演变过来的，以吟咏风土为其主要特色，有浓郁的民歌色彩。借竹枝词格调亦可写出七言绝句。

[2] 银丝：白发。　鬋：下垂。　鬟：脸旁靠近耳朵的头发。　碧兰花：兰花的一种。　茜色：中国传统色彩名称，茜草果实及根的颜色。是一种暗红、带紫色成分的红色。　罗裙：丝罗制的裙子。多泛指女孩衣裙。　百褶斜：百褶斜裙。指裙身由许多细密斜的皱褶构成的裙子。　水晶车：一种装有水晶车灯的车子。

[3] 绀珠：相传唐开元间宰相张说有绀色(带有紫色的深蓝色)珠一颗，或有遗忘之事，持弄此珠，便觉心神开悟，事无巨细，焕然明晓，因名记事珠。后比喻博记，也多用于能帮助记忆的物事。　翠缬：缬花，犹彩花。　洒：潇洒。　流苏：一种下垂的以五彩羽毛或丝线等制成的穗子(丝、绒等扎成的如禾穗状的饰物)，随风飘摇荡漾，传递古雅与婉约的韵味。　惯：习惯。　倩：同"请"。

[4] 宜：适宜。　　画舫：装饰华丽的小游船。　　茶鼎：煮茶的鼎锅。见唐代诗人皮日休《茶中杂咏·茶鼎》。

[5] 云鬓：高耸的环形发髻。泛指乌黑秀美的头发。借指年轻貌美的女子。　　玉环：古时一般用作佩饰。　　花柳六桥：花柳六桥堤，即有六座桥的杭州西湖苏堤。　　青山：指归隐之处。长满绿色植物的山。

[6] 真珠：珍珠，指露珠，水珠。　　绽：缝。　　桃碧轻衫：桃红色或青绿色的轻便衣衫。　　闪：闪现。　　线春：丝织物名。用家蚕丝织成，适宜做春季服装。故名。小衩芙蓉：开小衩的衣裳。芙蓉最早为莲（荷花）的别名。《离骚》："制芰荷以为衣兮，集芙蓉以为裳。"

[7] 峭石：陡峻的山。　　清：冷清。　　出城：《出城》为唐代诗人李贺的作品，该诗是在李贺应进士举失败后离京时所作。全诗表达了诗人的坎坷遭遇。　　茸茸：又短又软又密的草。　　苍藓：苔藓植物，常生在阴湿地方。　　绿屝：草鞋。　　不分明：出自清代董士锡的《虞美人·韶华争肯偎人住》："浮云遮月不分明，谁挽长江一洗放天青。"均是莫可名状的惆怅。

9. 孤山赏梅二首

（咸丰元年）

梅花旧与高人伍，此日梅花春自主。苍苔白石径寂寥，寒夜芳心招鹤语。白鹤竟不来，梅枝依旧开。东风漾花片，吹入掌中杯。[1]

宋代老梅今几枝，冰花铁干多披离。宋代隐沦今几辈，寒泉秋菊馨相思。举盏问梅梅不知，暗香摇曳黄昏时。当年荷锄明月下，此日竞赏春游马。士女昌丰踏雪寻，翠袖银鞍动盈把。六桥杨柳自摇春，孤山转嫌攀折频。补栽谁是生春手，少穆先生冰雪人。我来不见高贤辙，惆怅湖风吹白苹。[2] 自注：林文忠任嘉湖道曾补梅孤山。

释：

全诗前面讲北宋诗人林逋孤山"梅妻鹤子"之事。最后"补栽谁是生春手，少穆先生冰雪人。我来不见高贤辙，惆怅湖风吹白苹"，却是言微旨远、节短音长。

注：

[1] 高人：思想行为高尚的人，指北宋诗人林逋，长期隐居在杭州西湖的里湖与外湖之间的孤山，终身不仕不婚，遂有以梅为妻，以鹤为子，"梅妻鹤子"之说。　　伍：同伴。
此日：这一天。　　春：指草木生长，花开放。　　自主：自己作主，不受别人支配。
苍苔白石：苍苔(青苔)、白石两相映衬，营造出清幽的意境。　　径：小道。　　寂寥：
寂静空旷。　　芳心：具有香气的花蕊。指女子的情怀。　　漾：晃动。

[2] 冰花：冰初结时所凝成的细碎片块，形状如花。也可理解为冰雪下的梅花。　　铁
干：苍老的树干。　　披离：裂开。　　隐沦：指隐居者。　　寒泉秋菊：刘鹗《老残游
记》古水仙祠联有"一盏寒泉荐秋菊"句，一小杯清凉的泉水献秋菊。　　馨：助动词，有
赞美的意思。如此。　　相思：指想念。　　暗香：犹幽香。有时也对梅花的代称。
摇曳：轻轻地摆荡，形容东西在风中轻轻摆动貌。　　荷锄：用一侧肩膀扛着锄头，指
农夫务农归来。　　赏：观看欣赏。　　春游：古称踏青，是一种古老的汉族民俗文
体活动。　　士女：旧指男女或未婚男女。　　昌丰：谓美丰姿。出自宋苏轼《轼在
颍州与赵德麟同治西湖未成改扬州三月十六日湖成德麟有诗见怀次其韵》："我在钱塘
拓湖渌，大堤士女争昌丰。"　　踏云：腾云，驾云。　　翠袖银鞍：元张可久水仙子
《访梅孤山苍》有"彩舰轻帘，银鞍骏马，翠袖娇娃"句。　　盈把：满把。把，一手握取
的数量。　　转嫌：厌恶。　　生春手：增加愉快欢乐的人。　　少穆先生：林则
徐，字元抚，又字少穆，谥文忠。任嘉湖道时曾补梅孤山。　　冰雪人：忍辱负重的人。
高贤：高尚贤良者。　　辙：车辆经过的痕迹。　　惆怅：伤感；愁闷；失意。　　白
苹：一种水草。

10. 闱中感事四首

（咸丰元年）[1]

曾调银管谱霓裳，旧序频操古尺量。惭愧翻新少时样，桂花一曲断人肠。[2]

紫云唱彻广寒游，月府新装七宝楼。不逐嫦娥偷药去，空留玉斧替人修。[3]

兰浦枫江荡性情，惊才绝艳楚骚评。只因误写眠蚕字，一幅蛾眉画不成。自注：己酉主试批予卷，惊才绝艳。后因诗艺八月萑苇题犯蚕字，抑作副车填榜时，梁矩亭夫子以为有碍朝考，乃易以他卷。[4]

愧攀贡树出班行，喜接元方蕊榜香。一样荆花开两样，芙蓉何事怨秋霜。自注：家兄力常是科乡试中式，北上同行。[5]

释：

这是许瑶光道光二十九年京师参加拔贡科会考失败，未能留京做官，在到任浙江写的。

注：

[1] 闱：指科举考试。

[2] 调：调教，训练。　　银管：称笔为管。笔有三品，或以金银琱饰，或以斑竹为管。忠孝全者用金管书之，德行清粹者用银笔书之，文章赡丽者以斑竹书之。　　谱：谱曲。霓裳：《霓裳羽衣曲》的略称。霓裳羽衣曲是唐朝大曲中的法曲精品，唐歌舞的集大成之作。　　序：古代学校的名称。　　操：操练。　　尺：喻尺度或标准。　　时样：合于时宜的式样。　　桂花：科第名籍。科举登第谓桂籍。

[3] 紫云：明末清初名妓名。　　广寒：即广寒宫，古代传说中月亮上的宫殿。　　月

府：即月宫。　　七宝楼：七宝楼是一座历史悠久古蜀国的建筑。蜀王的逍遥宫。
不逐嫦娥偷药去：出自晚唐李商隐《嫦娥》诗："云母屏风烛影深,长河渐落晓星沉。嫦娥
应悔偷灵药,碧海青天夜夜心。"　　玉斧："玉斧修月"。有诗云："玉斧修成宝月团。"修
圆月亮,比喻恢复疆土。

[4] 兰浦枫江：芳香典雅的枫江水岸。唐张继有《枫桥夜泊》："月落乌啼霜满天,江枫渔
火对愁眠。姑苏城外寒山寺,夜半钟声到客船。"　　荡：萌动。　　楚骚：指战国楚屈
原所作的《离骚》。南朝梁裴子野《雕虫论》："若悱恻芳芬,楚骚为之祖;靡漫容与,相如扣
其音。"　　惊才绝艳：用于形容文采好。　　眠蚕字：写似眠蚕状的字迹。指写错文
字。　　蛾眉：比喻女子美丽的眉毛。借指女子美丽的容貌。　　己酉：道光二十九年
(1849)。　　抑：或是,还是。　　副车：清代称科举的副榜贡生。

[5] 攀：此处指科举考试登第。　　贡树：贡举的大树。　　出班行：出局于朝廷为官
的班次行列。　　元方：称兄弟皆贤为元方。　　蕊榜：科举考试中揭晓名第的榜示。
荆花：比喻兄弟昆仲同枝并茂。　　开两样：指其兄力常乡试中式而自己落榜。　　秋
霜：深秋来临。　　乡试中式：科举考试被录取为"举人"。

11. 号　啸

（咸丰元年）

　　浙闽誉手入夜常啸,一人唱声,众棚响应,謷謷之中亦复不减。俗名号啸,谓
是可以除魔。[1]

　　听余伐桂斧丁丁,又报苏门阮啸声。鹤唳猿啼浑莫辨,秋风总是不
平鸣。[2]

释：

这首诗在《雪门诗草》中放在《舟抵桐庐》之前,实际是许瑶光于咸丰元年出任桐庐知县,两

个月后卸去桐庐事务去杭州,在省试任誊录官时写的。

注:

[1] 闱:指科举考试。　　誊手:誊录官,用工楷誊清抄录试卷,科举时试卷校阅前的手续之一。　　瞢瞢:昏昧。糊涂。

[2] 伐桂:吴刚伐桂是古代神话传说之一。相传月亮上的吴刚因遭天帝惩罚到月宫砍伐桂树,其树随砍随合,永无休止。　　斧丁丁:形容伐木声。　　苏门阮啸声:苏门,山名。在河南省辉县西北。又名苏岭、百门山。晋孙登曾隐居于此。后因用以借指孙登。唐杨炯《群官寻杨隐居诗序》:"阮籍(三国时期魏诗人)之见苏门,止闻鸾啸。"　　鹤唳猿啼:唳,鸟高亢的鸣叫。深山峡谷猿、鹤的啼叫声,给人以凄厉悲凉的感觉。　　浑:全。简直。　　不平鸣:鸣不平。对不公平的事表示愤慨并发表公正的意见。

12. 舟抵桐庐

(咸丰元年)[1]

昨日钱塘孤塔耸,今日桐山翠云涌。山城幽僻重阳时,红叶黄花秋色重。[2]饥鹰盘折寒云开,水鸟出没苍波动。拿舟莫近严陵滩,惭余尚未忘名宠。[3]

释:

写于咸丰元年秋天自杭州乘船到桐庐出任知县。

注:

[1] 桐庐:位于浙江省西北部,富春江斜贯县境,地处钱塘江中游。

[2] 钱塘:旧钱塘县与仁和县同为杭州府治所。　　孤塔耸:孤塔耸起,指六和塔。桐山:指龙门山,龙门山主峰牛背脊之观音尖,海拔 1 246.5 米,为桐庐境内最高峰。

翠云：碧云。宋曹勋《绿头鸭》词："喜雨薰泛景，翠云低柳。"　　涌：指云、雾、烟、气等上腾冒出。　　幽僻：幽雅僻静。

[3] 饥鹰：饥饿的鹰。　　盘折：回环曲折。　　寒云：寒天的云。　　苍波：碧波。拿舟：用船。　　严陵滩：在浙江桐庐县南，相传为东汉严光隐居垂钓处。唐皮日休有《钓侣·严陵滩前似云崩》诗："严陵滩前似云崩，钓具归来放石层。烟浪溅蓬寒不睡，更将枯蚌点渔灯。"　　名宠：以功名得到帝王的宠爱。

13. 登桐君山

（咸丰元年）

石壁逼江回。秋潮日夜来。白云围古寺，红树绕高台。[1]海色吴天曙，山光越岸开，登临无限好，不必羡蓬莱。[2]

释：

记游写景之作，淡雅有致。

注：

[1] 逼：迫近。　　古寺：桐山寺。　　红树：桐庐著名的乌桕树。　　高台：高的楼台。

[2] 海色：将晓时的天色。唐李白《古风》之十八："鸡鸣海色动，谒帝罗公侯。"　　吴：吴地，今江苏苏州一带。　　天曙：天刚亮。　　山光：山的景色。　　越岸：对岸。蓬莱：古代神话传说中的神山名，常泛指仙境。

14. 秋江夜泛

（咸丰元年）[1]

暮色苍然入钓船，渔歌初唱露涓涓。寒潮落渚沙痕细，明月横江树影圆。[2]香芷难忘衡麓雨，竹竿聊破富春烟。西陵风雨同心曲，愁听吴侬已两年。[3]

释：

富秋江、钱塘江、新安江一带是桐庐主要风景区。

注：

[1] 秋江：指桐庐富秋江。　　泛：漂浮。泛舟。

[2] 暮色：黄昏时的天色。　　苍然：苍暗。灰暗。　　钓船：指渔船。　　初唱：开唱。　　露：夜幕降临后的露水。　　涓涓：细水缓流貌。　　渚：水中的小洲。沙痕细：水浅沙痕细。指水浅。　　横江：横陈江水。　　圆：圆满，圆全。

[3] 香芷：香草名。即白芷。　　衡麓：官名。守护山林之官。　　竹竿："压倒竹竿终劲直"，喻直言。　　聊破：揭穿。　　西陵：钱塘名歌妓苏小小的墓。　　风雨：风风雨雨。　　同心曲：苏小小与阮郁的一段爱情故事："妾乘油壁车，郎骑青骢马，何处结同心？西泠松柏下。"　　愁听：意思是听而生愁，怕听。　　吴侬：吴侬细语。吴地自称曰我侬，称人曰渠侬、个侬、他侬。因称人多用侬字，故以"吴侬"指吴人。

15. 到严州

（咸丰二年）[1]

出陇睦州见，江源两派分。峭峰明白雪，双塔表青云。[2]地是严陵隐，人传范老勋。羊裘未敢著,天气已晴曛。[3]

释:

咸丰二年十二月到严州就任淳安知县时作。

注:

[1] 严州:旧严州府位于浙江省西部,钱塘江流域。北、东、南分别与杭州、金华、衢州接壤,西与安徽的徽州相依。严州府原下辖淳安、建德、桐庐、分水、寿昌、遂安六县,原严州地今已合并成了杭州下属的桐庐县、淳安县和建德市。

[2] 陇:泛指山。 睦州:隋仁寿三年(603),以新安故城置睦州,治新安县(今杭州淳安)。 江源两派分:江源瓜分为新安、富春两江。 峭峰:陡峭的山峰。 明:明净。 双塔:位于安化县梅城镇的联元塔(南塔)和三元塔(北塔),为清乾隆十四年(1749)、嘉庆十八年(1813)先后建成。“双塔凌云”,是传统的“严陵八景”之一。 表表青云:在青云之上。

[3] 严陵:指严州府桐庐县严子陵钓台,相传是东汉高士严光(字子陵)隐居垂钓之地,故亦称严陵山。 范老:春秋时范蠡仗义疏财,施善乡梓,一身布衣,他的贤明能干被人赏识。 晴曛:日光照射。晴暖。

16. 留别青溪

(咸丰三年)[1]

江皖既失,杭城戒严,省调瑶协防,因而去任。

来时雪冻去时消,绾绶青溪六十朝。修到梅花应有福,喜看宿麦渐生苗。[2]地邻宣歙烽烟警,岁值灾荒井里凋。抚字未能防御短,匆匆春水送归桡。[3]

释：

许瑶光从咸丰三年留别青溪，调省协助浙赣当地防备太平军。

注：

[1] 青溪：浙江淳安。

[2] 绾绶：掌握官印。　　朝：日；天。　　修：整治。　　梅花：梅树开花。梅树早春叶先开放，后开花。　　应有福：佛语"人生应有福，可惜不知足"。　　宿麦：早先种的麦。

[3] 宣歙：指安徽宣城、歙县。　　烽烟：烽火台报警之烟。亦借指战争。　　警：戒备；防备。　　井里：乡里。古代同井而成里，故称。　　凋：衰败，衰落。　　抚：招抚，招安。　　防御：指防守抵御。　　短：短缺。　　匆匆：十分急忙的样子。　　春水：春天的河水。　　归桡：犹归舟。乘船回杭州接受任务。

17. 寒　雨

（咸丰三年）

匡庐寒雨过江横，云重风遒舟怕行。岁晏天应含雪意，途长人尚望冬晴。[1] 川原野麦敷青浅，村落炊烟湿翠生。去腊梅花峰下路，一篷凉月压诗清。[2]

释：

从南北朝、唐、宋、元、明、清到近代，有关"寒雨"的诗句有数百条之多，其中同名诗有宋苏辙五言《寒雨》："江南殊气候，冬雨作春寒。冰雪期方远，蕉絺意始阑。未妨溪草绿，先恐岭梅残。忽发中原念，貂裘据锦鞍。"许瑶光在江西协防太平军时写了七言《寒雨》诗一首。

注：

[1] 匡庐：指江西的庐山。　　寒雨：冷雨。　　过江横：纵横杂乱过长江。　　云重：重叠的云层。　　风道：强劲的风。　　岁晏：意指一年将尽的时候。　　雪意：将欲下雪的天象。　　途长：旅途漫长。

[2] 川原：山川原野。指原野。　　野麦：雀麦，爵麦，燕麦等。　　敷青：泛青。浮现青色。　　浅：颜色浅淡。　　炊烟：人间烟火，风轻云淡的意境。　　湿翠生：形容山光水色青翠缥缈。　　去腊：去年腊月。　　梅花峰：指江西南昌西郊有"小庐山"之称的"梅岭"，其主峰是历代名人览胜探奇、隐居访古之处。　　一篷：一船。　　凉月：秋月。　　压诗清：搁置积压下来的诗一点不留，把账还清了。

18. 视事常山阅视曹城有感

（咸丰六年）[1]

前令李君守常山，西北筑城作关隘。掘土垒垒白骨多，知是何年争战地。[2]溪深山僻风雨危，去年城筑今年颓。可怜城颓信又紧，武营移文促修整。[3]不惜修我城，亦须练尔兵。古来地利宜人守，今日屯兵空复名。定阳三里[4]滩前月，鼓声难敌管弦声。[5]

释：

去江西三年后，回浙西常山任知县时作。

注：

[1] 常山：位于浙江省西部，钱塘江上游。　　曹：陈旧；破烂。

[2] 关隘：险要的关口。　　垒垒：重垒，堆积。

[3] 溪深：水深。　　山僻：山中僻远之地。　　风雨危：风雨危害。　　颓：破败。

信：这里指战讯。　　紧：紧急。　　武营：军营，军队。　　移文：官署间的公文。

[4] 不惜：不顾惜。　　来：历来。地利：指有利的环境。　　屯兵：驻扎军队。空复名：徒有其名，没有其实。

[5] 定阳：地名，浙江常山。　　月鼓声：夜晚击鼓报时声。　　难敌：难以抵挡。管弦：管乐器与弦乐器。亦泛指乐器。

19. 留别定阳四首

（咸丰七年）[1]

西江连岁扰狼烟，广信秋围恰去年。敢畏繁难思退步，却令匆促扬回鞭。吏情早被梅花笑，别梦还凭柳色牵。吴越上游山水窟，囊琴欲走更缠绵。[2]

年来宦况似冰寒，自指头衔向月看。抚字未能蒙上赏，苍痍何日报平安。云连黄岳喧征鼓，路出彭湖走战鞍。吩咐义民同保障，莫嫌供亿费盘餐。[3]

回首西湖正好春，六桥杨柳趁闲身。画船倚岸应召我，曲院流醪也醉人。簿领暂抛长二月，自注：余昔桐庐、樟安俱以二月卸篆。莺花相伴且经句。贤良峰下拳拳石，耻载江头说宦贫。[4]

多谢诸公代挽留，铃辕远叩赴杭州。愧无桃李遗潘令，辜负儿童迓细侯。东浙轻云随客散，西峰明月为谁秋。白龙洞里如相忆，他日重寻旧雨游。[5]

释：

许瑶光咸丰六年从江西回浙江署常山县,七年二月离别时作。留言:"吩咐义民同保障,莫嫌供亿费盘餐。"自感"愧无桃李遗潘令,辜负儿童迓细侯"。

注：

[1] 留别:挽留和离别。　　定阳:浙江省常山县。

[2] 西江:江西赣江的支流。江西代称。　　扰狼烟:受战争困扰。狼烟,相传中国古代边防报警时烧狼粪起的烟,指战争。　　广信:广信府(今江西省上饶市)。清末广信府辖上饶、玉山、弋阳、贵溪、铅山、广丰、兴安等七县。　　围:被太平军包围。　　畏:害怕,畏惧。　　繁难:复杂困难。　　思退步:"身未升腾思退步。"《三国演义》中三顾茅庐一段中对诸葛亮的描写。大意是还没有飞黄腾达就为自己的将来做好准备。　　匆促扬回鞭:匆促挥舞回马鞭去救广信之围。　　吏情早被梅花笑:为官的情结早被孤傲的梅花所笑。　　别梦还凭柳色牵:离别后思念之梦还在被柳叶繁茂的翠色来牵连。出自唐许浑《将归姑苏南楼饯送李明府》诗:"花落西亭添别梦,柳阴南浦促归程。"　　吴越:江浙地区的代词。　　山水窟:指风景佳胜之处。　　囊琴欲走:装琴入袋欲走。　　缠绵:情意深厚。

[3] 宦况:做官的境况。　　自指:自己对着。　　头衔:官衔。　　抚字:对百姓的安抚体恤之意。　　蒙上赏:得到上面的赏识。　　苍痍:充满视野的全是创伤。比喻到处都是遭受破坏的景象。　　云:云雾,战争的烟雾。　　连:连带。　　黄岳:安徽黄山。　　喧征鼓:响起了嘈杂的出征鼓声。　　路出:路过。唐王勃《滕王阁序》:"家君作宰,路出名区。"　　彭湖:江西彭泽、湖口两地。　　走:逃跑。　　战鞍:战骑。骑兵。　　义民:乡民。　　保障:保护不受侵害。　　供亿:供给,供应。　　盘餐:盘盛的食物。

[4] 回首:回头看;回想,回忆。　　好春:春天的勃勃生机。　　六桥杨柳:参见《西湖竹枝词六首》注解。　　闲:空闲。　　画船:装饰华美的游船。　　倚岸:靠岸。　　召:召呼。　　曲院:西湖十景之一,曲院风荷。　　流醪:流出未滤的糯米酒。

簿领：官府记事的簿册或文书。　　暂：暂定。　　抛：丢下。　　长二月：阴历多一天的二月。　　莺花：莺啼花开。泛指春日景色。　　且：暂且。　　经句：经书。　　卸篆：卸印。谓辞去官职。

[5] 代：代表。代替。　　铃辕：长官的公署或临时驻地。　　远叩：长久留住。桃李：栽培的后辈和所教的门生。　　潘令：指晋潘岳，曾任河阳令。后亦用于对县令的美称。　　辜负儿童迓细侯：辜负到任时得到的迎接。迓细侯，见《后汉书·郭汲传》："郭伋字细侯……始至行部，到西河美稷，有童儿数百，各骑竹马，道次迎拜。"　　东浙轻云随客散：轻云，轻薄云雾。指广信被围随我离别已解散。　　西峰：西峰夕照是定阳古十景之一。　　明月：月球的通称，通常指其明亮的部分。　　秋：庄稼成熟。白龙洞：湘赣交界的罗霄山脉脚下的白龙洞。　　如：怎么：奈何。　　相忆：相思；想念。　　寻：寻求。　　旧雨：典故名。典出《全唐文》卷三百六十《杜甫二·秋述》："常时车马之客，旧，雨来；今，雨不来。"意思是过去宾客遇雨也来，而今遇雨却不来了。后以"旧雨"作为老友的代称。

20. 登诸暨署楼

（咸丰七年）[1]

杨柳春风绕县堤，危楼高眺与云齐。南来浣水通沧海，东去长山入会稽。[2]霸业已难追越绝，美人何处访村西。至今郭外桃花好，细雨如烟鹧鸪鸟啼。[3]

释：
文人贤士每到诸暨必谈西施。"美人何处访村西"句，点出西施在诸暨出生地。

注：
[1] 诸暨：越国故地，西施故里，越王勾践图谋复国之所。　　署楼：长官公署楼。

[2] **高眺**：远望。　　**浣水**：指浣纱溪,今浙江绍兴南若耶山下溪旁有浣纱石相传为西施浣纱处。　　**沧海**：东海的别称。　　**长山**：浙江金华古地名。　　**会稽**：绍兴的别称。

[3] **霸业**：国家强盛之业。　　**越绝**：难能超过。　　**美人**：指西施。　　**村西**：西施本名施夷光,出生于越国诸暨苎萝村,苎萝有东西二村,夷光居西村,故名西施。　　**郭外**：城外。在城的外围加筑的一道城墙称郭,即外城。内城叫城,外城叫郭。　　**细雨如烟**：烟雨蒙蒙。　　**鹧鸪**：鹧鸪鸟。多生活在丘陵、山地的草丛或灌木丛中。雄性鹧鸪好斗,叫声特殊,人拟其音为"行不得也哥哥"。

21. 诸暨县湖种柳

（咸丰八年）

桐庐厅事前,曾种蜡梅树。逾年过访之,已被后人锯。[1]常山卧阁双桂枝,浇泉刷蠹秋风知。今年却又被兵焚,香风能否如当时。[2]甘棠不伐古时有,桃李河阳今在否。种花人少看花多,玩花时浅浇花久。[3]世事荣枯那可期,黄鹂劝尔一杯酒。后来培植知为谁,多情仍种浣溪柳。[4]

释：

诸暨是许瑶光视事较长之地。咸丰七年三月、十年十一月,同治二月,曾三任诸暨知县。

注：

[1] **厅事**：官署视事问案的厅堂。

[2] **卧阁**：《史记》卷一百二十《汲郑列传》记西汉汲黯为东海太守,"多病,卧闺阁内不出,岁余,东海大治"。后召为淮阳太守,不受。谓武帝曰："吾徒得君之重,卧而治之。""卧阁",喻称官署。　　**桂枝**：别名柳桂,多分枝。　　**浇泉**：浇冷泉。　　**树蠹**：蛀蚀树木的虫子。　　**秋风**：蟋蟀的别名。

[3] **甘棠**：即棠梨。《诗经·召南·甘棠》朱熹集传："召伯循行南国以布文王之政，或舍甘棠之下。其后人思其德，故爱其树而不忍伤也。"后遂以"甘棠"称颂循吏的美政和遗爱。

桃李河阳：晋潘岳任河阳（今河南省孟县西）县令，于县境遍种桃李，传为美谈。

[4] **荣枯**：草木茂盛与枯萎。喻人世的盛衰、困顿与显达。 **黄鹂**：黄鸟名。叫声动听。 **浣溪**：水名。在浙江省青田县长寿峰，相传南朝宋谢灵运遇浣纱仙女于此。另参见《登诸暨署楼》"浣水"注。

22. 西施庙十首

（咸丰九年）[1]

余以丁巳暮春视事义安，暇眺南郭，得苎萝旧迹："明玑翠帔，照耀溪光。"盖爱古者标其盛也。己未之春，余将瓜代，缅维名媛生长，未免踟蹰，勉成十绝，刻石庙侧，有扬无抑，庶不以唐突见诮。[2]

曛纱石上春日黄，浣纱溪畔春波香。妾自殷勤供女织，那知姓氏动君王。[3]

山如点黛水如螺，小庙谁修曲径阿。当作门眉光故里，征车曾枉相臣过。[4]

芙蓉初出擅风姿，贵固殊人贱亦奇。记得邻娃慕颜色，效颦早日出东施。[5]

笑攀桃李别春风，去采姑苏莲蕊红。唱曲女儿齐俯首，一时越艳压吴宫。[6]

垂垂珠幌动鸣珰,倚醉娇生白玉床。报越报吴何等事,捧心未敢诉衷肠。[7]

英雄乌喙亦多情,甬邑东留海畔城。但使夫差似长乐,朝云应倚过残生。[8]

芊绵香草软如茵,麋鹿长洲啮暮春。知把黄金铸良弼,保全越社究何人。[9]

沈江水葬谢鸱夷,云雨风涛古会稽。应托微波还故国,至今潮尚到枫溪。[10]自注:杨升菴谓沉西施于江以谢鸱夷,鸱夷非鸱夷子,乃指伍胥引载之鸱夷,而浮之江为证,解也奇辟。枫溪在诸暨东北。[10]

呖呖东风叫鹧鸪,越台何处认平芜。如花春殿当年满,曾记眠薪食胆无。[11]

春深姿媚碧苔纹,石上书题王右军。千古苎萝明月色,美人名士各平分。[12]

释:

公元前 494 年,吴国打败越国,越国称臣于吴国。越王勾践卧薪尝胆谋复国,范蠡选了诸暨美女西施,授以礼仪,习以歌舞,进献吴国,成为吴王夫差最宠爱的妃子,从而乱了吴国。公元前 473 年越王勾践终灭吴国。

注:

[1] **西施庙**:位于杭州市萧山区临浦苎萝村。相传为西施的故居。

[2] **丁巳**:咸丰七年(1857)。 **视事**:旧时指官吏到职办公。 **暇眺南郭**:空闲时到南城观望。 **苎萝**:山名。在浙江省诸暨市南,相传西施为此山鬻薪者之女。西施的代称。 **旧迹**:古迹。 **明珰翠帔**:明珰,用珠玉串成的耳饰;翠帔,古代贵妇精

美的礼服。指越王勾践为西施佩带漂亮的耳饰,着以华丽的宫装,进献吴王。　　照耀溪光:表示打扮后的西施照亮了溪水。　　盖:因为。　　标:标明。　　盛:盛大。盛事。　　己未:咸丰九年(1859)。　　瓜代:本指瓜熟时赴戍,到来年瓜熟时派人接替。后世就把任期已满换人接替叫做瓜代。　　缅维:遥想。　　名嫒:有名的美女。踟蹰:徘徊不前貌。　　十绝:十首七言绝句,每首四句,每句七字。　　有扬无抑:有称颂而无贬抑。　　庶:但愿。　　唐突:冒失。　　见诮:指让内行人笑话。

[3] **曛纱石上春日黄**:春天落日的光辉洒在浣纱石上闪烁着金光。曛,意思是落日的余光。纱石,浣纱石。在苎萝山下,浣纱溪畔,相传西施在其上浣纱,故名。黄,金黄。春波:春水的波澜。　　妾:旧时女人自称。　　供:通"恭",敬业。　　女织:古有谚语"一夫不耕或受之饥,一妇不织或受之寒"。　　姓氏:西施的姓氏。　　动君王:打动了吴王夫差。

[4] **点黛**:指用毛笔书画。　　螺:螺黛的省称。螺黛,古代妇女用来画眉的一种青墨色矿物颜料。　　曲径:曲折迂回的小路。　　阿:山的转弯处,即三面环山地形的内凹处。　　门眉:唐陈鸿《长恨歌传》:"男不封侯女作妃,看女却为门上楣。"后以"门楣"指能光大门第的女儿。　　光:光彩。　　故里:故乡,老家。　　征车曾枉相臣过:指伍子胥逃离楚国奔吴为父复仇。助吴霸业后认为应一举消灭越国。吴王夫差为伯嚭(吴国宰辅)所谗,诬陷伍子胥有谋反之心。夫差赐剑伍子胥,令他自尽。征车,远行人乘的车。枉,冤屈。相臣,泛指大臣。过,死亡。

[5] **芙蓉**:荷花的别名。代指西施。　　初出:比喻新露头角。　　擅:长于,天生。风姿:风度仪态。　　贵固殊人贱亦奇:地位显要的人固然与众不同,地位卑下的人也珍奇。　　记得邻娃慕颜色,效颦早日出东施:"东施效颦"之典故。邻娃,邻村之女东施。慕颜色,羡慕西施脸上的表情。效颦,仿效西施的皱眉。

[6] **笑攀桃李别春风**:欣喜地折取栽培出来的学生西施离别苎萝山。指范蠡对西施"饰以罗縠,教以容步,习于土城,临于都巷,三年学服而献于吴"。罗縠,绫罗绸缎的衣服。容步,指神情和气色以及投手举足的仪态。　　采:摘取。取得。　　姑苏:苏州,吴国国都。指吴国。　　莲蕊红:出自郭茂倩编《乐府诗集》梦里相思曲——《西洲曲》:"置莲怀袖中,莲心彻底红。"莲:荷莲,指西施。"莲蕊红"指获取吴王欢心。　　女儿:女子。　　俯首:低头。　　越艳:越国美女西施。　　压:镇服。　　吴宫:吴国宫殿。

[7] **垂垂**：形容垂下。　　**珠幌**：珠帘。　　**鸣珰**：指首饰。金玉所制,晃动有声,故称。**倚醉**：仗着醉意。　　**娇生**：被娇养惯了。　　**报**：报国。　　**何等**：指什么样的。用于表示疑问。　　**捧心**：相传春秋时美女西施有心痛病,经常捧心而颦(皱着眉头)。**诉衷肠**：诉说内心的话和感情。

[8] **英雄乌喙亦多情,甬邑东留海畔城。但使夫差似常乐,朝云应倚过残生**：指越国打败吴国后,越王勾践想把夫差流放甬东(现浙江舟山,即春秋越甬东地),给他百户人家,使他如常年一样安乐,还有神女倚随他度过残生。乌喙,因史载越王勾践"乌喙年年,誓啄夫差之肉"。后世遂以"乌喙"指代勾践。甬,宁波的简称,因境内有甬江而得名。邑,旧指县。留,留住。倚,倚随。

[9] **芊绵**：草木繁密茂盛貌。　　**香草**：含有香味的草。　　**茵**：指成片的嫩草。**长洲**：历史上苏州的一个县。　　**啮**：上下前排牙的合拢称为"咬";上下后排齿的合拢称为"啮"。　　**知把黄金铸良弼**：指西汉吴王刘濞的豫章郡产铜。刘濞就招募天下亡命之徒来此偷偷铸钱,并用钱联络四方进行造反。黄金,铜。铸,造就。良弼,犹良佐。**社**：社稷,后用以借指国家。

[10] **沉江**：意思是沉尸于江。　　**鸱夷**：① 革囊。《战国策·燕策二》："昔者伍子胥说听乎阖闾,故吴王远迹至于郢。夫差弗是也,赐之鸱夷而浮之江。"② 指范蠡。鸱夷子皮是春秋末期楚国商人范蠡经商时取的名字。此处指伍子胥。　　**会稽**：会稽郡。群治在吴县。今江苏苏州城区。　　**故国**：故乡。　　**枫溪**：位于今上海市枫泾镇。

[11] **呖呖**：形容鸟类清脆的叫声。　　**鹧鸪**：此处指西施。　　**越台**：指春秋时越王勾践登眺之所。故址在今浙江绍兴种山。　　**认**：分辨,识别。　　**平芜**：指草木丛生的平旷原野。　　**如花春殿当年满**：出自李白《越中览古》："越王勾践破吴归,义士还乡尽锦衣。宫女如花满春殿,只今惟有鹧鸪飞。"此处"鹧鸪"亦指西施。　　**眠薪食胆**：即卧薪尝胆。　　**无**：没有。

[12] **姿媚**：妩媚。此处指王羲之在浣纱石上刻的"浣纱"二个大字。唐韩愈《石鼓歌》："羲之俗书趁姿媚,数纸尚可博白鹅。"　　**碧苔纹**：石碑带青苔痕。　　**王右军**：王羲之别名。　　**色**：特指和悦的脸色。

23. 别诸暨作

（咸丰九年）

吏民置酒拦我道，满路东风香缭绕。浣溪流作玉琴声，怪我囊琴去何早。[1]西岭桃花红欲开，不待花开花应恼。宦途迁调那有常，东山月转西山晓。[2]杭城故人昨日书，催道湖光相待好。商量去住难为情，白云舒卷随天表。[3]两载淹留兵水荒，簿书岁月疾如鸟。愧无规略继刘侯，岂有风骚师铁老。[4]儒吏循吏何者是，细算沉思真绝倒。匆匆去辙不可回，风摇堤柳船篷扫。[5]行囊莫谓使君廉，藏有丹青老莲稿。自注：明邑侯刘复修诸暨水利，有《经野规略》一书。[6]

释：

"怪我囊琴去何早"、"两载淹留兵水荒"两句，说明许瑶光早有调令，因治诸暨水灾而耽留。

注：

[1] **吏民**：官吏与庶民。 **满路**：整个道路。 **东风**：春风。 **香**：香火。 **缭绕**：回环盘旋。 **浣溪**：西施洗衣处的溪水。 **玉琴声**：用玉石制作的琴类乐器发出的声音。 **囊琴**：囊，琴袋。囊中之琴。

[2] **西岭**：诸暨西岭。 **不待花开**：不待花开别诸暨。 **宦途**：做官的经历。 **转**：返回。

[3] **故人**：旧交，老朋友。 **催道**：催促上路。 **湖光**：指西湖，杭州。 **相待**：指对待；招待；款待。 **去住难为情**：去也不好，留也不好，左右为难。 **舒卷**：喻指人事的进退。 **表**：启奏，上表章给皇帝。

[4] **两载**：两年。 **淹留**：羁留，逗留。 **簿书**：官署中的文书簿册。 **岁月**：年月。泛指时间。 **鸟**：鸟飞，喻其快。 **规略**：规划谋略。 **刘侯**：明邑侯刘复。见自注。 **风骚**：《诗经·国风》和《楚辞·离骚》的并称。代指诗文。 **师**：师从。 **铁老**：铁拐李，传说为八仙中资格最老的神仙，瘸腿挂着铁制拐杖，背上的大葫芦里有神

丹妙药,专治跌打损伤。后来被膏药行业视作祖师。

[5] **儒吏**:儒生出身的吏员。　　**循吏**:为政清廉能干的官吏。　　**绝倒**:前仰后合地大笑。　　**辙**:车辆经过的痕迹。

[6] **行囊**:行李。出行时所带的钱物。　　**使君**:汉代称呼太守刺史,汉以后用作对州郡长官的尊称。　　**丹青**:指绘画。　　**老莲**:陈洪绶,明末画家。字章侯,号老莲,浙江诸暨人,善画人物、仕女。

24. 闰三月初八将赴仁和任慰宁海诸父老

(咸丰十年)[1]

　　父老咨嗟叹,相传邓令贤。自注:名廷桢。卅年无健吏,前岁果烽烟。[2]海阔藏奸地,春深易雾天。君来才歇戢,那忍饯行鞭。[3]念我原儒懦,从权尚重刑。此心谁与白,诸眼竟垂青。[4]卧辙情原重,衔杯酒又醒。栽桃须去蠹,为语后来听。[5]

释:

许瑶光咸丰九年春离诸暨,在杭州逗留一段时间,同年秋才到宁海剿灭海盗,第二年春就回杭州仁和上任。

注:

[1] **仁和**:当时杭州府治钱塘、仁和两县,两县都在杭州城内,钱塘在上城,仁和在下城。**宁海**:明、清属台州府。位于浙江省东部,北连奉化市。

[2] **咨**:叹词。多表赞赏。　　**嗟叹**:吟叹;叹息。　　**健吏**:精干的官吏。　　**果**:副词,果真,终于。　　**烽烟**:烽火台报警之烟,亦借指战争。

[3] 海阔：广阔的海域。　　藏奸：这里指窝藏海盗。　　春深：春意浓郁。　　歘：象声词，一下子。　　戢：收敛；止息。　　鞭：驱赶。

[4] 儒懦：柔弱，不刚强。　　从权：指采用权宜变通的办法。　　尚：注重。　　谁与白：与谁表白。　　诸：众人。　　垂青：谓以青眼相看，表示重视或见爱。古人称黑眼珠为青眼。

[5] 卧辙：东汉侯霸为淮阳太守，征入都，百姓号哭遮使车，卧于辙中，乞留霸一年。后常用为挽留去职官吏的典故。　　衔杯：口含酒杯。多指饮酒。　　蠹：蛀虫。　　为：做出。说出。

25. 闰三月廿四日视仁和事作二首

（咸丰十年）

寻常三月难兼闰，今岁东风转恼人。苦忆烟火寻旧梦，深愁兵火送残春。西湖金碧烧痕秃，南宋河山血晕新。满目疮痍无术补，凄凉宦况敢言贫。[1]

故人赠我菊花骝，学据新鞍髀骨愁。骄将无功新晋爵，迁儒守拙耻封侯。一椽破廍迷栖燕，绕郭荒田恼唤鸠。分付孤山鹤休唳，可怜警报又常州。[2]

释：

咸丰十年初，太平天国忠王李秀成为解天京之围进军浙江，杭州告危。浙省急调许瑶光回仁和参加守卫杭州。

注：

[1] 闰：闰月。　　烟花：泛指绮丽的春景。　　旧梦：以前做过的事。　　残春：指春天将尽的时节。　　金碧：金碧辉煌，形容建筑物装饰华丽，光彩夺目。　　秃：脱落。　　血晕：伤痕。　　疮痍：比喻遭受灾祸后凋敝的景象。　　宦况：做官的境

况。　　　贫：收入少,生活困难。

[2] 故人：指旧交,老朋友。　　　菊花骝：泛指良驹。　　　据：据鞍,跨鞍。　　　髀骨：俗称大腿骨。　　　愁：受苦。　　　晋爵：加封官阶,晋升爵位。　　　迂儒：迂腐不通事理的儒生。　　　守拙：封建士大夫自诩清高,不做官,清贫自守,称守拙。　　　耻：羞愧。封侯：封拜侯爵。　　　椽：古代房屋间数的代称。　　　廨：指旧时官吏办公的地方。迷：迷恋。　　　栖燕：燕子停留,留居。　　　绕郭：城郊。　　　恼：怨恨;发怒。　　　唤鸠：鸠鸟呼叫。　　　分付：嘱咐;命令。　　　孤山鹤：宋林逋隐居杭州西湖孤山,不娶无子,所居植梅畜鹤。　　　休：停止。　　　唳：鹤、雁等鸟高亢的鸣叫。　　　常州：此处指与杭州淳安县接壤的浙西常山县,在太平天国战争中双方多次争夺。在此不久许瑶光有《闻江山常山失守》一诗。

26. 浙西从军行五首

(咸丰十一年)[1]

明月照钱江,夜深闻荡桨。桨声杂弦声,飞出烟波上。嫦娥觑颜色,知是千夫长。好曲开醉颜,一笑拍双掌。雕鹗伴鸳鸯,那复云霄想。可怜壮士犒,暂作美人赏。[2]

海天秋气凉,万灶衣裳薄。回首思故乡,双泪迸珠落。应募辞爷娘,自谓从军乐。军功竟难期,军令日教却。挺身欲向前,瞿瞿火伴弱。将军不挑战,壮士将何若。坐看飞霜来,凄凄逼戎幕。[3]

我本楚军士,后来投鄂营。鄂渚已罢战,乃作浙西行。泽国富罗绮,飘飘娇新晴。脱我大布重,著此秋罗轻。白马何骄嘶,新系珠络缨。南关饮美酒,西湖市鱼羹。北关登葛岭,东海看潮生。何不操铁弩,为我射潮平。[4]

疲马无远行,疲兵无斗志。梁肉饱守犬,狡兔复何忌。神獒产西底,黑犷来荆地。舍旧新是图,殷勤告我帅。期门深沉沉,我帅正酣睡。城守无外营,野战无夜燧。频年立功勋,孔雀飘飘翠。易兵不易将,军政日憔悴。[5]

莫惮骑马贼,马从直道来,莫惮骑马贼,马行平地开。避直有曲绕,避平有崔巍。浙地非沙漠,逼仄愁龙媒。旁刺与回杀,骏足奚畏哉。官军失校练,临敌锋先摧。人智不如马,令我心疑猜。[6]

释：

此诗写的是许瑶光咸丰十年闰三月履仁和,九月杭州被困,在参加守卫杭州时见闻所感。

注：

[1] 浙西：浙西原来是两浙西路的简称,其中还包括江苏的苏南地区。

[2] 钱江：钱塘江。　　弦声：弦乐声。弦歌声。　　烟波：烟雾笼罩的江湖水面。觑：偷看,窥探,窥视。　　颜色：脸色,脸上的表情。　　千夫长：古武官名。　　醉颜：醉后的面色。　　雕鹗：雕与鹗。猛禽。此处喻武将。　　鸳鸯：比喻艳妓。云霄想：高远的打算。　　犒：犒劳。　　赏：赏钱。

[3] 万灶：描绘大军云屯的场面。　　回首：指回头;回头看;回想,回忆。　　迸珠落：像珠子般溅落下来。　　应募：接受募选,参军。　　竟：到底。　　教：告诉。却：退却。　　瞿瞿：迅速张望貌。惊顾貌。　　火伴：同伍的士兵,古代兵制十人为一火,火长一人管炊事,同火者称为火伴。　　壮士：勇士。　　何若：表示疑问,如何,怎样。用于询问。　　凄凄：悲伤凄凉。　　戎幕：守边的士兵的帐幕。

[4] 鄂渚：隋改郢州(治今武汉市武昌)为鄂州,即因渚而名。世称鄂州为鄂渚。　　泽国：多水的地区。　　富：富有。　　罗绮：罗和绮。多借指丝绸衣裳。　　飘飘：得意。　　娇：娇美。　　新晴：久雨开晴。气象一新。　　大布重：厚重的麻制粗布衣。　　秋罗轻：轻柔质薄的丝织衣衫。　　珠络缨：缀珠而成的穗状饰物。　　市：

购买。　　北关：北关夜市钱塘十景之一。　　　葛岭：葛岭朝暾,钱塘十景之一。朝暾指初升的太阳。　　铁弩：一种用机械力量射箭的弓,泛指弓。　　潮平：潮与岸齐平。指到了春天,上游冰雪融化带来春潮,江水变深,才会与岸齐平。

[5]梁肉：美食佳肴。　　守犬：守护宅舍的狗,看家的狗。　　　狡兔：狡猾的兔子。复何忌：再有什么顾虑,畏惧。　　神獒：猛犬。　　西底：西藏。　　黑犷：凶猛不驯的犬。　　荆地：泛指今湖北一带。　　舍旧新是图：语出《左传·僖公二十八年》：“原田每每,舍其旧而新是谋。”杜预注：“可以谋立新功,不足念旧惠。”后指弃旧求新。　　殷勤：急切。　　期门：此处指军中帐门。　　外营：外层营垒。　　燧：火炬。　　频年：指连续几年。　　飘飘：飞貌、得意、风吹貌。　　易：换。　　憔悴：困顿。

[6]惮：怕,畏惧。　　直道：泛指直的路。　　平地：平坦的地面。　　开：张开。崔巍：指高峻的山。　　逼仄：狭窄,密集,拥挤。　　龙媒：指骏马。　　骏足：良马。奚：文言疑问词,哪里。　　校练：考核。　　锋：行军或作战时的先遣将领或先头部队。　　疑猜：怀疑猜测。

27. 长沙春日

（同治元年）

　　春风昨夜入长沙,佳气葱茏接晓霞。好竹移栽都护宅,名花先放总戎家。[1]频年用武征人贵,四海论材楚国华。安得东皇恩泽普,江南江北尽桑麻。[2]

释：

《诗草》缺咸丰十一年诗稿。十年十一月廿八日杭州陷,许瑶光回诸暨。咸丰十一年七月初四,太平天国忠王李秀成进攻诸暨。李秀成绕越诸暨,突陷萧山,清兵退保杭州,李秀成复分兵回取诸暨。九月二十六日,四乡火起。许瑶光以为驻军“百胜勇”尚在,实则都已撤去。至东门,遇骑兵三,各以长刀相劈。许瑶光左右额顶心、发际、右耳根、右臂膊共受七伤，遂昏倒。俄而苏醒，有老妪扶他行过石桥里许。又遇太平军兵二，见他鲜血淋漓，遂让路放行。有马姓百姓抬他至枫桥，裹伤后去绍兴府。二十九日，府城为太平军攻占。许瑶光去甬江口，杭州胡雪岩买船送他去了舟山，再回长沙养伤。其诗稿可能在逃离诸暨时丢失。

注：

[1]春风：春天的风，比喻融和的气氛等。　佳气：美好的云气。唐李白《明堂赋》："含佳气之青葱，吐祥烟之郁律。"　葱茏：形容草木青翠而茂盛。　总戎：将领。

[2]频年：指连续几年。　征人：指出征或戍边的军人。　四海：指全国各地。楚国：湖南，此处指湘军。　华：光彩。　东皇：东皇太一，远古楚地神话中的太阳神。　恩泽：称帝王或官吏给予臣民的恩惠。　普：普遍。普及。　桑麻：古人为了穿衣，家家种桑植麻。

28. 五月朔日赴安庆谒节相涤生师时庐州新复四首

（同治元年）[1]

四月十五日官军复庐州。

不食家乡粽，于今已七年。那期端午节，又上下江船。梅雨苍梧重，炎云鄂渚连。兹行休惮瘁，梓里相公贤。[2]

寄语江南燕，飞飞好比巢。徐扬归禹甸，泲水入周郊。黄犊千村叱，青貌万灶庖。投鞭流可断，吴狲莫咆哮。[3]

十载军兴后，艰难济楚材。星悬南斗正，涨卷洞庭开。其羡生河岳，谁知擢草莱。东征汇群策,吐握早栽培。[4]

自绊西湖路,春风背绛纱。材甘同朽木,鼎竟问梅花。举世长城倚,微生广厦遮。曲江谋国苦,多恐鬓先华。[5]

释:

许瑶光咸丰十一年回长沙老家养伤后,同治元年五月赴安庆谒两江总督曾国藩。当时曾国藩、曾国荃正率军进驻雨花台,会同彭玉麟的水师围攻太平天国天京金陵,对浙江官吏一时无法安排。那时左宗棠也率军由江西进入浙江。

注:

[1] **朔日**:中国农历将朔日定为每月的第一天,即初一。　　**节相**:对地方军政长官的尊称。　　**涤生**:曾国藩号涤生。　　**庐州**:安徽合肥别称。

[2] **期**:想到。　　**下江船**:从湖南老家去安徽的船。　　**苍梧**:指零陵(今湖南永州)。**鄂渚**:今武汉市武昌。　　**惮**:怕,畏惧。　　**瘁**:心力交瘁。鞠躬尽瘁。　　**梓里**:指故乡。　　**相公**:指曾国藩。

[3] **寄语**:意为所传的话语,有时也指寄托希望的话语。　　**比**:比较。　　**徐扬**:徐州和扬州。　　**禹甸**:本谓禹所垦辟之地。后因称中国之地为禹甸。典源《诗·小雅·信南山》:"信彼南山,维禹甸之。畇畇原隰,曾孙田之。我疆我理,南东其亩。"　　**沘水**:沘主要是指沘河,也叫沘水。源出肥西、寿县之间的将军岭。向西北流者,出寿县而入淮河;向东南流者,注入巢湖。　　**周郊**:春秋时周王朝边境洛水。　　**黄犊**:小牛。　　**叱**:喝叫申斥。　　**青貔**:貔貅,传说中的一种猛兽。喻勇猛的军士或军队。　　**万灶**:描绘大军云屯的场面。　　**唬**:同"虦",猛虎怒吼。　　**投鞭流可断**:成语"投鞭断流",比喻人马众多,兵力强大。出自《晋书·苻坚载记》:"以吾之众旅,投鞭于江,足断其流。"**吴**:大。《方言》第十三:"吴,大也。"　　**猘**:狂犬,疯狗。

[4] **十载**:十年。　　**军兴**:军队征战。　　**济**:成就。　　**楚材**:湖南的人才。**南斗**:古越国别称。指浙江。　　**正**:指官长。通"政",政务。　　**涨**:本意是指水势盛大,引申泛指增高,充满。　　**洞庭**:洞庭湖。指湖南。　　**美**:羡慕。　　**河岳**:黄河

和五岳的并称。 **擢**：选拔。 **草莱**：杂生的草，喻指民间。 **东征**：湘军东征。 **群策**：群策群力。 **吐握**：求才。典故"吐哺握发"，典出《史记·鲁周公世家》。意谓洗发时多次挽束头发停下来不洗，进食时多次吐出食物停下来不吃，急于迎客。比喻为了招揽人才而操心忙碌。形容礼贤下士，求才心切。

[5] **绊**：羁绊；束缚。 **路**：宋元时代行政区域名，宋代的路相当于明清的省，元代的路相当于明清的府。 **绛纱**：犹绛帐。对师门、讲席之敬称。 **材**：木材。通"才"。才能，能力。 **甘**：自愿，乐意。 **朽木**：腐烂的木头。比喻不可造就的人。 **鼎**：鼎梁之材，比喻能担当国家重任的人才。 **竟**：居然。 **举世**：整个人世。 **长城**：高大雄伟的长城，以此喻曾国藩。 **倚**：依靠。 **微生**：细小的生命；卑微的人生。 **广厦**：以此喻曾国藩。 **曲江**：此处指杜甫。《曲江二首》是唐代诗人杜甫的诗作。 **鬓**：脸旁靠近耳朵的头发。鬓发。 **华**：花白。

29. 从军苦热行

（同治元年）

　　一层布幪难遮暑，烈日欺人云散午。健儿伤暍颧颊红，日夜呻吟作谰语。[1]我身孱弱苦难禁，席地且发清风吟。千里黄蒿蔓白骨，那有瓜李清脾心。[2]自古北漠从军尝苦寒，那知南国从军行路难。君不见今岁江南大营多，疫死累累小冢葬沙滩。[3]

释：

同治元年七月，许瑶光谒左宗棠于衢州，两人一见如故。左宗棠以许瑶光在浙多年，历任均著贤声，留军中帮办营务。这是在行军中所作。

注：

[1] **健儿**：英勇善战的军人。 **颧颊**：颧骨与颊骨。借指人的面部轮廓容颜。 **谰语**：妄语，胡话。

[2] **孱弱**：瘦小虚弱。　　**席地**：泛指在地上(坐)。　　**且**：表示暂时。　　**发**：抒发，发出，唱。吟咏，吟诵。　　**黄蒿**：一种饲用植物。　　**蔓**：蔓延于野。　　**清**：清凉。　　**脾心**：脾和心。

[3] **累累**：连接不断。　　**冢**：坟墓。

30. 二月重至诸暨时县城初复四首

（同治二年）

　　两三故老出破屋，五六儿童系短裤。不记自家离乱苦，转怜我面旧刀痕。[1]

　　藏粮石窬被搜穷，田麦新经饲马空。指点春风留活计，门前数亩草花红。[2]自注：其草叶散而花红，本沤以粪田者，今则以之救饥矣。

　　一自兰江入浣溪，连宵寂寞不闻鸡。迢迢官路行人少，细雨鸺鹠树上啼。[3]

　　相对桃花破昔愁，苎萝山翠瘴烟收。浙东自此平安报，前日官军定越州。[4]自注：绍兴于正月廿六日克复。

释：

同治元年年二月，许瑶光随左宗棠回诸暨处理善后工作时所作。

注：

[1] **裤**：裤。

[2] 窌：藏东西的地洞。　　经：治理；管理。　　空：落空。　　指点：指示，点拨。
春风：喻恩泽。亦称帝王或官吏给予臣民的恩惠。　　活计：生计。

[3] 兰江：钱塘江从兰溪市至建德市间的那段支流。　　浣溪：指浣纱溪，今浣江。江畔
有浣纱石，传为当年西施浣纱处，江由此而得名。　　迢迢：道路遥远貌。　　官路：官
府修建的大道。后即泛称大道。　　鹁鸪：鸟名。

[4] 破：破除；解除。　　苎萝：山名。在浙江省诸暨市南，相传西施为此山鬻薪者之女。
瘴烟：瘴气，烽烟，指战争。　　越州：今浙江绍兴。

（三）江南战诗，直笔褒贬，堪称诗史

咸丰元年（1851），洪秀全金田起义。咸丰三年（1853），太平军沿长江东下，占武昌、九江、安庆、南京，建立太平天国。

太平天国起义后，文人志士们在鸦片战争后激起的"天下兴亡、匹夫有责"的爱国主义心潮，随之跌落到进退维谷的困境。许瑶光也思忖像他这样的读书人怎样报国呢？

当时有的人退出宦途，或寄望于后人，不能面对现实。许瑶光面对现实，在他的《雪门诗草》总序中称，自己"栖迟吴楚，目击戎马，举凡官吏之是非，营政之得失，民气之盛衰，无不默识之，而徐徐焉以笔墨宣达之"。写了有关江南和浙江太平军战争的诗达 60 多篇。

不少诗评、诗话对许瑶光这些诗都有肯定的评价。林钧《樵隐诗话》云："予采诗数月，吟风弄月及舒怀抱之作居多，其留心时事以诗记事可称诗史者惟吾乡许雪门观察一人而已。"又云："观察诗述浙事尤详。庚申《暮春志慨》诗论尤平允，可称诗史。"以《暮春志慨》所提供的大量史实，赞此诗即可称为"诗史"。其他如杨钟羲《雪桥诗话》等也均举例赞之。

许瑶光咸丰二年作《闻长沙被围书愤》，详述太平军起事经过和清廷围剿失败情况。三年作《黄鹤怨》，记太平军攻占武昌。四年、五年作《水军哀》、《水军咏》、《战船咏》，记曾国藩修战船备练水师。十年作《金陵失大营叹》，记李秀成破金陵江南大营。每一重要战役，均记以诗，而以《闻长沙被围书愤》、《暮春志慨》、《闻杭州告陷书感》、《六月十八日克复金陵纪事》最详，描述了太平军从起义、发展到失败的全过程。

许瑶光记述清军与太平军江南作战的诗篇，不仅写了江南太平军战争的过程，对一些重大战役进行了全方位的描写，而且对战争的胜败原因也有描述。更重要的还在于他敢讲真话，直笔褒贬，用事实说话，还历史本来面目，因此被认可为"诗史"。

他对太平军确实不敬，称之为"贼"、"逆"、"寇"，同时对清军的骄横，官场的腐败、官吏的昏庸无能也不隐瞒。这些官吏擅长弄虚作假，争功求荣，饰败可为胜，戕民可称寇，不追谓困兽，结果竟是"骄将无功新晋爵"。

《兰溪官军咏》一诗叙述总统江南诸军的张玉良骄横不法，怒杀百姓数万，百里长街成灰烬。顷刻避难诸船老幼空，"只留少妇充军妾"。这些揭露都是比较深刻的。

第16篇《初秋感事四首》和第17篇《志慨四首》是第二次鸦片战争诗篇，讲到清政府对太平天国战争与第二次鸦片战争两者的态度。

1. 闻长沙被围书愤十六首

（咸丰二年）

粤西丛莽，夙有伏戎，而巡抚郑文老病好佛，一以姑息掩饰为事，致庆远、思恩、南宁土寇蜂起，而花县逆民洪秀全，纠合冯云山、曾玉珩、萧朝贵、杨秀清、韦昌辉、石达开于三十年六月蓄发倡乱于桂平县之金田村。上调固原提督向忠武赴粤，旋命前滇督林文忠暨提督张武壮往，均薨于道。乃命前江督李文恭为钦差大臣，而以前漕督周文忠署广西巡抚，会办军务，师行不利。咸丰元年逆扰至贵县武宣平入象州境，二月命广州副都统乌武壮帮办军务。三月李文恭病，命大学士赛为钦差大臣，赐以遏必隆刀，由部库、内库各发饷百万，率都统巴清德，副都统达洪阿，侍卫开隆阿，总兵长寿、长瑞，军机章京丁守存、联芳，火器营乌兰都，率京兵出都，命邹壮节为巡抚。四月李文恭薨于武宣。五月乌武壮败贼于象州。六月赛相至粤，败贼于桂平之新墟，七月又夺其双髻山，八月破贼于风门坳。已而向忠武失利，达武壮与乌武壮不合，亦小衄，贼乃窜陷永安州称伪号。九月赛相移营阳朔，十月乌武壮大败贼于莫家村，遂合兵围永安。乌武壮谓贼势悍猛，坚忍不宜与战，宜开长壕以困之。向忠武主围城缺一之说，以与之抗。至二年二月十七，贼果从缺处冲突溃围，戕我总兵长寿、长瑞、董先甲、邵鹤龄，走牛角徭山、出马岭，窜六塘墟以扑省城，而我兵之围永安者，反在后。乌武壮提兵疾趋追及之，受炮伤足阵亡。省城被围者三十一日。四月贼弃省围，走兴安以攻全州。都司武昌显力战却敌,贼以地雷破城,阖城殉难,并焚寿佛寺。全州踞湘水之上流,若逆踪由永州、衡州进,顺流可达长沙。时江忠烈从乌武壮军出,绕出贼前,驻兵蓑衣渡,伐木为堰,伏兵西岸,击贼舟,毙伪南王冯云山,贼乃由东岸以趋道州。提督余万青弃城走。六月连陷江华、宁远,江华训导欧阳复骂贼死之。遂陷嘉禾、兰山,以扑桂阳州。知州李景诏,李惠人中丞之子也,御敌阵亡,二十九日城遂失。七月陷郴州踞之,别遣伪西王萧朝贵、李开芳率悍贼二千人,由永兴、茶陵、醴陵以袭长沙。河北镇王家琳率兵堵安仁,听贼过不击。时总兵和春、常禄、李瑞、德亮俱尾贼后。七月廿七陕安镇总兵福诚金塔寺,副将尹培立御贼于南城十里之石马镇,夜被袭阵亡。廿八日遂抵城下,始匆促闭城。长沙地势东南高而西北低,南郭人烟繁富,官绅议修土城以蔽之,本以卫民而不啻保寇,贼至踞其中,我兵轰萧朝贵殪之。九月洪逆全股继至,穴地以发地雷者三次。九月二十九日轰缺奎星楼,参将张协中枪阵亡,副将邓绍良大呼跃杀,得保全城。十月初二轰缺金鸡桥。十月十八日又轰魁星楼,俱堵之,不能入。我援兵渐集,绕围土城,贼惟西南可以渡湘水。先是有兵扼对渡龙飞塘,已而撤去,贼乃结浮桥以渡。十九日解围去窜宁乡,入益阳,由临资口掳船以渡洞庭,扑岳州。湖北提督博勒恭武先三日弃城走,岳州遂陷。当贼之初至长沙也,赛相缒城入,愤甚,日督责诸将剿贼,已而改命徐广缙各将官,坐以待徐,徐至湘潭不进,总督程矞采又居衡州以居中策应,入告不肯来湘。湘中前署抚骆,因有蜚语,故朝命授云南抚张,抚湘龙飞塘,防兵之撤。人疑当轴以南城三次被轰,困贼于土城中,终恐急而致缺,乃撤是兵,亦围城缺一之策也。然贼自困土城后,由七月廿八至十月十九,合八十一日,粮药已尽,新附者渐散,实不过万人,贼势已蹙。失此不歼,一入长江,乃不可制矣。

蓄发逆谋深,妖氛出桂林。连营犹自卫,狂寇已长侵。虎豹纵横势,貔貅去住心。潇湘秋月白,杀气竟沉沉。[1]

划削吴藩后,承平二百年。烽烟一朝警,心胆万家悬。西寇氛初恶,南城火薄天。亲丁三十口,遥望涕涟涟。[2]

闻道今年夏,环城已浚修。家书时慰我,游子不应愁。避地知何处,重围岂至谋。高堂垂白发,未惯睹戈矛。[3]

愧我潘舆迓，迟迟志未伸。瘴防沧海厉，山隔白云亲。螭陛陈情悔，鸰原急难频。此身非燕雀，羽翼插无因。[4]

昨变旌旗色，应能解此围。城狐祛内应，野兕挫先威。战守机宜慎，迁延役已非。酿成痈不决，此咎竟谁归。[5]

春暮全州失，蛮烟接楚氛。湘流无急浪，浯上有雄军。何事嫖姚月，长连岣嵝云。不须矜福慧，寿佛劫犹焚。[6]

防水窜山邮，檬枪指道州。梅炎添暑瘴，竹泪动离愁。旁掠兰溪涸，潜深桂水幽。材官执冰玩，狐火夜深篝。[7]

我友欧阳子，同攀贡树春。选官才秉铎，挺节竟忘身。升斗知非志，诗书且报君。东风闻杜宇，此后总伤神。[8]

才报蓉山失，旋闻橘井倾。秋风生杀气，十日陷三城。独有青莲族，能捐白刃生。国殇真不愧，老泪莫纵横。[9]

郴水去长沙，邮程六百赊。城空惟宿燕，幕卷总栖鸦。侦报铜丸绝，严关铁牡斜。似闻河北镇，阵解避盘蛇。[10]

铜马往来轻，难将奏牍呈。驰驱多间道，收复总空城。退保谋先觉，居中策有名。熊湘根本地，诸将渐移营。[11]

弓满湾秋月，濠平隐地雷。轸星光闪烁，云麓势崔嵬。红叶牙旗贴，青枫画角哀。相公忧愤极，冒险入城来。[12]

莫道前车覆，谁知易将难。长途骢马恋，恩泽宝刀寒。天帑供裘费，辎粮佐鼎餐。昭山无限好，缓带且盘桓。[13]

蜂虿时分合，关山听去留。穷追来百粤，震伐已三秋。鄂堵愁云起，潇湘入汉流。边忧成腹患，何处扼咽喉。[14]

未报南疆靖，长悬北阙心。君王今减膳，戍役早沾襟。霜重珝戈枕，秋深万灶阴。乡情和国计，游子并哀吟。[15]

路远音难确，愁深气转豪。米盐荆楚富，组练武溪高。小丑无难殄，偏裨莫告劳。捷书驰奏日，拚醉武林醪。[16]

释：

咸丰二年十二月许瑶光到严州就任淳安知县，闻长沙被围，写了太平天国起事经过和清廷围剿失败情况。

注：

[1] 连营：扎营相连。　　犹：踌躇疑惧貌。　　虎豹：喻指残暴之人。　　纵横：肆意横行，无所顾忌。　　貔貅：比喻勇猛的战士。　　去住：犹去留。

[2] 划削：削弱。　　吴藩：吴三桂。　　承平：太平。　　烽烟：指战争。　　西寇：指英国等西方侵略者。　　南城：指南方。　　薄：逼近之意。　　亲丁：亲族，亲属。

[3] 浚修：疏浚，深挖。　　避地：迁地以避灾祸。　　至谋：指最好的谋略。

[4] 潘典：晋潘岳《闲居赋》：“太夫人乃御版舆，升轻轩，远览王畿，近周家园。体以行和，药以劳宣。常膳载加，旧痾有痊。”后因以“潘舆”为养亲之典。　　迋：通“衙”，指在衙门当差的人。　　伸：伸展。实现。　　瘴防：指南方有瘴气地方的防务。　　厉：振奋。《管子·七法》：“兵弱而士不厉，则战不胜而守不固。”　　螭陛：雕有螭龙图形的宫殿台阶。　　悔：通“晦”，指义理深微。　　鸽：鸽可用来传递书信。

[5] 城狐：城墙洞中的狐狸，比喻有所凭依而为非作歹的人。　　祛：除去。　　内应：隐藏在内部起事策应。　　野凫：古代兽名，皮厚，可以制甲。《诗·小雅·吉日》：“发彼

小犯，殪此大兕。"　　瘫：不能动弹。

[6] 浯上：古地名。即"苍梧"。在今广西境内。　　嫖姚：劲疾貌；元傅若金《题张齐公祠》诗："总说霄云能慷慨，兼闻去病最嫖姚，"也指霍去病。　　岣嵝：衡山主峰，也指衡山。　　矜：怜悯，怜惜。　　福慧：佛号。福德与智慧。　　劫：指命中注定的厄运。

[7] 窜：流窜。　　山邮：山中的驿站。　　欃枪：彗星的别名，古人认为是凶星，主不吉。喻邪恶势力。　　梅炎：梅季的炎热。　　竹泪：竹上的露滴；明李东阳《太皇太后挽歌词》："幽泉沾竹泪，哀壑奏松簧。"　　离愁：离愁别绪，离别亲友的愁苦心情。兰溪：地处钱塘江中游。　　涸：失去水而干枯。　　潜深：幽深隐蔽。　　幽：潜隐，隐秘。　　材官：武卒或供差遣的低级武职。　　执冰玩：拿箭箙的盖在手中欣赏。冰通"掤"，箭箙的盖。《左传·昭公二十五年》："公徒释甲，执冰而踞。"　　狐火："狐鸣篝火"之省作，指起事者动员群众的措施。

[8] 贡树：贡举。　　选官：指听候吏部选任官职。　　秉铎：指担任文教之官。挺节：坚守节操。　　升斗：比喻微薄的薪俸。　　非志：诸葛亮《诫子书》："非学无以成才，非志无以成学。"　　杜宇：即杜鹃鸟。据《成都记》载：杜宇又曰杜主，自天而降，称望帝，好稼穑，治郫城。后望帝死，其魂化为鸟，名曰杜鹃。宋王安石《杂咏绝句》之十五："月明闻杜宇，南北总关心。"

[9] 蓉山：韶关蓉山。　　橘井：湖南郴州。　　青莲族：喻品质高洁。　　白刃生：《庄子·秋水》，"白刃交于前，视死若生者，烈士之勇也"。　　国殇：指为国牺牲的人。

[10] 邮程：指驿道，驿路。　　赊：距离远。　　幕卷：衙署的案卷。　　铜丸：弹药。铁牡：铁锁。锁簧。　　斜：斜挂。　　镇：清代总兵的俗称。　　盘蛇：盘绕曲折，步道艰阻。

[11] 铜马：铜铸的马。《后汉书·董卓传》："悉取洛阳及长安铜人、钟虡、飞廉、铜马之属，以充铸焉。"古代有着众多描绘奔马的优秀画卷，所以铜马雕刻作品更显轻快异常。奏牍：书写奏章的木片，即上奏的公文。　　间道：偏僻的小路；亦谓取道于偏僻的小路。　　退保：撤退保全自己。　　谋：计谋。　　先觉：事先认识觉察。　　居中：犹居间，指在退、守中间。　　策：策略；计谋。　　有名：有正当理由。　　熊湘：指湖

南。 　　根本地：要害之地,战略要地。

[12]弓满：引弓待射貌。 　　湾秋月：湾湾秋月。 　　濠：护城河。 　　轸星：星名,二十八宿之一,轸星主管人间苍生寿命。《星经》载：南岳衡山对应二十八宿之轸星。崔嵬：山势雄伟貌。 　　红叶：秋天。 　　牙旗：旗杆上饰有象牙的大旗,多为主将主帅所建。 　　飐：摇动。 　　青枫：地名,青枫浦的省称,在湖南浏阳县南。 　　画角：古管乐器,发声哀厉高亢,古时军中多用以警昏晓,振士气,肃军容。 　　相公：指钦差大臣大学士赛尚阿。

[13]莫道：别说。不要说。 　　骢马：指御史所乘之马或借指御史。 　　恩泽宝刀寒：指皇帝赐赛尚阿的遏必隆刀。 　　天帑供裘费：指宫中、内库所发百万供裘衣费。辎粮：军粮。 　　鼎餐：列鼎而餐,指豪奢生活。 　　昭山：湘潭昭山。相传周昭王南征至此,故名。 　　缓带：宽束衣带,形容悠闲自在,从容不迫。 　　盘桓：逗留不进。

[14]蜂虿：比喻恶人或敌人。 　　分合：分开与合并。 　　关山：关隘山岭。 　　百粤：指广西。 　　震：威慑。 　　鄂堵：称鄂州为鄂渚。鄂州即武昌。泛指湖北。潇湘：湖南潇水,湘江。泛指湖南。 　　扼咽喉：比喻控制要害部位。

[15]靖：平定叛乱。 　　北阙：用为宫禁或朝廷的别称。 　　戍役：戍边的军士。沾襟：指伤心落泪。 　　琱戈枕：琱戈,刻绘花纹的戈,精美的戈。躺着时将戈垫在头下。谢树琼《自嘲》诗："落魄青衫涕泪多,十年枉自枕雕戈。" 　　万灶：众多炊穴。喻指大军。 　　阴：熄火。 　　国计：治国的方针大计。 　　游子：离家远游的人。 　　哀吟：悲哀地吟咏。

[16]音：音讯。 　　豪：气势强大。 　　荆楚：荆楚大地,指湖北。 　　组练：指精锐的部队或军士的武装军容。 　　武溪：一种古歌曲名,如《武溪深》,乃马援南征之所作也。 　　小丑：指渺小、丑恶之徒。 　　殄：灭绝;绝尽。 　　偏裨：将佐的通称。告劳：对别人诉说自己的劳苦。 　　武林：旧时杭州的别称,以武林山得名。 　　醪：酒的总称。

2. 乌鹊怨

(咸丰三年)

粤事失算,长沙被围。别简大臣,而所谓大臣者,拥兵湘潭,经湘绅促请终不肯来。逮贼下陷岳州,乃进屯益阳。迁延之咎,惧无所归,特参益阳令不备船,几不免,为作此篇。

牵牛不渡河,罪乃归乌鹊。银汉水茫茫,桥梁何处托。天船实可乘,河鼓声交作。仙人胆气虚,坐误星期约。[1]迁怒到旁人,世情何险恶。可怜小鸟无诉伸,雨雪风毛几沟壑。君不见今日大臣误国罪小臣,攫人障箭善保身。千古宦情都类此,南飞乌鹊倍伤神。[2]

释:

咸丰二年(1852)四月,太平军自永安突围,攻桂林不下,转攻全州,后折入湖南道州(道县),整顿队伍,八月,弃道州东进,占郴州。九月围攻长沙。十二月占岳州(岳阳)。

注:

[1] **别简:**另外挑选。　　**逮:**及至;等到。　　**参:**弹劾。　　**乌鹊:**指喜鹊。特指神话中七夕为牛郎、织女造桥使能相会的喜鹊。　　**银汉:**天河,银河。　　**天船:**中国古代星官之一,属于二十八宿的胃宿,意为"天上的船"。　　**河鼓:**河鼓三星,在牵牛北,主军鼓。　　**仙人:**指别简大臣。　　**星期约:**指七夕。民间传说谓牛郎、织女相会之期。

[2] **风毛:**指毛羽随风飞散。　　**沟壑:**借指野死之处或困厄之境。　　**罪:**归罪于。**攫人障箭:**拿人挡箭。

3. 黄鹤怨

（咸丰三年）

叹武昌失守也。十一月初三贼陷岳州，弃之不守，疾趋武汉，十一日抵汉口。副将朱翰率六百人守汉阳，战败阵亡。十二日知府董振铎巷战死，城遂失。时冬季水涸，江中涨沙，贼掳船造浮桥以通武昌。总督程尚驻衡州，向军门提兵追贼，至十二月初三日自洪山出战，贼以小队缀我师。初四丑刻地雷轰陷望山门，巡抚常大淳，学政马培元，藩司梁星源，臬司瑞元汉、黄德道、王寿同，前盐道王东槐，盐道林恩熙，武昌府明善，同知周祖衔死之。江夏知县绣麟巷战死，武昌遂陷。贼注意江南，得而不守，尽驱鄂人登舟弃城走。

神仙手堕绿玉杖，龙钟莫上黄鹤楼。黄鹤崔巍出云表，风高天旷令人愁。[1]愁煞巴陵倾，长蛇噬象行。君山不塞洞庭口，妖波直接长江横。愁煞汉阳树，鹦鹉飞难渡。青山覆笠围团团，坐见冲霄腾赤雾。[2]战士虫沙六百人，烟消电卷知何处。黄龙青雀东江流，白马红巾踏地游。夹岸暗鸣崩石壁，一条衣带小于沟。夜深吹破梅花笛，士卒酣眠刁斗寂。[3]女墙分付明月看，虎帐惟闻寒露滴。沉沉更析天难曙，节钺辕深坐悲戚。一卷韬钤看复抛，黑风灭烛飞霆霹。蝥弧忽报有人登，地缺天摧惨何极。[4]赤子蠕蠕尽网罗，金汤倾刻走狂魔。可惜天帑如山积，资寇徒闻金橐驼。窖粟藏金肆搜刮，丹流碧血漫城阿。溃卒焚巢夜纵火，珠帘画栋煤烟多。[5]此时江雪正飞花，此际江冰损荻芽。鼟鼓夜喧催去腊，炮车朝响逼年华。春朝三日弃城遁，江南江北生黄沙。凫鹥夜夜啼城畔，楚台白气如雨散。[6]夏逆曾烦圣祖兵，谁知今日逢离乱。我思龙蟠山侧鄂王城，陶侃当年擅盛名。移军沔口烝徒戢，问柳西门都尉惊。风月登楼犹如昔，蚍蜉憾树竟伤情。[7]岂无帐布分军士，坐使银山陷贼营。莫上枣亭高处望，蛟鼍从此激江声。自注：康熙廿七年夏包子乱。[8]

释:

咸丰三年(1853)一月太平军攻下武昌,震动清廷。

注:

[1] 黄鹤:黄鹤楼,指汉口。　　手堕绿玉杖:传说中仙人手持的手杖。唐李白《庐山谣寄卢侍御虚舟》诗:"我本楚狂人,《凤歌》笑孔丘。手持绿玉杖,朝别黄鹤楼。"　　龙钟:身体衰老,行动不灵便貌。　　崔巍:形容山、建筑物等高大雄伟。

[2] 巴陵:郡名,后改称岳州。　　倾:倾覆;覆亡。　　长蛇:喻指贪残凶暴者。噬象:蚂蚁噬象。仿佛要把一切都吞噬掉。　　君山:在湖南洞庭湖口,又名湘山。汉阳树:是一棵古银杏树,因它坐落在汉阳,而被俗称为"汉阳树"。　　笠:指竹编雨帽。　　坐见:犹言眼看着。　　冲霄:比喻直上云天。　　赤雾:红色的烟雾,枪炮的火药烟雾。

[3] 虫沙:比喻战死的兵卒。　　黄龙:指黄龙战舰。明夏完淳《大哀赋》:"黄龙战舰,茫茫不归。"亦省作"黄龙舰"。　　青雀:指青雀舫。江东贵人船前作青雀,后泛指华贵游船。　　白马:古代以乘白马表示有凶事。唐陈子昂《祭孙府君文》:"白马故人,青鸟送往。"　　红巾:红色巾帕。唐杜甫《丽人行》:"杨花雪落覆白苹,青鸟飞去衔红巾。"踏地:蹬脚,激愤时的动作。　　夹岸:指水流的两岸;堤岸的两边。　　衣带:"一衣带水"的省作,形容水面狭窄。后亦泛指仅隔一水,极其邻近。　　沟:田间水道。梅花笛:笛子。因笛曲有《梅花落》,故名。　　刁斗:古代行军用具,白天用作炊具,晚上击以巡更。

[4] 女墙:城墙上呈凹凸形的小墙。泛指矮墙。　　分付:指交给;分别付与。　　虎帐:旧时指将军的营帐。　　析:象声词。析析轻响。　　节钺:符节和斧钺。古代授予将帅,作为加重权力的标志。　　辕:旧时指军营、官署的外门,借指衙署。　　韬钤:古代兵书《六韬》、《玉钤篇》的并称。后因以泛指兵书。　　黑风:暴风;狂风。　　霆霹:迅雷,霹雳。　　蝥弧:春秋诸侯郑伯旗名,后借指军旗。　　地缺天摧:比喻重大事变,亦形容巨大声响。

[5] 赤子:比喻百姓,人民。　　蠕蠕:指群动貌。　　网罗:比喻法网。　　金汤:金

城汤池,金城指坚固的城。汤池指难以逾越的护城河。形容城池防守严固。　　　天帑：朝廷库府中的钱财。　　金橐：贮藏金钱的袋子。　　驼：用牲口负物。　　丹流碧血：指为国牺牲的精神。　　城阿：城角。　　珠帘画栋：彩色的屋梁,红色的朱帘。形容高大华贵的建筑物。

[6]荻：多年生草本植物,与芦同类,生长在水边。　　鼕鼓：古代巡夜戒守所击之鼓。腊：岁末腊祭。　　年华：指年岁,年纪。　　春朝三日：十二月初三日。　　黄沙：指人死后的葬地。　　凫徯：传说中的鸟名。《山海经·西山经》："〔鹿台之山〕有鸟焉,其状如雄鸡而人面,名曰凫徯。其鸣自叫也,见则有兵。"　　楚台：传说古代楚怀王游览高唐,因疲倦在白天小睡,梦中看见一个仙女说："我是高唐人,听说你来了,愿意给你当枕席。"楚怀王临幸了她。临别她说："妾在巫山之阳,高丘之阻。且为朝云,暮为行雨,朝朝暮暮,阳台之下。"　　白气：白色的云气,古人迷信,以为是刀兵之象。

[7]夏逆：康熙廿七年夏包子乱。　　圣祖：康熙庙号圣祖。　　离乱：战争、自然灾害等。　　龙蟠山：湘潭四大名山：昭山、隐山、金霞山、仙女山,其中隐山又名龙穴山,龙王山。　　鄂王城：鄂王城遗址位于湖北省大冶市。　　陶侃：东晋大司马,被封为长沙郡公,陶侃是陶渊明的曾祖。　　沔：武汉以下的长江古代亦通称沔水。　　烝：古代指冬祭。　　戢：指停止战争。　　问柳："柳"比喻妓女,"问柳"谓狎妓。　　都尉：清代三、四品武职之阶官亦称都尉。　　风月：指嫖妓。　　蚍蜉憾树：成语,比喻其力量很小,而妄想动摇强大的事物,不自量力。出自唐韩愈《调张籍》诗："蚍蜉撼大树,可笑不自量。"

[8]银山：银山铁壁,比喻十分坚固,不可摧毁的事物。　　枣亭：指武昌仙枣亭。蛟鼍：水中凶猛的鳄类动物。

4. 春感四首

（咸丰三年）

湖湘事紧,朝廷虑贼下窜,命江督陆为钦差大臣,进防皖鄂。江督调兵三千守武穴之老鼠峡，继亲率淞江提标兵二千由水路进驻湖北广济之龙坪橄、寿春镇，恩长督舟师至老鼠峡会防，未及登岸而舟师溃，恩长投水死，陆师亦溃，江督自龙坪退。贼掠九江而下，二月十七日陷安庆，巡抚蒋文庆死之。江督复率广艇及舢板船以防芜湖之东、西梁山，各兵亦不战而溃，遂回城自守。正月二十六日，福山镇陈胜元迎战死之，藩司祁宿藻呕血死。二月初十日，仪凤门地雷发，我方御之，而贼已越三山门入。江督陆及提督福珠隆阿、上元县刘同缨死之，在籍前广西巡抚邹鸣鹤、前处州镇汤贻芬均殉难。越二日满城破，将军祥厚、副都统霍隆武死之。向帅追至九江，无船不能渡，咨江西拨漕船始东渡。二十一日至金陵结营于孝陵卫，而城破已十一日矣，且贼于是日陷镇江，廿三日陷扬州。扬有富民张寿民酿金贿贼，约不相犯，贼伪许之，旋掩入，寿民缢死。贼既得扬镇，乃分据浦口、瓜州以断南北之路，北防始警。而我浙亦于宁国、徽州设防。当岳州既失，上褫徐广缙职逮治，而以向为钦差大臣，向镌"灭此朝食"四字于关防侧，可谓壮矣，后守孝陵卫以障苏常，不为无功。第在永安主围城缺一之说，长沙扎营岳麓又不断龙飞潭之水路，致贼得两次窜出，由十月廿日长沙解围至正月廿六不满十旬，而东南大局全坏，此中自有天意。然以人事论，吴兵柔脆，金陵无不失之理。江督殉城，无惭守土。惟逮进逮退稍形不决，而寻本溯源，其失机固不在两江也。

　　浙东飞雨已愁人，警报金陵倍惨神。已失上游无皖境，可能羸卒控江滨。秦淮花月凭谁主，钟蒋烟云竟不春。虎踞龙蟠费惆怅，六朝都建是何因。[1]

　　秣陵回望洞庭湖，万里烟波万里图。粤事得人宁至此，湘中失策遂长驱。十旬竟坏东南局，耦国深愁古帝都。柔脆士民金粉地，青烽碧血共模糊。[2]

　　苍海茫茫起暮愁，润州北望见扬州。隋家璧月迷春雾，南渡金山入乱流。铁瓮潮来城欲动，琼花雨打苑如秋。东风似虎真无赖，覆尽邗沟一带舟。[3]

　　由来天目出黄山，歙水宣城咫尺间。三月春连兵气动，万家愁见阵云环。西湖花好疑无奈,东浙潮生未等闲。吴楚一时同告急,深忧宵旰蹙龙颜。[4]

释:

咸丰三年(1853)2月,洪秀全等率军号称50万、船1万余艘,夹江东下,连克九江、安庆、芜湖,势如破竹。三月十九日占领江南重镇江宁(南京),定为都城,改称天京。旋派军两支攻占镇江、扬州,与天京形成犄角之势。

注:

[1] 飞雨:指骤雨,突然来的战事。　　惨神:惨痛伤神。　　上游:长江上游之地。皖境:安徽。　　羸卒:疲弱的士兵。　　秦淮:南京名胜之一。　　花月:指美好的景色。　　钟蒋:钟山、蒋山,蒋山也即钟山、紫金山,均指南京。　　烟云:比喻变化消失的事物。　　虎踞龙蟠:形容地势极峻峭险要。　　费:费解。　　惆怅:伤感,失意。

[2] 秣陵:南京旧县,后并入江宁县。　　烟波:烟雾笼罩的江湖水面。　　得人:用人得当。　　宁:疑问词,犹言不可能。　　至此:达到这种情形。　　耦国:谓足与国都相对的大城。　　柔脆:柔弱,软弱。　　金粉地:喻指繁华绮丽的都市。　　青烽:东方的战火。青,东方的代称。　　模糊:分不清楚。

[3] 暮愁:黄昏下家愁国恨涌上心头。　　润州:镇江。　　隋家:即隋堤。隋炀帝时沿通济渠、邗沟河岸修筑的御道,后人谓之隋堤。　　璧月:月亮的美称。　　南渡:指隋炀帝20岁就率领大军南渡长江,灭掉陈朝,统一全国。　　乱流:横渡江河。放纵恣行。　　铁瓮:指铁瓮城,镇江古城名。　　琼花:指扬州。　　东风:指清军。咸丰三年,钦差大臣向荣集结绿营官兵一万人,在南京城东孝陵卫驻扎,号称江南大营,被太平天国围歼。清廷不得不起用汉族武装湘军与淮军。　　虎:勇猛、威武。　　无赖:指没有出息,没有才干;不中用。　　覆尽:全军覆没。　　邗沟:邗沟是联系长江和淮河的古运河。

[4] 天目:天目山。　　咫尺间:形容距离近。仿佛对方就在眼前。　　阵云:浓重厚积形似战阵的云。古人以为战争之兆。　　无奈:无可奈何。　　潮生:比喻大规模的

社会变动。　　吴楚：浙江、湖南。　　宵旰：即"宵衣旰食",天不亮就穿衣起身,天黑了才吃饭,多用以称颂帝王勤于政事。　　蹙：蹙眉。　　龙颜：皇帝的容貌。

5. 暮泊滕王阁书感八首

（咸丰三年）

　　五月贼遣胡以晃犯桐城,破集紧关,再陷安庆。别遣赖汉英、石祥贞攻九江、湖口,进扑南昌。时江忠烈任湖北臬司,奉命将赴江南,行抵九江闻警,即赴南昌会同巡抚张防剿,连战胜之。六月初二贼以地雷轰缺德胜门,月城楚勇力堵得全。七月吉安土匪蜂起,湖南遣兵五千援江,复遣兵解吉安围。平太和安福之贼遂于二十日均逼南昌,易良干、杨虎臣阵亡,而贼被援师所挫实甚,于八月二十二日解围去陷九江上犯。湖北总督张饬、粮道徐丰玉、汉黄得道、张如瀛,会同知劳光泰,率炮船至田家镇,编筏横江以截逆舟。九月十三日江忠烈由瑞昌、兴国趋至镇,而贼已上踞半壁山,乃叹曰：天险已失,可奈何谋。以次日移营羊角山,而日晡会食,贼船上驶,山贼以炮下击,防兵多逃,炮船遂溃。江忠烈率鹤丽镇之兵突围搏战,徐丰玉、张如瀛、直隶州李源、知县杜文浩阵亡,遂陷。黄州知府金门云死之,继陷汉阳。知府俞舜钦、知县刘鸿庚死之,分陷孝感、应山。以上犯德安经官兵遏之,贼乃退黄州,此南路军情也。贼陷金陵后继陷扬、镇。护理漕督杨、钦差大臣琦、直隶提督陈金绶、内阁学士胜遏之。而林贼凤祥、李贼开芳四月窜入滁州,踞临淮关,陷凤阳,入河南之永城。另股贼吉文光出浦口入亳州以相合。五月初七陷归德,遂由睢州、宁陵、杞县、陈留,于十三日扑开封省不能入,乃由朱仙镇走中牟入氾县,在巩县搜煤船以渡黄河,分扰郑州、荥阳。六月初二围怀庆府,知府余炳焘、知县裘宝镛坚守,破其地道。而学士胜之兵亦绕道至其讷尔经额所统之将军托明阿、提督善禄、都统西凌阿双诚,暨前尚书恩各兵俱集。山东巡抚李恭毅亦出境相援,扼其东北之路。贼不能破,于七月二十八遁去,由太行小道窜入山西之垣曲县。河东道张锡藩、知县晏宗望死之。旋入曲沃,踞平阳府,直抵洪洞。上震怒夺纳职及山西巡抚哈职,而以胜为钦差大臣,赐神雀刀。已而贼东窜犯屯留、潞城,入直隶境,踞邯郸县北之临洺关,遂至深州。上命惠亲王为奉命大将军,科尔沁郡王僧为参赞大臣，督兵会剿。贼弃深州直走天津，经官兵败之，遂踞静海，分屯独留、杨柳青等处，此北路军情也。忆贼之初入湘也，以天下之兵饷防湘而不足，至今年南北俱警，各自为谋，军饷之绌与贼势之猖獗莫盛于此。然曾文正公以侍郎墨经兴戎，谓兵多游惰，不如招农民以为勇，遂定湘营之制。以长江既失，非炮船不能肃清，乃创建水师。骆文忠之抚湘也，以分疆自守不如出境剿贼，于是始援江西，继援鄂省，是楚军东征之始基也。江北雷以诚以民财既竭，筹饷维艰，于仙女庙开办厘金，各省仿行，遂奏饱鹰之效。北路将帅磨厉有功，讲求坚壁清野之法，疢疾甚则智慧生，成法穷而权变出。三年求艾，有志竟成。谓非中兴之转机哉，有心时事者慎毋轻忽视之耳。[1]

悔不龆龄作序游，年来兵燹只添愁。青霜紫电何人佩，画栋珠帘一炬休。吉赣南流妖雾合，匡庐北峙暮烟稠。残砖满地遗碑失，且把闲情问夕鸥。[2]

远水残霞瞰绮窗，洪都控制旧名邦。窥垣蚁垤堤徒溃，射斗龙文夜未降。天堑问谁频失险，彭湖何事漫通江。舟人指点矶头望，掠尽吴西小画艭。[3]

江边谁放吕家船，短蜮衔沙射满川。只道飞军宜塞港，可能誓众共投鞭。黄旗浦口无关键，白橹荆门竟接连。想象雨花台畔路，官军深垒驻经年。[4]

危城三月固金汤，郭外烧痕认夕阳。旁邑那防蹂躏苦，军输不觉调庸忙。功归组甲来吾楚，胜决重帷仗子房。独恨余氛犹未殄，关河北望泪沾裳。[5]

秋末贤王出帝都，朱轮黄带玉麟符。营开骠骑燕云卷，剑仗龙文华岳趋。河北诸君怀挟纩，江南士女备箪壶。封狼野豕休猖獗，会见长驱定楚吴。[6]

传语丹书下凤墀，舟师募领起吾师。儒臣重作长城倚，报国权教墨经垂。米贼驰驱弥薮泽，习流早晚扼江湄。荆襄系念频惆怅，暮雨西山向客悲。[7]

回首长沙见白云，去秋消息实难闻。闾阎同此遭迁播，义勇何堪更掠焚。一道欃枪连轸翼，两年乡泪挂榆枌。豫章烽火南风煽，料得重警楚上军。[8]

宦游我昨浙东归，到此乡关路已微。懒买花瓷供煮茗，试炊吴粳暂充饥。西湖有梦寒梅放，南浦关心一雁飞。几欲登楼无处所，自怜王粲赋心违。[9]

释：

咸丰三年，江皖既失，杭城戒严，省里调许瑶光协防江西太平军，暮泊南昌赣江滕王阁，写江西南路，北路之军情。

注：

[1] 臬司：提刑按察使司的别称。主管一省司法。　　晡会食：晚上聚餐。　　月城：即瓮城。城外所筑的半圆形的小城，作掩护城门，加强防御之用。　　护理：清制官吏出缺，由次级官守护印信并处理事务，称为"护理"。　　墨经：黑色丧服。　　厘金：即厘税。以商贷为对象，在水陆通商要道和商业繁盛的城镇，设立局、卡，征收货捐。　　三年求艾：指的是三年以上的陈艾。指良药。

[2] 龆龄：七八岁，童年时代。　　序：古代学校的名称。《孟子·滕文公上》："夏曰校，殷曰序，周曰庠，学则三代共之。"　　青霜紫电：古宝剑名。唐王勃《滕王阁序》："腾蛟起凤，孟学士之词宗；紫电青霜，王将军之武库。"　　匡庐：指江西庐山。　　峙：耸立。鸥：鸥心，指退隐者悠闲自在的心境。

[3] 瞰：看；俯视。　　绮窗：雕刻或绘饰得很精美的窗户。　　洪都：江西南昌的别称。　　控制：把持。　　垣：指墙、城墙。　　蚁垤：蚁冢。蚂蚁做窝时堆积在洞口周

匦的浮土。　　堤徒溃：谓大堤可因蚁穴而崩溃。比喻小事疏忽，可酿成大祸。　　斗：古时计算弓力的单位。斗文，剑鞘上的星纹图案。亦指代剑。　　龙文：指龙文刀，宝刀。宋黄庭坚《刘晦叔洮河绿石研》诗："久闻岷右鸭头绿，可磨桂溪龙文刀。"　　天堑：言其险要可以隔断交通，多指长江。　　彭湖：即鄱阳湖。　　漫：放纵；不受约束。吴：江苏。　　艘：小船。

[4] 吕家船：取自宋严焕《五言戏赠吕神童行》："晴温武林道，光怪吕家船。"光怪，离奇古怪的现象。　　短蜮：短狐，相传是一种能含沙射人为害的动物。　　飞军：指行动神速、骁勇善战者。　　塞：犹驻守。构筑要塞。　　誓众：誓师，告诫众人。　　投鞭："投鞭断流"之省作，形容兵众势大。唐李白《登金陵冶城西北谢安墩》诗："投鞭可填江，一扫不足论。"　　黄旗：古代军中用旗。　　关键：比喻咽喉要地。　　经年：形容经历的时间长久。

[5] 固金汤：固若金汤，谓城池、阵地坚固异常。　　郭：外城。　　旁邑：邻近的城邑。调庸："租庸调"，唐代对受田、课丁、征派的三种赋役的并称。赋役法规定，成丁者每年服役二十日，若不服役则每日须纳绢数尺，谓之"庸"。　　甲：用皮革、金属等制成的护身服。借指士兵、军队。　　子房：西汉张良的字，刘邦重要谋士。借指谋士。　　殄：灭绝。　　关河：指函谷等关与黄河。

[6] 朱轮：古代王侯显贵所乘的车子。　　黄带：古代官员佩戴的黄色带子。　　玉麟符：刻有麒麟的玉质符信。隋炀帝嘉奖樊子盖之功，特为造玉麟符，以代铜兽，表示殊遇。营：军营。　　骠骑：古代将军的名号。指飞骑。　　燕云：燕指幽州，云指云州。后以"燕云"泛指华北地区。　　仗：仗剑，持剑。　　龙文：剑名。　　华岳：指西岳华山。趋：奔赴。　　挟纩：披着绵衣。亦以喻受人抚慰而感到温暖。　　箪壶：箪食壶浆，用箪装着饭食，用壶盛着浆汤。　　封狼：大狼。借指奸恶之人。

[7] 丹书：指皇帝朱笔诏书。　　凤墀：宫殿前的台阶。借指朝廷。　　长城：喻指可资倚重的人或坚不可摧的力量。　　墨绖：墨衰绖，黑色丧服，省作"墨绖"。　　米贼：旧时对五斗米道（早期民间道教）的贬称。此处指太平军。　　弥：遍；满。　　薮泽：指水草茂密的沼泽湖泊地带。　　习流：水师。　　湄：岸边，水和草相接的地方。

[8] 间阎：泛指民间。借指平民。　　迁播：迁徙流离。　　义勇：乡兵。　　何堪：

怎能忍受。 　　　**攙枪**：彗星名。古人以攙抢为妖星，主兵祸。 　　　**轸翼**：轸宿和翼宿。唐王勃《滕王阁序》："南昌故都，洪都新府，星分翼轸，地接衡庐。" 　　　**榆枌**：指故乡。 　　　**豫章**：古郡名，治所在今江西南昌。 　　　**烽火**：指战争、战乱。 　　　**料得**：预测到；估计到。

[9] **宦游**：旧谓外出求官或做官。 　　　**乡关**：犹故乡。 　　　**南浦**：地名。在江西省南昌县西南。唐王勃《滕王阁》诗："画栋朝飞南浦云，珠帘暮卷西山雨。" 　　　**雁**：指书信。**处所**：停留的地方。 　　　**王粲**：东汉王粲在荆州依刘表，意不自得，且痛家国丧乱，乃以"登楼"为题作赋，借写眼前景物，以抒郁愤之情。后词曲中常以"王粲登楼"喻士不得志而怀故土之思。

6. 除夕到家写悲二首

（咸丰三年）

　　故国儿无国，残年不当年。卑官违白发，佳节隔黄泉。陇草冰霜断，枌榆劫火鲜。屠苏是何物，一奠泪涟涟。[1]

　　生儿生季子，儿长已亲颓。婚配焦劳具，诗书远宦媒。幺雏弥抚爱，晚稻竟虚栽。痛绝春风返，萱花不复开。[2]

释：

讲的是许瑶光咸丰三年(1853)除夕回到经过战火的家乡，自己白发残年还只做了个小官。故乡的墓地在乱世中又增加了新的坟墓，自己认不得哪里是自己的住家。当时最小的儿子方藻才出生，年龄最大的儿子方义因亲事意志消沉(长子方珏未成年就去世)。儿女的婚配都使自己焦虑操劳(另有两个女儿咏梅、忆梅也还未出嫁)，第三个儿子方毂还在读书，离做官还远，幺雏方藻生得也太晚了。此诗情真语挚，哀哀父母，生我劬劳。

注：

[1] **故国**：故乡。 　　　**无国**：无国就无家。 　　　**当年**：指身强力壮的时期。 　　　**卑官**：

职位低微的官吏。　　白发：白发残年。　　隔黄泉：遮断。离墓穴。　　陇：坟墓，祖墓。　　枌榆：地名，汉高祖的故乡，后作为故乡的代称。　　劫火：指乱世的灾火。鲜：夭亡。屠苏：平屋，茅庵。　　奠：设酒食而祭。

[2] 季子：指年龄最小的儿子方藻。　　儿长：指年龄最大的儿子方义。　　亲额：因婚事意志消沉。　　诗书：诗作和书法。正在读书。　　远宦媒：还远离做官的时候。幺雏：初生的幼儿。　　弥：婴儿满月。　　晚稻竟虚栽：指年龄最小的儿子生得太晚。　　痛绝春风返：悲痛至极，过了春节就要回去。　　萱花：可以忘忧的花。

7. 石马哀

（咸丰四年）

　　愍死绥也。二年七月贼由醴陵犯长沙，官兵尾其后，前途各邑均仓卒失守。文报多迟，而侦探之确者谓贼将至，官转戮其摇众。比醴陵已失，乃谋营于城外之石马铺，各将无敢出者。罗文僖曾官陕西，与新到陕安镇总兵福盛、金塔寺副将尹培立有旧，商请出扎，福与尹遂慨然于廿五日营于石马铺，铅药尚未发也。廿七夜贼袭营，福、尹两将俱阵亡。败兵被血走，城中乃知贼至，始闭南门，罗文僖方外勘土城，绕西门乃入。向使无是军城亦被袭矣。尹尸得于栎树下，逾旬而面如生。后福谥壮武，尹谥简毅。[1]

　　步出南城见石马，雨淋日炙碑亭下。紫藓斑斑战血红，腾骧颇似勤王者。[2]旁有牧童山下歌，似说前年争战多。栎树阴中双将死，至今风雨树婆娑。双将为谁福与尹，霜气西来健鹰隼。初到长沙即阵亡，魂望长安应泪陨。[3]秦云惨淡楚云横，承平世久不知兵。贼锋已过醴陵县，大府安民民莫惊。比到背城君战死，仓皇传箭闭南门。闭门守城城不倒，二将虽亡一城保。[4]从此湖湘据上游，援鄂援江致天讨。英雄效命会有时，当关信是干城宝。莫将成败论功勋，君不见大纛峨峨秋色好，全师尚驻衡阳道。[5]

释：

这只是太平军包围长沙的一个小插曲。清军扎营城外石马铺，而弹药未发。太平军夜袭，守将阵亡，此时城里才知太平军到。

注：

[1] 恻：忧伤。　　死绥：谓军队败退，将领应当治罪。　　戮：指责。　　摇众：动摇民心。　　铅药：铅弹和火药。　　被：覆盖。　　谥：古代帝王、贵族、大臣、士大夫或其他有地位的人死后，据其生前事迹评定的带有褒贬意义的称号。

[2] 紫藓：苔藓。　　腾骧：飞腾；奔腾。

[3] 婆娑：舞貌。《诗·陈风·东门之枌》："子仲之子，婆娑其下。"　　霜气：喻刚正威肃之气。

[4] 秦：习称陕西为秦。　　惨淡：暗淡；悲惨凄凉。　　横：暴烈，猛烈。　　承平：太平。　　大府：明清时称总督、巡抚为"大府"。　　背城：背靠自己的城墙。多指到最后决战。　　传箭：传递令箭。引申为传令。

[5] 天讨：以王师征伐为"天讨"，意谓禀承天意而行。　　当关：门吏。　　信：信用。信守。　　干城：比喻捍卫或捍卫者。　　大纛：古时军队或仪仗队的大旗。　　峨峨：盛壮。

8. 庐州失守江忠烈公死之感而赋此

（咸丰四年）[1]

吏材强之将，长阪驱耕牛。将材长之吏，伏辕绊骅骝。与失一贤城，宁失一方州。[2]忠烈驰骋材,屡战奏奇猷。一朝羁守土,举步愁愆尤。飞棋着死腹,无复望回头。[3]待援援不至,淝水化碧流。张巡障淮甸,贺兰不同仇。唐室虽再造,兹恨竟千秋。[4]

释：

江忠源是最早在湘办地方团练,创建湘军的统帅之一。

注：

[1] 江忠烈：江忠源(1812—1854)湘军将领。湖南新宁人。1837年(清道光十七年)举人。1844年,在籍办团练。1851年(清咸丰元年)在籍募勇500赴桂,号"楚勇",为湘军之雏形。1853年2月,赴任湖北按察使。5月,奉命帮办江南大营军务,10月,升任安徽巡抚。12月率部入守庐州(今合肥),陷入太平军的重围。1854年1月14日被太平军攻破,投水自杀。被清廷追赠总督,谥忠烈。

[2] 吏材：为政的才干。　　长阪：犹高坡。　　驱：泛指驱赶牲畜。　　将材：将帅之才。　　伏辕：指拉车的马。　　绊：拴缚马足的绳索;拴缚。　　骅骝：周穆王八骏之一。泛指骏马。　　贤城：贤臣。　　方州：行政单位。明清时改州为府。

[3] 驰骋才：指在某个领域纵横自如,能充分发挥才能。　　奇猷：奇谋。　　羁：套上笼头。　　愆尤：过失,罪咎。　　飞棋：不拘常规的出奇的棋艺。　　死腹：围困。

[4] 淝水：淝主要是指淝河。　　碧流：碧血水流。　　张巡：唐玄宗开元末年安史之乱时,安庆绪尹子琦率军十三万南侵江淮,张巡与许远等数千人,在内无粮草、外无援兵的情况下死守睢阳,前后交战四百余次,保障了唐朝东南的安全。终因粮草耗尽、士卒死伤殆尽而被俘遇害。　　障：防卫。　　淮甸：淮河流域。　　贺兰：贺兰山。宋岳飞《满江红》词:"臣子恨,何时灭! 驾长车踏破、贺兰山缺。"

9. 飞萤怨

（咸丰四年）

时有乡民私集义勇,意在投营,群疑不轨,因而罹法。时事艰难,固不可不慎也。

飞萤不自量,深夜欲助明月光。主人怀疑认狐火,草际可怜将汝伤。自古覆盆白日少,枯杨萧瑟愁人肠。[1]愁人肠,不可道,干戈满地谁能保。不如归去深山林,屈蠖藏蛇多寿考。微躯粒米尔何求,短箐丛芦秋露早。[2]胡为乎,阴风惨淡削地来,坐使冤磷悲白草。[3]

释:

这也是一篇在江西协防太平军时的所见所闻。

注:

[1] 狐火:"狐鸣篝火"之省作,指起事者动员群众的措施。　　草际:草率交接的时候。覆盆:喻社会黑暗或无处申诉的沉冤。　　白日:人世;阳间。　　枯杨萧瑟:一种凋零、冷落、凄凉的意境。　　愁人肠:感到难过。

[2] 道:用言语表示。　　干戈:均为古代兵器,因此后以"干戈"用作兵器的通称。后来引申为指战争。　　屈蠖藏蛇:《易·系辞下》:"尺蠖之屈,以求信也;龙蛇之蛰,以存身也。"尺蠖,尺蠖蛾的幼虫,体柔软细长,屈伸而行,因常用为先屈后伸之喻。　　寿考:年高;长寿。　　箐:细竹名。

[3] 胡:代词。表示疑问或反诘。　　惨淡:暗淡;悲惨凄凉。　　削地:形容风大刮地而过。　　白草:牧草,干熟时呈白色,故名。

10. 水军哀

（咸丰四年）

自四月初三克复湘潭，七月十二水师进发，闰七月初二复岳州。初三逆船自城陵矶犯，各水师合战败之，连日皆胜。十六日山东登州镇陈辉龙顺乘南风击贼于螺矶，不能收队，陈镇暨游击沙镇邦阵亡。即用道褚如航、同知夏銮驶船往救，亦陷贼中。

贼船从北来，官军自南击。火球已中贼前锋，南风忽利归不及。[1]飞廉信是济恶臣，陷我忠良三二人。白波茫茫杳无极，君山斑竹泪痕新。[2]乃知水战不与陆战同，捩柁还营喜逆风。[3]

释：

咸丰二年(1852)太平军占领岳州后获得五千余只民船，建立了第一支水营。咸丰三年七月，江忠源奏称太平军拥有民船万余，在江西作战，既可策应陆营，又可以筹运粮食，清军屡经烧其船，"诸多不能应手"。八月，咸丰帝命曾国藩办湘军水师。咸丰四年初，衡州船厂造新船241艘，改造战船120艘，征用民船100余艘，自制和购买火炮570余门，招募官兵5 000人，正式编为湘军水师。二月，太平军进入湖南，四月，曾国藩亲率水师一部进攻靖港。大败而回，所率水师战船损失三分之一，曾也差点跳水自尽。

注：

[1] **火球**：一种投射武器。　　**忽利**：情况变化来得迅速又出乎意料。

[2] **飞廉**：风神。　　**济**：帮助。　　**杳无极**：深远无际。　　**君山**：山名。在湖南洞庭湖口，又名湘山。　　**斑竹**：也叫湘妃竹。一种茎部有紫褐斑点的竹子。

[3] **捩柁**：拨转船舵。指行船。

11. 水军咏二首

（咸丰四年）

江波催战桨，去去不得留。前船方拨棹，后船檄催修。船中健儿好身手，以桨击贼如飞猱。沉沉巨舰压鼍窟，戢戢小舟随轻鸥。连珠炮发敌胆落，水府无地藏蛟虺。伫见澄江石，即看收石头。瓦棺休恃黄花水，三楚从来踞上游。[1]

江风吹面紫如铁，江日烁肌肌碎裂。焚舟杀贼移营前，铜刁日煮波间血。轻桡逆击怒涛开，誓与毒龙要一决。镇船铁炮如有神，轰敌一中每跳掣。可惜炎天水沸汤，江堤无处觅垂杨。沙场自古愁冰雪，江汉如今畏秋阳。秋阳虽烈谁敢怒，督师亦在官航住。[2]自注：炮击敌中恒跳，军中谓之炮欢喜。

释：

许瑶光在写了《水军哀》后，接着先后写了《水军咏》、《战船咏》两篇，赞扬湘军水师。

注：

[1] **去去**：越去越远。　　**棹**：船桨。　　**檄**：用檄文征召、晓喻。　　**猱**：猿类，身体便捷。形容轻捷、轻快。　　**沉沉**：形容物体沉重。　　**鼍**：扬子鳄。也称鼍龙、猪婆龙。是中国特有的一种鳄鱼。　　**戢戢**：密集貌。　　**蛟虺**：蛟与虺。比喻奸邪之臣。**伫**：企盼；期待。　　**澄江**：江苏江阴的别称。　　**石头**：石头城，南京的别称。**瓦棺**：古代陶制的葬具。　　**恃**：有恃无恐。　　**黄花水**：指长江水。因其春夏暴涨，故名。　　**三楚**：三楚指先秦时期楚国的疆域。秦汉时期楚国分为西楚、东楚、南楚。

[2] **烁**：指温度极高，能将金石熔化，形容酷热。　　**刁**：刁斗，军中用具，铜质。白日用来烧饭，夜则击以巡更。　　**煮**："煮豆燃豆萁"，比喻自相残杀。　　**间**：夹杂；掺杂。**桡**：船桨。指小船。　　**逆击**：犹迎击。　　**要**：求取。　　**跳掣**：见自注，"炮击敌中

恒跳,军中谓之炮欢喜"。　　沙场:指战场。　　江汉:长江、汉水。　　秋阳:指烈日,也指秋天的阳光。　　官航:官府的船。

12. 战船咏

(咸丰五年)

　　长江既失,曾文正修战船以兴水师。癸丑经其始,甲寅获其效。至乙卯正月挫于九江。外江与内江隔,而水师遂有内外之分矣。作战船咏。

　　五溪蛮云玉斧开,湘江流柿拥江回。梓庆般输斗精巧,浔蛟矶怪惊疑猜。大者拖罟小快蟹,长龙游曳波涛骇。其间舢板更轻迅,梅花海鹘同模楷。八桨凌波赤马驰,双炮压船船不知。水犀就队听麾指,令肃昭潭龙窟移。唐李齐云何足数,常侍火舫非吾师。此皆横流似奔电,一洗江甸清疮痍。自从去年秋风起自注:甲寅七月十二水师由长沙进攻岳州,闰七月初二复其城。[1] 初扫巴陵趋汉水。武昌既复黄州平,自注:八月廿三日复武昌、汉阳。楚望烽烟销暮紫。田家镇是下江关,贼垒云屯半壁山。铁锁横江拚死守,岸头铁柱钮重杯。游鱼潜波不得进,江豚拜浪来复还。我军力战麾船进,斩关纵火风涛震。冯伯阳侯各效灵,虏船千万俱灰烬。惨咽人声听落潮,欢呼军气仍坚阵。自注:十月初十克复田镇。[2] 陆师大捷南岸通,水军遂薄江州郡。洞庭既肃彭蠡清,指日淮阳收重镇。那知彭蠡春风狂,芜城火箭烧余皇。内外昨闻江路隔,一条银汉变红墙。天棓弧矢儿时见,河鼓参旗望杳茫。胜负军兴古来有,船上健儿休麏首。蜇雾曾迷涿野师,东风卒逐阿瞒走。朝宗清晏会有期,夜夜天船济南斗。[3]

释:

《战船咏》中罗列了当时水师中的各种战船,如:拖罟拖网船、快蟹、长龙、舢板、梅花海鹘、水犀、楼船、拍舰、火舫、水车,火舫、余皇等,以及各种星座。

注：

[1] 曾文正：曾国藩。　　癸丑、甲寅、乙卯：分别为咸丰三、四、五年。　　五溪：地名。指雄溪、橫溪、无溪、酉溪、辰溪。汉属武陵郡,为少数民族聚居地,在今湖南西部和贵州东部。　　蛮云：指南方有瘴气的烟云。也泛指十分荒凉的地方。　　玉斧：以玉制成的斧,古时为氏族酋长或部落联盟首领权力的象征物。　　流柿：江中漂流的木片。江回：谓江势曲折回环。　　梓庆：《庄子》里的故事。"梓",木匠。"庆"人名。指木工、建筑工匠。　　般输：即古代巧匠公输般。　　浔蛟矶怪：浔,水边。矶,水边石滩。《三国演义》中描述刘备夫人孙尚香回江东省亲时,得知夫君驾崩,思痛万分,于安徽芜湖西南长江江心"蛟矶"投江。相传该矶下有一天然深洞,常年有蛟龙出没,故而得名蛟矶。咸丰三年(1853)太平军攻克芜湖,蛟矶成了争夺的战场之一。　　惊疑猜：惊慌怀疑猜测。　　拖罟：罟,网也。拖网船。　　快蟹：清道光、咸丰、同治时战船名,其行甚速,用于江湖港汊。　　长龙：清代水师战船名。　　舢板：清代一种内河战船。　　梅花海鹘：古代一种快速战船名。　　水犀：水犀军的省称,披水犀甲的水军。　　麾：古代用以指挥军队的旗帜。　　肃：肃清。　　昭潭：岳阳有昭潭,其下无底,湘水最深处。移：挪动。动摇。　　唐李：指唐朝。唐皇室姓李,故称。　　齐云：指北齐文宣帝高洋,南北朝时期北齐政权的开国皇帝,后期暴虐无道。　　常侍：官名。指梁徐世谱,员外散骑常侍,侯景之乱,造楼船、拍舰、火舫、水车,大败景军。　　火舫：用作火攻的船只。　　横流：放纵恣肆。　　奔电：闪电。　　江甸：指江南。　　疮痍：创伤,也比喻遭受灾祸后凋敝的景象。

[2] 巴陵：今湖南岳阳。　　黄州：今湖北黄冈。　　楚望：望,古代祭祀山川的专称。后以"楚望"指楚地的山川。　　暮紫：落日的光辉。　　田家镇：位于鄂东武穴市(前广济县)西南部的一古镇,地处大别山南麓,地形险要,素有天险之称。　　云屯：如云之聚集,形容盛多。　　半壁山：半山腰。　　钮：扣。　　冯伯：传说中水神名。阳侯：古代传说中的波涛之神。　　效灵：显灵。　　惨咽：悲伤得说不出话来。喧呼：是指喧闹,呼叫。

[3] 薄：迫近,靠近。侵入。　　江州郡：今江西九江。　　彭蠡：今鄱阳湖。　　芜城：指安徽芜湖。　　余皇：春秋吴国船名。后泛指舟船。　　内外：指战时的后方和前方。　　银汉：天河,银河。　　红墙：唐李商隐《代应》诗："本来银汉是红墙,隔得卢家白玉堂。"　　天棓：星名,因形状像棒棓而得名。　　弧矢：星座名,共九星,形似弓箭,主防盗贼,位于天狼星的东南。天狼星则主征伐。天狼为害,弧矢射之,使其没落。

河鼓：星名。古书说河鼓星,主(掌握)军鼓,主斧钺,主外关州,又主军喜怒。又说河鼓旗扬而舒者,大将出不可逆,当随旗之指而击之,大胜。　　**杳茫**：指渺茫的天际。　　**军兴**：军事行动开始。　　**蚩雾曾迷涿野师**：蚩尤与黄帝战于涿鹿,相传决战时雾塞天地。　　**东风**：指诸葛亮借东风。　　**阿瞒**：曹操的小名。　　**朝宗**：称臣下朝见帝王。　　**清晏**：清平安宁。　　**天船**：星名。《续汉志》曰："天船为水,彗出之为大水。"　　**济**：帮助。　　**南斗**：星名,即斗宿,有星六颗,在北斗星以南。借指南方地区。

13. 鄂云愁

（咸丰五年）

正月初五水师败于九江,江北广泰复失,督师杨由黄州退汉阳,不复渡江保鄂,以防北审为词又退德安。山西拨饷,陕西拨兵,均经截去。武昌势孤,二月十七日城陷,巡抚陶恩培投水死。武昌太守多山巷战死。

吁嗟乎。鄂渚颓云颓不流,阴风怒吼天人愁。去年季夏冷赤日自注:六月初三,今年春仲翻蛟虬。岂无熊虎下游扼,霓旌潦倒离黄州。义勇万人空拥路,藩篱撤尽江北头。顷刻霞烧半天赤,晴川烽照黄鹤楼。[1]仙人远去朝北斗,武昌撩乱新杨柳。鲸波一夜对江回,陶侃无权空死守。米船已被他人留,铜符调得援兵否。海倒江倾莫奈何,君恩未报空回首。碧草芊绵血晕新,江花二月不成春。同时巷战多太守,千古琤琤铁岭人。[2]

释:

咸丰五年(1855)三月太平军北伐失败。在北伐的同时,咸丰三年(1853)六月开始西征,意欲夺取皖赣,进图湘鄂,控制安庆、九江、武汉等军事要地,以屏蔽天京。十日西征军占领安庆,旋进围南昌,攻城80日未下,撤围北返。石达开至安庆主持西征战事,集中兵力进攻皖北,于咸丰四年(1854)十一月攻克庐州(合肥)。继率师西攻,于黄州堵城大败清军,乘胜再占汉口、汉阳,进围武昌。同时分军两支向鄂北、湖南进军。与曾国藩所率湘军战于岳州、湘潭和靖港,失利退出。湘军乘势陷武汉,咸丰五年(1855)一月,兵锋直逼九江。

为阻遏湘军攻势，石达开率军驰援，于湖口、九江大败湘军水师，一举扭转不利战局。旋乘胜反攻，再克武汉三镇。同年十月上旬，曾国藩自江西遣军援鄂，武汉形势危急。石达开又率部西上，败湘军于咸宁、崇阳，并乘虚挺进江西，连占 7 府 40 余县，困曾国藩于南昌，西征军事达到巅峰。咸丰六年(1856)三月，石达开奉命率主力回救天京，西征作战结束。

注：

[1] 吁嗟乎：叹词。表示忧伤或有所感。　　鄂渚：相传在今湖北武昌黄鹤山上游三百步长江中。此处喻指武昌。　　颓云：下坠的云。颓，谓水向下流。　　天人：天和人。　　春仲：夏历二月。　　蛟虬：比喻奸邪之臣。　　扼：把守，控制。　　霓旌：缀有五色羽毛的旗帜，为古代帝王仪仗之一。亦借指帝王。　　潦倒：颓废、失意的样子。　　黄州：今湖北黄冈。　　义勇：指民间自愿组织的武装。　　藩篱：屏障。　　霞烧：火烧的霞光。　　晴川：指白日照耀下的汉江。　　烽：战火。

[2] 仙人：指巡抚陶恩培。　　撩乱：搅乱，扰乱。　　鲸波：犹言惊涛骇浪。　　陶侃：东晋庐江浔阳(今江西九江)人。历任荆州刺史、广州刺史、征西大将军等职，后任荆、江二州刺史，都督八州诸军事。　　铜符：古代官员用以证明身份和征调兵将的凭证。回首：谓死亡。　　碧草芊绵：草木茂盛貌。　　血晕：因受外力打击，血液瘀结成圆形的伤痕。　　江花：春花，江边的红花。　　同时：此时。　　琤琤：杰出貌。铁岭：泛指险固的关隘。

14. 广信解围纪事

（咸丰六年）

频年战事纷纷争，乡兵义勇无定名。频年蚁贼汹汹起，水蜮山狐难确指。即若广信昨被围，逆踪飘瞥宁都来。或云闽疆小刀之余孽，或云吉水边钱之渠魁。其实桂林老巢有伏莽，东走会赴金陵隈。我获逆书识情状，不似郢说令人猜。若乃危城似卵欲剖竟不剖，群颂文忠之婿沈太守。文章经济得真传，曦日坚金缔良偶。吏民骇散僮媪逃，百雉崔嵬中两口。[1]抚州建昌正会围,那有偏师扼旁走。沈思定计乞浙援,一函书达同乡友。衢镇饶君福海人,斯时虎旅玉山屯。外貌颀长实内荏,宝马长恋城草春。奈何惜怯变今勇,赖有虎将二人来卫拥。一将毕君玉树坚,一将赖君猿臂耸。偏裨得力主帅安,大厦原需众材拱。荷花时节共杯盘,酒间咳唾威霜涌。果然三捷扫妖氛,保全铁壁铜墙巩。围解中秋月正圆,星使狮江回去船。衡文笔奏捷书武,试苑桂花扑弓弦。太守夫人启妆奁,银簪金钏输犒钱。漳兵诏勇喧然笑,群道维桑气谊坚。我闻捷信转太息,私念忠节能格天。天意果何如,细为君家述。八月初七贵溪失,五秀才兵俱失律。[2]超过弋阳只二程,玉山启行亦是日。若非大雨沛滂沱,师行陆路里三十。天遣波臣助蠡神,沙溪下驶行舟疾。虎旅乘流贼阻雨,制胜兵家判劳逸。入城饱食出城迎,是役奇功争牛刻。岳渎公侯思效灵,西江秋树青又青。长歌聊备中兴史,始信河冰之说非不经。[3]

释:

这是许瑶光在江西协防时,广信解围的所见所闻。

注:

[1] 广信:今江西上饶。　　蚁贼:指太平军。　　水城:古代传说能在水中含沙射人的毒虫。比喻阴险狡诈、惯于诬陷他人者。　　山狐:比喻坏人、小人。　　飘瞥:迅速飘落或飘过。　　渠魁:大头目;首领。　　隈:弯曲处。　　郢说:即"郢书燕说",比喻曲解原意,以讹传讹。　　文章经济:文章和经世济民之才。　　曒日:《诗经·王风·大车》:"榖则异室,死则同穴。谓予不信,有如曒日。"有"不求同日生,但求同日死"之意。　　坚金:《长生殿》:"惟愿取情似坚金,钗不单分盒永完。"喻坚贞不移的感情。百雉:借指城墙。　　崔嵬:高峻,高大雄伟。

[2] 偏师:非主力部队。　　虎旅:指勇猛的军队。　　内荏:内心怯懦。　　宝马长恋城草春:自注:"今春抚建信紧,饶驻常山,屡请出扎终不肯出。"　　毕君:名定邦,字康侯,山东籍,午廿余,后阵亡,谥愍烈。　　赖君:名高翔,漳州人,后阵亡,谥勤毅。偏裨:将佐的通称。　　霜:喻严厉。　　铁壁铜墙:犹言铜墙铁壁。　　星使狮江回去船:自注:"时廉树峰侍郎正按试至郡,闻警避地河口,解围后遣兵迎入。"星使。帝王的

使者。狮江指广信。广信府有狮江镇。　　衡文：评选文章。　　捷书：军事捷报。
妆籢：放妆饰的小箱。　　输：捐献。　　漳：漳州。　　诏：征召。　　维桑：《诗·
小雅·小弁》："维桑与梓，必恭敬止。"指代故乡。　　气谊：义气情谊。　　太息：大声
长叹，深深地叹息。　　格天：感通上天。　　五秀才兵俱失律：自注："贵溪有五秀才
之兵，乃石景芬所围集。一屈秀才跃马杀贼阵亡，余秀才乃溃。"　　失律：军行无纪律。

[3] 弋阳：江西上饶弋阳县。　　只二程：古者十发为程，十程为寸，喻距离很近。
玉山：江西上饶玉山县　　日：一日。　　沛：雨势大。　　滂沱：形容雨下得很大。
波臣：古人设想江海的水族也有君臣，其被统治的臣隶称为"波臣"。　　蠹神：旗神。
虎旅：指勇猛的军队。　　岳渎：五岳和四渎的并称。　　公侯：公爵与侯爵。　　西
江：江西西江。　　长歌：篇幅较长的诗歌。指写诗。　　聊备：姑且备作。　　中兴
史：通常指国家由衰退而复兴的历史。　　河冰：即冰川。　　不经：没有根据。

15. 二月纪事

（咸丰八年）

　　石逆达开犯衢州时，宰西安者为同年李正农，文襄之七世孙也。先是贼未至衢，衢人闻警报扶鸾以占吉凶，值文襄降，鸾云贼必至衢，然当为默佑。已而正农莅任，衢终无恙，人相诧以为文襄效灵云。[1]

　　狂风震东浙，二月桃花乱。屏藩信江开，锁钥仙霞断。我军守定山，怀玉防越窜。那知右江贼，诡谲饶胜算。不攻信州城，南绕饶溪岸。衔枚昼夜趋，万骑浦城贯。得浦遂窥浙，急遽骤难捍。须江佘使君，练勇斗精干。兵民内不和，肘腋起祸患。坐此失城池，右断衢州腕。衢州势巍峨，巨镇亘云汉。避劫居仙人，看奕斧柯烂。我朝开国年，耿逆此犯顺。桓桓李制军，风云排铁阵。两浙保完瓯，三藩扫余烬。深谋得地利，岂尽关天运。年来三衢堞，修筑更险峻。[2]福将首来援，皖兵相继进。和帅拨劲旅，赫赫军威振。饶镇虽怯弱，调和士民心。主客将既和，幺麼胆应

振。何况吴越饶,飞挽无乏困。士饱而马腾,灭此炊朝饭。江燕莫惊飞,海鲽且游衍。坐见富春驿,捷书走传箭。闻有我同年,现宰西安县。派出文襄公,世德歌遹骏。遥遥二百年,此地同兵难。乃祖翊龙兴,乃孙附骥奋。前后虽偶然,始终有天赞。斩妖除飞来,吉谶应相印。[3]

释:

此诗是许瑶光从江西协防回浙江署常山县,在诸暨县任上所写。自太平军北伐、西征后,天京一直处于清军江南、江北大营的包围之中。咸丰六年(1856)石达开率部从江西前线赶回,六月攻破江南大营,天京的威胁基本解除。八月,杨秀清居功自傲,逼洪秀全封他为"万岁",洪秀全密令韦昌辉、石达开回京相救。九月初,杨秀清及其部属数万人被韦昌辉残杀。不久,韦昌辉又被洪秀全处死。合朝文武迎石达开到京辅政。石达开因遭洪秀全疑忌,于咸丰七年(1857)五月负气出走,于同治二年(1863)六月在四川大渡河畔覆灭。洪秀全开始起用李秀成、陈玉成等一批年轻将领。

注:

[1] 同年:古代科举考试同科中式者之互称。　　文襄:即李之芳(1622—1694),康熙时任浙江总督,三藩之乱拒耿精忠叛军有功。后晋文华殿大学士。　　扶鸾:一种迷信活动。传说神仙来时驾凤乘鸾,故名。

[2] 屏藩:比喻四周的防御设施。　　信江:鄱阳湖水系五大河流之一,又名上饶江,清代称信江。　　锁钥:喻军事重镇;出入要道。　　仙霞:指仙霞岭。　　定山:位于江西省九江市彭泽县西部。　　怀玉:怀玉是盛唐时期净土宗的著名僧人,居临海涌泉寺修持近40年。开元中(713—741),怀玉在健跳(今属三门)筑健阳塘,堤长500丈,这是临海历史上见于文献的最早的人工塘堤。此处"怀玉"指筑堤防备太平军。　　右江贼:右江在广西。指太平军。　　谲:奇异,奇怪。　　饶:多。　　胜算:取胜的计谋。信州:江西省上饶市。　　衔枚:泛指寂静无声。　　饶溪:信江。上饶江。　　浦城:在闽浙赣三省交界处。　　贯:穿越。　　窥:窥探。窥伺,等待时机　　急遽:急速。　　骤:突然。　　捍:捍卫。　　须江佘使君:兴国州孝廉以增号春屏。　　肘腋起祸患:肘腋之患,成语,形容产生于身旁或内部的祸患。　　城池:指上饶市。右断衢州腕:指失去左臂(赣东上饶)和右腕(浙西衢州)。　　亘:萦绕。　　云汉:云霄;高空。　　仙人:一人一山谓之仙,意为人往高山登。　　犯顺:指耿逆当时在温

州、台州叛乱。　　桓桓：威武的样子。　　李制军：李之芳。　　瓯：盆盂一类的瓦器。　　三藩：清初吴三桂(平西王)镇云南、尚可喜(平南王)镇广东、耿精忠(靖南王)镇福建，时称"三藩"。　　天运：天命。　　三衢：指今浙江衢县。因县境有三衢山，故称。　　堞：城上呈齿形的矮墙，也称女墙。　　峻：高；陡峭。

[3]福将首来援：自注："福将军名兴，自江右来。"　　皖兵相继进：自注："张京堂名沛，守徽，亦分兵相救。"　　和帅拨劲旅：自注："和帅拨金陵大营至。"　　饶镇虽怯弱：自注："署衢镇饶梅臣，名廷选，闽人。"　　幺麽：微不足道的人。　　飞挽：成语"飞刍挽粟"，指迅速运送粮草。　　炊朝饭：早餐，早饭。　　海鲽：比目鱼。　　游牣：自由游动。　　富春驿：属严州府。　　文襄公：见注[1]。　　遹骏：遹是指句首语气词。表提示语气。骏通"俊"。才智杰出。　　翊：开阔的思维和渊博的见识。　　附骥：蚊蝇附在好马的尾巴上，可以远行千里。比喻依附名人而出名。　　飞来：飞来峰，指杭州。　　谶：预兆。

16. 初秋感事四首

（咸丰九年）

　　前年冬洋人构衅粤东，粤人请设备，节相叶以扶鸾卜敌，笃信仙语无害，坚不为防，城遂破。夷人驻兵于观音山，挟叶登轮舟去，后死于海岛。朝廷命吏部侍郎黄驰驿往。黄请沿海以察夷情，由江浙绕闽以达粤。已而以粤西抚劳文毅署总督，僧王率劲旅防大沽口，桂文端、花文定驰赴上海定议，盖以内近者为防，而以外远者为抚也。洋人不会议于沪，兵船直驶天津，时昔日洋情重在东南，今则转移直北矣。感而作此。[1]

　　上相星临沪渎明，岛夷仍犯蓟州行；津仓米已沙船兑，辽海兵原铁骑精。未许和盟生诡秘，敢因优养更纵横；昨宵紫极瞻阑角，重叠祥云拥玉京。[2]

回思香港簇莲花,快蟹长龙水曲遮;旧日义民曾却敌,两年泉客竟为家。墙竿铁炮开濠镜,典籍烟煤化越华;久道相公航海去,可能徐福其生涯。[3]

叔兄墨绥绾潮阳,一纸书来托海航;去岁星轺犹惠郡,比来丹诏出明光。桂林节钺传东指,铜柱勋名定远扬;早晚观音山上虏,一齐卷旆出重洋。[4]

浙境沿边尽海游,甬江澉浦又东瓯;鲛盘是处通番市,由教于今有拜楼。彼扰边陲先失利,我堪羁縻不防秋;思量二十年前局,北角东瀛已不侔。[5]

释:

1856年(咸丰六年)英、法在俄、美支持下,趁中国太平天国运动之际,以亚罗号事件及马赖神甫事件为借口,联手发动对清朝政府的第二次鸦片战争。这是许瑶光对战争起始过程发出的感慨,思量此二十年,国家已不一样。

注:

[1] **构衅:**构成衅隙;结怨。指咸丰六年,成为第二次鸦片战争的导火索的亚罗号事件。 **粤东:**此处指广州。 **设备:**设立防备。 **节相叶:**体仁阁大学士、两广总督叶名琛。 **扶鸾:**中国民间信仰的一种占卜方法,又称扶乩。 **卜:**古人用火灼龟甲,根据裂纹来预测吉凶,称卜。 **笃信:**深信不疑。 **仙语:**神仙的话。 **坚不为防:**指当时清政府正全力镇压太平天国和捻军起义,加上"饷糈艰难",对外国侵略者采取"息兵为要"的方针。叶名琛忠实执行清政府的政策,不事战守。 **城遂破:**指咸丰六年九月英军进攻广州,第二次鸦片战争正式爆发。 **观音山:**广东督军府所在地,今广州越秀山。 **吏部侍郎:**吏部副长官,在吏部仅次于尚书。 **抚:**巡抚的简称。 **署:**代理、暂任或试充官职。 **总督:**清朝时对统辖一省或数省行政、经济及军事的长官称为"总督"。 **僧王:**僧格林沁,晚清名将。咸丰四年击溃太平天国北伐军,晋封博多勒噶台亲王。咸丰九年大沽口保卫战,取得抵抗外国入侵第一次重大胜利,击毁英军战舰3艘,英军死伤464人,英海军司令贺布受重伤。 **定议:**会商决定。此处指商定《南京

条约》修约之事。　　防：戒备。　　抚：安抚。　　直北：直隶、北京。

[2]上相：对宰相的尊称。指宰相桂文端。　　星临：迅速到达。　　明：心地光明。行：行动。　　津仓米已沙船兑：天津粮仓粮食已由沙船兑运。沙船是一种防沙平底木船。　　辽海：泛指辽河流域以东至海地区。　　铁骑：又称重骑兵，是古代战争中威力巨大的力量之一。　　和盟：和好结盟。　　诡秘：隐秘不易捉摸。　　优养：指厚待、优待。　　纵横：肆意横行，无所顾忌。　　紫极：泛指天空。　　瞻阑角：倚阑干角瞻望。　　玉京：月亮别名。

[3]香港簇莲花：指香港莲花宫，是建于清朝道光二十六年的观音庙。　　快蟹：鸦片战争前后时期，广泛使用于中国南方水域的一种桨、帆联合推进的快速战船。　　长龙：清代水师战船名。　　水曲：指水流曲折处。　　泉客：又名鲛人。是中国古代神话传说中鱼尾人身的神秘生物。与西方神话中的美人鱼相似。　　竿：指"旗帜"。　　铁炮：一种葡萄牙人制的前膛装的火绳枪。　　濠镜：澳门古称濠镜澳。　　典籍：谓先祖常籍法度之文。　　烟煤：指灰烬。　　越华：脱离中华。　　相公航海去：指节相叶名琛兵败被俘，囚于印度，客死他乡。　　徐福：秦朝著名方士，率领三千童男女东渡求仙，传说遍及韩国南部与日本，并于第二次东渡时一去不回。　　生涯：人生；生活。

[4]叔兄：三兄许仪一，号荔裳。　　墨绶：结在印纽上的黑色丝带。以"墨绶"作为县官及其职权的象征。　　绾：系结的意思。　　潮阳：广东潮阳。　　星轺：使者所乘的车。亦借指使者。　　犹：尚且。　　惠郡：惠州府。　　比来：指近来；近时。丹诏：皇帝发出的文书。　　明光：泛指朝廷宫殿。　　桂林：此处指广西。　　节钺：古代授予将帅，作为加重权力的标志。此处指广西西林县知县张鸣凤。　　东指："斗柄东指，天下皆春"，指春天。咸丰七年春，法国神甫马赖因潜入广西西林县非法传教，被广西西林知县张鸣凤处死，成为法国政府挑起第二次鸦片战争的借口。　　铜柱勋名：铜柱：东汉名将马援南征，在越南立下一铜柱。勋名：功名。出自袁枚《随园诗话》："铜柱勋名万口传，骑鲸人去未华颠。"　　远扬：传播很远。　　观音山：夷人驻兵地，在广东东莞。　　虏：被俘获的人。　　卷斾：收兵。　　出重洋：去远洋。

[5]海游：通海，通航。　　甬江：由奉化江和姚江两江汇集而成。　　澉浦：古水名，在今浙江省杭州湾北岸。　　东瓯：温州及浙江省南部沿海地区的别称。　　鲛盘：鲛人接泪成珠之盘。　　番市：外国商人在中国交易番货的集市。　　拜楼：礼拜堂。

边陲：犹边境。　　堪：堪叹，可惜。　　羁縻：笼络控制。　　秋：多指某个不好的时期，如多事之秋，危急存亡之秋。　　二十年前局：指1853年，美国军舰轰开日本国门。1854年，日本被迫开国，与列强签订不平等条约。以后1867年12月9日倒幕派发动"王政复古"政变，宣布废除幕府制度，成立明治天皇政府。　　东瀛：日本国。　　不侔：不相等；不相同；不一样。

17. 志慨四首

（咸丰九年）

　　洋烟由海舶以入中华见于明万历间。李时珍《本草》穀部名阿芙蓉，一名阿片，俗谓之鸦片，性能止痢、涩精。引王纶《医林集要》，云来自天方国。龚云林《医鑑》有一粒金丹名即此物也。至本朝乾隆间流染渐盛，华人迷之有自种者，然终不如洋产，以内地宝贵之银易外域害人之物，涓涓不息，流为江河。道光中年银价日昂，上下交困，江西王树斋先生上漏卮一折，因而林文忠查办洋烟，酿成巨案。杭州许乃济太史有请开烟禁之疏未能遽用，今则藉洋药捐以助军饷矣。考《绥寇纪略》，言天启时有天下兵起遍地皆烟之谣。说者谓烟即今之烟草，然烟草或谓始于明，或谓唐时已有之，恐此谣为洋烟发也。《新论》云飞鼯甘烟，又云口贪滋味，命曰熏喉之烟。今日甘烟者人人飞鼯，何畏乎。熏烟即嗜好所在，灾于其身，逮及寰海，能无慨然。[1]

　　江右黄公慨漏卮，封章曾受九重知。那期事变终难挽，转出狂澜不易支。罂粟连天迷雨露，芙蓉是处幻城池。生民底事甘沈湎，膏火相煎又几时。[2]

　　胜朝芽蘖入中华，番贾装来贯月槎。当日芳名归药笼，而今奇货到农家。休嫌谋国先几短，致使齐烟九点遮。作俑何人试君问，岂短流毒至斯耶。[3]

回首儿时四十年，沧桑世界起烽烟。需泥变竟成师讼，厝火人犹纵寝眠。已幸识时开厉禁，暂因军饷借厘钱。杭州太史吾宗杰，曾献刍荛达御筵。[4]

日月争光仰酒星，桑麻并重著《茶经》。殢人尤物皆天降，滋漫中原已地灵。一例虏疮留汉将，千年烟草瑞明廷。彼苍究竟因何醉，欲叩阊扉唤不醒。[5]

释：

第二次鸦片战争期间，许瑶光针对清廷藉洋药捐以助军饷，另有烟土始于明，或谓唐时已有之的谣言，以及"飞鼯甘烟"，烟土可以强身等奇谈怪论而发出的感慨。

注：

[1] **海舶**：海船。　　**涩精**：俗说就是治疗滑精、早泄，固肾涩精。　　**天方国**：指阿拉伯国家。　　**流为江河**：积小流，而成江河。　　**漏卮**：有漏洞的盛酒器，比喻国家利益外溢有漏洞。　　**摺**：奏折。　　**林文忠**：林则徐谥文忠。　　**许乃济**：（1777—1839）清大臣，道光时任太常寺少卿，主张使鸦片贸易合法化。　　**疏**：是封建社会大臣向帝王进言使用文书的一种别称。　　**遽**：仓促。　　**《绥寇纪略》**：记述明末农民战争的史实。清初吴伟业（1609—1671）撰。　　**飞鼯甘烟**：飞鼯，也称飞鼠或飞虎，松鼠科动物，形似松鼠，前后肢之间长有飞膜，能从树上飞降下来。《刘子》曰："飞鼯甘烟，走貘美铁。"味道好的烟能强身如铁。　　**寰海**：海内；全国。

[2] **江右**：古人以西为右，即江西。　　**封章**：机密事之章奏皆用皂囊重封以进。　　**九重**：喻帝王居住的地方。指帝王。　　**是处**：到处、处处。　　**幻**：幻灭。　　**底事**：何事。此事。　　**生民**：指人民，百姓。　　**沈湎**：沉溺。多指嗜好烟酒、赌博、女色之类而不能自拔。　　**膏火**：鸦片烟灯火。

[3] **胜朝**：指已灭亡的前一朝代。指明朝。　　**芽蘖**：常比喻萌发坏事的因素。　　**番贾**：外国商人。　　**贯月槎**：槎，木筏。我国的史料中多处提及如贯月槎之类的天外飞行物。　　**药笼**：盛药的器具。药类。　　**农家**：普通人家。　　**先几**：指预先洞知细微。　　**齐烟九点**：济南传统景点之一。今一般是指自山东省济南市千佛山。"齐烟九

119

点"坊处北望所见到的卧牛山、华山、鹊山、标山、凤凰山、北马鞍山、粟山、匡山、药山九座孤立的山头。　　　遮：遮没。　　　作俑：古代制造陪葬用的偶像。后指创始，首开先例。多用于贬义。　　岂短：短处。护短。

[4]需泥：《易·需卦》："需于泥，致寇至。"又可指柔软的烟泥，双关。　　　师讼：《师卦》与《讼卦》。指战事和争讼。　　　屑火：喻隐伏的危机。　　纵：放任。　　识时：识时知务，认清形势的发展，通晓事务的变化。　　厉禁：设卫警戒，限制出入。　　厘钱：厘税。因税率按货值抽若干厘，故名"厘税"。　　宗杰：宗族中才能杰出者。　　刍荛：认为自己的意见很浅陋的谦虚说法。　　御筵：皇帝命设的酒席。指朝廷。

[5]酒星：相传天界的酒曲星君，以神授的方式传与仪狄，后集大成于杜康。　　《茶经》：中国茶道奠基人陆羽所著茶学专著。　　殢人尤物：苏轼有《殢人娇》，指特别漂亮的女人。　　滋漫：滋生蔓延。　　地灵：土地山川的灵秀之气。　　一例：一律，同等，一样。　　虏疮：即天花痘疹。《肘后方》载"建武中于南阳击虏所得，仍呼虏疮。"汉将：汉族政权的将军。　　瑞：吉祥之物。　　彼苍：天的代称。《诗·秦风·黄鸟》："彼苍者天。"　　阊扉：即阊门。苏州古城之西门，通往虎丘方向。

18. 暮春志慨六首

（咸丰十年）

　　咸丰三年金陵告陷，浙西戒严，抚军黄议守宁国。至九年春，提督邓忠武战死，郑魁士继之，讲求营制壁垒一新，绳怯去贪，驭下过严，诽语四播，为浙抚胡所劾，奉命以周天受代之。周赏罚乖方，已失士心。去年金陵官军开长壕以困贼，喧传指日可复。贼以长壕之围甚窘，蓄意图杭以分兵势而解围，乘江南借浙闱，杂奸细于应试者中，探杭形势，甚悉。十二月忠逆李秀成率贼由六合渡江，度岁于芜湖，疾趋宁国县以犯广德、泗安。周天受拥兵二万余，困守宁国府城，不能御贼，李定太战于梅溪败焉，退走湖郡。贼分股犯湖以牵我势，率大股由武康山路逼杭省。二月十七日抵武林门，省中无劲旅，醭使缪主坚守待援计，都堂张檄米兴朝，由徽来援，次富阳不敢进，纵兵掳掠，团民歼之数百。江督何檄张玉良援杭，舟过苏州，苏藩王壮愍留之饮，且嘱其先救湖州。时署粮道何绍祺方出运，闻警折回，亟请张玉良援杭，张乃率五百人由湖赴杭。至三月初二日抵北关，而贼已于二十七日卯刻轰陷清波门矣。忆自三年暮春浙省旋警旋平，士民习惯不惊，避地外出者实少。至是骤围城破，城中户口二百余万人人知不免，愤与贼斗，伤悍贼无算，激贼怒，下令屠戮，尸骸填道路，人马不能行，投水死者，上中下三河均塞。满营将军瑞谨愿人也，外城陷，将军欲自裁，都统来存、佐领杰纯苦战却敌，满营得全。时张玉良之兵逼城下，贼见张字旗，疑为张帅殿臣，颇错愕，且意在解金陵之围，张既出则劲兵必分，可以回扑。又以浙省去金陵远，四面阻水，储粮无多，湖郡兵转战甚悍，满营未破，恐官军断归路，乃决意弃城走。初三日张玉良入城报收复，江督何奏为调度之力出于王有龄，请其抚浙，内廷从之，亦殊典也。杭省既复，人多归美于张玉良，而不知以藉名成功也。满城不失，咸归美于瑞将军，而不知来都统、杰佐领之力也。至杭城之失，浙人群咎抚军罗主守不主战，守近不守远。御史奏撤其恤典，而不知纵贼入浙咎实在周天受也。留张玉良饮酒于苏州，促其援湖而迟其援杭之期，则又王壮愍之偏见也。城陷后抚军罗及妻女均殉难，阖门忠节，不愧完人矣。其由鄂藩擢浙抚时，知浙兵不可恃，乃奏调训字营入浙，意欲改弦易辙，不可谓无心军务矣。逮训营抵湖，而杭州已先告陷，此则抚军所不及料也。藉使缪狃于八年衢州之胜，恃才自用，瑜不掩瑕矣。然守城被戕，殁于王事，而王壮愍寻前恨亦请撤其恤典，此岂厚以劝忠者乎？夫古今成败之分，必追其由。败必知其所以败，胜必知其所以胜，庶得失之林昭昭然耳。今则悠悠哆口淆乱当时，而当轴士夫又或以生平积愤施排扎于已死之黄鬷。一唱百和，竟以私好恶淆定是非。更逾数十百年仅据文饰之奏报以相品第，而征信已无自矣。瑶偶谈时势，入耳多逆，不觉握笔欲争，为作志慨诗六首，传信秉公，以砭浮议，岂有所偏袒乎哉。[1]

杭州保障倚宣城，八载供储重镇兵。本拟外藩联浣水，那堪覆辙蹈留京。云霞东海迷旗色，歌舞西湖沸炮声。恨煞宛陵余间道，忍教豺虎得纵横。[2]

清波门陷遍城红，义勇家家巷战勇。敢死殊无罗绮习，报恩争效阖门忠。凄凉愤雨钱王观，惨淡愁烟宋代宫。五百余年金碧地，一朝灰烬付东风。[3]

屡奏金陵指顾收,可怜苍海更横流。养痈忍逼邻封溃,受敌能无腹背愁。劲旅空教驰鄂渚,援师何事醉苏州。苍生亿万疆千里,纵使重完岂旧瓯。[4]

来公英伟杰公勤,双马冲围气不群。久成八旗原劲旅,坚持半壁保孤军。狂潮退舍弓湾月,秋水翻空剑拂云。转怅江南祥与霍,只留苦节答明君。[5]

风飘毒雾去来狂,佳节重三日又光。深赖吴兴奠盘石,更欣越国隔钱塘。六桥烟雨回骢马,三竺云山舞凤皇。料得余氛难久踞,临安自古少储粮。[6]

成败英雄论总非,莫将忠愤达黄扉。封臣效命人谁谅,骄将登坛节尚挥。榛棘胥山鼯鼠窜,棠梨岳坟杜鹃飞。东南时事如棋扰,大局艰难泪满衣。[7]

释:

此诗分析了杭州城破的原因。诗中前四句斥周天受赏罚乖方,丧失军心,以致困守宁国府城不能御太平军,而使杭州背腹受敌。罗遵殿由鄂藩擢浙抚时,奏调训字营由鄂入浙,指望得涕泪交流。两江总督何桂清征召张玉良援杭,张过苏州时布政使王壮愍留他饮酒,且吩咐他先救湖州。张率五百人由湖赴杭,至三月初二日抵北关,而李秀成已于二月二十七日卯刻轰陷杭州清波门。诗中最后感慨,成败论英雄总是从旁指责过失,浙人不能忠义愤激而被御史奏撤巡抚罗遵殿的恤典。罗遵殿舍命殉难有谁体谅他。骄将醯使缪恃才自用,然守城被戕,气节尚好。城里吴山躲了那么多才能低下的人,朝廷和杭城都要为之哭啼。

注:

[1] 驭:治理。　乖方:违背法度;失当。　闱:指科举考试。　檄:用檄文征召。　苏藩:苏州府地区。　恤典:朝廷对去世官吏分别给予辍朝示哀、赐祭、配

饗、追封、赠谥、树碑、立坊、建祠、恤赏、恤荫等的典例。　林：泛指人或事物的会聚。昭昭然：十分明白。　耳：语气词。表示肯定语气或语句的停顿与结束。　悠悠：众多貌。　哆口：张口。　淆乱：扰乱。　扎：扎刺。　砭：批评，批判。浮议：没有根据的议论。　品第：谓评定并分列次第。

[2] 镇：镇守。　外藩：外部的屏藩。　浣水：指浣纱溪，即若耶溪，浙江绍兴县南，若耶山下，溪旁有浣纱石，相传为西施浣纱处。　那堪：怎堪；怎能禁受。　覆辙：比喻招致失败的经验教训。　蹈：此处有"重蹈"之意。　留：不离去。　京：此处指杭州，南宋时的京都。　迷：迷惑；辨别不清。　沸：喧腾，喧嚣。杂乱，纷乱。宛陵：宣城。　余：遗留。　间道：偏僻的小路。亦谓取道于偏僻的小路。忍：忍心，舍得。

[3] 清波门：在西湖东南岸。　罗绮：多借指丝绸衣裳。　阖门：全家。　钱王观：表忠观，后称钱王祠，在西湖东南岸，是祭祠五代吴越国三世五王的庙堂。　惨淡：悲惨凄凉。　愁烟：惨淡的烟波。诗人以其易于勾起愁思故称。　宫：宗庙。

[4] 屡奏金陵：指抚军罗由鄂藩擢浙抚时，奏调训字营入浙。　指顾：指点顾盼。收：收回。　横流：形容涕泪交流。　养痈：比喻姑息坏人坏事。　封：疆域。劲旅：指训字营。　鄂渚：相传在今湖北武昌，指湖北。　苍生：指百姓。　瓯：盆盂一类的瓦器。

[5] 来公：指都统来存。　杰公：指佐领杰纯。　不群：不平凡。　戍：守边，防守。　半壁：即半壁江山，谓国土的一部或大部分。　退舍：退却，退避。　弓湾月：弦月。呈半圆形的月亮。指农历初七、初八或廿二、廿二之月。　秋水：比喻清朗的气质；形容剑光冷峻明澈。　翻空：形容作文构思时奇想联翩。　转怅：怨望；失意。

[6] 风飘毒雾：比喻有害的言论。　重三：指那年闰三月。　吴兴：位于浙江若溪下游，濒临太湖。　奠盘石：奠定建筑物稳定坚固的基础。　越国：代称浙江或浙东地区；也专指绍兴一带。　六桥：杭州西湖苏堤上之六桥。　骢马：指御史所乘之马或借指御史。　三竺：杭州天竺山的上、中、下天竺。　凤皇：帝王宫中的池台楼阁。　余氛：残留的妖氛。借指残存的太平军。　临安：杭州。

[7] 总：老是，一直。　　非：通"诽"，从旁指责过失。　　忠愤：忠义愤激。　　黄扉：指宫门。　　封臣：指浙江巡抚罗遵殿。明、清时巡抚别称抚军。　　效命：舍命报效。骄将：指蕻使缪。　　登坛：拜将。　　节：气节，节操。　　挥：舞动刀剑砍杀。榛棘：犹荆棘。引申为阻塞。　　胥山：杭州城内吴山。　　骷鼠：才能浅薄低下的人。　　窜：伏匿；隐藏。　　棠梨：野梨。宫名。　　杜鹃：传说杜鹃昼夜悲鸣。啼至血出乃止。常用以形容哀痛之甚。

19. 金陵失大营叹

（咸丰十年）

闰三月二十六日金陵营溃，张忠武退丹阳力战不支，跃马入水死。二十八日和春暨总督何同时出常州城，留张玉良以守。初一日贼抵常州，初四日张玉良佯出战，遂率兵遁，初六日常州失守。和春退浒墅关自尽于舟中。张玉良兵至苏掳民财而走，遂退杭州。十三日苏州陷，巡抚徐有壬死之。四月二十六嘉兴亦陷，府教授蔡兆辂、训导张咏死之。苏常百姓要杀怯将溃卒于路，海沸江翻，乱则均乱。王壮愍奏云，百姓寒心，三军解体，以目前时势而论，断无挽回之理。览之令人下泪。[1]

六年金陵失大营，向帅撑住丹阳城。十年大营如崩山，和帅舟来浒墅关。琤琤和帅尚男子，愤极自向舟中死。死后劫火苏州红，残兵无主各西东。[2]可怜壮士垂双泪，尚望桓侯来敌中。那知国士无消息，传闻剑化丹湖龙。十八万药廿万饷，以兹资寇难回想。雨花台畔战骨横，奔牛镇上惊魂荡。从此陪都至武林，毒蛟千里常来往。[3]

释：

许瑶光对咸丰十年李秀成破金陵大营后的感叹。

注：

[1] 海沸江翻：比喻声势或力量极大。　　　王壮愍：浙江巡抚王有龄(？—1861)。

[2] 琤琤：杰出貌。　　尚男子：令人仰慕的刚强男人。

[3] 桓侯：张桓侯，张飞。　　国士：国中勇敢、杰出者。　　无消息：杳无消息。
剑化丹湖龙：《晋书·张华传》载：张华望丰城有剑气，乃以雷焕为丰城令，焕掘得双剑，
一与华，一自佩。华、焕死后，焕子持剑经延平津，剑从腰间跃出坠水，但见化为二龙而没。
后以"剑化"喻人离世。　　资：资助。　　奔牛镇：常州奔牛镇。　　陪都：指首都以
外另设的副都。　　武林：杭州武林门，亦名"北关门"，始建于隋代，有1 300多年历史。
这里借指杭州。　　毒蛟：指太平军。

20. 白衣仙人曲

（咸丰十年）[1]

　　十年三月忠逆既弃杭走，六月四眼狗仍率贼由临安、余杭入寇。十九日贼从临
安去时，嘉兴余氛尚炽，中丞迎天竺大士以筊卜之，不吉，乃强迎入供，奉武林城楼，
为作是曲。逾月由北关移供于吴山之伍公祠，次年杭城陷，大士像亦毁。[2]

　　西湖杨柳新秋绿，白衣仙人出天竺。北关香气浓云浮，白衣仙人来
城楼。千貂万骑楼下拜，甘露渐沥神旗幽。宝盖亭亭覆莲座，绣缦摇曳
盘龙游。[3]搴兰菊以仰供，瓣心香而俯求。俾我黎元年寿永，俾我震旦妖
气收。浙西往昔艳佛土，普陀山崎海东头。海波浩杳迷宝筏，曲罢伫立
空夷犹。[4]

释：

金陵失大营后，杭州又将不保。浙省巡抚求助观世音菩萨，供于奉武林门城楼，"千貂万骑
楼下拜"。次年杭城被太平军攻克，观世音菩萨像亦毁。这是许瑶光在仁和守卫杭州时

作。其他同期作品还有《门墙桃李篇》、《金华将军咏》、《礼斗词》等。

注：

[1] **白衣仙人**：指观世音菩萨。亦作"白衣大士"。　**曲**：一种韵文形式。同词的体式相近,但句法较词更为灵活,多用口语,用韵也更接近口语。

[2] **忠逆**：太平天国忠王李秀成。　**四眼狗**：太平天国英王陈玉成。他两眼下有痣,远望如四眼。清军诬称其为"四眼狗"。　**大士**：特指观世音菩萨。　**筊**：迷信占卜的用具。多用两个蚌壳或像蚌壳的竹、木片做成。汉应劭《风俗通·祀典·桃梗苇茭画虎》："于是县官常以腊除夕,饰桃人,垂苇茭,画虎于门……冀以御凶也。"　**天竺**：古代中国对印度的统称。　**北关**：杭城最古老的北大门武林门。

[3] **千貂万骑**：貂,指貂尾,古代多用作帝王贵近之臣的冠饰。指众多帝王贵近之臣。　**浙沥**：轻微的风雨声、落叶声。　**神旗**：指帅旗。　**幽**：暗淡。　**宝盖**：佛道或帝王仪仗等的伞盖。　**亭亭**：高耸貌。　**莲座**：即佛座。佛座作莲花形,故名。　**绣缦**：无文饰的缯帛。　**摇曳**：优游自得貌。　**盘龙**：形容卷曲如龙。

[4] **搴**：拔取;采取。　**心香**：又称"心字香",将香粉填入"心"字纹路的模具中定型,供燃点之用。　**俾**：使。　**黎元**：即黎民。　**年寿**：人的寿命。　**震旦**：古代印度称中国为震旦。　**艳**：令人羡慕。　**杳**：深远;高远。　**宝筏**：佛教语。比喻引导众生渡过苦海到达彼岸的佛法。　**夷犹**：犹豫;迟疑不前。

21. 门墙桃李篇

（咸丰十年）

　　烽烟日逼,攀缘日多,群枉有门,岩墙是立。天荆地棘,彼粗俗之桃李又奚以冀雨露之分沾而奔走。形势者不悟也,广张网罗者亦不悟也。聊作是篇,以告来者。[1]

野田长桃李，雨露仰苍天。一旦蒙采掇，乃植门墙边。文章通性命，万古风云连。奈何藤与葛，荣华藉梯缘。青蝇附骥尾，瞬息里万千。旁门敞绛帐，后堂闻管弦。身随珠玉进，谊托金石坚。[2]皤皤白发仰拜少年鱼，鱼逢掖屈志马鞭。疆臣节钺已如此，武夫专阃弥喧阗。君不见今日干戈扰吴越，莽莽郊原迷白骨。闾里方愁骨肉恩，大僚犹讲师生节。[3]吁嗟乎，无乡之社易为黍肉。无国之稷易为求福，无座之师易为高足。聊占干肉得黄金，那知锦绣湖山蹙。[4]

释：

许瑶光从杭州烽烟日逼，攀缘日多，讲到"青蝇附骥尾，瞬息里万千"，"皤皤白发仰拜少年鱼"。最后感叹应为"无座之师易为高足"。

注：

[1] 门墙桃李：比喻他人所栽培的后辈或所教的学生。　　攀缘：投靠。　　群枉：众奸邪。　　岩墙：将要倒塌的墙。借指危险之地。　　天荆地棘：天地间布满荆棘，比喻仕途或处境艰难。　　雨露：比喻恩惠。　　分沾：分沾利益。　　形势者：掌人事上的强弱盛衰之势；事物的发展状况。　　悟：理解，明白，觉醒。　　广张网罗：广张网罗擒飞鸟，巧布玉饵钓金龟。诱之入彀。

[2] 采掇：选取。　　性命：生物的生命。　　藤与葛：两种攀援蔓生植物。　　梯缘：用梯向上爬。　　青蝇：苍蝇。　　骥尾：马尾。　　敞：打开。　　绛帐：为师门、讲席之敬称。　　谊托：情谊之托。

[3] 皤皤白发：须发皆白。　　少年鱼：《说文解字》：鱼，水虫也。未成年的鱼。指未成年人。　　逢掖：宽袖儒服。　　屈志：曲意迁就，抑制意愿。　　疆臣：负镇守一方重责的高级地方官。　　节钺：符节与斧钺。古代授予官员或将帅，作为加重权力的标志。　　武夫：指军人。　　专阃：专主京城以外的权事。　　弥：更加。　　喧阗：喧哗。　　莽莽：草木茂盛的样子。　　郊原：原野。　　迷：分辨不清。迷惘。　　闾里：邻里。　　愁：哀伤。　　大僚：大官。　　节：气节；节操。

[4] 吁嗟乎：表示感叹。　　社：古代指土地神。　　黍：黏性的小米。　　稷：社稷，

土神和谷神的总称。　　求福：求神赐福。　　无座：没有敬称、官座之称的人。
高足：高才。　　干肉得黄金：《易·噬嗑卦》："噬干肉，得黄金，贞厉（守持正道，惕厉戒
惧，不失常节），无咎。"　　聊：略微。　　蹙：蹙颊，缩鼻哭泣。

22. 闻江山常山失守

（咸丰十一年）

正月侍逆由休宁窜婺源，时恪靖伯以京卿督兵败之于涌山。贼遂由乐平以犯
景德，陈大富之军歼焉。左军移乐平以要，贼又败之。三月中旬侍逆窜入浙，衢防
兵溃，江常遂失。

常山一经失，断我江右道。江山一经失，闽浙各自保。军饷军书格
不通，举头西望心如捣。八年春仲失江常，衢严金处同苍黄。其时苏常
尚无恙，徽宁亦有防兵防。邻封援军旦夕至，一洗妖雾日月光。[1]而今江
南数千里，可怜尽化荆棘场。肆鲸横海兮龙不可渡，飞鸮盘空兮鹰不可
扬。手携长剑倚碧落，愁云四塞吴天长。安得壮士挽强弩，使我浙东无
侵疆。[2]

释：

此时左宗棠所部还在安徽、江西一带，许瑶光在杭州仁和防守。杭州解围后，咸丰十年再
署诸暨。

注：

[1] 江山：浙江衢州江山县。　　常山：浙江衢州常山县。　　侍逆：太平天国侍王李
世贤。　　休宁：安徽黄山休宁县，在安徽省最南端，　　婺源：江西上饶婺源县，位于
江西省东北部，赣、浙、皖三省交界处。　　恪靖伯：左宗棠。　　京卿：对京堂的尊称。
清代对都察院、通政司、詹事府、大理、太常、大仆、光禄、鸿胪等寺及国子监的堂官，概称京

堂。　　涌山：位于江西省乐平东北部。　　乐平：江西景德镇乐平县。　　陈大富：太平天国总兵。　　江右：江西。　　捣：用棍子等的一端撞击或捶打。　　八年春仲：咸丰八年夏历二月。　　苍黄：匆促慌张。　　衢严金处：衢州，严州，金州，处州（浙江省丽水的古称）。　　徽宁：徽州，宁国。

[2]荆棘场：喻纷乱、艰险之境地。　　肆鲸：放纵，任意之的鲸。　　横海：谓能横行海上。　　飞鸮：飞鸮，天下贱鸟也。　　碧落：道家称东方第一层天。碧霞满空，叫做"碧落"。这里泛指天上。　　愁云：困难。　　吴：狭义指江苏省苏州市；广义指长江三角洲地区，即江苏南部、上海、浙江北部，有时还可加入安徽南部、江西东北部。　　天长：天长地久。　　安得：怎么才能求得；哪里能够得到。

23. 兰溪官军咏

（咸丰十一年）

六月张玉良携川兵驻严州，进剿兰溪，兵与民斗。张大怒，杀河西团民无孑遗。衢州避难士民舟居河西下游者同罹祸。金华守程兆纶救解不得，悲愤呕血死。

兰溪官军颇不法，战败归来裹红帕。白夺民财烧民居，将军含笑夸勇捷。团民拟金截杀之，怒激将军擐铁甲。声言击贼巡岸西，百里烟阛灰转睫。嚅嚅赤子数万生，投尸江流付鱼呷。童子滩中白石红，将军余愤难平洽。[1]回头转见下滩船，避难携家半豪侠。千樯连接有辉光，银花在笼珠在箧。下令偏裨贾勇登，宝刀过长舱过狭。顷刻诸船老幼空，只留少妇充军妾。[2]还兵睦州大犒赏，半夜管弦声拉杂。金华旧守程使君，为民请命叩头泣。乱兵斫之中幕友，斑斑鲜血沾衣湿。使君上诉悲愤死，当轴咨嗟无语答。[3]强寇在门兵在人，欲扶坠石恐重压。吁嗟乎，猎犬不猎转啮人，草间狐兔何时戢。空使严陵濑下潮，至今悲咽无人涉。[4]

释：

此诗充分揭露清将张玉良骄横不法,纵容士兵夺民财、烧民居,怒杀百姓数万,百里长街成灰烬的罪行。

注：

[1] 帢：用帛缝制的帽子,用不同的颜色区分所戴者的身份。　　将军：清将张玉良。
勇捷：战胜所获。　　拟金：击金属乐器。敲锣。　　摐：穿。　　铁甲：古代用铁片
连缀成的战衣。　　百里：古时一县所辖之地。因以为县的代称。　　烟阛灰转睫：
阛,市场的围墙,也借指市场。市场眨眼成灰烬。　　嚅嚅：言语吞吐的样子。　　赤
子：百姓。　　生：生命。　　呷：把液体或流食小口咽下去。　　平洽：平和融洽。

[2] 下滩：枯水期露出水面的滩地。　　千樯：樯为帆船上挂风帆的桅杆,千樯为帆樯林
立。　　辉光：光辉华彩。　　银花：镂银作的花。唐白居易《题周皓大夫新亭子二十
二韵》："锦额帘高卷,银花盏慢巡。"　　笼：在袖内藏东西。　　篋：藏物之具。大曰
箱,小曰篋。　　偏裨：指偏将、裨将,将佐的通称。古代佐助大将的将领称偏裨,亦称副
将。　　贾勇：典出《左传》："齐高固入晋师,桀石以投人,禽之,而乘其车,系桑本焉。以
徇齐垒,曰:'欲勇者,贾余余勇。'"杜预注："贾,卖也。言己勇有余,欲卖之。"后以"贾勇"
为鼓足勇气的意思。

[3] 睦州：今杭州淳安。　　拉杂：指零乱;无条理。　　使君：汉代称呼太守刺史,汉
以后用做对州郡长官的尊称。　　幕友：亦称幕宾,俗称师爷,不属政府编制,由地方官
自行聘请,故有"友"、"宾"之称,多为地方官心腹。　　当轴：指当权者。　　咨嗟：
叹息。

[4] 在门：在门口。　　兵在人：战争胜败在人。　　吁嗟乎：叹词。表示忧伤或有所
感。　　啮：咬。　　戢：本义为收藏兵器,引申为收敛、止息。　　严陵濑：在浙江桐
庐县南,相传为东汉严光隐居垂钓处。

24. 闻杭州告陷书感十首

（咸丰十一年）

十一月廿八日杭州陷，十二月初二日满营陷。

八月收安庆，长江北渐清。东南望康刘，朝野动欢声。浙事忽然坏，杭城又告倾。梅花那忍看，双泪日纵横。[1]

浙省余粮少，嗷嗷待外供。长围三月合，绝粒万家同。沪渎收洋米，钱江阻飓风。绅耆胡与赵，空自效公忠。自注：杭绅胡光镛、湖绅赵炳麟由上海运米赴杭不能达。[2]

一卒冲围出，中丞寄帛书。开函千泪迸，不食两旬余。白奏烦邻省，丹忱耿太虚。自惭臣力竭，遗恨越防疏。自注：王壮愍自知不守，先以帛书幕壮士赍出至上海，请苏抚薛代奏，词意谓杭不守由绍不守，归咎于绍绅王履谦，有死不瞑目之语。[3]

潮打西兴毕，回头扫武林。瘴云苍海合，毒雾一江深。鼙鼓含霜湿，旌旗带雪沉。危城同累卵，失计岂从今。自注：贼于九月初四陷浦江，进攻诸暨不能越，乃绕富阳浦江交界之和尚店以渡临浦，陷萧山。九月廿九日陷绍兴，而杭绍之所以失，则咎不在绍兴也。[4]

江常春失险，睦婺夏旋摧。幕卷群乌集，鞭摇骏马回。都来顾根本，不出蒻蒿莱。十顷钱湖地，连营何处开。自注：李定太守衢听贼过而不击，张玉良守兰溪而不顾金华，绕廷选林福祥始弃兰溪，继弃诸暨，终弃绍兴。群率兵回杭州，以五六万兵困于区区之西湖。[5]

桓桓张总统，血染御黄衣。一死前非掩，残兵斗志稀。弓难鸣冬日，戈孰□□晖。太息江中舰，弦歌欲解围。自注：受总统江南诸军之命，乡人称之曰总统异之也。贼陷金华时,张与兰溪民团斗杀,致坏大局,退至杭州实能力战,扎营馒头山,我守城兵以炮击之死。惟城外将官桂廷芳当危极时,尚饮酒于妓船。[6]

　　重任维藩寄,中朝宰相孙。病多常卧阁,寇急自档门。薇署无余饷,椒房有旧恩。少年殉节死,宝马泣荃荪。自注:署藩麟蕉园为桂相孙,以金华府请权署藩任,虽多病,犹带小队出城搏战殉难死。谥贞介。[7]

　　军容千帐墨,血战六桥红。都统人传杰,旗兵死亦雄。虎林昭义愤,铁岭泣英风。成败何须论,艰难阃室忠。自注:杰纯以前次守城功擢都统,被围后出城与贼战,杀贼于西湖之六桥。谥果毅。[8]

　　衢郡兵难进,吴兴势竟孤。罗平妖册降,绣褵妇衣娱。已见干支乱,能留伏腊无。狂澜谁与挽,愁思满江湖。自注:候补道李元度率援师至衢,饷尽道梗不能达。然杭城日日传言李至湖州亦不能相救。贼改干支以丑为好,卯为荣,亥为开,伪历有闰日无闰月。[9]

　　驱马出门去,相逢怕浙人。乡关劳远念,祸乱问前因。东海难填石,西湖不再春。十年游宦地,欲说总伤神。[10]

释:

咸丰十一年(1861)十一月,太平天国忠王李秀成攻克杭州,浙江巡抚王有龄、提督饶廷选死之。

注:

[1]满营:杭州"满营"或"满城"是一个有城墙、城门和衙门的城中之城,驻防 3 000 多清八旗兵将士。　　康刈:丰收。　　倾:倒塌。　　梅:梁简文帝《梅花赋》:"春风吹梅畏落尽。"悲酸貌。

[2]合:合并,合计。　　沪渎:上海的简称,境内的吴松江下流古称"沪渎"而得名。

绅者：旧称地方上的绅士和年老有声望的人。　　**空自**：徒然。　　**公忠**：尽忠为公。

[3] **中丞**：明清时用作对巡抚的称呼。指浙江巡抚王有龄。　　**帛书**：用缣帛写的书信。
开函：写奏章。　　**白奏**：意思是启奏；上奏章弹劾。　　**丹忱**：赤诚的心。　　**耿**：光
耀。　　**太虚**：天空，天际。　　**抚**：明清巡抚的省称。清为省级地方政府长官，总揽全
省军事。　　**赉**：赏赐。赐予。

[4] **潮**：喻太平军如潮水般的汹涌起伏。　　**西兴**：渡口名。在浙江省萧山市西北。
武林：指杭州。　　**鼙鼓**：小鼓和大鼓。古代军所用。　　**旌旗**：旗帜的总称。　　**累
卵**：堆叠的蛋。比喻极其危险。　　**咎**：过失。

[5] **险**：险阻。　　**睦**：古州名。今浙江省桐庐。　　**婺**：古州名。今浙江省金华。
幕卷：卷起帐幕。　　**群乌**：指大群的退兵。　　**蒿莱**：野草；杂草。　　**连营**：连绵不
绝的营寨。

[6] **桓桓**：勇武、威武貌。　　**张总统**：清将张玉良。　　**弓**：卜立功之事。　　**戈**：战
争；战乱。　　**孰**：疑问代词。怎么。　　**晖**：用同"徽"。止息。　　**太息**：大声长叹，
深深地叹息。　　**江中舰**：指妓船。　　**弦歌**：依琴瑟而咏歌。

[7] **维藩**：喻保卫疆土的重任。　　**寄**：托付。　　**薇署**：清初称布政司曰薇垣或薇署。
清代布政司为督、抚属官，专管一省的财赋和人事。　　**椒房**：泛指后妃居住的宫室。
宝马：华美的车马。引自唐王维《同比部杨员外十五夜游有怀静者季》诗："香车宝马共喧
阗，簁里多情侠少年。"　　**荃荪**：香草。古代常用以喻贤良的人。　　**署**：署理；兼摄。
指代理，暂任或试充官职。

[8] **军容**：指军队和军人的礼仪法度、风纪阵威和武器装备。　　**帐**：营帐，军帐。
墨：气色晦暗。贪污；不廉洁。　　**红**：血的婉辞。　　**都统**：武官名。　　**传**：传说；
传闻。　　**旗兵**：八旗兵丁。　　**雄**：英雄。　　**虎林**：众多英勇将士。　　**昭**：显扬；
显示。　　**铁岭**：西北边塞山名。泛指险固的关隘。　　**英风**：英武的气概。　　**阖
室**：全家。

[9] **衢郡**：衢州。　　**吴兴**：湖州。　　**妖册**：伪历。　　**绣褕**：绣花短衣。　　**娱**：

排遣;排遣悲伤。　　干支:天干和地支的合称。用来纪年。　　伏腊:古代两种祭祀的名称。"伏"在夏季伏日,"腊"在农历十二月。　　狂澜:喻剧烈的社会变动或大的动乱。　　挽:扭转;挽回。　　江湖:民间。泛指四方各地。

[10] 乡关:犹故乡。　　游宦:泛指离乡外出求官或做官。

25. 定浙东

(同治二年)

　　正月初三日星陨营前,大如车轮,拍拍如乌青,荧照数里,逾时始灭。军士惊讶,莫辨灾祥。逾七日,蒋香泉方伯克汤溪,中丞克龙游,获逆酋李尚扬等;刘克庵廉访克兰溪;各军并进,遂克金华;洋兵效顺,绍兴遂裁;台州亦于先年经民团收复,诏蠲租税者二年。浙东以清,有观象纬者云,自军兴以来,弧矢与天狼不对,今年矢稍正射天狼,贼灭有日矣。东南黎庶翘观武成,而浙东先定,实大局转机也。作定浙东一篇。[1]

　　癸亥正月哉生明,龙游郊畔妖星落。似火非火扑地红,五更光射三军幕。祥耶灾耶始莫辨,无数健儿相瞋愕。那知旬日尚未周,龙汤戡定缚其酋。遂复婺州与越州,浙东瘴雾焂然收。明月张灯度元夕,东风千里花光碧。[2]舴艋兵船渡海来,长龙下泊西兴驿。钱塘俨似天堑雄,越国河山奠盘石。甬口洋籼转运通,仓储红粟赈灾穷。鱼盐麇集算缗足,飞刍络绎腾花骢。鬼方效顺免胄立,甘愿节制趋下风。义士天台先回应,蠲租两年皇恩隆。[3]秦望山崇会稽峻,青珉有幸铭丰功。元戎郑重防后顾,皖南更调雄师去。拟净黄山捣天目,不留旁窜深谋裕。川环岳立起长围,片甲只轮截奔路。冀得苏杭一鼓收,金瓯永保东南固。橐笔从戎望武成,欲倚兰亭书露布。[4]玉节霓旌下富阳,维藩开幕各勤襄。凌烟不许武夫绘,儒将勋名光太常。竹箭鳛鱼先入贡,仰酬圣主倚元良。忆昨有人知保章，为言和气感彼苍。夜来指余望南极，果然弧矢对天狼。[5]

释：

同治元年(1862)初，左宗棠在太平军侍王李世贤部阻击下，从安徽进入浙江衢州。7月，许瑶光谒左宗棠于衢州，两人一见如故。留在军中帮办营务。10月李世贤回援天京，左宗棠沿钱塘江东进，克汤溪、龙游、兰溪、金华、绍兴、台州、诸暨，浙东之地为清军收复。

注：

[1] 乌青：黑色。　　方伯：明、清时用作对布政使的尊称。　　汤溪：浙江金华汤溪镇。　　中丞：巡抚。　　龙游：浙江衢州龙游县。　　廉访：清代对按察使的尊称。　　戡：指用武力平定。　　诏蠲租税：下诏免除租税。　　象纬：指星象经纬。　　军兴：征集财物以供军用。　　弧矢：古星名。又名天弓。　　天狼：属大犬座中的一颗一等星。　　黎庶：黎民百姓。　　翘观：抬头观望。　　武成：军事上的胜利。

[2] 癸亥：同治二年(1863)。　　哉生明：此时月亮开始有光。　　瞋愕：睁大眼睛惊讶。　　戡定：平定。　　婺州：金华古称。　　越州：今浙江省绍兴市。　　咮然：声音破折貌。　　花光：花的色彩。南朝陈后主《梅花落》诗之一："映日花光动，迎风香气来。"　　碧：碧绿。金碧辉煌。

[3] 舴艋：形似蚱蜢的小船。　　长龙：为某事而排的长队。　　西兴驿：位于钱塘江南岸的西兴古镇码头。　　俨似：形容整齐的样子。　　天堑：隔断交通的大壕沟。　　盘石：喻稳定坚固。　　甬口：甬江口。　　洋籼：洋籼米。　　红粟：清王孟英《归砚录》云："嘉兴等处不谙藏谷之法，刈获之后，即春而入囷，用糠蒸盦数月，米色变红，如陈仓之粟，名曰'冬春米'。"　　算缗：对商人、手工业者、高利贷者和车船所征的赋税。　　飞刍：谓迅速运送粮草。　　腾：指马快速奔跑。　　花骢：即五花马。唐杜甫《骢马行》："邓公马癖人共知，初得花骢大宛种。"　　鬼方：喻指西方列强，此处指"常胜军"、"常捷军"等洋人武装。　　效顺：表示忠顺；投诚。　　胄：头盔。　　节制：被控制，受指挥。　　义士：出财布施，慷慨乐助的人。　　天台：指台州。

[4] 秦望：秦望山。在今浙江省杭州市西南。相传秦始皇东巡时曾登上此山以望南海，故名。　　会稽：绍兴。　　峻：高大。　　青珉：青玉般的美石。　　铭：铭刻在碑

上。　　元戎：统帅。　　后顾：考虑日后之事。　　黄山：属于安徽省,古称新安、歙州、徽州,地处皖浙赣三省交界处,被称为"三省通衢"。　　天目：天目山,地处浙江省西北部临安市境内,浙皖两省交界处。　　片甲只轮截奔路：指一兵一将。连战车的一只轮子都要在奔逃的路上把它截住。　　冀得：希望得到。　　一鼓：一鼓作气。出处《左传·庄公十年》："夫战,勇气也。一鼓作气,再而衰,三而竭。"　　金瓯：金的盆盂;比喻疆土之完固。　　橐笔从戎：投笔从戎,释义扔掉笔去参军。指文人从军。　　兰亭：兰亭位于浙江省绍兴市西南处的兰渚山下,是东晋著名书法家王羲之的寄居处。　　露布：捷书之别名。"诸军破贼,以帛书建诸竿上,兵部谓之露布"。

[5] 玉节：玉制的符节。古代天子、王侯的使者持以为凭。　　霓旌：缀有五色羽毛的旗帜,为古代帝王仪仗之一。亦借指帝王。　　富阳：富阳区位于浙江省杭州市的西南角,古称富春。　　维藩：《诗·大雅·板》："价人维藩,大师维垣,大邦维屏,大宗维翰,怀德维宁,宗子维城。"维,一本作"惟"。王莽时仿古代六服,以"惟城"、"惟宁"、"惟翰"、"惟屏"、"惟垣"。"惟藩"称九州内外区域。　　臬：按察使简称臬台、臬司,掌管一省的司法、监察以及驿传事务。　　襄：辅佐。　　凌烟：凌烟阁的省称。唐代长安城皇宫内三清殿旁有凌烟阁。凌烟阁内描绘了二十四个功高的大臣像。　　武夫：武士。军人。　　竹箭：即篠。细竹。　　鳒鱼：比目鱼的一种,　　仰酬：答谢。仰,表敬词。　　元良：一般指大贤之士。　　保章：凤昼鸣之称。　　彼苍：天的代称。

26. 钱江歌

（同治二年）

华人借用洋兵,洋兵仍雇华人习洋法,制服洋衣冠,由宁而绍而杭。我民既日亲外国,彼族亦日入内地矣。作钱江歌。

钱江东岸蓬莱驿,防江尚驻重洋客。钱江西岸是杭州,二月官军薄上游。[1]请将羽扇画江流,自陈战舰压潮头。何人结束花绿绸,华言夷服相对愁。[2]胡不驱归海隅休。[3]

释:

有慨于华人借用洋兵，洋兵仍雇华人习洋法。洋人洋兵亦日渐进入内地。

注:

[1] 钱江：钱塘江。　蓬莱：指舟山"海上蓬莱"诸岛。　防江：江防。　重洋客：看重洋兵。　薄上游：指当时左宗棠在钱塘江上游龙游等地作战。

[2] 羽扇：晋陆机傅咸有《羽扇赋》，传蜀诸葛亮、晋顾荣皆有捉白羽扇指麾众军之事。画江流：宋史正志《新亭》二首其二："龙盘虎踞阻江流，割据由来起仲谋。"像孙权那样凭长江之险而固守之。　压潮头：压住借用洋兵那股潮水的浪头。　花绿绸：指"洋兵仍雇华人习洋法，制服洋衣冠"。

[3] 胡：文言疑问代词，为什么。　驱归：驱逐洋兵。　海隅：海角;海边。常指僻远的地方。　休：休息,休养。

27. 洋兵行

（同治二年）

借兵于洋，亘古拂局。贪利策功，以枝扶干。沪渎开先，浙踵其辙，滨海习惯，咄咄称奇。然羁縻有权，亦足奏效。越州既复，法国兵头德克碑感宫保威德，愿随攻富阳，自褫夷服，服我冠履。宫保命写条约，听我节制始许之。乃亲赴严州拜受约，可知非族心异，终贵自强，作洋兵行。[1]

噫嘘唏，西洋乃中华之敌仇，动摇五口波横流。一经招抚却助顺，协守沪渎春复秋。人言沪渎纷洋楼，金碧珠宝高山邮。英法诡俶畏贼劫，拚死助我实自谋。[2]吴地连年变沧海，独此一角如缀旒。吴劫尚未弭，越国烽烟紫。孤悬一舟山，远隔重洋里。甬江北岸数夷酋，逼近烽狼图奋起。[3]英夷束绿巾，峨舸驾飞轮。法夷裹五色，两袖金缕新。自注：夷官袖

137

盘金缨,视多寡以别尊卑。红褐齐腰当黼黻,秃马辟易无旁人。千枪万炮同声发,精妙火器殊少伦。[4]随我华兵扫宁郡,四明梅雨洗飞尘。舜江慈虞依次复,西风吹渡曹娥津。绍兴之复彼何力,金华勘定贼自奔。要功倚势索犒银,萧瑟城市如荒村。[5]纵得驹戎犄角助,转乞花门务面恩。老成谋国操胜算,德感威收互羁绊。昨赴严州谒大营,袾离顿把冠裳换。银青笺纸写佉卢,条约重申骇流汗。纯缋金犀付舌人,免冠下拜期门畔。[6]自睹王商识汉仪,似悔从前太骄悍。愿效前驱舞巴渝,于千万年作外扦。两浙官民尽叹嗟,频年海国藐中华。今日拔刀都慕义,赤心几欲表丹砂。无乃忠勤感荒遐,侦罗郡县予爪牙。请君先拟平吴颂,再图王会献天家。[7]

释:

洋兵攻打太平军是从同治元年(1862)攻陷宁波开始的。该诗直写了借用洋兵的情况。

注:

[1] 亘古:整个古代。　　摒局:排除在外。　　贪利:贪求利益。　　策功:计谋成效。　　沪渎:古水名。指淞江下游近海处一段(今黄浦江下游)。　　踵:追逐。辙:车轮碾过的痕迹。　　羁縻:笼络。　　越州:绍兴古称。　　宫保:明、清朝廷大员的虚衔。　　裭:解下衣服。　　条约:用条文约束。　　严州:严州府,包括今天的桐庐县、淳安县和建德市。

[2] 噫:叹词。表示悲痛或叹息。　　嘘唏:哽咽;抽泣。　　五口:第一次鸦片战争《南京条约》要求中国开放广州、厦门、福州、宁波、上海五处为通商口岸。　　横流:比喻动乱,灾祸。　　高山邨:传说中的山名。《山海经·西山经》:"又西北五十里高山,其上多银,其下多青碧、雄黄。"　　诡傲:诡谲潇洒。

[3] 沧海:沧海桑田,大海变成农田,农田变成大海。比喻世事变化巨大。　　缀疏:犹表率。　　吴:泛指江苏南部和浙江北部一带。　　弭:止息。　　越:浙江或浙东地区;也专指绍兴一带。　　紫:紫红。红得发紫。　　数:计算起来、比较起来最突出。酋:首领。　　烽狼:古时烽火台白天烧狼粪生烟以报警,因以"烽狼"借指战火。

图：考虑；谋划；计议。　　奋起：奋然起立，振作起来。

[4] 峨舸：高大的船。　　金缕：金属制成的穗状物。　　黼黻：绣有华美花纹的礼服。秃马：尾巴没毛的马。　　辟易：指屏退；击退。　　少伦：相类；等比。

[5] 宁郡：宁波。　　四明：四明山，指宁波。　　舜江：今曹娥江。　　慈虞：慈溪、上虞。　　曹娥：上虞人，曹娥之父溺于舜江，数日不见尸体，孝女曹娥当时年仅十四岁，昼夜沿江哭寻父亲。过了十七天，在五月二十二日这一天她也投了江，五日后她的尸体抱父亲的尸体浮出水面。后人为纪念她，改舜江为曹娥江。　　津：水陆要隘。　　萧瑟：凋零；冷落；凄凉。

[6] 驹：强壮的骏马。　　戎：古代兵器的总称。弓、殳、矛、戈、戟为古代五戎。　　犄角：分布兵力于不同处所，以便牵制夹击敌人或互相支援。　　花门：豪门。指与其签约的统帅。　　羁绊：束缚牵制。　　大营：统帅营地。　　侏离：用以鄙称外国人。佉卢：古印度有佉卢文，此喻洋文。　　纯缋金犀：汉扬雄《法言·孝至》："被我纯缋，带我金犀。"纯缋犹纯衣，古时士的祭服，以丝为之；金犀为黄金的剑饰。　　舌人：古代的翻译官。　　期：希望；企求。

[7] 愿效前驱：指古代官吏出行时在前边开路的侍役。　　舞巴渝：古代巴渝地区民间武舞。周初传入中原，被采用为军队乐舞。　　杆：栏杆。　　叹嗟：叹气；嗟叹。频年：多年。　　海国：海外之国。　　慕义：倾慕仁义。　　赤心：专一的心志。荒遐：边远的地方。　　侦罗：侦察，罗致。　　颂：得到赞扬。　　王会：旧时诸侯、四夷或藩属朝贡天子的聚会。　　天家：对天子的称谓。

28. 闻十月二十五日李少泉中丞收复苏州

(同治二年)[1]

金陵去岁合重围，马踏西湖秋又肥。吴越定全还版籍，苏台况复振军威。[2]更新壁垒劳筹划，依旧洋兵异指挥。三载故宫麋鹿路，百花洲料有人归。[3]

释:

李鸿章的淮军在苏州城杀了献城的成千上万太平军降卒。许瑶光诗中的"百花洲"，借用清孙枝蔚《百花洲》诗"请看英雄化黄土，春风不到百花洲"句隐喻。

注:

[1] 李少泉：李鸿章，号少荃(泉)。淮军、北洋水师的创始人、洋务运动首领、晚清重臣。中丞：明清时用作对巡抚的称呼。

[2] 马踏西湖：比喻一往无前收复杭州。　肥：壮大。　还版籍：收复版图、疆域。苏台：即姑苏台，又名胥台，在苏州西南姑苏山上。因苏台地处苏州，故亦用以借指苏州。况：副词。正，恰。表示情状。

[3] 壁垒：军营的围墙。作为进攻或退守的工事。　异：分开。　麋鹿路：草野之路。　百花洲：在江苏省苏州市。清孙枝蔚《百花洲》诗："君不见，金阊大道多酒楼，如花小妓立楼头，夜深能唱吴中曲，劝君一醉消千忧。请看英雄化黄土，春风不到百花洲。"料：估计，猜想。

29. 二月十八日提督程学启_{方忠}方伯刘仲良_{秉璋}率苏省兵克复嘉兴

(同治三年)

水沸鸳湖已四年，东风澄澈忽青天。成功将让临淮老，敌忾兵原隔省联。[1]二月莺花驰捷骑，一楼烟雨拥归船。即看檇李重收贡，更播嘉禾遍种田。[2]

释：

程学启原为太平天国英王陈玉成部属，守安庆，咸丰十一年(1861)降清，从曾国荃破安庆。同治元年(1862)从李鸿章至上海，下苏州等地，官至南赣镇总兵，攻嘉兴时中弹负重伤，死于苏州。

注：

[1] 沸：杂乱；纷乱。　　鸳湖：代指嘉兴。　　澄澈：清亮明洁。　　临：多用作敬辞。　　淮老：淮军统帅李鸿章。　　敌忾：同仇敌忾。指抱着无比仇恨和愤怒共同一致地对付敌人。

[2] 二月莺花：莺啼花开。泛指春日景色。　　归船：返航的船。唐杜甫《晓望白帝城盐山》诗："春城见松雪，始拟进归舟。"　　樗李：果名。李子的一种品种。古地名，指嘉兴。　　收贡：收作贡品。　　嘉禾：嘉兴，新石器时代马家浜文化的发祥地。民国初废府存县，改称嘉禾县，后复称嘉兴县。

30. 二月二十日官军克复杭州志感

（同治三年）

昔者一年陷全浙，今者三年恢临安。红旗但报捷书喜，那知转战多艰难。转战士固苦，战久民更残。试登吴山高处望，细雨春风破屋寒。[1]已分无今日，那敢怀旧欢。东园断机杼，南关冷冰盘。九百余年旧都会，天翻地覆生波澜。自注：自吴越至今虽中更兵燹，未有如此之甚者。[2]鸡犬绝矣更谁活，惟有薇署池中老鼋犹盘跚。借问当时食绝危城日，浮萍捞尽尔鼋何以餐。自注：芭蕉每叶五十钱，浮萍轻重如之。[3]

释：

浙江巡抚左宗棠率部自江西进入浙江，于同治三年(1864)3月攻陷杭州，基本占领浙江全省。

注:

[1] 红旗：古代用作军旗或用于仪仗队的红色旗。　　转战：连续在不同地区作战。吴山：山名。又名胥山。俗称城隍山。在今浙江杭州西湖东南。

[2] 已分：已往，从前，过去。　　机杼：指织机的声音。　　冷：冷清。　　冰盘：盘内放置碎冰，上面摆列藕菱瓜果等食品，叫做冰盘。夏季用以解渴。　　天翻地覆：形容发生根本的变化。也形容秩序大乱。　　波澜：比喻世事的起伏变化。

[3] 署：官署。　　鼋：大鳖。俗称癞头鼋。　　盘跚：犹蹒跚。跛行貌。

31. 六月十八日克复金陵纪事十六首

（同治三年）

发贼洪秀全自道光三十年倡乱以来，由广西窜两湖三江，并分扰及直隶、山东等省，咸丰三年占踞江南省城，潜称伪号。十一年七月龙驭上宾，其时江浙郡县半就沦陷，遗诏三条谆切以未能迅殄逆氛为恨。今上践祚奉两宫垂帘听政，授曾文正协办大学士节制四省军务以一事权，建议由上游分路剿办，水陆并进，迭克沿江城隘百余处，斩馘外援逆匪数十万人，合围江宁，断其接济。本年五月十六日克复江宁伪天保城后，贼众防守益密。五月三十日李祥和等占取龙膊子。六月初一日李成典率吴宗国重开地道，萧孚泗等修筑炮台，肉搏相逼。十六日黎明地道火发，揭开城垣二十余丈，李成典、武明良冲倒口而入城。贼以火药倾盆烧我士卒，大队稍却，彭毓橘、萧孚泗手刃数人，由是勇弁无一退者。武明良率队登龙广山，李祥和从太平门月城攻入，王远和进攻伪天府之北，刘连捷由神策门地道之旁梯攻而入，罗逢元从聚宝门之西由地道阙口入，李金洲从通济门入，陈从猛夺旱西、水西二门，由是全城各门俱破。三更时伪天王府火起，生擒伪烈王，阵斩伪巨王、幼西王、幼南王、定王、崇王、璋王，夺获伪玉玺两方、金印一方，讯知洪秀全于五月服毒而死，伪幼王洪福瑱重袭伪号，城破后积薪自焚。李秀成匿于城外，经萧孚泗搜出，并获洪仁达，搜杀悍党净尽。奏入，七月初一日，奉上谕曾国藩自咸丰三年在湖南首倡团练,创立舟师,与塔齐布、罗泽南等保全湘南,克复武汉等城,肃清江南。东征以来由宿松克潜山、太湖,进驻祁门,迭复徽州郡县,遂拔安庆省城。曾国藩加恩赏太子太保衔,锡封一等侯爵。曾国荃赏加太子少保衔,锡封一等伯爵。李成典锡封一等子爵。萧孚泗锡封一等男爵等因,钦此。其余文武给赏有差。是日修告成礼坛庙陵寝,遣官祭告,从前有功死事之臣分别赐祭奖恤。所获逆首,毋庸献俘。旋据闽督左查知,洪福瑱自金陵逃出,由徽入浙入江,奉命兜拿,于九月二十五日席宝田一军于广昌石城荒谷中搜获,即在江西正法。盖金陵克复后堵逆黄文金等尚坚守湖州,洪福瑱遂来依之,至七月廿七江浙诸军合攻克之,乃走广德入宁国山中,苏军追至广德,浙军由淳安、昌化诸山中追至江西及广信肃清,逆党俱散,席宝田遂获之石城。已而汪海洋走入宁都州界,鲍军击败之,乃窜闽境。[1]

坚任元良紫极明,果收吴楚定留京。十年宵旰深宫廑,万里江淮骇浪平。北去红旗开驿路,南来组甲听归耕。荷花仰对重熙日,玄武湖边别样荣。[2]

轩皇夙志扫蚩尤,转痛龙髯已上游。华岳放牛成武烈,绣裳驱虎解文忧。双悬日月璇宫朗,万古馨香宝鼎浮。坛庙寝陵兼岳渎,一时祭告走传邮。自注:咸丰有御制诗云:"侍臣何必劝加餐,梦寐为怀民未安。弥望苍生登衽席,何来蟊贼乱衣冠。万年欲奠神禹鼎,一日须新汤诰盘。嗟尔群臣皆结舌,空群故事待金銮。大江南北乱离中,岂是妖氛气力充。守土居然皆走鹿,斯民能不赋哀鸿。九重自揣勤思虑,三戴何曾奏肤功。凌阁至今犹汉代,丹青何以绘诸公。"[3]

奇谋火发地中雷,神策门随聚宝开。要隘山川龙膊占,超腾士卒燕飞来。穷猿逸槛枯株难,妖鸟焚巢画栋灰。夺获伪王金玉印,横枚数碱醉琼杯。[4]

进逼钟山遂合围,神兵不藉外洋威。红云拥阵镵枪敛,赤日临江羽扇挥。斗野牛躔朝北极,龙盘虎踞复南畿。秦淮玉树昏迷月,此日团圞出雾霏。自注：苏杭克复参用洋军，惟金陵无之。[5]

仰赖苍穹眷佑灵，渠魁饮鸩服冥刑。雨来蒋阜千军爽，云荫仓山百雉青。南服戎车忘六月，西江壁垒摘妖星。脂膏不许污京土，已免俘车送阙廷。自注：六月十二日我兵薄城，贼以火药桶掷下，几被延烧。沅帅望空跪祷，十三日营中得大雨，而数里外皆晴。十六日有阴云自钟山来，凉风习习，拥兵登城。[6]

休笑金陵似纸糊，封狼一纪负高嵎。丙年吉向雄军衄，庚岁和张班马呼。仅保苏常终下策，不清宣歙岂良谟。太公璜玉周公斧，留得元勋属大儒。自注：贼以咸丰三年正月廿九日扑金陵，二月初十日被陷，而隔江六合一县知县湖北温绍原守之，至八年九月十八日始陷，故江南人语云：纸糊南京城，铁打六合县。金陵既陷，向忠武图之，至六年夏苏抚吉勇烈死于高淳七瓮桥之大营，继溃，向忠武退丹阳卒，朝命和春代之，旋复高淳。七年夏复溧水、句容，八年春夺秣陵关，仍逼金陵，至十年闰三月而大营又溃，苏常继陷，东南事棘。时曾文正以侍郎奉命入川未果，旋奉命授江督办军务。[7]

揆帅当年直谏臣，三陈德弊奏枫宸。丹书启箧酬明主，墨绖还乡起义民。倡立舟师沧海雨，勘除怯将栋梁春。丹心赤子艰难甚，再造乾坤铁石人。自注：咸丰元年文正上三德三弊之疏，颇激切。因祁文端、杜文正言，上甚优容焉。二年奉讳还湘，办理团练，劾提督鲍起豹，而力荐塔忠武经济之宏远，由其品学之刚强也。[8]

元年夏取秣陵关，米贼先援金柱还。困我官营几二月，潜纠死党漫千山。血流帅面牙旗进，火秃弁须铁甲擐。苦战坚持轮此举，成功转为忆辛难。自注：元年四月克太平、芜湖，遂夺金柱关、东梁山。五月克秣陵关、江心洲，进逼金陵，驻军雨花台。六月援贼来犯，败之。闰八月伪忠王李秀成纠合十三伪王，号称六十万，聚金陵之东，逼我营垒，洋枪洋炮如飞蝗蔽空，潜通地道图陷我营，又负板蛇行，填壕欲上。沅帅督军御敌，受飞子伤颊，血流交颐。九月伪侍王李世贤复自浙来援，用箱篚实土排砌营壕之外，亦暗凿地道，嘉字、吉后两营地道轰发，石飞如雨，贼奋涌入，我兵决死歼之；信字七营被围，亦夹击败之，斩悍党万人。贼犹开地道不辍，我挖隧而迎之，贼技穷，我复连夺其营卡。九月初五营围乃解，盖坚守力战，实四十余日也。[9]

神雕盘折雁行高，珠树同宣玉节劳。翊鼎南宫齐达适，授民西镐轶聃陶。三河碧血贞魂慰，季弟青年谥典褒。国事可怜家事样，荆花红涌洞庭涛。自注：文正有弟四人，长澄侯名国潢，居湘筹饷；次温甫名国华，八年十月初十以同知随李忠武攻庐州，战殁于三河镇，谥愍烈；次即沅帅季陵，积劳成疾卒于军，谥靖毅。[10]

梅花海鹘渺凌波，水战彭杨功最多。旧洗巴陵收象骨，更清溢浦斩蛟鼍。湫洲有垒投鞭夺，东坝横桥纵火摩。陆路已穷川路断，升州鹘镜入云罗。自注：文正于咸丰三年创立水师于湖湘，有澄海、定湘诸营，谓似为绝学于举世不为之日，亦以长江既失非此不能为力也。十年十月败贼于南陵，拔难民十数万。十一月败贼于都昌。十一年八月克复池州。元年八月败贼于繁昌之旧县，四月复太平、芜湖，遂夺金柱关、东梁山，五月夺江心洲、蒲包洲，遂泊金陵之护城河。九月败贼于金柱关，又败之于上泗渡，遂夺花津、青山、象山、采石矶，十一月克三汊河。二年五月剿江浦贼于江中，十二日克复下关、草洲，由是长江一律肃清，而金陵坐困矣。[11]

东冲西折鲍家军，净扫千山突兀云。力堵包抄真后劲，每因危险建奇勋。吴山楚驿频年熟，朔雪炎风百战勤。巴蜀将才天下震，霆雷威不愧春闻。自注：提督鲍超字春霆，命所部曰霆字营，虽未与围金陵，而东冲西折凡江皖豫楚之援贼逸贼，无不赖其遏之追之。盖文正所倚以为游军也，用兵不拘于律法，而所向无前，遇劲更勇，厥功甚伟。[12]

粤将威高铁瓮秋，都军骠骑镇扬州。苏常腹地淮师克，吴越封圻楚广道。北路名王收雉集，西川少保落旄头。万方送喜天颜怿，裂土分茅金券酬。自注：二月僧王获张落刑于雉河集，镇江军冯子才败贼于句容。四月骆文忠擒石达开于松林河。元年四月苏抚李复柘林、奉贤二城，五月收抚南汇，克复川沙厅、金山卫,解松江围。七月克复青浦县,九月克复嘉定,十一月收复常熟。昭文二年三月克复太仓州,四月克复昆山、新阳,六月克复吴江、震泽,八月克复江阴,十月廿四克复苏州,十一月初二复无锡、金匮。三年正月廿四克复宜兴、荆溪,遂复溧阳。鲍军亦于三月复金坛,四月初六复常州府。[13]

湘中高建五忠祠,江塔罗王李共悲。匡辅同心悬日月,死绥有厉祭旌旗。卧龙跃马千年史,刻翠图螭万古碑。读到再生申甫诏,九原应合泣江蓠。自注:五忠,安徽巡抚江忠烈,湖南提督塔忠武,宁绍台道加布政司罗忠节,记名道加内阁学士王壮武,赠总督衔浙江布政使司李忠武也。江忠烈殉难于庐州,塔忠武劳殁于九江,罗忠节阵亡于武昌,王壮武劳殁于江西,至李忠武咸丰八年十月阵亡于庐州之三河也。奏入,朱批云:详览奏牍,不觉陨涕,惜我良将,不克令终,尚冀其忠灵不昧,他年生申甫以佐朕也。[14]

南北摧残六百城,蠕蠕糜烂几苍生。青箱烟化群儒籍,白骨春迷万里耕。绣褓妇襦空杼柚,关讯廛市困东征。四民此日欢加额,张角妖书灭太平。[15]

老巢犁荡只游魂,密箐深林毒雾昏。誓为群黎销积愤,肯令苞蘖活残根。追狐涉水徒杠渡,殪虎搜山万马奔。指日滇疆秦塞定,堂堂白日照乾坤。[16]

杭州克复我情伤,兹复金陵却喜狂。目击沧桑怜战苦,耳闻铙唱命诗忙。游踪何日横塘桨,乡路从今一苇杭。美煞仪征刘伯子,褕扬勋德集全唐。自注:仪征刘毓崧字伯山,集全唐文以记文正勋德。[17]

释:

同治三年(1864)曾国藩攻陷太平天国首都天京,标志着从咸丰元年(1851)开始的太平天国运动的失败。该诗信息量之大,史实之丰富,使其弥足珍贵。

注：

[1] 龙驭上宾：指帝王去世。　　　谆切：恳切。　　　殄：灭绝。　　　祚：君位；国统。
雨：比喻教导之言，教诲之言。　　　馘：首级。　　　天保：借指天之中枢北极星，引申指
人世政治中心，如京邑、国都。　　　弁：清代用以称基层武官。　　　坛庙：坛指天坛、地
坛等；庙指祖庙。　　　陵寝：指古代帝王陵墓及陵上祭祀建筑。

[2] 元良：此处为太子的代称。　　　紫极：星名。借指帝王的宫殿。　　　宵旰：宵衣旰
食，天不亮就穿衣起身，天黑了才吃饭。形容非常勤劳，多用以称颂帝王勤于政事。
廑："勤"的古字，勤劳，殷勤。　　　组甲：甲衣；借指士兵、军队。　　　熙：晒，照射。

[3] 轩皇：即黄帝轩辕氏。　　　凤志：平素的志愿。　　　龙髯：代指皇帝。　　　上游：
此处喻皇帝去世。　　　武烈：谓武功。　　　绣裳：指曾国藩。汉武帝天汉年间，民间起
事者众，地方官员督捕不力，因派直指使者衣绣衣，持斧仗节，兴兵镇压，刺史郡守以下督
捕不力者亦皆伏诛。后因称此等特派官员为"绣衣直指"，省称"绣衣"或称"绣裳"。
文：指咸丰帝。咸丰帝庙号文宗。　　　日月：喻指帝后。　　　璇宫：多指王宫。　　　馨
香：谓祷祝时心诚意切。　　　宝鼎：香炉。因作鼎形，故称。　　　岳渎：五岳和四渎的并
称；四渎为长江、黄河、淮河、济水的合称。　　　祭告：古时国有事，祭神而告之。　　　传
邮：驿站。　　　弥望：充满视野；满眼。　　　衽席：谓使得平安。　　　衣冠：借指文明礼
教。　　　禹鼎：传说夏禹以九牧之金铸鼎，上铸万物，使民知何物为善，何物为恶。
汤诰盘：《礼记·大学》："汤之盘铭曰：'苟日新，日日新，又日新。'"孔颖达疏云："汤之盘
铭者，沐浴之盘而刻铭为戒。必于沐浴之者，戒之甚也。"后以"汤盘"为自警之典。
嗟：叹词。表招呼。　　　结舌：不敢讲话。　　　空群：唐韩愈《送温处士赴河阳军序》：
"伯乐一过冀北之野，而马群遂空。"后因以"空群"比喻人才被选拔一空。　　　故事：旧
事，典故。　　　待金銮：翰林学士的美称。泛指皇宫正殿。　　　走鹿：嗷鸿走鹿，喻指对
流离失所痛苦哀号的饥民置若罔闻。　　　哀鸿：嗷鸿。《诗·小雅·鸿雁》："鸿雁于飞，
哀鸣嗷嗷。"后以喻指流离失所痛苦哀号的饥民。　　　九重：指宫禁，朝廷。指帝王。
自揣：忖度。　　　肤功：亦作"膚公"。大功。　　　凌阁：即"凌烟阁"，封建王朝为表彰
功臣而建筑的绘有功臣图像的高阁。　　　丹青：画工的代称。

[4] 超腾：飞腾；驰骤。　　　穷猿：比喻处于困境的人。　　　逸：逃跑，隐遁。　　　槛：
关动物的大笼子。　　　枯株：枯槁的根株，无用。　　　画栋：形容建筑物富丽堂皇。
灰：烧毁；燃烧。　　　横枚：彭玉麟所乘船桅折覆水。玉麟拉拽横枚（横断的桅干）漂江

中流,胡林翼疏陈称其忠勇冠军。　　　　戡:指俘虏。　　　琼杯:美称酒杯。

[5]欃枪:彗星的别名。古人认为是凶星,主不吉。　　　敛:收敛。　　　斗野牛躔:星宿"斗分野"在吴,牵牛、婺女则在越。躔,指明天体的运行。　　　朝:臣下朝见君王。北极:喻指朝廷、君王。　　　南畿:代指南京。　　　秦淮玉树:指南京下水门(即今西水关)上的赏心亭,下临秦淮,尽观览之胜。宋刘克庄《梦赏心亭》诗有"酒边多说乌衣事,曲里犹残玉树音"句。　　　昏:天刚黑的时候;傍晚。　　　迷月:犹蜜月。　　　团圞:借指月宫。　　　雾霏:弥漫的云雾。

[6]苍穹:苍天。　　　眷佑:眷顾佑助。　　　灵:神灵。　　　蒋阜:蒋山,即钟山。又名紫金山。　　　云荫:云的遮阴。　　　仓山:通"苍山",青山。　　　百雉:借指城墙。南服:古代王畿以外地区分为五服,故称南方为"南服"。　　　戎车:兵车。　　　西江:唐人多称长江中下游为西江。　　　脂膏:此处指候斩战俘。　　　阙廷:朝廷。亦借指京城。　　　薄:逼近,靠近。　　　沅帅:曾国荃,字沅甫。

[7]封狼:借指奸恶之人。　　　一纪:古称十二年为一纪。　　　负:依恃。　　　高嵋:"嵋"通"隅"。高山偏僻的地方。　　　丙年:咸丰六年。　　　吉:江苏巡抚帮办军务吉尔杭阿。　　　向:湖北提督向荣。　　　衄:过失;争端。　　　庚岁:咸丰十年。　　　和:和春。　　　张:清将张国梁。　　　班马:离群之马,指四月江苏巡抚江南大营退走丹阳。呼:叹词,表示愤怒的声音。　　　宣歙:宣城、歙县。　　　谟:良谋。　　　太公璜玉:姜太公于渭水钓得赤鲤,鱼腹有玉璜,刻字:"姬受命吕佐之报于齐。"意周文王受天之命请姜吕佐辅,功成封齐地报答。　　　周公斧:《诗·豳风·破斧》毛序:"美周公也。"是一篇周军将士对周公的颂歌。　　　元勋:首功;大功。　　　大儒:儒学大师。泛指学问渊博的人。　　　图:设法对付。

[8]揆帅:曾国藩。　　　直谏:直言规谏。　　　三陈德弊:曾国藩在道光三十年三次上疏,陈言用人之道;咸丰元年又五次上疏,议汰兵、防流弊、陈疾苦、平银价,劝谏咸丰,不可琐碎、不可虚浮、不可骄矜,"若待其弊既成而后挽之,则难为力矣"。　　　枫宸:宫殿。丹书:指曾国藩咸丰元年所上《敬陈圣德三端预防流弊疏》。　　　酬:报答。　　　墨经还乡:墨经,黑色丧服。1852年,曾国藩因母丧在家。　　　义民:指地方团练。

[9]元年:同治元年。　　　米贼:旧时对汉末五斗米道的贬称。　　　牙旗:旗杆上饰有

象牙的大旗。多为主将主帅所建。　　　火秃：山无草木。　　　弁：古代一种尊贵的冠，为男子穿礼服时所戴。泛指帽子。　　摄：穿着。　　辛难：指咸丰十一年杭州被太平军攻占。

[10] 盘折：回环曲折。　　珠树：喻俊才。　　玉节：指持节赴任的官员。　　翊：通"翼"，辅佐；护卫。　　鼎：指国家政权和帝位。　　南宫：指礼部会试，即进士考试。达：畅通。　　适：速疾。　　授：通"受"。　　民：通"命"。　　西镐：西周国都镐京。故址在今陕西省西安市以西。周平王东迁洛邑，因称镐京为"西镐"。后亦用以泛指国都。　　轶：后车超前车。引申为超越。　　聃：耳长而大。旧以为寿徵。后引申为老貌。相传为老子的字。　　陶：指晋陶侃。《晋书·陶侃传》："尚书梅陶与亲人曹识书曰：'陶公机神明鉴似魏武，忠顺勤劳似孔明，陆抗诸人不能及也。'"唐李商隐《潭州》诗："陶公战舰空滩雨，贾傅承尘破庙风。"　　荆花：比喻兄弟昆仲同枝并茂。　　红：指得宠、出名、走运或事业兴旺等。

[11] 梅花海鹘：古代一种快速战船名。　　渺：水远貌。　　凌波：在水上行走。彭杨：彭玉麟、杨载福。　　旧洗：洗雪，除掉冤屈、耻辱等。　　巴陵：今湖南岳阳。收象骨："积骨成巴陵，遗言闻楚老"出自唐朝诗人李白的作品《荆州贼平临洞庭言怀作》。传巴蛇(巴陵大蛇)吞象三年而出其骨。昔羿屠巴蛇于洞庭，其骨若陵而曰巴陵。　　更清溢浦：溢浦即溢水。指咸丰四年十二月，太平军袭清军水师，获曾国藩坐船并文卷。蛟鼍：指水中凶猛的鳄类动物。　　洑洲有垒：南京九洑洲要塞，同治二年五月为清军克复。　　投鞭："投鞭断流"的省作，形容兵众势大。　　东坝：南京市的南大门。横桥：地处南京之北。　　陆路已穷川路断：指同治二年五月，石达开在四川身亡。升州：南京的别称。　　鸮：又称猫头鹰。古人认为是恶声之鸟，祸鸟。　　猰：传说中的恶兽名。　　云罗：高入云天的网罗。比喻组成包围圈的军队。　　绝学：已无传承之学。

[12] 鲍家军：鲍超所部湘军。　　突兀：特出；奇特。　　吴山：常泛指江南的山。楚驿：楚地的驿站。　　朔雪：北方的雪。　　炎风：指东北风。热风。　　霆雷：比喻巨大的声威，喻指鲍超所部的威势。

[13] 粤将：冯子才，广东钦州人，晚清抗法名将。同治元年擢广西提督，三年驻军镇江，配合湘军围剿太平军。　　铁瓮：指铁瓮城，京口(今江苏镇江)北固山前的一座古城。

淮师：李鸿章所部。　　封圻：封疆大吏,闽浙总督左宗棠。　　广道：正道;大道。

名王：僧王,指僧格林沁。　　雉集：雉河集,今安徽涡阳县,曾经是捻军起义的发源地。

西川少保：太子少保曾国荃。　　天颜：天子的容颜,代指皇帝。　　怿：喜悦,快乐。

裂土分茅：分茅列土,谓分封侯位和土地。　　金券：即铁券,帝王赐功臣有罪免死的信物。

[14] 匡辅：扶正辅助。　　悬：牵挂;挂念。　　日月：一般指诗经《国风·邶风·日月》。喻指帝后。　　死绥：效死沙场。　　厉：振奋。　　卧龙：喻隐居或尚未崭露头角的杰出人才。　　跃马：指从军。纵横称雄。　　刻翠：刻翠裁红,喻极力修饰词藻。　　图：刻画。　　螭：刻在石碑上无角的龙。　　万古碑：青史留名的丰碑。　　申甫：周代名臣申伯和仲山甫的并称。　　诏：指咸丰帝(文宗)手批,见"自注"。　　九原：九州大地。　　江蓠：香草名。喻指江忠源、李续宾。

[15] 蠕蠕：昆虫爬动的样子,指群动貌。　　糜烂：被踩躏。　　苍生：指百姓。　　青箱：收藏书籍字画的箱笼。　　白骨：泛指死人。　　迷：丧失;丢失。　　绣襦：古代妇女所穿的彩色半臂上衣。　　襦：短衣;短袄。　　杼柚：指纺织。　　关讥：征税的关卡稽查,盘问。　　廛：市场税,市租。　　困：阻碍。　　东征：向东征伐。　　四民：旧称士、农、工、商为四民。　　张角：东汉末黄巾起义首领,不第秀才,创"太平道"。借治病传教,徒众达数十万人,遍及青、徐、幽、冀、荆、扬、兖、豫八州,中平元年二月(184)起义,以黄巾缠头为标志,称"黄巾军"。同年十月病死,黄巾军主力随即覆灭。妖书：指《太平经》。

[16] 犁荡：摧毁,扫荡。　　游魂：游荡的鬼魂。　　密箐：山间的大竹林,泛指树木丛生的山谷。　　昏：昏暗。指世道混乱、黑暗。　　群黎：万民;百姓。　　苞蘖：原指树木旁生的枝叶,后用以比喻子孙后代。　　徒：步行。步兵。　　杠：比较小的桥。　　殪：杀死。绝灭。　　滇疆：西南云南边疆。　　秦塞：西北边塞。　　白日：喻指君主。　　乾坤：天地。

[17] 沧桑："沧海桑田"的略语。大海变成农田,农田变成大海。比喻世事变化巨大。　　铙唱：军中乐歌。泛指军歌。指凯歌。　　游踪：旅游的踪迹。　　塘桨：荡桨。　　一苇杭："苇"为用芦苇编成的小筏子。"杭"为"渡"。《诗·卫风·河广》："谁谓河广,一苇杭之。"

（四）乱离作品，比美少陵，为人称道

　　许瑶光反映战争造成百姓乱离的作品尤为人称道。林钧《樵隐诗话》云："雪门观察写乱离光景，与少陵（杜甫）笔墨无二。"又云："其留心世务，可与少陵、义山（李商隐）相视而笑，非今之雕云镂月可比。"

　　杜甫（712—770），字子美，自号少陵野老，唐代伟大的现实主义诗人。安史之乱，战乱流离，他漂泊西南。其诗记录了唐代由盛转衰的历史巨变，因而被誉为"诗史"。他的诗题材广泛，寄意深远，尤其是描述民间疾苦的乱离诗，抒发他悲天悯人、仁民爱物、忧国忧民的情怀。

　　杜甫的《三吏》《三别》是他著名的战争乱离作品，其背景是安史之乱。安史之乱是唐代玄宗末年至代宗初年（755—763）由唐朝将领安禄山与史思明发动的叛乱，是唐由盛而衰的转折点。

　　《三吏》《三别》即《新安吏》《石壕吏》《潼关吏》《新婚别》《无家别》《垂老别》，写出了民间疾苦及在乱世之中身世飘荡的孤独，表达了作者对倍受战祸摧残的老百姓的同情。

　　许瑶光崇敬杜甫，偏爱他的诗歌，作诗用词常引用杜甫的诗句。杜甫与许瑶光都经历乱世，写了"诗史"般的战争诗，写了不少描述民间疾苦的乱离诗。两人都善于用诗写时事，反映当时的社会实情。

　　在太平天国战事中，许瑶光见到国家连年战乱，民不聊生，一片凄凉，写下了大量痛感于战争的诗篇。如《伤安庆行》："飞絮化浮萍，生机辞故土。背人负女马头边，指点船中是而主。"《病妪行》："田中草如人高，山中树无鸟巢。村中茆屋频火烧，火烧不尽余枯寮。"《难民行》："蓬头鹄面身缠草，手扶竹杖荒山道。沿途何处有食乞，但见白骨无人声。"《阻饥行》："啜草草已尽，望麦麦未黄。阻饥不可耐，悠悠春日长。日长无所去，徒倚门前树。青青榆树皮，我行剥作糜。皮尽榆亦死，人饥无已时。"这些伤感于战祸之诗，反映了他匡世济民的思想情怀。

　　在太平天国战争中，许瑶光写出了许多内容充实，情深意切的现实主义诗文。

有诗话套用了宋代诗人陆游四十从戎后读诗稿有感"诗家三昧忽见前",以"深得诗家三昧"赞之。

1. 饥鸟行

（咸丰十年）

苏常失守,难民纷纷来杭,余请设抚恤厂于北关接待寺。时烽火信紧,议者恐奸宄混迹,欲逐之。余谓严稽查于收养,乃允行。无家乞食,举步多艰,非得良司牧,张口向谁诉哉。为作《饥鸟行》。[1]

姑苏城上惊鸟飞,吴宫火起无枝归。南望武林云树足。携雏将母来斜晖。口瘏手据毛羽瘁,哀鸣似诉腹中饥。狂风夜夜吹凶信,几点昏鸦乱行阵。[2]哓哓尔是异乡音,不愁哺待愁瑕衅。此地居民况被兵,比屋疮痍方恤赈。余粱仅饱家鹜餐,遗粟非为哀鸿吝。那知饥鸟终可怜,烟栖水宿啼向天。[3]赤地更无蝼蚁啄,依依日傍翳桑前。主人不忍饲以粟,绕屋悲感飞翩翩。我劝旁观休惴恐,此中亦有慈孝种。乱世流离能保谁,长官须视民生重。[4]

释:
这是许瑶光在任仁和知县时所见乱世难民漂泊流离的悲惨生活。张口向谁诉哉,为作饥鸟行。

注:
[1] **抚恤厂**:抚慰救助站。　　　**北关**:杭州武林门。　　　**奸宄**:奸细和作乱或盗窃的坏人。　　**稽查**:检查。　　**司牧**:管理。

[2] **吴宫**:指吴王夫差为西施所建的馆娃宫,在苏州西南灵岩山上。此处插苏州。

武林：杭州武林门。此处指杭州。　　云树足：高大的树多。　　斜晖：指傍晚西斜的阳光。　　瘵：病。　　据：拮据。艰难困顿。　　瘁：憔悴。　　凶信：死讯；不吉祥的消息。　　昏鸦：乌鸦。　　行阵：行列。指挥军队，布阵势。

[3] 哓哓：鸟雀因恐惧而发出的鸣叫声。　　瑕衅：因其有细小缺点而加以指摘、诋毁、挑衅。　　比屋：所居屋舍相邻。　　被兵：遭受战祸。　　疮痍：创伤。　　恤赈：赈灾，抚恤。　　家鹜：家鸭。　　哀鸿：比喻流离失所的人们。　　吝：吝啬；爱惜；舍不得。　　烟：旧时指人烟稠密的地方。　　水：水边。面水的地方。　　啼：悲哀的哭泣。

[4] 赤地：空无所有的地面。指遭受严重旱灾、虫灾后庄稼颗粒无收的景象。　　蝼蚁：蝼蛄和蚂蚁。泛指微小的生物。　　啄：鸟用嘴取食。　　依依：依恋不舍的样子。　　翳桑：古地名。春秋晋灵辄饿于翳桑，赵盾见而赐以饮食。后以"翳桑"后以"翳桑"为饿馁绝粮的典故。　　翩翩：轻飞貌。　　惴恐：恐惧。　　慈孝：孝敬。

2. 伤安庆行

（同治元年）

　　江淮腹地，交战之区。人之流离，地使然也。绘图呈览，不如长歌当哭。作《伤安庆行》。

　　伤哉安庆自被兵，十年田亩蓬蒿平。今年相公借我种，赐我黄犊劝我耕。青青者苗不可食，秋虽有获春无烹。为我运谷减我粜，千艘万舸来楚荆。[1]膏泽降矣智井竭，室中无钱泪纵横。归来唤幼女，欲语心酸楚。飞絮化浮萍，生机辞故土。背人负女马头边，指点船中是而主。前船后船去不休，离波万里长江苦。[2]

释：

这是许瑶光在安徽所见，"膏泽降矣智井竭，室中无钱泪纵横。归来唤幼女，欲语心酸楚。

153

飞絮化浮萍,生机辞故土。背人负女马头边,指点船中是而主"。绘图呈览,不如长歌
当哭。

注:

[1] 绘图呈览:将看到的流离悲境绘成画。　　长歌当哭:用长声歌咏或写诗文来代替
痛哭,借以抒发心中的悲愤,形容借歌抒情。　　蓬蒿:蓬草和蒿草。亦泛指草丛。亦泛
指草丛。　　相公:泛称官吏。　　黄犊:小黄牛。泛指牛。　　烹:煮。　　粜:卖粮。
楚荆:指江陵。因江陵旧为楚都,后又为荆州治所,故称。也指湖南、湖北荆楚大地。

[2] 膏泽:滋润。　　眢井:废井;无水的井。　　竭:枯竭。飞絮化浮萍:柳絮落水化
为浮萍,传说如此。唐宋人诗词中每用此说"化了浮萍也是愁"。　　生机:生存的希望。
背人:避开别人。　　负:背负。　　马头:船只停泊处。即码头。　　而:通"尔",
你,你们。　　离波:船离开后的波浪。

3. 病媪行

（同治元年）

　　龙兰未陷,兵与民斗,张玉良冤杀数万。将陷之时,贼与民斗。既陷之后,贼
又与贼斗。收复之时,贼与兵抗。围攻至数阅月,户少三男,人皆垂毙。作《病
媪行》。

　　田中草如人高,山中树无鸟巢。村中茆屋频火烧,火烧不尽余枯寮。
中有病媪烹藜蒿,藜蒿秋老不可咽。血泪界破黄尘面,携囊乞食向邻
村。[1]邻村寂寞无人见,去年大厦连青云,今年赤壁留斜曛。纵横白骨缠
草根,惨淡重惊病媪魂。[2]

释:

战乱之后,户少三男,人皆垂毙。尤以"中有病媪烹藜蒿,藜蒿秋老不可咽。血泪界破黄尘

面,携囊乞食向邻村。邻村寂寞无人见",使人读之悲痛欲泪。

注:

[1] **数阅月:**经过几个月时间。 **三男:**可以服役的壮丁。出自唐朝诗人杜甫的古诗作品《石壕吏》"听妇前致词,三男邺城戍"。 **垂毙:**将死。 **茆:**同"茅" **寮:**称小室为寮。 **藜:**称灰藿、灰菜。 **藜蒿:**又名芦蒿、水蒿、青艾,嫩叶可食,老茎可为杖。产自鄱阳湖沿岸一带。 **界破:**划破。 **囊:**袋子。

[2] **大厦:**高大的房屋。 **赤壁:**存下的赤红壁垣。 **曛:**夕阳的余晖。 **惨淡:**悲惨凄凉。

4. 难民行

（同治二年）

被掳遇难,岂民甘心,乘间脱逃,求生于死。官兵遇之,慎毋冤杀以邀功。庶祥和召而祸乱可平,作《难民行》。

蓬头鹄面身缠草,手扶竹杖荒山道。山路崎岖荆棘横,十步九却无定程。连宵露宿破庙冷,连日涉河春涨生。沿途何处有食乞,但见白骨无人声。[1]东风休作恶,欺我饥躯弱。春雨胡太多,泥泞愁我脚。深恨当初避乱迟,林深箐密逻骑知。掳入城中招禁锢,不见青天见妖雾。胆碎心寒始脱归,急骤难将死生顾。家有老母,未知存否。幼弟劳劳,尚被羁守。茆屋已焚,那堪回首。明知回首更无家,且得归来陪邻叟。恁君休问难民行,眼枯无泪洗面垢。[2]

释:

写出了连年战乱,难民"蓬头鹄面腰缠草,手扶竹杖荒山道",离乡背井、乞食逃生的惨况。

注：

[1] 庶：众多。百姓，平民。　　祥和：吉祥和睦。　　和：相安，谐调。　　召：召唤。
鹄面：容颜枯瘦。　　却：退。　　连宵：连夜。

[2] 东风：指春风。　　箐：山间大竹林。　　逻骑：巡逻的骑兵。　　禁锢：监禁，关
押。　　劳劳：忧愁伤感貌。　　回首：归顺。　　恁君：谁。任何人。

5. 阻饥行

（同治二年）

　　贼所过所居不留完物，虽经克复而室无粒米，野无寸草。父母兄弟妻子相对，
饥饿无可逃，荒地真奇荒也第。饥易为非，古今恒辙，自尝兵苦，宁死无他。宇宙
之元气遭剥，民心之信义常存。作《阻饥行》。[1]

　　啜草草已尽，望麦麦未黄。阻饥不可耐，悠悠春日长。日长无所去，
徒倚门前树。青青榆树皮，我行剥作糜。皮尽榆亦死，人饥无已时。惭
愧云中鹗，饥能攫黄雀。相彼梁上鹜，饥能啄沈鳅。弱肉饱强腹，恃力非
我谋。茹苦度荒乱，自分填深沟。昨日入东市，路逢缙绅子。探怀出宝
珠，易米无人理。自道南阡北陌田，于今都没蓬蒿里。[2]

释：

百姓因饥饿而吃尽野草树皮，写"青青榆树皮，我行剥作糜。皮尽榆亦死，人饥无已时"的
凄凉情景。

注：

[1] 阻饥：《书·舜典》："帝曰：'弃，黎民阻饥。汝后稷，播时百谷。'"孔传："阻，难；播，布
也。众人之难在于饥。"后以"阻饥"指饥饿。　　第：等次。　　恒辙：经常的事。

宇宙：天下，国家。　　元气：指国家或社会团体得以生存发展的物质力量和精神力量。
剥：撕裂。　　信义：信用和道义。

[2] 啜：食。　　我行：犹言我这里。　　糜：粥。　　鹗：鸟名。雕属。　　鹙：古书
上说的一种水鸟，头和颈上都没有毛。　　沈：通"沉"。　　鳅：常见的有泥鳅、沙鳅和
长薄鳅等。　　弱肉饱强腹：弱肉强食，指动物中弱者被强者吞食。　　恃力：凭借暴
力。《史记·商君列传》："恃德者昌，恃力者亡。"　　谋：谋求。　　茹苦：受尽辛苦。
自分：自料，自以为。　　缙绅：插笏于绅带间，旧时官宦的装束。借指士大夫。　　南
阡北陌：田间东西或南北小路。借指田地。　　没：隐藏，消失。　　蓬蒿：蓬草和蒿
草。亦泛指草丛。

6. 荒村叹

（同治二年）

胜地多残，深山转保，兴废剥复，触目在兹，作《荒村叹》。[1]

　　种莫种城边树，频年战伐人先锯。居莫居官路村，一朝兵燹瓦无存。
危墙叶叶似帆立，夜雨滴沥生苔痕。村前古庙更何有，但见石兽落日蹲。
紫燕飞来寻旧宇，凄凉春色更谁主。白竹黄茆忽数椽，知是残黎扂清酤。
昔日朱陈居，昨寓马流户。崔巍华屋成荒村，俯仰寒烟怅今古。[2]

释：

交通要道的城镇、村落，因连年的战争把树木和房屋摧残殆尽。

注：

[1] 胜地：指著名的景色宜人的地方。　　多残：多毁坏。　　保：护着不让受损害或
丧失。　　剥复：《易》二卦名。坤下艮上为剥，表示阴盛阳衰。震下坤上为复，表示阴极
而阳复。后因谓盛衰、消长为"剥复"。　　触目：指目光所及。

[2] 官路：官府修建的大道。后即泛称大道。　叶叶：片片。　滴沥：雨水下滴的声音。　何有：有什么。　宇：屋檐。　更：改换。　残黎：残留的民众；疲敝的民众。　鬲：蒸饭的炊具。　清酤：清酒。　流户：意思是流落他乡的民户。寒烟：寒冷的烟雾。　怅：怨望。　今古：现时与往昔。

7. 田父叹

（同治二年）

　　兵荒废耕，阖室饥饿，因饥无力，兵过逾荒。馁在其中，圣言真不诬也。作《田父叹》。[1]

　　春风归原野，不闻田父歌。籴米人日少，籴糠人日多。倾家无钱市黄犊，那用蕲栟缝青蓑。几欲窜名入兵籍，可怜瘦骨难荷戈。苍天仁爱降雨露，长年坐废终无禾。因荒受饥犹可忍，因饥更荒奈若何。[2]

释：
因战田废，全家挨饿。因饥无力，长坐人废，人废田更荒矣。

注：
[1] 田父：老农。　阖室：全家。　馁：饥饿。　圣：圣人。专称孔子。　诬：妄言。

[2] 籴：买进粮食。　市：到市场进行买卖。　黄犊：小黄牛。　蕲：斩断。栟：棕榈。　蓑：雨具名。即蓑衣。　窜名：以不正当手段列名其中。　废：不能起身。　奈：语气助词。无奈。　若何：怎样，怎么样。

8. 素衣伤

（同治二年）

兵荒未已，荐加饥疫。吴地少年，衣多服素。栾栾团团，是生伤感。作《素衣伤》。[1]

晓来太白明东方，萧瑟乾坤界青霜。三吴儿女走道傍，凉风飘摇素衣裳。见之不忍问，知是连兵荒。苍天尔何意，杀戮为主张。前日丧乱亦已矣，今日饥疫能无伤？安得宇宙登寿康，齐服彩衣上高堂。[2]

释：

吴地少年，衣多服素。见之不忍问，知是连兵荒。

注：

[1] 素衣：白色丧服。　　已：停止。　　荐：再。又。　　饥疫：饥饿无粮并患疫病。吴地：指今江苏、上海大部和安徽、浙江、江西的一部分。春秋时为吴国地。　　栾栾：身体瘦瘠貌。　　团团：围着，拥簇。

[2] 晓来：天亮时。　　太白：星名，即金星。古星象家以为太白星主杀伐，故多以喻兵戎。　　萧瑟：凋零；冷落；凄凉。　　乾坤：国家；江山；天下。　　界：犹临。靠近，对着。　　青霜：青白色的霜；秋霜。　　三吴：泛指长江下游一带。宋代称苏州、常州、湖州为"三吴"。　　儿女：泛指男女。　　走：趋向。　　连兵：接连不断的兵荒马乱。苍天：上苍。　　尔：你。　　主张：提倡；作主。　　安：疑问代词。　　宇宙：天下，国家。　　寿康：长寿健康。　　高堂：借指华屋。喻指朝廷或父母。

9. 凋敝叹

（同治三年）

惜日名城今瓦砾，青青蓬蒿助寥寂。驱使残黎为涤除，夕阳旧巷才堪觅。雨过依然遮道生,废场呴呴来野翟。嘉兴如此已愁人,人道临淮更惨神。鸟飞兔走白骨冷,茫茫千里纷烟榛。可怜白岳黄山侧,山田生柏子可摘。[1]杀掠无遗贼亦穷,饿踞荒城强吹笛。天生豺虎岂久长,何事乾坤任轹轹。即如吾浙孝丰城,野豕渡河宵有声。幺麼错愕误疑兵,纷然骇窜走荆棘。凄凉山径不堪行,吁嗟乎!东南萧瑟怅已矣。安集何年复其始,哀鸿嗷嗷望君子。[2]

释:

许瑶光同治三年四月到嘉兴上任,作《由杭赴嘉途中所见》诗:"沿塘二百余里无人家。"到嘉兴后作《凋敝叹》诗,"惜日名城今瓦砾"。

注:

[1]寥寂:寂静无声。   残黎:残留的民众;疲敝的民众。   涤除:洗去;清除。堪:能够;可以。   遮道:阻塞的道路。   生:回到原样。   废:荒废的,废弃的。场:平坦的空地,多指农家翻晒粮食及脱粒的地方。   呴呴:指鸟叫。   野翟:长尾的野鸡。   临淮:南京一带。   惨神:使人难受。   鸟飞兔走:鸟飞了,野兔也逃走了,形容赤地千里的惨况。   烟:烧。   榛:丛生的杂草。   白岳:安徽齐云山,古称"白岳",与黄山南北相望。

[2]无遗:什么都不留下。   吹笛:北周庾信《寄徐陵》诗:"莫待山阳路,空闻吹笛悲。"乾坤:国家。   何事:为何,何故。   轹轹:搓挪、碾压。欺凌。   孝丰城:浙江湖州的一个旧县名,太平天国时期的多战之地。   幺麼:微细声。   错愕:惊愕。骇窜:惊惶逃窜。   吁:张目,仰视。嗟乎!叹词。表示感叹。   萧瑟:凋零;冷落。凄凉。   怅:怨望;失意。   安集:安定。   哀鸿:语出《诗·小雅·鸿雁》:"鸿雁于飞,哀鸣嗷嗷。"比喻流离失所的人们。   嗷嗷:哀鸣声。   君子:对统治者和贵族男子的通称。

10. 慨流亡

（同治四年）

　　南风吹蓬蒿，青青江路长。不见耕桑人，但见流与亡。鹑衣缀百结，前后不成行。惨惨瘦面黑，疏疏短鬓黄。此云弃家园，就食来殊方。彼云脱虎口，艰难还故乡。故乡既瓦砾，异乡亦凄凉。江南千万里，去往两茫茫。饥寒迫之走，生死何能量。昨夜破庙雨，荒苔石作床。今朝溪水渡，桥断无舟航。纡迴增困踬，茕独少扶将。我见双泪下，拭泪彼无裳。

释：

同治四年春战事初停，流亡难民虽说脱虎口，回乡亦艰难，去往两茫茫，饥寒迫之走。

注：

蓬蒿：野草，有的能作菜。　　青青：形容颜色很青黑。　　江路：江河航道或航程。鹑衣：破烂的衣服。鹑尾秃，故称。　　缀：缝合。　　百结：用碎布缀成的衣服。行：排列成行。　　惨惨：昏暗貌。忧闷，忧愁。　　疏疏：稀少。　　云：说。　　殊方：远方，异乡。　　量：掂量。　　纡迴：江水势急而旋。　　踬：跌倒，绊倒。扶将：搀扶；扶持。

（五）三任嘉守，殚精竭虑，列为循吏

太平军攻占诸暨后，许瑶光于同治元年（1862）七月在衢州谒左宗棠，两人一见如故，许遂留军中帮办营务。两人常以诗歌相对。左宗棠在龙游军中曾用许瑶光诗韵，作《壬戌重阳》一律："万山秋气赴重阳，破屋颓垣辟战场。沉劫难消三户恨，高歌聊发少年狂。五更画角声催晓，一夜西风鬓欲霜。笑语黄花吾负尔，荒畦数朵为谁忙。""三户恨"意为"楚虽三户，亡秦必楚"的决心。两人诗风和行事作风十分相近，且均曾就读长沙城南书院，成为至交。

同治三年，左宗棠以嘉兴府城一切善后抚绥事宜，非勤明干练之员不足以资治理，上奏《请以许瑶光等分别委署嘉兴等府事片》。同治帝批了句"知道了"。四月二十八日许瑶光即由杭州赴嘉兴上任。

沈梓《避难日记》，记下了许瑶光就任时的情景："甲子五月初九日，遇朱君霞轩自禾城来，言新府尊许公于廿七、八间莅任，初到时接见属员，谒局中诸绅士，蔼然可亲，绝无一言及政事。次日，罢不便于民者四：其一，去租捐以苏民困；其二，禁小船以靖地方；其三，治土匪以安良善；其四，禁侵占以清地主。于是嘉邑所设王店、石佛寺、徐婆寺三局，秀邑所设八字桥、徐贤埭、南汇、北沈湾、东禅寺五局，皆一时辍去，万民称便。"当时《申报》也记有："其来也当兵燹甫定，人民凋敝，城市荒凉，善后诸大事措置极难。而太守则刚健涵以大度，明决不事苛求，从容就理。"

嘉兴地区战后城乡残破，全府人口由道光十八年（1838）的293万人下降到同治十二年（1873）的94万人；农村土地荒芜，海塘失修，约有半数以上的田地无人耕种；城市成为废墟，各项设施毁坏殆尽，嘉兴"昔日名城今瓦砾"。

许瑶光上任后首先安定民心，惩枪船，除漕蠹，整饬军纪，撤走湘军。同时广招绍兴、宁波、台州、温州和外省客乡农民垦荒，逐渐恢复生产。许瑶光十分重视教育。到任后即重修嘉兴府学（明伦堂）和试院（宏文馆）。集资重建鸳湖书院，自任院长（山长）并讲学。他以身作则，言传身教，整顿吏治，嘉兴府"七邑官吏，咸奉条教"。为嘉兴的发展许瑶光做了大量实事。

据《清史列传·循吏传》："左宗棠特疏奏保（许瑶光），上谕有廉干朴勤，舆情爱戴之褒，并准免补同知以知府留浙补用。四年授嘉兴府知府。瑶光初莅嘉兴也，兵燹疮痍，公私庐舍荡然，人民流离满目。乃延集绅士，创善后抚恤各局，振兴庶务，安辑流亡，不期年而商贾、交通、士庶复业。凡学宫、坛庙、书院、考棚、驿路、桥梁之被焚毁者，先后筹款建复。遂设育婴、普济诸善堂。朔望躬率僚属宣讲圣谕广训，又令教官讲生周历乡镇，发明其义以定民志。浙江既经大乱，奉恩诏将该省漕粮量予减免。瑶光就七县之科则通筹核减，计嘉属减免正米十余万石，得部议三十分之八。复减浮耗数万石，酌留办公，耗米每石二斗五升，绅民一律完纳。嘉属年解丝贡，乱后丝值綦昂，咸苦例价不敷，瑶光据情吁请，竟减其半。郡治赋税甲全浙，嘉善尤重，向有嵌田一项，善田为嘉秀两县，嵌去者二百七十余顷，其嵌于两境者仅九顷有奇，而钱漕仍照原额起科征收，所缺产额摊之通县。瑶光详请入奏得旨，准永远豁免，按年计豁除银三千九百余两，米三千二百余石，民困大苏。而折平民之狱尤晰。平湖旧有陆陇其祠，向取东门外莫字忘字两圩淤地租息以供祭祀，祠生因贫转售，乱后则侵入民间新淤地指为祠产，连岁讼系累累。瑶光精研旧卷，所断尽得其情，士民交颂。全浙肃清，赏加道衔。光绪元年以海运出力晋道员。二年关陇肃清，叙筹解协饷功，加三品衔。"

1. 由杭赴嘉途中所见时湖州尚未克复

（同治三年）

四月二十八日。

我自杭州到禾郡，沿塘二百余里无人家。但见石垒峨峨据关隘，青芦碧艾相蒙遮。划坟经雨崩露穴，战骨浸水横卧沙。寂寞扁舟无泊处，悲风飒飒海日斜。[1]五湖浮云作奇阵，欲散未散天之涯。川原组练互环列，炮声惊落包山花。乌程粳稻失耕种，雪溪菱茨难萌芽。圣武定送肃清喜，大兵终恐离年加。安得和风与甘雨，沛然为洗疮痍痂。[2]

释：

据《清代起居注册》,同治三年四月十八日,朝廷接到闽浙总督左宗棠上奏《请以许瑶光等分别委署嘉兴等府事片》后。皇上朱批奏折："议政王、军机大臣奉旨:'知道了。'钦此。"许瑶光就走马上任。

注：

[1] 禾郡：嘉兴府。　　塘：堤岸。　　石垒：阵地上的防御工事。　　峨峨：高。
关隘：险要的关口。　　青芦：芦苇。　　碧艾：绿色艾草。　　蒙遮：覆盖;遮蔽。
划：同"铲"。方言。一律,一概,全部。　　崩：倒塌。　　战骨：战死者的骸骨。
横卧沙：交错,错杂卧沙场。　　扁舟：小船。　　飒飒：象声词。　　海日斜：海上的太阳即将落下。

[2] 五湖：古代吴、越地区湖泊。　　浮云：飘动的云。　　散：散开。　　天之涯：天边。指极远的地方。　　川原：河流与原野。　　组练：指精锐的部队或军士的武装军容。　　环列：列兵而环卫。　　包山花：浙江省景宁具包山的梨花和花鼓戏。　　乌程：今浙江湖州。　　雪溪：浙江省湖州市境内的一条河流。湖州的别称。　　菱芡：指菱角和芡实。　　圣武：圣明英武。旧时称颂帝王之词。　　定送：预送。　　大兵：旧时对兵士的俗称。　　离年：逝世那年。　　加：加好处。　　安得：怎么才能求得;哪里能够得到。　　和风：温和的风。多指春风。　　沛然：充盛貌;盛大貌。
疮痍：指困苦的民众。　　痂：伤口。

2. 秀州咏事四首

(同治三年)[1]

　　乱后难为政,吴兴况贼居。炮声喧月夜,蚕事废春余。屋破人归少,烧多草长疏。更怜海塘缺,斥卤苦溪鱼。[2]

　　伪府即官廨,楼高夏日寒。巍峨非我愿,雕刻叹民残。万井田庐陷,千山墓木刊。盘龙与骞凤，留戒世人看。自注：听逆陈炳文改府署为伪署，前后七重，甲于江浙。[3]

叹息临淮将，功成转效忠。三吴方拓土，百战竟藏弓。有泪沧波绿，无情炮雨红。他时听鼙鼓，武惠祀俱崇。自注：提督程学启攻嘉兴既克，受炮伤，薨于苏州。谥忠烈。[4]

已秃南湖柳，人犹系炮船。一楼烟雨换，三塔水云悬。新复难忘战，芳游懒问鞭。南巡典在目，应有御碑传。[5]

释：

许瑶光就任嘉兴知府时，太平天国战争才结束，破坏严重，真是满目疮痍，一片萧条。许瑶光受命于危难之时，开始了对嘉兴的治理。

注：

[1] 秀州：后晋天福四年(939)，钱元瓘病支郡多阙而右藩疆大，始经邑为州，遂奏以嘉兴为秀州。宋宁宗庆元元年(1195)，以是郡为孝宗毓圣之地，升嘉兴府。

[2] 吴兴：公元266年吴国改乌程为吴兴，并设吴兴郡，治今浙江省湖州市。　　春余：春天将尽未尽之时。　　疏：稀疏。　　缺：缺口。　　斥卤：盐碱地。

[3] 伪府：即太平天国嘉兴守将听王陈炳文建的听王府。　　官廨：官吏办公的房舍。巍峩：高大。　　雕刻：指楼上的雕刻。　　残：摧残。　　万井：古代以地方一里为一井，万井即一万平方里。指千家万户。　　田庐：田中的庐舍。泛指农舍。　　陷：淹没，埋没。　　千山：极言山多。　　墓木：墓地的树木。　　刊：砍，砍除。刻，雕刻。　　盘龙与骞凤：盘曲的龙与飞翔的凤的雕刻。　　戒：警戒。　　七重：七行，七排。　　甲：居第一位。

[4] "叹息临淮将，功成转效忠。三吴方拓土，百战竟藏弓。有泪沧波绿，无情炮雨红"。均指李鸿章的淮军在苏州城杀了献城的成千上万降军，以示效忠清廷事。　　临：哭临，哭吊。　　淮将：淮军将领。　　三吴：地名。指吴兴、吴郡、会稽。泛指长江下

游一带。　　拓土：开拓疆土。指清军攻克太平军属地。　　百战：形容战事频繁。
藏弓：婉指程学启阵亡。　　沧波：碧波。　　炮雨：枪烟炮雨,形容激烈的战争。
鼙鼓：小鼓和大鼓。古代军所用。　　祀：对阵亡清军的祭祀。　　崇：尊重;崇拜。

[5] 系：牵挂;系念。　　换：改变。变换。　　三塔：据《嘉禾志》记载:嘉兴三塔处有
白龙潭,水深流急,行舟过此多沉溺,人们推测潭中有白龙兴风作浪,于是运土填潭,建三
塔以镇之。　　鞭：鞭马。　　南巡：乾隆六次南巡到嘉兴。　　典：经典;典范。
传：遗留。

3. 覆巢燕叹

（同治三年）

翩翩鸳湖燕,五月入我屋。绕梁复位巢,似诉新巢覆。不惜燕无巢,
栖栖林木梢。所惜残黎返,一橡风雨抛。伤哉由拳城,四年为贼踞。城
中旧主人,天涯逐飞絮。[1]今年官兵来,二月追贼去。仓皇复城时,华屋一
炬付。一炬烧不尽,东西老兵住。老兵门内卧,主人门外觑。门外觑何
为,依依情欲归。沧桑存旧业,里巷问斜晖。[2]那知军斧利,不为主人计。
长绳曳榱题,一扫东风碎。儒将丰功竹帛垂,偏裨小节莫深追。禾城今
日难言事,试问梁间燕便知。[3]

释：
诗中虽称太平军为贼,但仍斥责清军进入嘉兴时烧房折屋,更叹百姓惧怕官兵之心,"禾民
柔怯,观望未敢归"。

注：
[1] 鸳湖：即鸳鸯湖,嘉兴南湖。　　梢：树木的枝条。　　残黎：残留的民众;疲敝的
民众。　　椽：指房屋的间数。　　抛：抛洒,抛撒。　　由拳：嘉兴。秦始皇二十五年

(前222)平定江南地,在今嘉兴市南湖区置长水县,属会稽郡(越州、绍兴的别称)。三十七年(前210)改长水县为由拳县,仍属会稽郡。三国吴黄龙三年(231)"由拳野稻自生",吴大帝孙权以为祥瑞,改由拳为禾兴。赤乌五年(242)改称嘉兴。　　天涯:犹天边,指极远的地方。　　逐:追逐。　　飞絮:像飞絮似地到处飘。

[2]仓皇:匆忙急迫。　　华屋:华美的屋宇。　　炬:火把。　　付:烧掉。　　觑:看,偷看,窥探。　　何为:为什么,何故。　　依依:恋恋不舍的样子。　　沧桑:指朝代更迭。也称"沧海桑田"。比喻世事或世态变化巨大。　　旧业:曾从事过的行业。　　斜晖:指傍晚西斜的阳光。

[3]椽题:屋椽的端头。通常伸出屋檐,因通称出檐。　　一扫:迅速横掠而过。　　东风:春风。还比喻恩泽、融和的气氛等。　　碎:破碎。　　竹帛:用竹帛书写文字。引申指书籍、史乘。　　垂:传下去,传留后世。垂名于世。　　偏裨:偏将,裨将。将佐的通称。　　小节:无关大局的琐碎事情或问题。　　试问:试着提出问题。

4. 禾城高眺二首

（同治三年）

时湖州七月二十七日克复。

园林不必吊金陀,买酒登楼且啸歌。海国秋高红日迥,江城雨霁彩霞多。千条溪水归黄歇,一舸烟云忆越娥。怪道桂花香驿路,吴兴昨有捷书过。[1]

残民从此好归农,吴越烽烟万里空。练渎战船歌晚月,玉溪辇路挂朝虹。中兴佐命推吾楚,绥屡丰年卜海东。地擅蚕桑还近盐,万年乐利绮罗丛。[2]

释：

许瑶光高眺禾城,对嘉兴充满暇想,表达自己治理好嘉兴的信心。

注：

[1] **禾城**：嘉兴别称。战国时秦置此地为由拳县、海盐县。三国吴黄龙三年(231)"由拳野稻自生",吴大帝孙权以为祥瑞,改由拳为禾兴。　　**高眺**：登高眺远。　　**园林**：指嘉兴南湖园林。　　**吊**：哀弔。　　**金陀**：《金陀粹编》的省称。此书系南宋岳珂撰。珂为岳飞之孙,秦桧当政时,国史中有关岳飞功绩的记载,多被删削,珂撰《金陀粹编》,搜辑岳飞传记资料,为飞辩诬。作者在浙江嘉兴金陀坊有别业,因用为书名。后因此以"金陀"为辨诬的典故。　　**登楼**：古代诗人把登楼看作一种情趣。在高处可以站得高看得远。**啸歌**：长啸歌吟,撮口发出长而清越的歌声。　　**海国**：近海地域。　　**秋高**：谓秋日天空澄澈、高爽。　　**迥**：远。王勃《滕王阁序》：天高地迥,觉得宇宙之无穷。　　**江城**：江边之城。这里指嘉兴。　　**雨霁**：雨过天晴。　　**黄歇**：春申江(即申江,黄浦江)。传旧楚春申君黄歇疏浚此江。　　**一舸**：《一舸》为吴伟业顺治十年《戏题仕女图》十一首诗中第一首。咏西施随范蠡乘船隐居事。　　**烟云**：烟霭云雾。比喻变化消失的事物。　　**越城**：指浙江美女西施。　　**怪道**：指怪不得。　　**桂花香驿路**：驿路为驿道；大道。唐牟融《送范启东还京》诗："官桥杨柳和愁摘,驿路梅花带雪看。"这里"桂花香驿路"描写秋天景色。　　**吴兴**：湖州。三国吴甘露二年(266),吴主孙皓取"吴国兴盛"之意改乌程为吴兴,隋代因地濒太湖而更名湖州。

[2] **残民**：劫后余民。　　**烽烟**：烽火台报警之烟,指战争。　　**练渎战船歌晚月**：《太湖诗·练渎》是唐代皮日休创作的诗歌作品,其中有"吴王厌得国,所玩终不足"及"艅艎六宫闹,艨冲后军肃"等句。艅艎为大船、大型战舰。六宫代指皇后。艨艟即蒙冲,战舰也。肃,整肃。　　**玉溪辇路**：桐乡县玉溪镇在嘉兴之北。辇路为天子车驾经过之路,因玉溪镇位于大运河旁,系皇帝龙舟必经之地,故称"玉溪辇路"。　　**中兴**：指从同治三年(1864)太平天国运动失败开始,一直到光绪二十年(1894)中日甲午战争爆发,三十年间清廷推行强国求富的新政。　　**佐命**：辅助帝王创业的人。　　**楚**：湖南。　　**绥屡丰年**：借用《诗·周颂·桓》中"绥万邦,屡丰年"之句。"绥"为安抚,"屡"为接连多次。**卜**：选择。　　**海东**：四海之东。犹言全国各处之东。指海以东地带。常指日本。**万年乐利**：长久的益处。　　**绮罗丛**：富贵者丛集之处。宋张元干《感皇恩·寿》词："绮罗丛里惯,今朝醉。"

5. 送左恪靖伯督师入闽四首

（同治三年）

恪靖既定全浙，朝廷方资其抚绥，不欲其赴闽督任。值发逆余股由江扰粤，从大埔逾山窜闽南之龙岩，漳州陷之。廉访张忠毅御贼阵亡，恪靖得报驰奏自请入闽，思闽无劲旅恐省城震动，乃檄提督高连升由甬口乘轮船以达福州为根本计。时江西席观登军擒幼逆洪福瑱，朝廷以大功垂成晋一等伯。公锐意讨贼，表辞不受。优诏愈加其奏，请入闽也。云：逆入闽之害减于入粤，能于闽中了之，未始非不幸之幸，促新中丞马赴浙抚任，得旨仍令仍令兼顾浙。于十月廿八日启节钱江。瑶赴省送行，谆谆相戒，勉以平贼，自任以守身勖瑶，其期望切矣。[1] 忆瑶自仕浙以来，历更当轴，虽频获奖，叙究其间不过循例相许耳。逮遭逢沦陷，濒死得生，裹创泛海，辗转达营，于元年七月谒恪靖于衢州潭石汪之江岸。自分失城溺职，纵能以受伤援例可冀免罪，亦应镌职归矣。乃恪靖访询浙民，知瑶在官无恶劣状，遂特奏瑶历任均著贤声，请留营帮办营务。旋以克复金华、龙汤、兰溪与战有功，请复原衔。又以查办诸暨土匪，并复原官。越郡初复，法夷以会复功索银十万于绍绅，绍绅之劣者擅许之而无以酬，乃变购贼遗物仍不足，将拆民房以济之，其势横甚。四月恪靖檄瑶赴绍，瑶多方缓之，仍筹给其所索，绍民以安。秋末大军攻杭乏粟，瑶为筹米五万石以济之。三年二月苏兵复嘉兴，我兵亦复杭州，时湖逆负固，浙西未遽解严。嘉属向多枪船，皆无赖聚博所。平时为盗抗官，贼至助贼，克复又诡为先驱。恪靖恐遗后日患，欲乘兵威除之，乃檄余募勇守嘉，至则擒其魁，戮七八十人，收枪炮千余杆。时杭河苏河游兵肆掠，惟嘉郡七属晏如也。九月特保浙守政绩卓著者三人，瑶光与焉。奉旨以廉干朴勤，舆情爱戴相褒奖，嘉郡士民亦颇颂余德。不知恪靖若不与瑶以兵权，又与以生杀权，则巨憝殊难创治也。末吏之能措施，皆由知遇所致。故朝廷能信疆吏则天下治，疆吏能信守令则一方治理故然也。恪靖既扬余于廷，又常赞余于僚属前，同僚颇妒造蜚语相倾轧，而恪靖不信也。尝谓：国于天地必有与立进贤，蒙上赏行，吾是非之心而已。余自入营幕今更三年矣，依倚复官，凭借抒悃，亦寻常事耳。难其一见如故，遇谤不疑，有非他人所能及者。[2] 本年重阳，恪靖礼谒大士于天竺，夜宿灵隐寺，僧出冷泉亭旧联语："泉自几时冷起，峰自何处飞来。"公谓联语意未说尽，乃别撰付之。云："在山本清，泉自源头冷起。人世皆幻，峰从天外飞来。"至时送行述以告余曰："余以孝廉受特知,今得专征伐,非朝廷破格不至如此,真天外飞来也。余家寒素,幼即以耿介自持,此源头冷起也。凡人当立身以听遭逢,不自洁而图诡遇,我辈耻之。"临别赠言,依依情挚。瑶慕恪靖之勋,又感其德佩其教于其行也。敬撰四什,并志其受知颠末。览此诗者,应见古道之犹存也乎。[3]

秋风方报浙江清,又为岩疆自请行。帝念湖山留润泽,公期寰宇共升平。铜船泛海神兵速,玉节筹边万马鸣。敢道东南奠磐石,忍教余孽尚生成。[4]

小春江上绽梅花,路拥残黎竟嗅靴。威望迢迢惊岛国,香烟冉冉过仙霞。星庐草檄朝兴早,霜帐衔杯夜不哗。五等崇封复何愧,却辞成命缴黄麻。[5]

绣裳零雨已辛劳,兼顾仍邀紫诰褒。爱日东迥沧海暖,卿云南望武夷高。五年秋校思牙旗,万里军书促宝刀。欲籍偏隅了全局,重洋那放水仙逃。[6]

橐笔深邀顾盼青,临行特为表王庭。自因直道存舆论,转恐虚声累典型。金鉴长悬湘水月,珠杓已转上台星。他年拟撰平吴颂,聊把文章报德馨。[7]

释:

同治三年,左宗棠督师入闽,许瑶光送行时,左宗棠以灵隐"冷泉亭"所作诗联赠许瑶光,诗曰:"在山本清,泉自源头冷起。人世皆幻,峰从天外飞来。"两人均家境寒素,门第寒微,从幼即以耿介自持,此源头冷起也,以相勉相戒。

注:

[1] **左恪靖伯**:左宗棠(1812年11月10日—1885年9月5日),字季高,一字朴存,号湘上农人。湖南湘阴人。晚清重臣,军事家、政治家、湘军著名将领,洋务派首领。曾就读于长沙城南书院。一生经历了太平天国运动、洋务运动、收复新疆以及新疆建省等重要历史

事件。官至东阁大学士、军机大臣，封二等恪靖侯。　　　　**方资取抚绥**：才取用他为浙江巡抚。　　**廉访**：清代对按察使的尊称。　　**檄**：古代用以征召或声讨的文书。　　**提督**：全称提督军务总兵官，清代负责统辖一省陆路或水路官兵。　　**幼逆洪福填**：太平天国幼天王。　　**启节**：古代使臣出行，执节以示信。后因谓侍从引驾或高级官吏起程为"启节"。　　**谆谆**：恳切教诲貌。　　**相戒**：相互告诫。　　**勖**：勉励。

[2] **当轴**：要员。后喻官居要职。　　**遭逢沦陷**：指遇到诸暨失陷。　　**泛海**：这里指过海到舟山。　　**自分**：自以为。　　**援例**：引用惯例或先例。　　**镌职**：降职。　　**著**：卓著，突出的好。　　**贤声**：贤明的名声。　　**绍绅**：绍兴地方上有势力、有地位的人。　　**嘉郡七属**：嘉兴府下辖嘉兴、秀水、嘉善、海盐、石门、平湖、桐乡等七县。　　**晏如**：安然自若的样子。　　**巨憝**：指元凶，大恶人。　　**末吏**：指太守，自谦之词。　　**譠**：譠言。虚妄不足信的话。　　**兴立进贤**：兴办、创建地方善政，并举荐贤才。　　**抒愫**：真实的心情和诚意。　　**一见如故**：初次见面就像老朋友一样合得来。

[3] **礼谒**：以礼谒见。　　**大士**：菩萨之异名。　　**冷泉亭**：冷泉亭在灵隐寺（传说中的寺庙）山门之左。一千多年来，冷泉亭一直是诗人们流连忘返的处所。　　**付**：给予。　　**以耿介自持**：以光大圣明、正直不阿、廉洁自持。　　**听**：顺从。　　**诡遇**：不以正道猎取名利。　　**依依**：留恋，不忍分离。　　**情挚**：感情深厚。　　**什**：指《诗》的"雅"、"颂"。　　**志**：记载。　　**颠末**：始末。事情自始至终的过程。

[4] **岩疆**：这里指福建黄岩。　　**润泽**：恩泽，施恩。　　**期**：盼望、希望。　　**寰宇**：天下。　　**升平**：太平。　　**铜船**：轮船。　　**泛海**：出海。　　**玉节**：古代使臣出行，执节以示信。　　**筹边**：筹划边境的事务。　　**敢道**：敢说。　　**奠**：建立。奠定。　　**磐石**：安如磐石。　　**忍**：忍心。　　**教**：使，令。　　**尚**：仍然。　　**生成**：产生形成。

[5] **小春江**：宋苏轼《惠崇春江晚景》诗之一"竹外桃花三两枝，春江水暖鸭先知"。　　**嗅靴**：靴帮足尖处的凸出部分。旧时以"嗅靴鼻"形容巴结、奉承。　　**迢迢**：形容遥远。　　**岛国**：海外。　　**香烟**：香气。烧香的烟雾。　　**舟舟**：慢慢地、缓缓地。　　**仙霞**：指仙霞岭。在浙江省西南部，绵延浙、闽、赣边境。　　**星庐**：朝廷。　　**草檄**：指草拟檄文，亦泛指撰写官方文书。　　**兴**：发动，行动。　　**霜帐**：秋霜下的军营。　　**衔杯**：饮酒。　　**哗**：人多声杂，乱吵。　　**五等崇封**：清朝施行公侯伯子男爵位制度，异姓功臣爵位公爵、侯爵、伯爵，又各分一、二、三等，另加美号。左宗棠授封一等恪靖伯（死后追

封为一等侯)。 **成命**：已下达的号令。 **缴**：交出。 **黄麻**：古代诏书用纸。亦借指诏书。古代写诏书,内事用白麻纸,外事用黄麻纸。

[6] **绣裳**：绣有花纹的下裳。古代官员的礼服。 **零雨**：慢而细的小雨。 **兼顾**：指左宗棠出师福建仍兼顾浙江。 **仍邀**：取得。 **紫诰**：指诏书。古时诏书盛以锦囊,以紫泥封口,上面盖印,故称。 **爱日**：冬日可爱。 **东迥**：东边僻远的处所。 **沧海**：古代对东海的别称。 **卿云**：喜气也。 **武夷**：武夷山,位于福建省。 **五年秋校**：五年习武时期。秋,指某一时期。校,习武。 **牙旗**：指古代将军之旗。亦指军队主将所在位置。 **军书**：军中的公文。 **促宝刀**：南宋岳飞《宝刀歌书赠吴将军南行》。寓意促南行。 **偏隅**：一方之地;一隅之地。 **了**：结束,了结。 **重洋**：重重的海洋。 **水仙**：典《晋书·孙恩传》："恩穷戚,乃赴海自沉,妖党及妓妾谓之水仙,投水从死者百数。"孙恩为东晋时期太平道起义的领袖,沉重打击了东晋王朝的统治。此处指太平军侍王李世贤部。

[7] **橐笔**：古代书史小吏,手持橐橐,簪笔于头,侍立于帝王大臣左右,以备随时记事,称作持橐簪笔。 **深邀**：张开。 **顾盼青**：顾盼青云直上,飞黄腾达。出自唐朝高适《东平留赠狄司马》："献捷见天子,论功俘可汗。激昂丹墀下,顾盼青云端。" **王庭**：指宫廷。 **直道**：正道。 **舆论**：众人的议论。 **虚声**：虚假的声望。 **累**：连累。 **典型**：本质,代表性。 **金鉴**：指明察的帝王。 **水月**：水中月影,常形容明净。 **珠枸已转上台星**：三台星。《晋书·天文志上》："三台六星,两两而居,起文昌,列抵太微。一曰天柱,三台之位也。在人曰三公,在天曰三台,主开德宣符也。"因以喻指宰辅。唐李白《上崔相百忧章》："台星再朗,天网重恢。" **德馨**：馨：散布很远的香气。品德高尚。

6. 书 事

(同治三年)

去年越州居,残书东浦市。今年秀州居,城空无片纸。残书已难收,无书更何求。惟寻古碑石，遍访破庙幽。瞥见《孝经》刻，尘幂奎星楼。两浙文章府，付与东海流。干戈初定须教化，休道军书少闲暇。君不见今日湘阴少保马初下，命工梓经梨长价。又不见湘乡相国六月收南京，偃武修文歌鹿鸣，江南桂树欣冬荣。自注：时恪靖伯刻五经于浙，曾文正奏举江南于十一月乡试，与试者万人，诗题为桂树冬荣。

释：

在"城空无片纸"条件下，战争结束后要上行下效开展教育。被称为"金秋骄子"的江南桂树，"两浙文章府"的嘉兴，在这次冬季乡试中也一定能开花。

注：

越州：古地名，别名越中、会稽、山阴、绍兴。今浙江省绍兴市。　　**东浦市**：绍兴东浦镇。　　**秀州**：嘉兴府治秀州县。　　**惟**：只有。　　**幽**：隐藏，不公开的。　　**《孝经》**：儒家十三经之一。　　**刻**：碑刻。　　**尘幂**：古"幂"同"幂"。覆盖灰尘。　　**奎星楼**：奎星楼原址位于安徽省庐江环碧园西角，现址位于安徽省庐江县城东新区，奎星为古代天文学中二十八宿之一，亦称"奎宿"。在古代神话中，奎星是主宰文章兴衰之神。旧时各地多建奎星楼(阁)，以宗祭祀，祈佑一地文章之盛。　　**两浙**：浙东和浙西的合称。唐肃宗时析江南东道为浙江东路和浙江西路，钱塘江以南简称浙东、以北简称浙西。**文章府**：指嘉兴府的文章书籍。　　**干戈**：战争。　　**教化**：政教风化、道德感化。**闲暇**：谋生活动之外的休息时间。　　**湘阴少保**：曾国藩的九弟，太子少保曾国荃。**梓经**：木头雕刻成印刷用的木板付梓，把经书交付排印。　　**梨**："梨"通"黎"，黎民百姓。　　**长**：赞许。　　**价**：价人，善人。　　**湘乡相国**：相国在汉代是朝廷臣中最高职务。此处指曾国藩。　　**偃武修文**：停止武事，振兴文教。出自《尚书·武成》："王来自商，至于丰，乃偃武修文。"　　**歌鹿鸣**：《诗·小雅·鹿鸣》："呦呦鹿鸣，食野之苹。我有嘉宾，德音孔昭。"一群鹿儿呦呦叫，在原野吃苹草。我有一批好宾客，弹琴吹笙奏乐调。**五经**：儒家本有六经，《诗》、《尚书》、《仪礼》、《乐》、《周易》、《春秋》。秦始皇时焚书坑儒，《乐》从此失传。　　**桂树冬荣**：语出《楚辞·远游》："嘉南州之炎德兮，丽桂树之冬荣。"冬荣的意思是草木在冬天依然茂盛或开花。

7. 中 年

（同治三年）

人近中年愁，我近中年乐。读书悟根柢，颇悔章句薄。处事悟贞干，颇悔诡随弱。身与岁月长，心与岁月拓。况兹瀛海清，幸脱风波恶。世途任所遭，崎岖愈宽绰。迩来性更闲，活泼一无著。花前生意多，酒后雅量酌。一生比一年，是今已非昨。早年如春蒙，晚年如秋廓。茫茫尘网中，欲语问谁诺。

释：

许瑶光勤奋好学，到了四十八岁中年时，感到读书更能理解其深刻的道理，自己的文章还不够深厚；工作上能负重担，但一定不能妄随他人。

注：

悟：明白，理解。　　根柢：比喻事物的根基、基础。　　章句：诗文的章节和句子。剖章析句。经学家解说经义的一种方式。亦泛指书籍注释。此处指文章、诗词。　　薄：单薄，不深厚。　　贞干：喻支柱，骨干。亦指能负重任、成大事的贤才。　　诡随：欺诈虚伪。妄随他人。　　拓：开拓，拓宽。　　兹：现在。　　瀛海：浩瀚的大海。风波：比喻纠纷和乱子。战乱。　　恶：恶害恶杀。　　世途：比喻处世的经历。任所遭：任凭所遭遇。　　崎岖：比喻处境艰难。　　愈：愈发。　　宽绰：气量宽宏。有足够的空间。　　迩来：从那以来。　　性：身性，性情。　　闲：闲检，约束检点，闲静不躁，安静从容。"闲"通"娴"。　　活泼：活跃。指活跃于官场。　　一无著：一无显著。　　生意：诗意。　　雅量：指宽宏的气量。　　比：比如。　　春蒙：昏蒙而在耕犁。　　秋廓：开朗通达而有收获。　　尘网：旧谓人在世间受到种种束缚，如鱼在网，故称尘网。　　诺：答应。

8. 琉球贡使过境偶记

（同治三年）

　　琉球远隔重洋曾却其贡，旋以不贡则年谷不登故受之。因兵路阻而停贡数年，兹补贡也。贡使沿途不见客，然与华人谈必称天朝。方物有金银罐各一，金银鞘刀各二，金银粉盒各一，金鹤形一，金攒盒一，黑漆龙椀、围盘各三十余则，赤铜、白钢锡，夏布、蕉布、花布、花绸，金彩屏、围屏，纸护、寿纸、茧纸折扇各数事。[1]

　　闽海无波浙海通，琉球品贡万方同。外交谢客陪臣谨，内域称天礼数崇。黑漆椀盘输土物，黄金罐盒表坚衷。非关象译夸羁縻，自就重华舜日红。[2]

释：

在历史上，顺治十一年（1654），琉球王遣使臣到清朝请求册封。顺治帝封尚质王为琉球王，琉球成为清王朝的藩属，向清朝朝贡。

注：

[1] **琉球贡使**：1372年，琉球开始向明朝朝贡，成为中国的藩属。清光绪五年（1879）日本出兵吞并琉球。　　**却**：免除。　　**贡**：古代臣下或属国把物品进献给帝王。　　**旋**：不久。　　**年谷不登**：岁收五谷不丰登。　　**天朝**：封建属国对本国、本王朝的称呼。**方物**：本地产物；土产。　　**鞘刀**：带细皮条鞭子外壳的刀剑。　　**攒盒**：盛果脯、果饵的一种分格的盒子。　　**椀**：木碗。　　**则**：用在一、二、三……数字后。　　**蕉布**：用芭蕉纤维制成的布。　　**纸护**：包装纸。　　**寿纸**：采用特殊材料能长期保存的纸张。**茧纸**、蚕茧纸，并非蚕茧做成，而是一种构树（又名楮树）皮纤维制造的纸。构树皮含有一层胶衣，纤维纯净洁白，造成纸之后，光亮细腻，白如蚕茧、细洁如蚕丝，故名蚕茧纸。**事**：量词。件，样。

[2] **无波**：以喻时世安定。　　**品贡**：贡物等级，种类。　　**万方**：各国。　　**谢客**：向宾客致谢。　　**谨**：慎重。恭敬。　　**内域**：内地。　　**称天**：皇帝为天下之主。称呼君王。　　**礼数**：礼节，礼貌的等级。　　**崇**：尊重，推重。　　**土物**：土产。　　　**坚**

衷：内心坚定。　　非关：不是因为；无关。　　象译：即翻译。　　羁縻：《汉书·郊祀志下》："方士之候神入海求蓬莱者终无验，公孙卿犹以大人之迹为解。天子犹羁縻不绝，冀遇其真。"颜师古注："羁縻，系联之意。马络头曰羁也。牛靷曰縻。"　　自就：成语"一目自就"，一目了然。　　重华：虞帝舜的美称。　　舜日：成语典故"尧天舜日"，宋代文珦《潜山集·卷九·梅雨》诗："尧天舜日远，怀抱若为舒"。也作"舜日尧年"。原用以称颂帝王的盛德。后也比喻天下盛平之世。

9. 富室叹

（同治四年）

富人不居富，对客常诉贫。那知金碧色，已露屋中春。一自干戈扰，大户多沉沦。迁流丧载宝，芜废无指囷。骄筋与傲骨，坐困成穷人。华屋存故里，石窌疑多珍。[1]破绣暖儿女，宝玦佩在身。诛求启官吏，净土扬嚣尘。多财信为累，财散累转邻。何人茅盖屋，藤萝安夕晨。高歌卧明月，太息葛天民。[2]

释：

在纷扰的尘世，在官府的强制征收下，富人不住富室，对客常诉贫。

注：

[1] 居富：处于富裕。　　金碧：金碧辉煌　　春：春光。好时光。　　干戈："干"指盾牌，"戈"指进攻的类似矛的武器。指战争。　　沉沦：陷入疾病、困苦、厄运等不幸境地。　　迁流：逃难。　　载宝：随身的金银财宝。　　芜废：荒芜。　　无指囷：《三国志·鲁肃传》："周瑜为居巢长，将数百人过候肃，并求资粮。肃家有两囷米，各三千斛，肃乃指一囷米与周瑜。"此指无人资助食物。　　骄筋与傲骨：骨子里就深信自己生下来不是要做穷人，而是要做富人。　　石窌：石坑。宋苏轼《留题峡州甘泉寺》诗："清泉不可挹，涸尽空石窌。"

[2] **破绣**：改制绣衣。　　**宝玦**：珍贵的佩玉。　　**诛求**：需索；强制征收。　　**嚣尘**：指纷扰的尘世。　　**信**：诚实，守信，不欺骗。　　**累**：累赘。　　**散**：分散。　　**藤萝**：藤萝是中国著名的大型绿荫藤本植物，可用于绿化门廊、美化透空长廊等。枝叶茂密，花穗秀丽，多用以攀附花架、绿廊、枯树或山石等。借指庭园。　　**葛天民**：南宋诗人葛天民，字无怀，越州山阴(浙江绍兴)人，徙台州黄岩(今属浙江)曾为僧，字朴翁，其后返初服，居杭州西湖。与姜夔、赵师秀等多有唱和。其诗为叶绍翁所推许，有《无怀小集》。

10. 拙宦叹

(同治四年)

　　巧宦恋微禄，卖众恒言归。袖中黄者金，深夜权贵闺。炙手势果热，膏粱豢体肥。攀缘居要津，恣睢谁敢非。善进亦善退，苍鹰盘空飞。侧目击丛雀，腾身入翠微。[1]矰缴不能篡，将军空合围。一朝秋气清，似诉腹中饥。修翎仍就人，草枯扬旧威。可怜耿介雉，趋避先失机。文明蒙大难，离披锦绣衣。古来拙宦都如此，人海茫茫空涕挥。[2]

释：

许瑶光以身作则，言传身教，整顿吏治。在《拙宦叹》中对劣吏作了形象的描绘。

注：

[1] **拙宦**：德才粗劣之官。　　**巧宦**：善于钻营谄媚的官吏。　　**禄**：禄位。俸禄和爵位，借指官职。　　**卖众**：出卖众人。　　**恒言**：常言。　　**归**：归还。　　**权贵**：官高势大者。　　**闺**：旧时指女子居住的内室。　　**炙手**：烫手；比喻权势炽盛。　　**势**：权势。　　**热**：权势显赫的。　　**膏粱**：肥肉和细粮，泛指美味的饭菜。　　**豢**：喂养。　　**攀缘**：攀附有钱有势者往上爬。　　**居要津**：位居显要的地位。　　**恣睢**：放任自得貌。放纵暴戾。　　**侧目**：斜眼看人。　　**击丛雀**：把雀赶到丛林。原比喻统治者施行暴政，百姓逃往别国。　　**翠微**：指青翠掩映的山腰幽深处。

[2] **矰缴**：系有丝绳、弋射飞鸟的短箭。比喻暗害人的手段。 **篡**：非法夺取。 **合围**：四面包围。 **秋气清**：指秋日凄清、肃杀之气。 **翎**：翎子。清代官吏礼帽上装饰的孔雀翎或鹖尾翎。 **仍就**：就，便。 **耿介**：正直不阿，廉洁自持。 **雉**：鸟。善走，不能久飞。 **趋避**：疾走回避。 **先失机**：失去机会；错过时机。 **文明**：谓文化道德。 **离披**：衰残貌；凋敝貌。 **人海芒芒**：像汪洋大海一样的人群。比喻人世社会。 **涕挥**：挥洒涕泪。

11. 庸医叹

（同治四年）

　　丈人毒天下，治国同医理。高医多奇方，庸医利牙齿。[1]甘滑留祸胎，抚摩恃长技。赤箭与丹砂，药笼长年委。一朝养痈成，元黄战血起。轩皇无如何，惆怅彩云里。[2]

释：

《富室叹》、《拙宦叹》和《庸医叹》是许瑶光到任嘉兴后。对社会上一些弊端进行抨击而写的"三叹"诗篇。

注：

[1] **庸医**：医术低劣的医生。 **丈人**：黎丘丈人，比喻困于假象、不察真情而陷入错误的人。出自《吕氏春秋·慎行·疑似》释意：大梁（战国时魏国的都城）北边的黎丘有奇鬼，喜效人之子侄昆弟之状。有丈人（对老者的尊称）醉归者，黎丘之鬼效其子之状扶而困辱他。丈人酒醒而责备其子。其子泣而触地曰无此事也。其父信之曰必奇鬼也，明日复饮于市，遇而刺杀之。明旦至市而醉归，其子恐其父之不能反也，遂迎之。丈人望见其子，拔剑而刺之。丈人智惑于似其子者而杀其真子。 **利牙齿**：灵利的说道。

[2] **甘滑**：甘甜不粗涩。 **祸胎**：祸根。致祸的根源。 **抚摩**：指按摩。 **恃**：依赖。 **长技**：擅长的本领。 **赤箭**：即天麻。味辛，性温，无毒。入厥阴肝经，治

各种病。　　**丹砂**:一种矿物,炼汞的主要原料。可做颜料,也可入药。　　**药笼**:指盛药的器具。　　**委**:弃置。　　**一朝**:一旦。　　**养痛成**:养痛成患。留着毒疮不去医治,就会成为后患。　　**元黄**:即玄黄,指血。清代为了避康熙帝玄烨的讳,将"玄"字改写作"元"。《易·坤卦》:"龙战于野,其血玄黄。"后因以"玄黄"指血。　　**轩皇**:即黄帝轩辕氏。　　**惆怅**:伤感;愁闷。

12. 海盐阅塘作二首

(同治四年)

　　时廷旨命修海塘,而海盐、平湖向系鱼鳞石塘,沿塘皆筑寨驻兵,疑当初非止防潮,实藉以防海寇也。良法美意久则浸湮,连年塌废,虽贼踞使然,抑从前岁修不力所致也。[1]

　　干戈既定讲农桑,帝诏殷勤问海塘。深虑浙民咨水患,岂徒京庾计储粮。风涛万古孤城白,天地无边累石黄。险扼苏杭惟此郡,秋防何似及春防。[2]

　　鱼鳞乍浦至尖山,圣世当年缔造艰。冤鸟不教衔土木,狂鲸更为锁神奸。沿边古寨残兵在,刮卤沙田废灶闲。俯仰五朝怀美制,东风飒飒鬓毛斑。[3]

释:

海盐的鱼鳞石塘与万里长城、京杭大运河并称为我国古代三大工程而闻名于世,其筑造结构精巧,气势雄伟,历经数百年的潮水冲击依然"力障狂澜扶砥柱",被誉为"捍海长城"。

注:

[1] **鱼鳞石塘**:为防钱塘江潮汐,明嘉靖二十一年(1542),浙江水利佥事黄光昇在海盐创

筑鱼鳞石塘,其结构如鱼鳞紧贴,精巧坚固,海盐塘线得以固守不再后退。　　**浸湮**:浸没。

[2]**帝诏**:皇帝的诏书。　　**殷勤**:反复叮咛。　　**咨**:商议,询问。　　**徒**:只;仅仅。**京庾**:大粮仓。　　**万古**:千年万代。　　**孤城白**:孤城位于古中国地图最东,实为虚幻之城。东临九州崖,近沿缘水,城墙为纯白色,城外三周为茫茫戈壁,四季炎热如夏。城又分为内城外城:外城为市井百姓居所,百业具兴,内城则为城主所居,府邸为骄阳府。**累石**:就是古代石头坟,把石头叠起来作为标记。　　**黄**:色变黄。　　**险扼**:险要之地。

[3]**尖山**:浙江金华尖山镇。　　**圣世**:太平盛世。　　**冤鸟**:古代传说中的精卫鸟。唐罗隐《投湖南王大夫启》:"斯亦冤鸟尚思于衔石,愚公犹锐于移山。"　　**神奸**:能害人的鬼神怪异之物。　　**刮**:减也。　　**五朝**:前后连续接任的五位皇帝,如清朝的顺治、康熙、雍正、乾隆、嘉庆皇帝。　　**制**:制造,古代帝王的命令。

13. 宏文馆试士作四首

(同治四年)

　　嘉兴试院谓之宏文馆,毁后重修。数试并补,七属与试,多者百余,少者三四十人。然闻湖郡之孝丰、安吉,杭郡之于潜、昌化、临安,严郡之分水,均不过数人、一二人而止。盖因其达徽宁之路,故受兵最惨。非若禾中滨海,水港纷岐,逆踪来往不便,且有沪上可避,故所全稍多噫,幸矣。

　　得能今试士,文运喜重开。况此名州秀,曾储内相才。南湖金鲤跃,东海宝珠来。坐待秋闱补,英贤为国培。[1]

　　欢颜寒士启,馆复筑宏文。土木工虽费,诗书教贵勤。上元回凤纪,西浙霭龙云。三次科同试,童牙孰冠军。[2]

传闻邻郡士，较此倍寥寥。书籍应全毁，桑麻想更凋。饥寒谋道苦，迂拙让人骄。十载筹生聚，群材馆定翘。[3]

银烛风前朗，红增笔墨光。见添多士喜，转忆少年场。经藉拈题熟，文因战夜长。濯磨同此念，选卷为焚香。[4]

释：

坐落在道前街的宏文馆，为清代嘉兴府考试秀才之处。1928年经一年时间修缮，造起了三开间两层西式楼房，建成嘉兴图书馆。

注：

[1] 试士：指古代为授予官职而考试士子。　文运：科举应试的运气。　相才：古代指能担任最高官员的人才。　金鲤跃：中国自古有"鲤鱼跳龙门"之说，锦鲤是好运的象征。　秋闱：科举考试中的乡试。　补：补授官职。

[2] 欢颜：欢乐的容颜。　寒士：出身低微的读书人。　上元：农历正月十五元宵节，也叫上元节。　凤纪：犹凤历。913年正月至二月是后梁郢王朱友圭的年号，共计2个月。吴越太祖钱镠在913年正月用该年号。　霭：形容云起。　科同试：科举考试。　童牙：谓幼小。

[3] 倍：更加。　寥寥：形容数量非常稀少。　谋道：探求事理和道义等。谓用心于学。　迂拙：蠢笨，拘泥守旧。　骄：轻视。　生聚：繁殖人口，聚积物力。　馆：旧时指教学场所。指宏文馆。　翘：翘楚，喻杰出的人才。

[4] 朗：明亮。　红：喜庆。象征顺利或受人宠信。　笔墨：指文字或书画诗文作品。　少年场：典故名。典出《汉书》卷九十《酷吏列传·尹赏》。"安所求子死？桓东少年场。生时谅不谨，枯骨后何葬？"后遂用"少年场"指年轻人聚会的场所。　经藉：经书。泛指古代图书。　拈题：清乾隆帝"信手拈题信口哦"的典故。　濯磨：洗涤磨炼。洗涤磨炼。比喻加强修养。　念：想法，看法。　选卷：古人云："选卷有益。"　焚香：古人多以焚香来祭拜和静心。

14. 何子贞亲家过禾作此

（同治四年）

书名满天下,老去更奇离。谓得篆籀意,古法少人师。蜀中衡文不自耐,弃官闲游秦与齐。华山云峰泰山石,题罢归卧湘江湄。胸有笔意口难说,输与赪岩赭壁知。杭州金陵昔曾到,乱后重来将古吊。文武勋僚凯饮时,翰墨光照彤弓耀。西湖金碧埋青莱,更无题额壮楼台。待君润色如椽笔,破水残山颜色开。槜李停舟更匆促,坐定便问官斋竹。更问有美越酒无,携归开瓮南湖缘。我送君行醉已酣,醉中执手还高谈。道寄书屏酬酒赠,黑蛟腾奋涌江潭。

释：

许瑶光之女许忆梅嫁给何绍基的侄子何庆涛,两家成为亲家。

注：

何子贞：即何绍基(1799—1873),清湖南道州(今道县)人,字子贞,号东洲居士,晚号蝯叟,一作猿臂翁,因其执笔县肘,若开劲弩,故取李广猿臂弯弓之义。书法家兼诗人。累官文渊阁校理、武英殿篆修、学政等职。曾主讲长沙城南书院、寓长高码头东洲草堂。　书名：擅长书法的名声。　老去：晚年。　篆籀意：篆书和籀书的笔意。　人师：指德行学问等各方面可以为人表率的人。　蜀中：四川。　衡文：品评文章。特指主持科举考试。　不自耐：不耐烦。　秦与齐：陕西与山东。　归卧：辞官还乡。　湄：河岸。　难说：难以确定。　赪：红色。　岩赭：红褐色壁岩。　吊：吊念。　勋僚：有功的同僚。　翰墨：原指笔、墨,借指文章、书画。　彤弓：漆成红色的弓,朱漆弓。古代天子用以赐有功的诸侯或大臣使专征伐。　金碧：金和玉。金马、碧鸡。　埋青莱：长满杂草。　题额：题写匾额。　润色：修饰文字,使有文采。　椽笔：指大手笔,称誉他人文笔出众。　槜李：今浙江嘉兴县西。借指嘉兴。　官斋：斋房,学舍;书房。　竹：竹简。竹简是研究战国文字和西汉初年书法的重要资料。　瓮：一种盛水或酒等的陶器。南湖缘。　执手：握手;拉手。　道：何绍基家乡道州。　书屏：成组的书法条幅。　黑蛟：指墨汁。　腾奋：比喻生动地浮现。　　涌：汹涌。　　江潭：江边。指何绍基辞官还乡住在湘江边。

15. 撤楚军越勇书感六首

（同治四年）

恪靖所部均谓之楚军。余来守嘉时，湖洲尚未复，因在绍兴募五百勇，名曰楚军越勇，畀余以资城守。兹以浙境肃清，奉撤。[1]

忧时频望治，撤勇转生怜。召募来于越，相依已二年。南湖裁戍饷，东浙富闲田。归去躬耕好，囊余卖马钱。[2]

闽粤犹余寇，淮徐尚用兵。纵然吾浙定，何日普天清。战久腾良将，耕多铲废营。吴蚕须努力，归待锦衣荣。[3]

此次东南奠，相资勇力多。湘淮饶健悍，吴越复山河。战血沈金石，骄风洗绮罗。兹原遵楚制，坚垒夜曾摩。[4]

往日台州勇，连营掳掠频。深山同啸聚，盗薮费调驯。十载乌茭耗，今来壁垒新。鹗音怀我好，节制赖儒臣。[5]

顷报霆营变，因裁附贼流。纵横才鄂渚，飘瞥已潮州。此辈原无赖，屯田未易谋。熊貔与豺虎，劫运共春秋。[6]

本朝文武判，太守寸兵无。怯将往常走，名城十九孤。可怜宫少保，畀我旅驰驱。今日已无事，回首泪满襦。[7]

释：

许瑶光上任后首先安定民心，整饬军纪，撤走左宗棠所部的湘军和他在绍兴募的五百越勇。

注：

[1] 恪靖：左宗棠。　　畀：给，给予，付予。　　兹：现在。

[2] 戍饷：军饷。　　躬耕：亲身从事农业生产。　　卖马钱：娶媳妇的钱。

[3] 腾：腾出。　　废营：军队废弃的营舍。　　归待：妇女归待男行也。　　锦衣荣：衣锦荣归；光荣地归回。

[4] 奠：奠定。　　相资：凭借。　　勇力：勇气和力量。　　饶：富有。　　沈：积水。　　金石：不朽。　　骄：指马不受控制。　　洗：免去；革除。　　绮罗：指华美的帷帐。　　楚制：衣较短。《汉书·叔孙通传》："通儒服，汉王憎之。乃变其服，服短衣，楚制，汉王喜。"　　摩：通"磨"。磨炼。

[5] 勇：士兵。　　连营：指连绵不绝的营寨。　　啸聚：指结伙为盗。　　盗薮：强盗聚集的地方。　　调驯：训练；使之驯服。　　刍茭：干草。　　耗：耗用。　　鸮音：鸮鸟的恶声。语本《诗·鲁颂·泮水》："翩彼飞鸮，集于泮林。食我桑黮，怀我好音。"毛传："鸮，恶声之鸟也。"　　节制：限制；控制。　　儒臣：泛指读书人出身的或有学问的大臣。

[6] 顷：顷刻；少顷。　　霆：闪电。《淮南子》："疾雷不及塞耳，疾霆不暇掩目。"形容来势凶猛，迅速快捷。　　鄂渚：世称鄂州为鄂渚，湖北武昌一带。　　飘瞥：迅速飘过。屯田：利用戍卒或农民、商人垦殖荒地。　　谋：计策。谋划。　　熊貔：比喻勇猛的将士。　　豺虎：喻凶狠残暴的寇盗。　　劫运：灾难；厄运。　　春秋：岁月。

[7] 判：区别。　　少保：即太子少保，指左宗棠。左宗棠咸丰十一年任浙江巡抚，同治二年任闽浙总督，同治三年加太子少保衔、封一等伯爵，同治五年调任陕甘总督，同治七年晋太子太保衔。　　畀：赐予。　　旅：泛指军队。　　驰驱：效力。　　襦：短衣；短袄。

16. 嘉兴杂咏六首

（同治五年）

惩枪船　嘉湖枪船以尖头小船架枪其上，为护赌计，因而始扰闾里，继抗官长，旋作贼导，克复后党羽犹炽。左宫保命余痛惩，获则斩之，渠魁被戮者盈百人，风乃熄。

水国民情荡，舟中聚博多。拒官藏火器，倚贼煽风波。痛杀非余忍，除奸法在苛。惩前仍毖后，蛇蝮敢留窠。[1]

劝葬　禾中田多山少，葬本不易，非士绅知礼之家，多厝棺于桑阴，待其将朽火之，拾残骨于坛而藏之，谓之生结。余请士之不葬者停其考，庶人停其昏嫁，仍不止，乃婉劝之。

有亲谁忍弃，沿袭竟成风。骨映桑阴绿，魂飞榨火红。田多山固少，礼废佛偏崇。一语聊相劝，人生各有终。[2]

除漕蠹　浙西乱前完纳地丁有大户小户之分，小耗重而大耗轻。其纳漕有红稽读三户之名。红已仕绅户也，稽未仕科户也，读讼户也。讼户亦谓公户，短交挪兑，弊端百出。耗既不敷，乃取雌弱者而重加之，于是公私交困矣。近减小户之浮收，而定大户之之加耗，漕政一清。

旧日红稽读，妨官实病民。强豪中坐饱，雌弱怨谁伸。政自浮收减，仁流万户春。黄旗插船首，踊跃见精神。自注：凡乡民完漕多树，奉旨完漕旗于船。[3]

浚河

浚河通水道，兼以起沉骸。巨缆舁桥石，泅人得宝钗。春波随处汲，冤魄几年埋。志士填沟壑，怆然动我怀。[4]

修石门城　　湘潭杨森吾任此,筹款修复不请公帑。

将城改作垒,贼计实离奇。归业残黎返,当年旧址移。武林重管钥,
槜李内藩篱。建复杨君力,银非库帑支。[5]

修鸳湖书院　　书院修于康熙五十四年,知府吴永芳奉陆清献栗主于内以式
士。兹余增陆宣公暨张扬园先生位作为三贤堂,并乞恪靖伯书匾以示敬。恪靖题
"景行维贤"由闽邮至,且示以闽中开正谊书院,并刻《正谊全书》,将杨园书增入。

匾字来自闽,维贤勖景行。军书方奏捷,教化最关情。士岂文章恃,
功宜道德程。才华储内相,湖海庆升平。[6]

释:

当时,嘉湖地区枭徒以尖头船架枪其上,枪船数愈万千。土匪地棍,以强为胜;行船驾桨,
自成党羽;日则赌博,夜则劫掠,大为民患。许瑶光据左宗棠指示,捕杀其头目,收缴枪炮
千余杆,枪船瓦解,地方治安大为改善。浙西地区(指新安江、富春江、钱塘江以西,杭州、
嘉兴、湖州地区)战乱前,完纳地丁税有大户小户之分。小户税重,而大户轻。其纳漕粮有
红、稽、读三户之名。红是已仕绅户,稽是未仕科户,读是讼户。讼户也称公户,短交不付,
弊端百出。税粮不足,乃取妇弱者而重加之,于是公私交困。许瑶光为除漕蠹,减小户之
浮收,而定大户之加耗,漕政一清。一改往日"强豪中坐饱,雌弱怨谁伸"之情景,促进了生
产发展,深得乡民爱戴。许瑶光十分重视教育。到任后即重修嘉兴府学(明伦堂)和试院
(宏文馆)。集资重建鸳湖书院。鸳湖书院创建于康熙五十五年,于府治(今荣军疗养院)
之北(原市政府内)。当年太守奉陆清献栗主于敦宿齐楼。许瑶光考虑到张扬园学问也十
分好,都是浙西最有名的文人;又考查嘉兴以往卓越的文人,以唐代的陆宣公最著名。于
是增加陆宣公和张扬园之位,设"三贤堂",以三位先生作为学生的榜样。为表示对先贤的
敬重,许瑶光又请左宗棠写了"景行维贤"匾,鼓励士子要做崇高光明德行的贤人,将匾挂
于堂内。此外,还率邑绅重修嘉兴、秀水等县学,修后均有许瑶光的碑记。又建义塾,延师
以课童蒙之无力读书者。这样,嘉兴地区的教育很快得到恢复。次年,嘉兴府七县参加县
试、府试、院试的,多者百余人,少者三四十人。而邻近的湖州府和杭州府各县参试者均不
过数人,一二人而已。以后,嘉兴府和七县科试成绩均居全省前列。之后嘉兴出了不少贤
人名士,如著名政治家、外交家,同治七年进士许景澄;清末名臣,历任陕甘总督、两广总督

的同治七年进士陶模等。

注：

[1] 闾里：里巷；平民聚居之处。　　犹炽：仍然旺盛。　　左宫保：指左宗棠。宫保是明、清各级大臣荣誉官衔的统称。　　渠魁：首领，头目。　　戮：杀。　　盈：盈满。荡：不受约束，放荡。　　蛇蝮：即蝮蛇，口有毒牙，能伤人畜。

[2] 厝：停枢，把棺材停放待葬。　　桑阴：桑树在日光下的阴影。　　考：科举考试。庶人：平民百姓。　　昏嫁：男女娶嫁之事。　　映：映射。映照。　　柞：木名。常绿灌木或小乔木。　　佛：佛教。　　偏：表示侧重某一方面的意思。　　崇：尊崇。

[3] 漕：指通过水道运输粮食。漕运，漕粮。　　蠹：指蛀蚀器物的虫子。引申比喻祸害国民的人和事。　　地丁：土地税和劳役税的合称。　　耗：亏损，减损。　　纳：缴纳。　　揑兑：硬把东西兑换给人。　　敷：足够。　　病民：困民。　　中饱：从中得利。指侵吞经手的钱财使自已得利。　　雌弱：细小柔弱。　　仁：仁爱。　　流：流播。　　春：生机；大地回春。

[4] 浚：疏通，挖深。　　沉骸：沉于水底的尸骸。　　舁：共同抬东西。　　泗：泗水。　　宝钗：首饰名。用金银珠宝制作的双股簪子。　　春波：春水的波澜；春水。汲：从井里打水。亦泛指打水。　　志士：有远大志向的人。　　填沟壑：《孟子·滕文公下》："志士不忘在沟壑，勇士不忘丧其元。"赵岐注："君子固穷，故常念死无棺椁没沟壑而不恨也。"　　怆然：悲伤貌。

[5] 公帑：官库的钱财。　　归业：回复原来的正业。主要指农业。　　残黎：战乱后残留的百姓。《明史·熊廷弼传》："扶伤救败，收拾残黎，犹可图桑榆之效。"　　武林：旧时杭州的别称。　　管钥：锁匙。比喻事物的重要部分。明唐顺之《复勘蓟镇边务首疏》："深惟北门管钥之地，山陵宫阙至慎至重，不欲以寄于疲夫懦卒之手。"　　檇李：嘉兴。　　藩蓠：指用竹木编成的篱笆或栅栏、屏障。

[6] 栗主：古代练祭所立的神主。用栗木做成，故称"栗主"。后通称宗庙神主为"栗主"。式士：成年男子言行所依据的准则。　　恪靖伯：左宗棠。　　景行维贤："景行"是指崇高光明的德行，德行正大光明才能成为贤人。　　勖：勉励。　　教化：政教风化。

指儒家所提倡的政以体化,教以效化,民以风化。　关情:动心,牵动情怀。　岂:假借作虚词,表示反问。当于"难道"、"怎么"。　恃:依赖,仗着。　功:成就。成功。　宜:应当。　程:程度。　内相:唐、宋翰林学士别称。朝廷有宰相主政,而翰林学士常值宿内廷,向皇帝提出建议,参裁可否,故号称内相。　湖海:泛指四方各地。　升平:太平。

17. 城　市

（同治五年）

兵火之厄,附郭为尤。善后事宜,群谓宜先兴市,余意不以为然。

不耕兼不织,城市半闲民。与爱楼台月,何如草野春。桑麻留太古,罗绮剥天真。都会无须盛,斯言世恐嗔。[1]

释:

许瑶光在嘉兴,对农业生产一直挂在心上。在他的诗文中有大量关心农事和农民的内容。

注:

[1] 厄:灾难。　附郭:近城的地方。　闲民:泛指无业的人。　与:跟,和。多用于轻微的疑问。　楼台月:高大建筑物观月。　留:遗留。留存。久留。　太古:远古,上古。　罗绮:丝绸梭织衣物。　剥:剥蚀。　天真:谓事物的天然性质或本来面目。　斯:这。　嗔:怒,生气,不满。

18. 学　额

（同治五年）

因兵废学,士类日稀。因捐广额,科名转盛。宁缺毋滥,虽有典章,挟策滥竽,终怀奢望。吴和甫侍郎按试时取进劣卷，押"皇恩浩荡"小印于其角，达哉言乎。[1]

科名培士气，过滥亦余忧。仓卒身先贵，艰难道孰谋。诗书消劫火，芹藻遭戈矛。浩荡皇恩广，青衿好进修。[2]

释：

许瑶光对科举录取名额持宁缺毋滥的态度，揭露了科试时有人在试卷上画记号，一些"劣卷"也得以录取的情形。

注：

[1] 额：规定的数额。　　士类：文人、士大夫的总称。　　挟策：拿书本。喻勤奋读书。宋苏轼《次韵王郎子立风雨有感》："后生不自牧，呻吟空挟策。"　　滥竽：比喻没有真才实学而占据一定的位子。以劣充优。　　侍郎：古代官名。　　按：考查。押：在文书、契约上签名或画记号。　　皇恩浩荡：皇帝的恩德广大旷远。　　浩：盛大貌。

[2] 科名：科举考中而取得的功名。　　仓卒：匆忙，急迫。　　孰：谁，哪个。　　谋：策划。　　劫火：佛教语。谓坏劫之末所起的大火。借指兵火。　　芹藻：比喻贡士或才学之士。语本《诗·鲁颂·泮水》："思乐泮水，薄采其芹……思乐泮水，薄采其藻。"　　戈矛：武士；军队。　　青衿：青色交领的长衫。古代学子的常服。借指学子。

19. 育　婴

（同治五年）

羊腓虎乳，古有弃婴事，而无育婴名。即《礼》经养孤，亦指失怙者言，非有父母者也。汉禁人鬻子女，为灾而设。南宋始有慈幼局，盖噢咻之政矣。考人胸前曰婴，以儿始生抱胸前而乳之也。本统男女言，今则第拯溺女而已。浮沤露槿护之，未始非美意，第滋生不息。而经费有穷，且为他人母，谁肯尽心。一媪二孩，无非瘐毙。与设是局以为阱，何如裁是局而严禁其溺，纵不能绝究之，不忍溺者即可保全。逮有是局而不忍溺者亦推送至矣。朝廷有给贫给孤之政，而独无此政，所见远矣。[1]

　　育婴非古政，慈幼宋之名。博济何长策，絪缊日化生。为他人作母，思已溺同情。毕竟周全少，孩虫堕此坑。[2]

释：

同治五年(1866)许瑶光发动丝商集捐在官府建成"育婴普济郡堂"，名为郡堂(知府所有的官房)，兼办育婴救济。

注：

[1] **羊腓虎乳**：指神话传说中的英雄出生时被抛弃，被牛羊或老虎哺乳养活。羊腓，指后稷弃，《诗·大雅·生民》有"诞置之隘巷，牛羊腓字之"。虎乳，指斗穀於菟，《左传·宣公四年》有"生子文，邧夫人使弃诸梦中，虎乳之。"　　**失怙**：指死了父亲。　　**鬻**：卖。　　**盖**：连词，表示原因。　　**噢咻**：安抚。　　**考**：查考。　　**第**：但。仅。　　**拯**：拯救。　　**浮沤**：水面上的泡沫。因其易生易灭，常比喻变化无常的世事和短暂的生命。**露槿**：即木槿。其花朝开暮落，如朝露易干，故称。　　**媪**：老妇人的通称。　　**瘐毙**：关在牢狱里的人因受刑或饥寒、疾病而死亡。　　**阱**：指捕野兽用的陷坑：陷阱。**何如**：还不如。　　**裁**：判断。抑止。　　**逮**：到。

[2] **慈幼宋之名**：慈幼，爱护幼小者。南宋始有慈幼局。　　**博济**：广泛救助。《三国志·魏志·高堂隆传》："始自三皇，爰暨唐、虞，咸以博济加于天下。"　　**絪缊**：同"氤氲"古代指天地阴阳二气交互作用的状态。《易·系辞下》："天地絪缊，万物化醇；男女构精，万物化生。"　　**化生**：化育生长；变化产生。　　**溺**：沉溺。溺爱。　　**孩虫**：幼虫，初生之幼孩。《礼记·月令》："(孟春之月)毋覆巢，毋杀孩虫胎夭飞鸟。"郑玄注："为伤萌幼之类。"

20. 难忘二十一首

（同治五年）

难忘最是少年场，东廓荒台访凤凰。不识春心识春色，寻花斗草逐人忙。自注：明吉王凤凰公子有台在湘城东。[1]

髫年嬉戏渐知非，苦读诗书味又微。闲就张翁听今古，孤灯破屋夜忘归。自注：张秦舟、石逸兄弟，湘潭人，与瑶邻居。[2]

旋得严师李玉峰，课诗必溯汉唐宗。黄饶盛更相磨砺，廿四光阴载酒从。自注：李名琼，长沙秀才。黄治堂名仁政，盛观唐名时，俱善化孝廉。饶心如名锦，长沙孝廉。[3]

崔家兄弟渺天涯，朝夕相过殷李家。交借书编交借帖，各吟风月各吟花。自注：崔和斋、持斋兄弟灞州人。殷少泉、李笠帆、李并笙同里人。[4]

癯翁胖毕二同年，共走金台夕照鞭。沧海已惊生死异，诗书都有子孙贤。自注：湘潭翁少昆，善化毕莼斋。

武林相得数方君，踏遍西湖隐处云。楷擅三唐诗学宋，两经兵火尽销焚。自注：仁和同年方子维，名宗城。[5]

藏书马市许家楼，优拔同年肯借游。最爱楼前太湖石，瘦云红压一梅幽。自注：仁和优贡同年许季仁，名善长，家富藏书。[6]

残岁吴羌访梓臣，那知守越殉城人。同心同难官场少，为建专祠报白苹。自注：庚戌冬，廖梓臣宰德清，辛酉殉难于绍兴。癸亥瑶办善后为归其忠骸，并建祠西郭门。[7]

西乔吏治浙东稀，死后黄岩尽白衣。急纂诗篇非吉兆，生成傲骨与时违。自注：湘阴吴西乔以壬子年死于黄岩，任所阖邑为之衣白，有《西乔诗草》。[8]

桐江潇洒少年潘，自种梅花傍冷官。为学长生翻短算，可怜误世是金丹。自注：桐庐广文、仁和潘鹤舲，能诗、能画、能书，后以修仙而殁。[9]

青溪少合定阳同，四载光阴奔走中。惟有苎萝初照月，葛孙楼擅古人风。自注：淳安、常山两任无甚知心，惟丁巳初任诸暨，次年值衢州有石达开之扰，诸暨当陆路兵马之冲，得绅士葛燮村、孙心泉、楼晴轩相助之力居多。[10]

南去枫溪琐薜萝，德星聚处礼为罗。越山此日劳回首，七十二湖明月多。自注：诸暨贤绅不少，而枫桥之陈继桓、王士岳、骆韵楼、何枭舫尤相助甚殷。[11]

荒凉景况憾人心，官到缑城诗境深。更得雨田都阃好，海寒双剑斗龙吟。自注：宁海催科官周流于古庙，诗心至此一移，又得都司王雨田之助，兵畏匪戢，境内颇安。[12]

奉调钱江欲出山，因搜伏莽竞辕攀。多情父老名难记，惨淡鹑衣鹤发颜。自注：庚申三月调仁和任，宁海士民率妇孺卧于堂皇不许行，以余获海盗悉数杀之，有游勇欲入城，余同王雨田击散之也。[13]

钱江九月困城隍，无奈重寻浣水坊。突起莲蓬人自注：见梅村诗。作难，解围端赖戢民郎。自注：闰三月履任和，十一月改任诸暨。时诸暨枫桥全畈村匪徒何文庆以锡铸莲蓬取联和之意也，招结党羽已近万人。十二月余因劝捐将访其实，被匪围住四日。后赖山阴户部员外郎何戢民同年亲至计解，乃得出围。戢民名惟俊，后于十一年九月因贼以书诱降不答，自缢死。[14]

鸡年蛇月失金华，南恃苏溪作捍遮。岭守善坑韩学博，孤营晓色断飞鸦。自注：十一年二月侍逆陷江山、常山，四月十七陷龙游，次日陷汤溪，又次日陷金华，诸军进防诸暨不战而溃。五月晦日贼突过苏溪将犯暨，幸赖广文、韩煜文扎营善坑岭堵之，贼乃引去。韩号午桥，金华人，曾从戎吉忠烈公营中。[15]

诸军秋困浦江城，亲运军储几不生。白马桥前呜咽水，相扶张友渡残更。自注：七月初四浦江被围，援兵入而县官出。余亲运军火至郑义门，而诸军厄守城中，城外无营，亦无巡哨之兵。贼已抄过东门，余几被贼执去。赖长沙张伟堂相左右，乃得退至白马桥而归。是夜张囚溪中乃免。[16]

已过重阳十七朝，丹枫染血带霜飘。裹创扶我重围出，侠义家居落马桥。自注：九月二十六日，余左右额顶心发际、右耳根、右臂膊共受七伤，倒于东门，有义民马以位抢护得出。马居东门外之落马桥。[17]

已死重苏万不便，枫桥人散雨缠绵。总戎许受漳州杰，让我篮舆护我前。

谢家桥已近兰亭，半夜敲门地主醒。炊饭杀鸡燂湿袄，扶风豪士眼何青。自注：主人忘其姓氏。[18]

舟渡曹娥宿上虞，宰官公子武陵胡。丹心碧血人千古，未奠临风酒一壶。自注：上虞宰武陵胡尧戴，号印庭，胡次云观察之嗣也，后殉城死。[19]

小寄妻孥甬口烟，虎牙幸脱篱无钱。雪岩高义驱今古，为买千金渡海船。自注：杭州胡雪岩。[20]

重到蓬莱嗽五云，浙西初定讲斯文。金泥信是藏书地，无数同心兰臭薰。自注：二年绍兴克复，瑶来办理善后，贤绅相助，指不胜屈。[21]

湘云飘瞥海东头，隐见浮沈数十秋。今日吟诗怀旧事，波涛猛不打沙鸥。[22]

释：

这是许瑶光回忆自己从少年起到来嘉兴前难忘的二十一件事。他对同窗学友和老师，工作中的知己朋友，几次危境中救助他的人，都念念不忘。

注：

[1] **少年场**：典故名，典出《汉书·酷吏列传》："安所求子死？桓东少年场。生时谅不谨，枯骨后何葬？"后遂用"少年场"指年轻人聚会的场所。　　**东廓**：城东。　　**凤凰**：明吉王凤凰公子。　　**不识**：指不知道，不认识。语出《诗·大雅·皇矣》："不识不知，顺帝之则。"　　**春心**：指为春景触起的心情。　　**春色**：春天的景色。　　**寻花**：唐杜甫《江畔独步寻花》："黄四娘家花满蹊，千朵万朵压枝低。留连戏蝶时时舞，自在娇莺恰恰啼。"诗句用来形容蝴蝶在花丛中飞来飞去，恋恋不舍的样子。　　**斗草**：有一种草学名叫"车前"，因它的茎韧性特别好，可以用它来拉扯比斗，所以就有了"斗草"这种游戏。　　**逐人忙**：每个人都在忙。

[2] **髫年**：指幼童时期。　　**知非**：省悟以往的错误。

[3] **课诗**：学习作诗。　　**溯**：追溯。　　**宗**：渊源。事物的本源。　　**黄**：黄冶堂。**饶**：饶心如。　　**盛更**：更加。　　**磨砺**：《书·费誓》："砺乃锋刃。"比喻作好准备，以便到时一试。　　**廿四光阴**：廿四年时间。　　**载酒从**：成语"载酒问字"，既可以指一个人有学问，常有人登门求教，也可以指一个人拜师求学，勤学好问。典出《汉书·扬雄传》。杨雄家贫嗜酒，当时有好学的人载酒看跟他游学，后遂用此典比喻慕名登门请教。　　**孝廉**：明朝、清朝对举人的雅称。

[4] **渺天涯**：渺。茫茫然，意为看不清楚。天涯，意为在天的边缘处。唐郑锡《送客之江西》："乘轺奉紫泥，泽国渺天涯。九派春潮满，孤帆暮雨低。草深莺断续，花落水东西。更有高唐处，知君路不迷。"　　**交借**：相互借。　　**书编**：成本的书。　　**风月**：清风明月。泛指美好的景色。

[5] **癯**：消瘦。　　**同年**：同年中举。　　**金台**：指古燕都北京。　　**夕照鞭**：指傍晚

阳光下马鞭的影子。后以比喻警戒策勉。　　　**沧海**：大海。　　　**惊**：出人意料的。
生死：命运。　　　**诗书**：诗作和书法。　　　**子孙**：指后代。　　　**武林**：旧时杭州的别称,
以武林山得名。　　　**相得**：互相投合,比喻相处得很好。　　　**隐处云**：唐代诗人常建《宿
王昌龄隐居》:"清溪深不测,隐处唯孤云。"　　　**隐处**：隐居的地方。表达诗人对王昌龄的
隐居很认可,并表示自己也将归隐。　　　**楷**：楷书。　　　**擅**：专也。　　　**三唐**：诗家论唐
人诗作,多以初、盛、中、晚分期,或以中唐分属盛、晚,谓之"三唐"。

[6] **优拔**：优贡和拔贡。出众的拔贡。　　　**借游**：借书交往。　　　**太湖石**：又名窟窿石、
假山石,其形状各异,姿态万千,通灵剔透的太湖石,最能体现"皱、漏、瘦、透"之美。
瘦云：瘦石,峭削之石。　　　**红**：指得宠。　　　**压**：压倒。镇住。　　　**一梅幽**：《竹梅幽
禽》:"梅花出修竹,照影清溪深。微风散寒香,上有幽栖禽。"是元朝文学家王冕的代表作
品之一。

[7] **残岁**：余年。岁末。　　　**吴羌**：南朝有沈麟士居德清吴羌山(又名乾元山)讲经,从学
者近百人,各宫屋宇依止其侧,时有"吴羌山中有贤士,开门教授苦成市"之语。　　　**梓臣**：
指浙江湖州德清县知县廖梓臣。　　　**殉城**：为保卫城池而献出生命。　　　**白苹**：白苹
洲,古代水路送别之地的泛称。　　　**庚戌**：道光三十年。　　　**辛酉**：咸丰十一年。

[8] **白衣**：丧服。　　　**吉兆**：吉祥的征兆。　　　**傲骨**：比喻高傲自尊、刚强不屈的性格。
语出宋戴埴《鼠璞》卷上:"唐人言李白不能屈身,以腰间有傲骨。"　　　**时**：现在的,当前
的。　　　**违**：违背。　　　**壬子**：咸丰二年。　　　**任所**：任职办公的处所。亦泛指任职的
所在地。　　　**阖邑**：全县。

[9] **桐江**：富春江的上游。即钱塘江流经桐庐县境内一段。　　　**潇洒少年潘自种梅花傍
冷官**：宋代诗人方岳的诗:"自种梅花伴月明",而潇洒少年潘倚傍不重要、不繁忙的官职。
长生：指道家求长生的道术。　　　**短算**：短拙的考虑。　　　**翻**：反而、却。　　　**金丹**：古
代方士炼金石为丹药,认为服之可以长生不老。

[10] **青溪**：浙江淳安的别称。　　　**少合**：停留时间不长。　　　**定阳**：定阳县,东汉时期
会稽郡所辖县区。今浙江省常山县招贤镇。　　　**四载**：四年。　　　**苧萝**：山名。在浙江
省诸暨市南,相传西施为此山鬻薪者之女。诸暨代称。　　　**照月**：得知心相助。　　　**葛**：
绅士葛燮村。　　　**孙**：绅士孙心。　　　**楼**：绅士楼晴轩。　　　**古人风**：意思是说这些乡

绅人有修养,忠厚、平和、仗义,与世无争。有古代贤人的品性。　　　丁巳:咸丰七年。

[11] 枫溪:诸暨的代称。　　琐:记录,记载。　　薜萝:薜荔和女萝。借指隐者或高士的住所。　　德星:古以景星、岁星等为德星。这星借指贤绅。　　聚处:相聚时。　　罗:罗绮。轻软的丝织品。　　越山:位于诸暨市南面的牌头镇,包括勾嵊山、越山、道凝山。　　劳:烦劳。频繁。　　回首:回头看;回想,回忆。　　七十二湖:诸暨有七十二湖,是水的世界,鱼的家乡。　　枫桥:枫桥镇位于诸暨市东部,与绍兴县接壤,是诸暨的第一大镇。

[12] 缑城:浙江宁海的别称。　　诗境:诗境就是创作诗歌的环境。　　雨田:都司王雨田。　　都阃:指统兵在外的将帅。　　海寒:海上的寒气,指海盗。　　双剑:得都司王雨田之助形成的双剑。　　龙吟:龙鸣。海啸声。借指海盗的声势。　　催科:催收租税。　　周流:围绕。流连。　　诗心:作诗之心;诗人之心。　　移:改变。　　兵畏:"讳兵畏刑",慎于用兵和用刑。　　戢:收敛,止住。

[13] 钱江:钱塘。钱塘是杭州城的古称。　　出山:出仕担任官职。　　伏莽:指潜藏的寇盗。　　攀辕:攀辕卧辙。拉住车辕,躺在车道上,不让车走。旧时用作挽留好官的谀辞。　　惨淡:悲惨凄凉　　鹑衣:补缀的破旧衣衫。　　鹤发:仙鹤羽毛般雪白的头发。　　庚申:咸丰十年。　　堂皇:特指官吏治事的厅堂。

[14] 城隍:城墙和护城河,泛指城池。　　重寻:重找。　　浣水:指诸暨。　　坊:同"防"。　　莲蓬人:1861年,何文庆率领莲蓬党人加入了太平天国,并成为太平军挺进浙东的先锋。　　戢民郎:户部员外郎何戢民。

[15] 鸡年:咸丰十一年。　　蛇月:农历四月。　　苏溪:义乌下辖的一个镇。位于义乌东北部。东邻诸暨市。　　捍遮:保卫、遮挡。　　岭守善坑:守卫善坑岭。　　韩学博:韩煜文。　　飞鸦:明代史书上记载的军用火箭"神火飞鸦"。宋应昌《经略复国要编》中有神火飞鸦的攻城战法。此处泛指攻城敌军。　　晦日:指农历每月的最后一天。

[16] 浦江城:诸暨。　　军储:指粮秣等军需物资。　　几不生:差一点丢掉性命。　　白马桥:诸暨浦江白马桥镇。　　呜咽水:伤心哽泣的声音。　　张友:张伟堂。

渡残更：旧时将一夜分为五更，第五更时称残更。指五更时囚渡溪流。　　**援兵入而县官出**：援兵入城而县官出城。　　**义桥门**：会义桥，在诸暨城南方向，自古为诸暨县城连接诸南的交通要道。

[17] **十七朝**：十七天。　　**丹枫染血**：枫桥受伤。　　**侠义**：见义勇为、舍己助人之士。指义民马。　　**落马桥**：诸暨东门外五里亭旁有落马桥，亦名长官桥，宋淳祐间县令家坤翁建，明成化间知县王瓒修之，更名兴暨阳桥。岁久危圮。咸丰间，里人募捐重建。

[18] **苏**：从昏迷中醒来。　　**万不便**：很多不便和麻烦。　　**枫桥**：诸暨枫桥镇。**人散**：过后。　　**缠绵**：指久病。缠绵日久不愈。　　**总戎**：清时称总兵为总戎。**杰**：英雄豪杰。　　**篮舆**：古代供人乘坐的交通工具，形制不一，一般以人力抬着行走，类似后世的轿子。　　**谢家桥已近兰亭**：兰亭镇谢家桥村位于诸绍交界处。　　**燀**：烤。烧热。　　**扶风豪士**：《扶风豪士歌》是唐李白的作品，作于安史之乱爆发后的第二年春天。此诗是为感谢"扶风豪士"的盛情款待而写的，扶风，地名，今属陕西。豪士，豪杰侠士，仁人志士。　　**眼**：眼下的。

[19] **曹娥**：曹娥江。钱塘江的最大支流，因东汉少女曹娥入江救父而得名。　　**上虞**：上虞县，今上虞市，位绍兴以东。　　**宰官**：特指县官。　　**公子**：古代对别人儿子的敬辞。　　**武陵胡**：武陵人胡尧戴。　　**丹心碧血**：满腔正义的热血，一颗赤诚的红心。形容忠诚坚定。出自《庄子·外物》："苌弘死于蜀，藏其血，三年而化为碧。"　　**千古**：死的婉辞，表示不朽的意思。　　**奠**：用祭品向死者祭奠。　　**临风**：迎风；当风。　　**观察**：清代对道员的尊称。　　**嗣**：后人。

[20] **小寄**：暂时寄住。　　**妻孥**：妻子和子女。　　**甬口**：浙江省宁波市甬江入海口。**烟**：烟草贩子家。　　**篚**：竹箱。　　**雪岩**：胡雪岩。富可敌国的晚清著名商人。**高义**：高尚的品德或崇高的正义感。

[21] **蓬莱**：指舟山普陀佛山。　　**噏**：吮吸。　　**五云**：指青、白、赤、黑、黄五种云色，亦指五色瑞云。多作吉祥的征兆。　　**斯文**：文质彬彬，有礼貌、教养。　　**金泥信是藏书地**：诸暨素有私家藏书之风，书楼众多，书家辈出，其书金简，青玉为字，编以白银。清代尚有葛氏藏书楼、超然楼、寓庸室、南雨山房、经笥堂、西爽楼、万卷楼等。金泥，以水银和金粉为泥，作为书写、封印信函用。信，书信。　　**同心兰臭**：《易·系辞上》："同心之

言,其臭如兰。"孔颖达疏:"谓二人同齐其心,吐发言语,氤氲臭气,香馥如兰也。"后因以"兰臭"指情投意合。　　薰:古书上说的一种香草,又泛指花草的香气。　　指不胜屈:扳着指头数也数不过来。形容为数很多。

[22] 飘瞥:迅速飘落或飘过。　　浮沈:随波逐流,追随世俗。喻升降、盛衰、得失。数十秋:数十年。　　沙鸥:唐齐己《沙鸥》:"暖傍渔船睡不惊,可怜孤洁似华亭。晚来湾浦冲平碧,晴过汀洲拂浅青。翡翠静中修羽翼,鸳鸯闲处事仪形。何如飞入汉宫里,留与兴亡作典经。"

21. 八　月

（同治六年）

　　八月凉秋热更乘,天心应为桂花蒸。自注:浙人谓八月凉为桂花冻,热为桂花蒸。香来鹫岭苍毛栗,自注:杭人谓早栗为桂花栗。熟到鸳湖没角菱。自注:南湖菱独无角。归燕海村潮欲上,残蝉江树月初升。鱼龙虽冷云霞艳,独倚高楼最上层。[1]

释:
前两句采用了嘉兴特产桂花、毛栗、没角菱。后两句采用了唐杜甫《归燕》诗,唐吴融《江树》诗,唐杜甫《秋兴八首》(其四)诗和宋贺铸《更漏子·独倚楼》词写成的一首诗。

注:
[1] 乘:升。　　天心应为桂花蒸:天心,天意。农历八月又称为桂月,因其时正当桂花绽放之时,故名之曰桂月。在这个时期,会出现几天异乎寻常的闷热天气,用"蒸"字形象地描绘出这种闷热天气,富有诗意,又因其时桂花多开,故命名为桂花蒸。　　鹫岭:宋苏轼《海会殿上梁文》:"庶几鹫岭之雄,岂特鸳湖之冠。"清纳兰性德《桂》诗:"露铸鸾钗色,风薰鹫岭香。"　　熟到:热到。　　归燕:唐杜甫《归燕》:"不独避霜雪,其如侍侣稀。四时无失序,八月自知归。春色岂相访,众雏还识机。故巢傥未毁,会傍主人飞。"　　残

蝉：秋天的蝉。　　江树：唐代吴融《江树》："终日冲奔浪，何年坠乱风？谢公堪入咏，目极在云中。"　　鱼龙虽冷：唐杜甫《秋兴八首》（其四）："闻道长安似弈棋，百年世事不胜悲。王侯第宅皆新主，文武衣冠异昔时。直北关山金鼓振，征西车马羽书迟。鱼龙寂寞秋江冷，故国平居有所思。"　　独倚高楼：北宋贺铸《更漏子·独倚楼》："上东门，门外柳，赠别每烦纤手。一叶落，几番秋，江南独倚楼。"

22. 过朝鲜难夷作

（同治七年）

白衣园领发覆额，乘槎东海遭风厄。飘流遇拯到中华，中华升平方一家。给衣给食给船载，遣使护送天之涯。慎听约束归故国，宜感皇家绥远德。[1]琉球又报难夷过，东南海阔真难测。自注：难夷过无虚日，需索颇甚。恐外国流氓有倚此作生涯者。

释：

正如自注所述："难夷过无虚日，需索颇甚。恐外国流氓有倚此作生涯者。"

注：

[1]乘槎：亦作"乘楂"。乘坐竹、木筏。　　厄：困苦、灾难。　　拯：援救，救助。升平：太平升平之世，歌舞升平。　　方：商朝时候把外方部族称为方。　　天之涯：指极远的地方。　　慎听：要谨慎，不要轻信。　　约束：盟约，规约。　　皇家：皇朝，皇室。　　绥远德：以德政安近而绥远。绥，安抚。远德，德行播及远方。　　过无虚日：没有一天空着。形容一直如此。　　生涯：指从事某种活动或职业的生活。

23. 米捐叹

（同治八年）

病商之钱尚可取，病农之政不可举。权宜济饷仍守经，抑末敦本谋国苦。由此东南洗战尘，马放山阳牛耕雨。胡今湘中议米捐，科算仍从陌与阡。每租百石银四十，排门摊派白册填。干吏四出洞庭沸，胥役突破衡山烟。谓可得银六百万，当事欢忭张华筵。[1] 大户为缓计，中户暗垂涕。小户最雌懦，累累犴狱系。转羡赤贫无立锥，饥寒不致为田累。山村水郭霭愁云，日望尺书降天际。自注：后经御史张竹汀奏陈奉停。[2]

释：

这是对湖南老家农民摊派米捐的感叹。

注：

[1] 病商：增加米商厘税叫"病商"。　　病农：增加稻农捐税叫"病农"。　　举：举办。权宜：暂时适宜的措施。　　济饷：增加厘税弥补财政不足。　　守经：固守经义、常法、常规。　　抑末：抑制商贾。　　敦本：敦促农业。　　谋国：为国家利益谋划。战尘：兵祸。　　山阳：指山的南边。　　牛耕雨：晴耕雨读，晴天耕耘，雨天读书。胡：为什么。　　湘中：湖南娄底、益阳一带。　　科算：计策。　　陌与阡：阡陌。借指田地。　　排门：推门。　　干吏：办事老练的官吏。　　沸：人群沸腾，沸沸扬扬。沸反盈天。　　胥役：胥吏与差役。胥吏指小官吏或没有官位的办事人员。　　烟：沸腾的烟气。　　当事：有关的当事人。　　欢忭：喜悦。　　华筵：丰盛的筵席。

[2] 缓计：延缓结算的计策。　　雌懦：柔弱懦怯。　　累累：数目多得无法计算。犴狱系：犴狱系囚。成了牢狱在押的囚犯。　　立锥：立锥之地。　　山村水郭：满山遍野。唐代杜牧《江南春》："千里莺啼绿映红，水村山郭酒旗风。"　　霭：云雾密集的样子。　　尺书：古代简牍的长度有一定规定，官书等长二尺四寸，书非经律者，短于官书，称为短书，尺书。　　天际：古代指天空。

24. 彭雪琴宫保见过作此

（同治八年）

四月二十八日，宫保既辞官后，筑屋清泉山，独居静养。兹来游西湖，渡江探禹穴，访兰亭，画梅花于柯山之石壁。

水战声名照宇寰，辞官来看浙中山。邮亭失迓乘舟疾，海国无波宝剑闲。烟雨西湖孤鹤外，风云南岳卧龙间。梅花百幅诗千首，底事伤心印押斑。[1]自注：宫保有"天下第一伤心人"小印。

释：

此后，光绪元年(乙亥)湘军将领彭玉麟再次来到嘉兴，给许瑶光画了二幅梅花，一为直幅，一为横幅。直幅右下有彭玉麟自题七绝二首。末有后序："乙亥春吟春香史玉麟作于鸳鸯湖烟雨楼。"横幅右下有彭玉麟自题七绝二首。末有后序："乙亥季春，予由西湖退省庵出江道，过嘉兴，许雪门太守、傅翼良总戎作东道主，邀游鸳鸯湖烟雨楼，于水际得此石，索画梅，乘醉走笔以应，苾系二绝志兴，雪泥鸿爪，当亦有因缘在也。南岳七十二峰樵人玉麟并题。"同年许瑶光把这两幅梅花图刻成碑石，在烟雨楼址的北面，即"凝碧阁"的废址上建造一亭，把这两块石碑放在亭内，名亭为"宝梅亭"。还撰书《构宝梅亭》诗刻石记事。

注：

[1] **彭雪琴宫保**：彭玉麟(1816—1890)，字雪岑，号雪琴，湖南衡阳人。湘军水师创建者。官按察使、水师提督、兵部尚书，光绪十六年卒，赠太子太保谥刚直。　　**禹穴**：相传为夏禹的葬地。在今浙江省绍兴市东南6公里的会稽山麓。　　**兰亭**：位于浙江省绍兴市西南14公里兰亭镇的兰渚山下，是东晋著名书法家、会稽内史王羲之的园林住所，相传春秋时越王在此植兰，汉时设驿亭，故名兰亭。　　**柯山**：在今绍兴市西二十五里绍兴县境内，横亘一里余，山势不高，却具有岩壁孤峭，留下文人墨客许多脍炙人口的精美诗篇。**宇寰**：天下。　　**邮亭**：指古时传递文书的人沿途休息的处所。　　**失迓**：成语"有失迎迓"。迎迓，迎接。　　**海国**：近海地域。　　**无波**：不起波澜。没有战事。　　**烟雨**：嘉兴烟雨楼。　　**西湖孤鹤**：西湖孤山。宋林逋隐居杭州西湖孤山，不娶无子，所居植梅畜鹤。　　**风云**：比喻雄韬大略或高情远志。　　**南岳**：南岳衡山，借指湖南。

卧龙间：藏龙卧虎之处。　　　底事：解释为何事。伤心印押斑。

25. 题嘉兴王芑亭学博《檇李谱》

（同治九年）

　　君谟闽人谱荔支，但夸闽产无乃私。后来永嘉韩太守，橘录止录温州宜。贤豪所居考名物，棠阴枌社争留贻。不比茶谱暨笋谱，铺张珍味供朵颐。[1]我守檇李已七载，净相芳根兵后在。六月炎威啖此消，交梨碧柰浮东海。曾读频罗庵主章，筼笼盈咽风露香。一笑金婆换西子，自注：二句山舟先生诗中语。远饷追和丁见堂。[2]几欲翻书稽越绝，醉李二字增傍徨。有如卫风报琼玖，刺淫美伯今难详。兹李名地纪麟笔，定公乙巳吴王光。夫椒行成乃丁未，浣纱女始来金间。歌舞三年语溪水，爪痕无乃传荒唐。今古娥眉生附会，倾脂有河靥有廊。名花名果一例视，玉环红捻牡丹芳。君之此谱究何是，浣诵芬芳漱牙齿。[3]仙液千年柱下君，清风三日於陵子。若将多识比芘经，必恭敬止同桑梓。坛边杏子圣人居，门外栗魁高士里。杨梅从此属君果，儒雅风流问谁比。我未暇谱聊作诗，失却骊珠割龙耳。所冀牵连附骥传，媵以潘园徐园李。自注：徐园李见山舟诗。[4]

释：

同治九年王芑亭《檇李谱》重刊，向许瑶光索书册首，并索题句。许瑶光有书信："芑亭二兄重刊《檇李谱》，嘱书册首，并索题句。兴之所至，中多驳辨，不自知其少蕴蓄也，兼柬可园大兄，并请即正。善化许瑶光雪门。"

注：

[1] 王芑亭：道光、同治年间收藏家，嗜金石，书室名"秦瓦晋砖之室"。　　**学博：**唐制，府郡置经学博士各一人，掌以五经教授学生。后泛称学官为学博。　　**《檇李谱》：**王芑

亭所著。内容有:总论、星精、地名、字义、字体、字音、栽种、分植、远移、接秧、枯蛀、花实等三十条。檇李,李子的一种品种,果实皮鲜红、汁多、味甜,全国只有浙江桐乡桃源村出产,为桐乡特产,古时为宫廷贡品。谱,记载事物类别或系统的书。按照事物的类别或系统编排记录。　　**君谟**:人名。　　**荔支**:荔枝。　　**无乃**:表示委婉反问。不是,岂不是。　　**私**:单独地的意思。　　**录**:记载言行或事物的书册。　　**宜**:指"处所"、"地点"。　　**贤豪**:贤士豪杰。　　**棠阴**:周时召伯巡行南国,曾在棠树下听讼理事。召公死后,后人爱其树不忍翦伐。见《史记》卷三十四《燕召公世家》。后以棠阴誉称去职官吏的政绩。　　**枌社**:新丰枌榆社的省称。指汉高祖的故里。泛指家乡、故里。**留贻**:贻留,遗留,留名后世。　　**暨**:及,和。　　**铺张**:追求形式上的好看。　　**珍味**:珍奇美味的食物。　　**朵颐**:鼓腮嚼食。大吃大喝。

[2] **檇李**:代指嘉兴。　　**净相芳根**:指清初嘉兴王店的曝书亭诗社即有以檇李为题,分韵作诗,不仅叙述了檇李的历史典故和民间传说,而且还讲到它的生态特征和栽培经验。如:"净相开新圃,图经徙旧城"、"巧果江乡产,芳根沃土移"等。以驳辩檇李是由太平天国移植嘉兴之说。　　**兵后在**:太平军在后。　　**啖**:吃。　　**交梨**:交梨和火枣都是道教经书中所说的"仙果"。　　**碧柰**:青色柰子。俗名花红、沙果。　　**浮**:呈现,涌现。　　**频罗庵主**:梁同书,字元颖,号山舟,清代书法家,工楷、行书,著有《频罗庵遗集》。　　**章**:文章。　　**"笼筥盈咫风露香,一笑金婆换西子"**:笼筥,书箱。盈咫,不远处。风露,悠然自得的状态。此二句山舟先生诗中语。　　**远饷**:远处。　　**追和**:根据古人所写某首诗或词的原韵或诗意写成的诗或词,称为"追和"。　　**丁见堂**:清代医家陆以湉。在杭州天后宫北厢之壁有丁见堂诸君题词。

[3] **醉李**:醉李城。《左传·定公十四年》:"五月,於越败吴于檇李。"杜预注:"檇李,吴郡嘉兴县南醉李城。"　　**傍徨**:心神不宁、来往走动貌。　　**卫风**:诗经《国风·卫风》,邶、鄘二地早已并入卫国,邶、鄘、卫都是卫国的诗。评论时便将此三诗统称之为"卫风"。**琼玖**:琼和玖。泛指美玉。后世常用以美称礼物。　　**刺淫美伯今难详**:《诗·邶风》中"刺淫之诗"和"召南者美伯主也"今难详细说明。　　**麟笔**:孔子作《春秋》,绝笔于获麟,故称史官之笔为"麟笔"。　　**定公乙巳**:春秋时期鲁定公十四年(越王勾践元年,吴王夫差于次年登基)。　　**光**:使增光彩。　　**夫椒**:地名,在今浙江绍兴北。前494年吴王夫差败越于夫椒。　　**丁未**:吴王夫差二年。　　**浣纱女**:西施。　　**金阊**:苏州别称。　　**歌舞三年**:西施学习赖舞三年。　　**溪水**:浣溪,指西施。　　**爪痕无乃传荒唐**:相传西施入吴途经嘉兴时,曾品尝檇李,捏果时留下一道指甲痕,从此果实代代留痕

不退,这就是传扬千古的所谓西施爪痕。　　娥眉:细长而弯的美丽的双眉。借指美女。生附会:勉强地把两件没有关系或关系很远的事物硬拉在一起。　　倾脂有河靥有廊:相传吴王筑此廊,令足底木空声彻,西施着木屐行经廊上,辄生妙响。响屧廊遗址在今江苏省苏州市西灵岩山。　　名花名果:指西施和槜李。　　一例:同等。　　玉环:杨贵妃的小字。李白借用牡丹花来赞颂杨贵妃美丽的容貌。　　红捻:"一捻红"是洛阳牡丹中的古老品种。　　牡丹芳:《牡丹芳》是白居易于唐宪宗元和年间写的乐府组诗中的一首。诗中描写了牡丹花蕴蓄之美,也讽刺了公卿贵族追求的豪奢生活。　　浣诵:洗衣时朗诵。　　芬芳:比喻美好的德行或名声。

[4] 仙液:槜李熟透时皮内果肉化成浆液状,称之为"琼浆玉液"。　　柱下:相传老子曾为周柱下史,后以"柱下"为老子或老子《道德经》的代称。借指藏书之所。清风三日:元王恽:"清风破暑连三日,好雨依时抵万金。"　　於陵子:《於陵子》一卷,旧本题齐陈仲子撰。王士祯《居易录》曰:万历间学士,多撰伪书以欺世。《於陵子》,其友姚士粦叔祥作也。　　多识:博学广记。　　葩经:称《诗经》为"葩经"。　　必恭敬止同桑梓:《诗·小雅·小弁》:"维桑与梓,必恭敬止。"故乡的树木要满怀敬意地去爱护。　　坛边杏子:槜李树形略似杏树。　　魁栗:高大的栗树。　　高士:志趣、品行高尚的人,高尚出俗之士,多指隐士。　　里:家乡,故里。　　儒雅风流:文雅而飘逸。　　暇:空闲时间。　　骊珠:宝珠。传说出自骊龙颔下,故名。　　牵连:牵涉,关联。　　附:附和。犹附会。　　骥传:比喻杰出的人的传写。　　媵:随嫁。　　潘园徐园李:潘园李和徐园李,在明清时皆称佳品。

26. 咏马端愍被刺事

(同治九年)

端愍字谷山,菏泽人。[1]

古人断狱有疑狱,存疑所以防欺诬。今人定律删疑狱,阳为明晰阴模糊。昨来端愍被刺事,斯变千古之所无。既非节侯佐东汉,攻蜀手握铜虎符。[2]又非伯苍翊唐室，削平淮蔡秉政枢。麒麟仁爱不搏击，何属封豕与馋貙。胡为七月西风吹惨烈，白虹直贯金陵都。长江蛟出波涛涌，锺山蛇结烟云驱。[3]朝野震悼定相告，奸人挺立转不趋。将军临讯漕帅鞫，一词莫吐空支吾。其时天津构夷衅，火烧拜堂民怒呼。赫赫元臣出保定，抚内绥外烦良谟。[4]彼族啧啧议未就，群疑鬼车张威弧。其实南辕判北辙，事出无谓何其迂。乌台白简交章奏，法星光动太微隅。冰镜莫测罔两影，雷火难烧顽石枯。[5]罪人虽伏事未白，徒碟蚁虱小匹夫。因公曾持两浙节，浙海蜃市迷蓬壶。缥缈烟波浩无际，问水何处穷根株。去年青州刺太守自注：王汝讷，今年嵊令伐妻孥自注：严思忠。[6]瀛海升平罴兕殚，何来鼠辈残人肤。我思频年讲招募，千军万队来江湖。耰锄良农固不少，未免绿林与萑苻。大功既告议裁撤，猛虎出柙饥堪虞。[7]蜿蜒玉节镇吴会，岂无陶汰之车徒。缘兹嗾獒施反噬，睚眦示报何骎骎。私心臆度纵未确，聊备有识同揣摹。[8]君不见桓桓征西高提督，捐驱乃在部下奴。死灰中多藏伏火，使我遥望深山大泽增欷歔。[9]

释：

此诗写清末张汶祥刺杀两江总督马新贻的历史事件。刺马一案在民间流传已久，各个版本层出不穷，扑朔迷离。它被列入"清末四大奇案"（杨乃武与小白菜案、名伶杨月楼冤案、太原奇案、张汶祥刺马案）之首，是因为此案背后所隐藏着慈禧太后与曾国藩湘军之间政治军事矛盾的秘密，至今仍为世人所相争论。

注：

[1] **马端愍**：马新贻(1821—1870)字谷山，号燕门，别号铁舫，谥号"端愍"。回族，山东菏泽人。道光进士，先后任安徽太和、宿松、亳州、建平、合肥等知县，安徽按察使、布政使。同治七年(1868)二月任浙江、福建总督，八月任两江总督，兼通商大臣。同治九年(1870)七月二十六日，遭张汶祥行刺身亡。此案轰动全国，一拖半年之久不能结案，于是各种传闻蜂起。

[2] **节侯佐东汉**：西汉宗室舂陵节侯刘买的后代刘秀建立东汉。此处指皇亲贵族。
攻蜀手握铜虎符：刘备攻蜀建立蜀汉，铜虎符为汉代发兵所用的铜制虎形兵符。此处指有兵权的人。

[3] **伯苍翊唐室**：武元衡(758—815)唐代诗人,字伯苍,唐宪宗召为相,因力主削藩,遭藩镇忌恨,元和十年(815)六月三日早朝,为淄青藩帅李师道遣刺客暗杀。　　**政枢**：统治中枢。　　**麒麟**：才能杰出的人。　　**搏击**：弹劾。　　**封豕**：巨大的野猪,比喻贪暴者。　　**馋貙**：贪羡的猛兽。　　**胡为**：胡作非为。　　**白虹直贯**：取自"白虹贯日",一种罕见的日晕天象,古人认为人间有非常之事发生,就会出现这种天象变化。　　**蛟**：古代传说中的一种龙,常居深渊,能发洪水。　　**蛇**：委蛇,随顺、顺应貌。　　**结**：判决;治罪。　　**趋**：疾行;奔跑。

[4] **将军**：指江宁将军魁玉。　　**临讯**：谓亲临审讯。　　**漕帅**：指漕运总督张之万。　　**鞫**：审讯。　　**赫赫元臣**：指直隶总督曾国藩,马新贻被刺后朝廷谕旨,曾国藩着调补两江总督。　　**谟**：计谋;谋略;谋划;谋虑。

[5] **群疑鬼车张威弧**：《易·睽卦》："载鬼一车,先张之弧,后说之弧。"又"象曰:遇雨之吉,群疑亡也。"此处引易卦的意思,当是叹事殊可怪,惧凶人为害。　　**南辕判北辙**：比喻判决与事实相反。　　**迂**：迂腐,不合事理。　　**乌台白简**：乌台指御史台。古代用以写字的竹片为简。此处指御史郑敦谨(刑部尚书)、曾国藩审后联衔上奏,照魁玉、张之万原拟罪名结案。　　**章奏**：臣僚呈报皇帝的文书。　　**法星**：星名,荧惑星的别名,谓之罚星,或谓之执法。　　**太微**：古代星官名,用指朝廷或帝皇之居。　　**冰镜**：指明亮的眼睛。　　**罔两**：亦作"罔阆",古代传说中的一种精怪,喻凶恶的坏人。　　**影**：隐,躲藏。此处指幕后指使人。

[6] **磔**：一种凌迟酷刑,俗称剐刑。　　**节**：符节,古代使臣所持以作凭证。　　**蜃市**：滨海因折光而形成的奇异幻景。　　**蓬壶**：即蓬莱。　　**根株**：比喻事物的根基,基础。

[7] **瀛海升平**：四海太平。　　**黑儿**：泛指猛兽。　　**殚**：绝灭。　　**穮锄**：泛指农具,犹耕种。　　**萑苻**：盗贼,草寇。　　**柙**：关野兽、牲畜的笼子。

[8] **蜺旌**：彩饰之旗。　　**玉节**：指持节赴任的官员。　　**吴会**：吴、会稽二郡并称吴会。　　**陶汰**：犹淘汰。　　**车徒**：兵车和步卒。　　**缘兹**：因此。　　**嗾**：口中发出声音来指使狗。　　**獒**：高大凶猛的狗。　　**反噬**：比喻受人之惠,反加陷害。　　**睚眦**：借指微小的怨恨。　　**报**：报复。　　**骎骎**：急速奔走貌。

[9] 桓桓：勇武、威武貌。　　欷歔：叹息声；抽咽声。

27. 细　雨

（同治十年）

细雨洗残雪，春生楼阁间。黄云江上路，青晕海边山。[1]杨柳迎年动，梅花与客闲。西征闻奏捷，喜气满乡关。[2]

释：

这首迎接春天即将到来的诗，最终落在左宗棠"西征闻奏捷，喜气满乡关"上。

注：

[1] 细雨：初春的细雨。　　洗：洗涮。清除。　　春生：春天来了。新的一年又开始了。春生夏长，秋收冬藏，出自《史记·太史公自序》，指农业生产的一般过程。亦比喻事物的发生、发展过程。　　楼阁间：园庭的亭台楼阁间。泛指庭园。　　黄云：雪天之云。下雪天云特黄于常云，故称。　　江上路：江边的路。　　青晕：中心较浓周围渐淡的青黑色圆环点。　　海边山：海边的山峰美景。

[2] 迎年：迎接新的一年。　　动：萌动，开始发芽。　　西征：左宗棠西征新疆收复国土。　　奏捷：取得胜利，获得成功。　　满：到处都是。　　乡关：故乡。

28. 纪异八月十九日辛未嘉兴地震

（同治十一年）

八月十九日辛未嘉兴地震。

䂮然屋瓦窗棂响,几席摇摇神晃漾。声初西来倐然东,坐立无怃迷俯仰。稍停始知大地震,回思转觉寸心荡。非风非潮非雷霆,世间万变难为形。[1]黄舆二亿二万广,厚载相等川岳灵。巨鳌尔司是何事,胡为飘动如浮萍。毋为贪饵坐荒怠,鼓扇钱塘秋潮青。否则祖龙逞狂肆,憾山鞭石来东溟。[2]触我秦驻不得稳,牵掣胥山㩐山经。忆我来浙廿余载,乱前三震自注:咸丰三年夏一震,八年二震兆兵铠。于今磐石奠苞桑,阳伏阴迫理难解。岂有宋蛾封三阳,并无窦氏擅元宰。[3]安土敦非渗土愆,火煎之说令人骇。客言道光戊申年,蜀西地震雷声频。水沸山颓城郭陷,人民覆压数万千。伊时宦游嘉定府,二日二夜居露天。[4]皇天可戴土难履,富媪之德胡变迁。兹乃小动匪大震,休唱陆沉愁神仙。况复神州中悬如,秭米大舟藏壑水。为边纵云有极究,浮象罡风四面吹。[5]旋旋秋高风急偶,薄激臆说安知非真诠。君不见贞元十年长安震,浑家树涌蚯蚓涎。又不见熙宁沧州破地出,胡桃螺蚌碎板船。[6]

释:

这首诗真实描绘了同治十一年(1872)嘉兴地震的景况。

注:

[1] 䂮然:形容破裂声、折断声。 窗棂:即窗格,窗里面的横的或竖的格。 几席:古人凭依、坐卧的器具。 晃漾:光影摇动貌。 无怃:无奈,没劲的意思。 寸心:指渺小的生命或者心意。 形:形容。

[2] 黄舆:大地。 厚载:地厚而载万物。 相等:等待。 灵:神灵,灵气。 巨鳌:"巨鳌戴山",大鳌的头上顶着山。出自《列子·汤问》:"渤海之东不知几亿万万里,有帝恐流于西极,失群先圣之居,及命禹强使巨鳌十五举首而戴之。迭为三番,六万岁一交焉。五山始峙而不动。" 尔:你。 司:主管,主持。 胡为:为什么。 毋为:不要。 贪饵:贪图饵食而招致灾祸。 荒怠:纵逸怠惰。 鼓扇:挥动扇子。 祖龙:一种古代生物,在一些说法里,特指秦始皇嬴政。 狂肆:狂暴恣肆;肆意。 憾山:摇动高山。 鞭石:相传难留城(今湖北宜昌)山上有一石洞,洞中有两块大石,俗名阴阳石。阴石常湿,阳石常燥。每遇水旱不调,百姓便进洞祈福。天旱

则鞭打阴石得雨，雨多则鞭打阳石天晴。事见北魏郦道元《水经注·夷水》。后作为乞求晴雨和洽的典故。　　**东溟**：东海。

[3] **秦驻**：浙江秦山，秦始皇观海之地，借指浙江。　　**牵掣**：牵制，影响使不能自由行动。　　**胥山**：是嘉兴城郊境内唯一的山丘，坐落在城东 30 里外的大桥乡胥山村。**夋山**：位于浙江海宁硖石北部。一作芰山，与史山合称双山。因史、夋两字方言读音近似，俗以方位称东夋山（史山）、西夋山（夋山）。　　**兆**：征兆。　　**兵铠**：喻指战争。**磐石**：比喻能负重任的人才。　　**苞桑**：意思是桑树之本，比喻牢固的根基。　　**阳伏阴迫**：《周易》解释地震，阳伏而不能出，阴迫而不能蒸。　　**宋蛾**：指宋朝蛾氏家族（曾出名将蛾清）。　　**封**：分封。　　**三阳**：冬至一阳生，阴历十二月为二阳生，立春为三阳生。立春后万物复发，万物又重新开始，合成三阳开泰。　　**窦氏**：两汉望族窦氏（西汉汉文帝、东汉汉章帝以及汉桓帝他们的皇后都是窦氏）。　　**擅**：擅命。擅自任命。**元宰**：丞相。　　**安土**：使地方安定。

[4] **敦**：确实。　　**渗土**：五行学说中指被克的土。　　**愆**：过失。　　**火煎**：火生土，此处应指"火反侮土"，此年当有大旱。　　**道光戊申年**：1848 年。　　**宦游**：泛指离乡求官奔波在外。

[5] **皇天**：天。成语有"皇天后土"。　　**可戴**：尊奉，推崇，拥护。　　**履**：踩踏，行走。**富媪**：地神。《汉书·礼乐志》："后土富媪，昭明三光。"颜师古注引张晏曰："媪，老母称也；坤为母，故称媪。海内安定，富媪之功耳。"　　**神州**：俗称"神州大地"，即中国。**中悬**：好好高挂在哪里。在中原"中"是指"好"的意思。　　**如**：如意。　　**稊米**：小米。比喻其小。　　**壑**：深谷，深沟。　　**极究**：追根究底。　　**浮象**：表面现象。　　**罡风**：道家称天空极高处的风，现在有时用来指强烈的风。

[6] **旋旋**：陆续；逐渐。　　**薄**：薄言，急急忙忙说的话。　　**激**：感情冲动时讲的。**臆说**：只凭个人想象的说法。　　**真诠**：亦作"真筌"，犹真谛。　　**贞元十年**：794 年。贞元是唐德宗李适的年号。　　**浑家**：意思是不懂事，不知进退的人。古人谦称自己妻子的一种说法。　　**蚯蚓涎**：蚯蚓涎（把蚯蚓放白糖上，蚯蚓会吐出涎）。有毒，药用。**熙宁**：宋神宗赵顼的一个年号（1068—1077）。　　**沧州**：今河北沧州市东南。　　**破地**：挖掘土地。

29. 前诗既成更系此章

（同治十一年）

乾坤战垒久清空，尚把沧桑系寸衷。已握荣毫书伟绩，更磨愤墨表孤忠。[1]秋原萤火舒愁绿，春雨鹃花洗烈红。总为湖山增壮采，忍教变灭付东风。[2]

释：

《雪门诗草》十四卷总叙称：诗草藏之行箧，未敢示人，而弟子促余梓之，余惟诗学之不光也久矣。同治十三年《诗草》十四卷出版前写了此诗。

注：

[1] **乾坤**：一般代表天地、阴阳。　　**战垒**：战争中用以防守的堡垒。　　**久**：早就。**沧桑**：变化巨大的世态。　　**系**：牵挂。　　**寸衷**：指心。　　**荣毫**：桐木毛笔。勤写的毛笔。　　**磨**：磨炼。　　**愤墨**：发愤的诗文。　　**孤忠**：忠贞自持，不求人体察的节操。

[2] **秋原**：秋日的原野。　　**舒**：抒发。　　**愁绿**：成语"红愁绿惨"。比喻愁思满怀。**烈红**：在战火中英烈流下的鲜血。　　**湖山**：湖水与山峦。　　**壮采**：壮美的文采。**忍**：愿意，舍得。　　**教**：使，令。　　**变灭**：变化幻灭。宋苏轼《答廖明略书》之一："老朽欲屏归田里，犹或得见，蜂蚁之微，寻以变灭，终不足道。"　　**付东风**：付之东流。一去不复返。

（六）南湖诗文，标异河山，传为胜事

嘉兴府城以南，春波门外的南湖，与杭州西湖、绍兴东湖，并称浙江三大名湖。南湖东北湖心岛上烟雨楼，四面临水，水木清华，晨烟暮雨，向称瀛洲胜景。

五代十国时期，后晋天福年间（公元 940 年前后），吴越广陵王在南湖东畔造台榭。南宋淳熙三年（1175），烟雨楼始建于湖滨。明嘉靖二十八年（1549），嘉兴知府赵瀛，在湖中用疏浚的河泥垒成的湖心岛上，创建坐南朝北的烟雨楼。万历十年（1582）嘉兴知府龚勉在楼南筑"钓鳌矶"；北面拓放生池，称"鱼乐国"；又建"大士阁"。清顺治二年（1646），在抗清斗争中烟雨楼毁。康熙二十年（1681）再建。乾隆十六年（1751）乾隆皇帝南巡前，改建烟雨楼为坐北朝南。咸丰十年（1860），在太平天国战争中烟雨楼又毁。

许瑶光十分关注历史遗迹。同治四年（1865），他到南湖寻访烟雨楼旧址，栽桃李于湖堤，意欲复建烟雨楼。后来，他以地经兵燹，物力维艰，楼制崇阔，未能重建。而在楼址四旁建十数景，点缀南湖景色，以"补种荷花延白鹭，预栽杨柳待黄莺。"

同治六年（1867），许瑶光于烟雨楼埠头建"清晖堂"，面湖三楹。题写了"六龙曾驻"匾额，以示皇帝曾在此驻跸。又作《初秋游南湖时清晖堂落成》诗。

许瑶光认为，"地以景彰，询之耆旧云，前代曾有八景之目，而平章未确，志阙不载"。同治八年，许瑶光作《南湖八景诗并序》："余守嘉今五年，凭眺川原，俯仰风月，目之所寓，有会于心。为湖山标异，得'南湖烟雨'、'东塔朝暾'、'茶禅夕照'、'杉青风帆'、'伍塘春桑'、'禾墩秋稼'、'韭溪明月'、'瓶山积雪'八景，且系以诗，增嘉话也。"

一年后，许瑶光请画家好友秦敏树绘《南湖八景图》，并请嘉兴贡生锺沈霖将"八景诗"、"八景图"、"八景序"镌刻成碑。又在烟雨楼南钓鳌矶上建"八咏亭"，将碑石置于亭中。被传为近远胜事。

民国七年（1918）重建烟雨楼时将"八咏亭"和"八景序"碑移建瓶山之巅。南湖"八景诗"碑、"八景图"碑,现立于烟雨楼北面西长廊。

同治八年建室三间在"大士阁"后,遵御制诗"不蓬莱岛即方壶"句,取名"亦方壶"。许瑶光写了《构亦方壶于烟雨楼侧题壁诗并序》。诗云:"蓬莱在何许,缥缈不可求。何如鸳湖去,咫尺见瀛洲。"

十二年,在"亦方壶"右建"菰云簃",在"清晖堂"侧建"菱香水榭"。许瑶光又在一石两面,刻自书"福"字、"寿"字碑,置"来许亭"和"鑑亭"间围墙上。

同年,许瑶光喜得米芾真迹。米芾与苏轼、黄庭坚、蔡襄为宋代四大书法家,曾居浙江。十三年,摹刻《米芾真迹碑》于《鑑亭之铭》碑的反面,碑面露在"鑑亭"墙外,面向"来许亭",供公众观赏。

光绪元年(1875),彭雪琴"辞官来看浙中山",再次来到嘉兴。彭雪琴善诗,并擅画梅。许瑶光邀彭雪琴游南湖,请他画梅。彭雪琴画横、直梅花于二石,并题诗。同年,许瑶光在"亦方壶"右侧,"凝碧阁"旧址建"宝梅亭",将两块碑石保存于亭内。还撰书《构宝梅亭》诗,刻石记事。

许瑶光喜得的元代画家吴镇(嘉善人)的《风竹图》真迹,于同治六年摹刻碑石并题诗,后亦移置"宝梅亭"内。

许瑶光在嘉兴府任内,在烟雨楼小岛建造了不少景点。地方人士还公建"来许亭"、"鑑亭",僧人重建"大士殿"(即观音阁)。但最终未能在他任上复建烟雨楼。

1. 寻烟雨楼旧址并栽桃李于湖堤四首

(同治四年)

明知楼已毁,渡水且寻春。孤屿白云古,残碑碧藓新。湖光三月朗,塔势远天竣。欲复钱王迹,踌躇土木频。[1]

莫动荒凉感,聊同草昧看。山川自吴越,金粉任凋残。虹断江桥卧,风高草舍寒。但留烟雨在,旷览亦奇观。[2]

森森青竹笋，碎碎紫荆花。兵火频年翦，春风此日芽。游蜂寻隔水，野鸟跃晴沙。西郭移舟去，禅心更证茶。[3]

而我栽桃李，居民亦种菱。疮痍难骤复，风景已中兴。石系龙舟缆，风翻画舫镫。当年诸胜境，渺渺碧波澄。[4]

释：

据吴藕汀《烟雨楼史话》，许瑶光来嘉兴时，烟雨楼只剩破砖荒基了。同治四年(1865)三月，战争平息，地方上相对安定后，许瑶光在烟雨楼小岛的沿湖堤岸边上，种植了桃李和杨柳等花木，以点缀南湖景色。并写有《寻烟雨楼旧址并栽桃李于湖堤》四首。在诗中，许瑶光透露了欲重建烟雨楼的消息："欲复钱王迹，踌躇土木频。"诚然许瑶光在任嘉兴知府期间始终未能重建烟雨楼，但在湖堤岸边种植桃李杨柳等花木，仍不失为有益之举。

注：

[1] 寻春：游赏春景。　　孤屿：南湖湖心岛。　　白云古：五代十国时期，后晋天福年间(940年前后)，吴越广陵王在南湖东畔造台榭。南宋淳熙三年(1175)，烟雨楼始建于湖滨。　　残碑：指指岛上乾隆等诗刻。　　碧藓：青苔。　　朗：明亮，光线充足。塔：塔庙，寺庙。　　远天：遥远的天宇。　　踆：忽走忽停的样子。　　钱王：钱镠(852—932)，五代十国时期吴越国创建者。　　踌躇：犹豫不决，拿不定主意。　　土木：指土木建筑工程。　　频：频繁。

[2] 动：萌生。　　聊：姑且，勉强，凑合。　　草昧：草野。　　山川：借指景色。金粉：喻指繁华绮丽的生活。　　任：任内。　　虹：桥的代称。　　卧：倒伏。风高：风大。　　烟雨：烟雨楼。　　旷：荒废。

[3] 森森：形容繁密。　　碎碎：零星。　　频年：指连续几年。　　翦：砍伐；截断。此日：这天。　　芽：发芽。　　游蜂：飞来飞去的蜜蜂。　　隔：通"融"。　　晴沙：阳光照耀下的沙滩。唐杜甫《曲江陪郑南史饮》诗："雀啄江头黄花柳，鸂鶒鸂鶒满晴沙。"西郭：西边外城。　　移舟：划(移)动小船。　　禅心：佛教语。谓清静寂定的心境。证：佛教语。参悟，修行得道。

[4] 疮痍：创伤。　　瘀复：很快恢复,复原。　　风景：景况,情景。　　中兴：指国家由衰退而复兴。　　石：指碑碣。碑刻的统称。　　龙舟：专供皇帝乘御的船。风翻：风翻白浪,出自白居易《寄水部张籍员外》:"风翻白浪花千片,雁点青天成一行。"画舫：装饰华丽的游船。　　镫：即灯。　　胜境：风景优美的地方。　　渺渺：一种若有若无的境界。　　澄：清澈而不流动。

2. 初秋游南湖时清晖堂落成二首

（同治六年）

　　轻云不作雨,城郭送新凉。一棹南湖去,清风菱芡香。诗情飘翡翠,秋梦醒鸳鸯。远岸烟光绿,人家未剥桑。[1]

　　年丰民气乐,堂且筑清晖。碧月从新照,红霞依旧飞。湖山资润色,题咏藉芳菲。莫问残砖字,沧桑有是非。[2]

释：

同治四年,许瑶光为了纪念乾隆帝南巡曾经到过此地,在湖心岛渡口大石埠台阶上建造了一座门厅,取名"清晖堂",并题了匾额。"清晖"即是早晨阳光的意思。又隐喻对乾隆帝的颂扬。

注：

[1] 清晖堂：在烟雨楼东,面向湖心岛埠头。　　轻云：薄薄的云层。　　城郭：内城与外城。泛指城邑。　　新凉：初秋的早晨。　　菱芡：菱角和芡实。芡实是水生植物,种子含淀粉,供食用、酿酒及制副食品用,亦可供药用。　　飘：指风吹送,吹拂。　　翡翠：鸟名,也叫翠雀。羽有蓝、绿、赤、棕等色,可为饰品。雄性毛色红为翡,雌性毛色青为翠。　　鸳鸯：鸟名,体小于鸭,雄(鸳)羽色绚丽,雌(鸯)略小,背苍褐色。雌雄偶居不离,故比之夫妇。句中借指鸳鸯湖。鸳鸯湖是嘉兴的南湖与嘉兴西南湖合称,两湖相连形似鸳鸯交颈,故称鸳鸯湖。　　剥桑：即江浙农家养蚕季节的"剥桑条皮"。就是将剪回

家的桑枝上桑叶摘下喂蚕，再将桑枝的皮剥下晾干换钱。桑枝皮可供造纸用。

[2] 民气：民众的精神。　碧月：清澈的月亮。　红霞：日出的阳光。　飞：上升。　资：凭借、依托。　润色：修饰，装饰。　藉芳菲：指凭借清晖堂的芳香而香。　莫问残砖字：不要问烟雨楼的残砖是什么回事。　沧桑：变化巨大的世事。

3. 早起送客北郭遂游南湖

（同治七年）

侵晨送客客已去，扁舟遂向南湖渡。摇荡晴云海上来，照见湖上鸳鸯住。湖中水气共云飞，青入濛濛杨柳树。僧人怪我平旦来，清晖堂前门乍开。[1]那知太守抱逸兴，飘然身被春风催。非访桃花非问李，旷览自足娱胸怀。天边独树想孤直，沙外闲鸥忘嫌猜。乾坤俯仰饶乐境，那判泉石与尘埃。[2]我从南湖望城郭，楼台霭霭春燕托。比到城中忆南湖，烟波漠漠游鱼跃。飞潜随处化机通，而我何容心强著。喜即出游倦即归，春波门晓路人稀。归来斋阁更何事，金鸭焚香脱绣衣。[3]

释：

这也是许瑶光烟雨楼编年诗碑诗文之一。碑嵌烟雨楼北墙外侧。刻有《清晖堂落成》、《早起送客北郭》、《题亦方壶壁》、《陪宴南湖》、《饯臧可园入都》、《解嘲》、《南湖玩荷》诗七题。

注：

[1] 侵晨：破晓。　扁舟：小船。　晴云：阳光下的云朵。　共云飞：与云一样在空中动荡。　青入：促使发青绿。　濛濛：迷茫貌。　平旦：清晨。　乍：刚、初。

[2] 太守：明清时知府的别称。许瑶光自称。　逸兴：清闲脱俗的兴致。　飘然：

215

形容飘摇的样子　　催：促。　　旷览：旷望，极目眺望，远望。　　娱胸怀：使人心胸快乐。　　天边独树：极远处单独一株树。出自王维《田园乐·山下孤烟远村》："山下孤烟远村，天边独树高原。"借以指与世无争。　　孤直：孤高耿直。也形容松竹之类的姿态高而挺直。　　沙外闲鸥：鸥鸟栖息的沙洲。亦指隐者居处。宋方岳《简李桐庐》诗："鸥沙草长连江暗，蟹舍潮回带雨腥。"后喻思想纯朴，与人交往没有机心。或指隐居自乐，不以世事为怀。　　嫌猜：猜疑；嫌忌。　　乾坤：天地，世上。　　俯仰：周旋、应付。　　饶：多。　　乐境：犹乐土。快乐的境地。　　判：判明。　　泉石与尘埃：泉石，山水。喻大事。尘埃，随风飘扬的尘土。喻小事。

[3] 霭霭：云气密集的样子。　　托：依赖，托庇。　　比到：等到。　　漠漠：旷阔迷茫的样子。　　飞潜随处化机通：飞鸟和游鱼随机变通飞翔和游弋的方向。　　而我何容心强著：而我岂容改变好强而执著的本性。　　春波门：五代天福四年(939)，吴越王元瓘拓嘉兴为州城。有四门，东门旧曰青龙，后改春波。　　斋阁：书房。　　金鸭：金属铸作的鸭形香炉。　　绣衣：指精美的官服。

4. 南湖八景咏序

（同治八年）

　　河洲荇菜，江汉乔木。风诗所载，地以景彰矣。[1]嘉兴南湖，吐呐苕霅，襟城带郭，古奥区也。而禾志止绘烟雨一楼，何揽胜之少乎。[2]询之耆旧，云："前朝曾有八景之目，而评章未确，志阙不载，未免烟霞减色矣。"[3]余守嘉今五年，凭眺川原，俯仰风月，目之所寓，有会于心。为湖山标异，得南湖八景，且系以诗，增嘉话也。[4]有客进曰："秦驻秋涛，独山晓日，非由拳之钜观乎。即玉溪辇路，桥挂双虹，胥山访古，剑试一石，亦墨客骚人所宜流连也。子均不齿及，而独注意于鸳鸯湖上，得无拘墟。"[5]余曰："不然，八景莫著于潇湘，而渔村远浦，山市江天，无匪曲绘洞庭之状。即西湖之孤山段桥，南屏花港，相去亦不过咫尺。可知雨奇晴好，会心原不在远也。夫文章之事，散而汗漫，不如聚而结采。景物者大块之文章也，何独不然。"客唯而退。因记之以为序。[6]

译文：

"河洲荇菜"、"江汉乔木"，都出自《诗·国风》所记载的诗篇，一些地方以其景物而出名了。嘉兴南湖，吞吐苕雪溪水，山川襟抱城郭，是个古雅深奥的地方。而嘉兴方志只画了一个烟雨楼，为什么南湖优美的景致只画得这么少呢。询问年老旧友，他们说："元代曾有'嘉禾八景图'的名称，而评论的文字中没有予以确认，地方志上空缺未有记载，这未免使南湖山水风景减少光彩。"我掌管嘉兴至今已五年，登高远看山川原野，俯视仰望美好景色，看到的都记在脑里，领会在心中。为南湖山水标新立异，得出"南湖八景"，而且附上诗句，以增添谈话资料，成为一件有趣的事。有客前来说："海盐的'秦驻秋涛'，平湖的'独山晓日'，难道都不都是嘉兴的景观吗。即使是县北'玉溪辇路'，城东'桥挂双虹'，县东南'胥山访古'、'剑试一石'，也是文人墨客流连忘返的地方，您都不提，唯独关注南湖，岂不是见闻狭隘。"我说："不是这样的，'八景'没有比'潇湘八景'更著名的了。而'渔村落照'、'远浦帆归'、'山市晴岚'、'江天暮雪'等，无非是从各个侧面描绘潇湘的景状。即使是西湖的孤山、断桥、南屏、花港，相互之间的距离也很近。可以在西湖看到雨后晴好的水光，又见到雾中山色的景象，山水的领悟原来就不在于景致之间要远。就拿写文章的事来说，写得分散就会漫无边际，不如将文章内容聚集而有风采。景物是大自然的文章，为什么就不是这样的呢？"来客称是而退。于是就记下来作为《南湖八景诗》的序言。

释：

《南湖八景咏》有碑两块，置于"八咏亭"内。八咏亭原来建在南湖烟雨楼前的钓鳌矶上，民国七年(1918)重建烟雨楼时拆去，民国八年(1919)移建瓶山，今瓶山公园。

注：

[1] **河洲荇菜**：河洲，河水中的陆地。荇菜，水生植物名，又名接余。嫩时可供食用，多长于湖塘中。出自《诗·周南·关雎》："关关雎鸠，在河之洲。窈窕淑女，君子好逑。参差荇菜，左右流之。窈窕淑女，寤寐求之。"它是《诗经》的第一篇。周南：地名，指成周(今河南洛阳)以南。关雎：水鸟名，即鱼鹰。　　**江汉乔木**：江汉，长江和汉水。乔木，树干高大，主干和分枝有明显区别的树木。出自《诗·周南·汉广》："南有乔木，不可休息。汉有游女，不可求思。汉之广矣，不可泳思。江之永矣，不可方思。"　　**汉广**：汉水名也。

风诗所载："风诗"指《诗·国风》。《诗》中国最早的诗歌总集。所收作品上起周初，下至春秋中叶。流传至今的有三百零五篇，分《风》、《雅》、《颂》三章。《风》包括《周南》、《召南》、《邶风》、《庸风》、《卫风》、《王风》、《郑风》、《齐风》、《魏风》、《唐风》、《秦风》、《陈风》、《桧风》、《曹风》、《豳风》十五国的风诗。风诗上以风化下，下以风刺上。主文而谲谏，言之者无罪，闻之者足戒，故曰《风》。　　地以景彰：地名因风物、景象而出名。彰，显明。

[2] 南湖：又名"鸳鸯湖"，在嘉兴城南三里。　　吐呐：吞吐。　　苕霅：水名。苕溪、霅溪合称。　　襟城带郭：谓山川屏障环绕城郭。郭，外城。　　古奥：古雅深奥。奥，深也。　　禾志：泛指嘉兴地方志。　　止：通"只"。

[3] 耆旧：年老的旧好。　　前朝曾有八景之目：指元代吴镇绘"嘉禾八景图"。其所绘八景是"空翠风烟"、"龙潭暮云"、"鸳湖春晓"、"春波烟雨"、"月波秋霁"、"杉闸奔湍"、"胥山松涛"、"武水幽澜"。　　评章：品评文字。　　阙：同"缺"。　　烟霞：山水胜景。　　色晦：暗昧不明。

[4] 凭眺川原：临高远望河流与平原。　　俯仰：低头和抬头看。　　风月：清风明月，泛指美好的景色。　　目之所寓：即寓目、过目。　　会心：领悟、领会。　　标异：标新立异，提出新的见解。　　以增嘉话：增添谈话资料。

[5] 秦驻秋涛：秦驻，山名。位于浙江海盐。清光绪二年《海盐县志》记载："秦始皇所登以望东海，故山得其名焉。"有刻碑立山，后人称此为"秦驻石碑"。　　独山晓日：独山，山名。位于平湖市东南沿海，因独有山，孤峰嶙峋，不与诸山相接，故名。上有防海烽堠，旧置盐场于此。下有独山塘。山麓有白沙泉，色甚白。每越一夕，泉面有白沙一层。　　由拳：古县名，嘉兴的别称。秦始皇三十七年（前210）改长水县为由拳县（县治今嘉兴南）。属会稽郡（今绍兴）。三国吴赤乌五年（242），改为嘉兴县。　　钜：通"巨"。　　玉溪辇路：嘉兴北玉溪镇位于大运河旁，系皇帝龙舟或车驾必经之地，故曰"玉溪辇路"。　　桥挂双虹：虹桥，在嘉兴县东南春波坊有虹桥、小虹桥两桥。　　胥山访古：胥山，一名"张山"，乡人称"史山"，原是嘉兴城郊境内唯一的山丘，坐落在城东30里外的大桥乡胥山村。旧籍云吴伍子胥伐越，经营于此，故名。　　剑试一石：光绪《嘉兴县志》卷七《山川》："胥山山左有石龟，凝望泾水，自高而下，有欲趋赴之态。昔风雨中有老农见其形，疑为怪，命之凿伤一眼。右有子胥磨剑石，长可三四丈，直指西下，剑痕在焉。"　　墨客骚人：因文人为文用笔墨，故旧时称文人为墨客。骚人，即诗人，泛指失意的文人。　　流

连：舍不得离去。　　不齿：不与同列,表示鄙视。　　顾：只。　　拘墟：拘虚。《庄子·秋水》："井鼃不可以语于海,拘于虚也。"虚,同"墟"。指所居之地,后遂以拘虚喻人孤居一隅,见闻不广。

[6] 潇湘八景：即"平沙雁落"(衡阳市回雁峰)、"远浦帆归"(阴县城江边)、"山市晴岚"(潭与长沙接壤处的昭山)、"江天暮雪"(橘子洲)、"洞庭秋月"(洞庭湖)、"潇湘夜雨"(永州城东)、"烟寺晚钟"(衡山县城北清凉寺)、"渔村落照"(桃源桃花源对岸白鳞洲)。　　曲绘洞庭：局部描写洞庭湖。　　孤山段桥：孤山,是西湖中最大的岛屿,"山不连陵曰孤",山高 38 米。山麓多梅,为宋代隐居诗人林和靖放鹤之地。流传有"梅妻鹤子"之说。段桥,即"断桥"。位于白堤东端,系进入西湖第一桥。它的名字与民间故事《白蛇传》中缠绵悲怆的爱情故事联系在一起。白娘子与许仙相识在此,同舟归城,借伞定情。　　南屏花港：南屏,指"南屏晚钟",南屏山净慈寺傍晚的钟声。南屏山在西湖南岸,主峰高百米,林木繁茂,石壁如屏。山脚下净慈寺傍晚钟声清越悠扬。花港,指"花港观鱼。"地处苏堤南段西侧。清康熙年间,因康熙帝南巡,在苏堤映波桥与锁澜桥之间的定香寺故址上浚池养鱼,辟径栽花,建亭筑轩。康熙帝御书"花港观鱼"四字勒石池畔。　　雨奇晴好：从苏轼《饮湖上初晴复雨》诗"水光潋滟晴方好,山色空濛雨亦奇"化出。　　汗漫：漫无边际。大块：大自然。　　唯：谦恭地答应。

5. 南湖八景诗八首

(同治八年)

南湖烟雨

湖烟湖雨荡湖波,湖上清风送櫂歌。歌罢楼台凝暮霭,芰荷深处水禽多。[1]

东塔朝暾

地邻东海晓波黄,缥缈朝云捧太阳。吴越河山都入照,却饶孤塔早霞光。[2]

茶禅夕照

西丽桥波洗暮钟,江天倒浸落霞红。茶禅寺外湾湾水,霜叶芦花一钓篷。[3]

杉闸风帆

苏州估客布帆轻,买醉枫桥趁晓晴。一路东风吹酒醒,夕阳红泊秀州城。[4]

汉塘春桑

处处清溪处处桑,绿云低护古时塘。鸣鸠唤醒黄梅雨,知否江村四月忙。[5]

禾墩秋稼

绣壤纵横古稻田,青林红树起炊烟。西风无恙秋收好,又话黄龙纪瑞年。[6]

韭溪明月

万古清光胜迹留,月波楼在韭溪头。白云散尽长天碧,摇曳江城铁笛秋。[7]

瓶山积雪

试上瓶山莫畏寒,楼台白玉倚阑干。雪晴海国阳春早,搀入梅花一色看。[8]

释：

南湖烟雨。位于城东南,南湖又名鸳鸯湖。当绵绵细雨洒落时,湖面轻烟拂绕,湖中小洲置身烟雾,似朦胧非朦胧,堪称一绝。

东塔朝暾。位于城东,原址位于冶金新村。因嘉兴以东一往平川,旧时东塔为最高建筑物,是登塔观日出之胜地,故而有"东塔朝登"一说。东塔毁于"文革"初期,现该景已绝。

茶禅夕照。位于城西南京杭大运河北岸。茶禅寺紧靠三塔,日落余晖与寺院红墙相融,经水波折射直照塔身,三塔之间影形交织,相映成趣。寺与三塔毁于"文革",1999 年重建。

杉闸风帆。城北杉青闸。该段运河河道直、河面宽,从河面可直眺天际。北来船只,风帆飘至,如密林迁移。船将至城旁,河道变窄,船家纷纷落帆,乱而有序,一派热闹景象。观景最佳处盖有一亭,"落帆亭"由此得名。

汉塘春桑。城南,出南门,沿长水塘轻舟往返。两侧堤岸高出水面数丈,春季,两岸桑树枝叶掩映,小船如入绿色幽谷之中,衬以采桑女时隐时现,使人流连忘返。

禾墩秋稼。城东北,过秋泾桥,三店塘两岸。因这里土地平整、视野开阔,每当秋收时节,无边无际的稻穗随风起伏,犹如浩瀚金色之海,颇为壮观。

韭溪明月。原指由小南门进入,沿今天的禾兴路经育子弄转西出小西门入大运河(一说原指东门大年堂后至人民广场间)的一条逶迤小河。以河岸为宅基,两边皆是民居,使小溪似深巷。皓月当空,水映月影,恰如明月坠巷,路人皆可拾。现该溪旧址已成为禾兴路(或中山路部分)。

瓶山积雪。位于原嘉兴府邸北侧。冬天,大雪覆盖,满山素裹银装,别有一番情趣。现已辟为瓶山公园。

注：

[1] **南湖烟雨**：南湖烟雨楼。 **南湖**：位于嘉兴城东南,宋代以来与绍兴东湖、杭州西湖合称浙江三大名湖。光绪《嘉兴府志》卷十二《山川一》："檇李,泽国也。东南皆陂,而南湖尤大,计百有二十顷。多鸳鸯,故名鸳鸯湖。或云东西两湖连,故谓之鸳鸯湖。今以其居于南方,又谓之南湖云。一名双湖。湖在府城南半里许。" **烟雨楼**：光绪《嘉兴府志》卷十四《古迹一》："五代时中(公元 940 年前后),吴节度使景陵王钱元璙筑台,为登眺之所。"相传楼名取唐朝杜牧"南湖四百八十寺,多少楼台烟雨中"诗句之意。明嘉靖二十七年(1548),嘉兴知府赵瀛疏浚城河,把挖出来的河泥填于南湖之中,垒成"积五十尺,广袤二百尺"的人工小岛。第二年,又仿"烟雨楼"旧制,建楼于岛上。 **櫂歌**：船歌。櫂,划船的桨,短的叫楫,长的叫櫂,鼓櫂而歌。 **楼台**：指烟雨楼。 **凝**：凝聚。**暮霭**：傍晚的云雾。 **芰荷**：菱角和荷莲。两角菱为菱,四角菱为芰。

[2] **东塔朝暾**：东塔朝日初升时。 **东塔**：光绪《嘉兴府志》卷十八《寺观一》："东塔讲寺在(嘉兴)县东六里,汉朱买臣故宅。梁天监中(510)建寺,隋仁寿辛酉(601)建塔。"《隋书》："仁寿元年诏分舍利,于江南五十三州各建一塔,以四月八日午时同下舍利。"东塔,初

为木质,方形,高七层,每层围有木栏杆。明洪武、清乾隆年间先后重修,改为方形砖塔。咸丰年间东塔寺兵毁,仅存宝塔。同治年间僧正方重建山门禅堂。1968年前后,东塔、东塔寺被拆除。　　暾:初升的太阳。　　黄:元宋以来称长江口附近一带为黄水洋。缥缈:隐隐约约,高远。　　吴越河山:古代的吴、越大地,指江浙一带。　　入照:进入日光照射。　　饶:任凭,让。　　霞光:阳光穿透云雾射出的彩色光芒。

[3] 茶禅夕照:茶禅寺夕阳光照。　　茶禅:寺名。俗称三塔寺。光绪《嘉兴府志》卷十八《寺观一》:"茶禅寺,在(秀水)县西五里。"在嘉兴三塔湾北岸。唐代名龙渊寺、保安院。宋代改景德禅寺。乾隆二十七年(1762),乾隆帝第三次南巡时,龙舟驶过三塔寺,至寺中饮茶,题匾赐名"茶禅寺"。赐"标示三乘"匾一块。并题联一副:"涌塔同参法华品,试茶分证赵州禅"。还作《三塔寺赐名茶禅寺因题句》诗:"积土筑招提,千秋镇秀溪。予思仍旧贯,僧吁赐新题。偈忆赵州举,茶经玉局携。登舟语首座,付尔好幽栖。"因乾隆帝赐匾题联又赋诗,茶禅寺声名大振。咸丰年间,茶禅寺毁于兵。同治年间重建山门。光绪二年(1876),姚金涵捐资重建三塔及观音殿。1971年茶禅寺、三塔被夷平。2000年3月,重建三塔,茶禅寺尚未恢复。　　西丽桥:光绪《嘉兴府志》卷五《桥梁》:"西丽桥,在(秀水)县西南二里,通越门外。"　　洗:迎受。　　江天:江面上的广阔空际。　　浸:浸沉。落霞红:日落时彩虹色的云。　　霜叶芦花:形容秋色。　　钓蓬:钓鱼船。

[4] 杉闸风帆:杉青闸畔扬船帆。　　杉闸:光绪《嘉兴府志》卷二十九《水利》:"杉青堰在(嘉兴)县北四里。"堰为运河所经,旁有闸,置巡司,旧有杉青闸官舍。风帆,帆船。估客:客商。"估"通"贾",商人。　　布帆:布质的船帆,亦借指帆船。　　买醉:买酒痛饮。　　枫桥:桥名,在苏州阊门外,张继有《枫桥夜泊》诗。　　秀州:嘉兴。

[5] 汉塘春桑:汉塘阳春桑蚕忙。　　汉塘:又名平湖塘,新丰塘。光绪《嘉兴县志》卷七《山川》:"汉塘,在县东一十五里,《新唐书·地理志》:海盐西北(注:今平潮)六十里有汉塘,太和七年(233)开。然此塘西北直通嘉兴,故总为汉塘。"　　绿云:指成片的桑树。护:护持,爱护照料。　　鸠:鸟名。古谓鹍鸠、尸鸠(布谷)之属。　　黄梅:梅子熟时呈黄色,故称黄梅。杜甫《梅雨》:"南京犀浦道,四月熟黄梅。"　　江村:濒江的村庄,指汉塘畔的新丰镇。光绪《嘉兴县志》卷三《街衢》:"新丰镇,在新丰乡,去县治东三十六里,一名新坊,一名平林。……相传以为汉新丰里人迁于汴,又南渡居此,故名。民农桑,多市贩,亦有业儒者。"

[6] 禾墩秋稼：禾墩秋风庄稼好。 禾墩：即嘉禾教。光绪《嘉兴府志》卷十四《古迹一》："（嘉兴）县北杉青闸后有嘉禾墩，即孙吴时产嘉禾处。" 绣壤：肥沃的土壤。纵横：横一块，竖一块。 青林：清静的山林。 红树：指经霜叶红的树。 无恙：没有受害，安然无恙。 又话黄龙纪瑞年：又要说到吴国黄龙三年嘉兴的丰收年。《三国吴县境图说》："《吴志》云：'黄龙三年，由拳之野稻自生，遂改由拳为禾兴，称禾兴者才十有一年，为赤乌壬戌，则又以太子和嫌名，改禾兴为嘉兴。'" 瑞年：吉祥年，丰收年。

[7] 韭溪明月：韭溪桥头望明月。 韭溪：桥名。光绪《嘉兴府志》卷十二《山川》："案旧志，（韭）溪在（秀水）县南八里。今询之耆老，考其地势，绝无所谓韭溪者。惟在城有桥名'韭溪'。而张尧同诗亦有'分流入郭来，市桥人影合'之句，疑即南湖之支流，经城而达北运河者是也。……韭溪实长水之正派。……今城中韭溪桥处，乃其末流。" 万古清光：永远是那么的清雅亮丽。 月波楼：光绪《嘉兴府志》卷十四《古迹一》："月波楼，在郡治西北二里城上，下瞰金鱼池。宋至和甲午（1054）知州令狐挺建，政和甲午（1114）知州毛滂重修档成，置洒其上，乃为之记。建炎兵火废圮。乾道己丑（1169）知州李孟坚重修，未落成，李解绶去，知州徐葳成之。" 韭溪头：指韭溪末流，韭溪桥处。光绪《嘉兴府志》五卷《桥梁》："韭溪桥，在通越门东北一里。"桥北有月波楼。 长天：辽阔的天空。 摇曳江城铁笛秋：笛声随波悠荡在嘉兴的金秋。 摇曳：摇荡，小船随波摇荡之意。 江城：指嘉兴水乡。 铁笛：铁制的笛管。相传隐者、高士善吹此笛，笛音响亮非凡。也称竹笛，用以形容神奇的笛声。 秋：秋天，金秋，庄稼成熟的时候。古以五行、五色配四时，秋为金色。

[8] 瓶山积雪：光绪《嘉兴府志》卷十四《古迹一》："瓶山，魏塘市南有瓶山。宋时置酒务于此，废罂所弃，积久成山。"瓶山、项家祠堂为嘉兴市市级文物保护单位。 海国：沿海城市，指嘉兴。 阳春：指春天，阳春三月。 搀入梅花一色看：如同梅花争抢入春一样好看。 搀：犹抢，如同争抢。刘过《过早禾渡》诗："梅欲搀春菊送秋。早禾渡口晚烟收。" 一色：一样，一式一样。

6. 构亦方壶于烟雨楼侧题壁

（同治八年）

　　既成南湖八景诗，因构小亭于烟雨楼南，刻诗嵌壁。复构小轩于楼之西北，颜曰"亦方壶"，敬遵御制诗"不蓬莱岛即方壶"句意也。

　　蓬莱在何许，缥缈不可求。何如鸳湖去，咫尺见瀛洲。[1]古树浸碧水，青挂珊瑚钩。彩云结不散，化石依高楼。[2]楼中闻仙乐，列真来遨游。灵鳌跻矶下，深潭惊潜虬。[3]呼吸薄苍昊，满湖烟雨稠。雨散碧落净，清风吹悠悠。[4]我来摇彩笔，涤荡万古愁。髯然发长啸，五湖云意秋。[5]

释：

许瑶光写了"南湖八景诗"。建了"八咏亭"后，又建带窗小屋于烟雨楼东北，门上匾额题称"亦方壶"，这是遵照乾隆帝诗句"不蓬莱岛即方壶"而取此名。

注：

[1] **亦方壶**：在烟雨楼西北。"方壶"为东海神山。　　**御制诗**：指乾隆帝于乾隆二十二年(1757)春二月第二次南巡重登烟雨楼，作《烟雨楼即景》诗："不蓬莱岛即方壶，弱柳新夷清且都。烟态依稀如雨态，南湖消息递西湖。自宜春夏秋冬景，何必渔樵耕牧图。应放晴光补畴昔，奇遇毕献兴真殊。"七律的第一句"不蓬莱岛即方壶"。　　**蓬莱**：蓬莱是古代神话传说中的神山名，常泛指仙境。　　**何许**：什么；哪里。　　**缥缈**：隐隐约约，若有若无的样子。　　**何如**：指如何，怎么样。表商榷，怎么样，行不行。　　**咫尺**：喻距离很近。　　**瀛洲**：传说中的仙山。

[2] **古树**：指烟雨楼前的两棵银杏古树。　　**碧水**：指南湖和烟雨楼前的池塘。　　**珊瑚钩**：古人认为的一种瑞应之物。　　**彩云**：绚丽的云彩　　**结**：聚合、凝聚。　　**化石**：指湖心岛花园中的太湖石。　　**依**：倚靠。

[3] **闻仙乐**：先民认为海上有五座神山：岱屿、员峤、方壶、瀛洲、蓬莱。指在"方壶"听神仙的音乐。　　**列真**：众仙人。道教称得道之人为真人。　　**遨游**：指游乐；嬉游。

灵鳌：汉族神话传说中的巨龟。　　　跅：行为放荡不羁。　　　矶下：指南湖钓鳌矶下。"钓鳌矶"是明万历十年(1582)，嘉兴知府龚勉(1536—1607)在烟雨楼的红墙下题写的一块"钓鳌矶"刻石，红墙绿字，字体敦厚端庄，雄健有力。之所以取"钓鳌"名，是期望嘉兴能快出人才、多出人才，独占鳌头。此外古代有龙伯巨人钓鳌鱼的传说。　　　深潭：深水池。　　　潜虬：亦作"潜蚪"。虬，传说中的无角龙。犹潜龙，比喻圣人在下位，隐而未显。

[4] 呼吸：指灵鳌呼出的水气气盛势大。　　　薄：略微。　　　苍昊：天空。　　　烟雨稠：烟雨浓。　　　碧落：泛指天上。语出唐白居易《长恨歌》："上穷碧落下黄泉，两处茫茫皆不见。"　　　悠悠：安闲静止貌。

[5] 摇：挥动。　　　彩笔：辞藻富丽的文笔。　　　涤荡：扫尽。　　　万古愁：万世忧愁。硁然：声音破折貌。　　　长啸：撮口发出悠长清越的声音。古人常以此述志。　　　五湖：近代一般以洞庭湖、鄱阳湖、太湖、巢湖、洪泽湖为"五湖"。古代的说法不同，如《国语》《史记》中的五湖专指太湖，泛指太湖流域一带的湖泊。　　　意秋：感悟秋意。

7. 陪中丞宴南湖

（同治九年）[1]

春蒐礼罢宴南湖，湖上春光二月腴。初放桃花笼宝马，乍青杨柳系飞凫。自注：时水师未裁。[2]艳谈巡幸摹碑去，问讯农桑足雨无。军令分明杯数举，醉归频看玉麟符。[3]

释：

南湖碑刻题为《杨石泉中丞临禾大阅礼毕陪宴南湖》。《雪门诗草》第十一卷另有《杨石泉中丞临禾大阅》诗，诗中自注："会典大阅，各省四年，而偏实五年也。此间自咸丰以来久停此举，斯乃恪靖伯裁兵添饷之后第一次也。"

注：

[1] 中丞：官名。汉代御史大夫下设两丞，一称御史丞，一称御史中丞。因中丞居殿中而

得名。掌管兰台图籍秘书,外督部刺史,内领侍御史,受公卿奏事,举劾按章。因负责察举非案,所以又称御史中执法。明、清两代常以副都御史或金都御使出任巡抚,清代各省巡抚例兼右都御史衔,因此明、清巡抚也称中丞。　　**杨石泉**:杨昌濬(1825—1897),字石泉,湖南湘乡人,随左宗棠、曾国藩等创办湘军团练出身,太平军兴起后,追随左宗棠入浙,三年收复杭州,任浙江布政使。九年署浙江巡抚七年。因错办"葛毕氏谋害亲夫"案被革职。光绪四年(1878),随左宗棠赴新疆,先后担任甘肃布政使、署理陕甘总督、漕运总督、闽浙总督兼福建巡抚、陕甘总督兼甘肃巡抚、兵部尚书等职。官至太子太保。

[2]**春蒐**:指古代天子或王侯在春季围猎。此处指杨石泉中丞来嘉兴检阅。　　**腴**:土地肥沃腴润。　　**笼**:笼头。指牲口用的通常带有可以系上绳索的鼻羁和脖套。　　**宝马**:泛指马匹中的良驹。　　**系**:系船。　　**飞凫**:舟名。指水师所用之舟。

[3]**艳谈**:美谈。　　**巡幸**:指旧时帝王巡视各地。此处指乾隆十六年、二十二年、二十七年、三十年、四十五年、四十九年乾隆帝六下江南,幸临嘉兴。　　**摹碑**:临摹碑文。就是从古人写好的石碑上拓下来,此处指乾隆帝六下江南在嘉兴题烟雨楼写的十一首诗的碑刻拓摹写下来。其中包括现今烟雨楼东、南两处御碑亭中乾隆诗碑各一块。内容分别是:"杨柳矶边系画舟,六年清跸重来游。素称雨意复烟意,漫数处州还沔州。诗句全从画间得,云山常在镜中留。鸳湖依旧谁相识,懒情无心向野鸥。""不蓬莱岛即方壶,弱柳新荑清且都。烟态依稀如雨态,澹湖消息递西湖。自宜春夏秋冬景,何必渔樵耕牧图。应放晴光补畴昔,奇遐毕献兴真珠。"　　**农桑**:农耕与蚕桑。指农作物和桑树。　　**军令分明杯数举**:出自杜甫《诸将五首》之五:"军令分明数举杯。"此处是赞颂中丞军令严明,处事从容,闲暇时常与僚友饮酒赋诗。　　**玉麟符**:指刻有麒麟的玉质符信。典故出自隋炀帝嘉樊子盖之功,特为造玉麟符,以代铜兽,表示殊遇。此处指授予许瑶光便宜行事的信物或指示。

8. 嘉兴令诸城臧可园将因入觐归省其私饯别南湖作此四首

(同治十年)

君赴金门谒,而余奈别何。薰风摇碧树,赤日烁沧波。饮饯来湖上,清凉近水多。荷花留客意，香里翠禽歌。[1]

　　赤紧知贤达，艰难藉运筹。西洋通互市，黄教遍神州。羁縻虽朝政，防维仗邑侯。输君囊底智，回首戊辰秋。[2]

　　仕路如棋局，从前岁换新。我来今八载，君亦五经春。久任中兴治。遭逢减赋仁。试听舆颂起，同作上元人。[3]

　　闻道青州域，琅琊旧有台。风霜留小篆，金石拨秦灰。北去乡关近，东游海岱开。不嫌迂拙意，拓本请携回。[4]

释：

臧可园，臧均之，字可园。山东诸城人，禀生。同治五年任嘉兴令，十年调他邑，光绪三年再任嘉兴令。四年疽发背，卒于任。

注：

[1] 金门："金马门"的简称。汉代的金马门，是学士待诏的地方。　　谒：拜见。　　奈别何：对分别无可奈何。　　薰风：和暖的风。指初夏时的东南风。　　碧树：指绿色的树木。　　赤日：烈日。　　烁：发光的样子。　　沧波：指碧波。　　饮饯：以酒饯行。　　香里：荷花香里。　　翠禽：翠鸟。羽毛青绿色的鸟类。

[2] 赤紧：极其真诚。　　贤达：指贤明通达之人士，也泛指有才德有声望的人。藉："藉"通"籍"。有借助，凭借之意。　　运筹：成语"运筹帷幄"。筹，计谋、谋划。帷幄，古代军中帐幕，指拟定作战策略。引申为筹划、指挥。　　互市：中国历史上中央王朝与少数民族之间贸易的通称。　　黄教：藏传佛教格鲁派的俗称。　　神州：神州大地。指中国。　　羁縻：笼络控制。　　防维：防备守护。　　仗：依仗，依靠。邑侯：县令。　　输君：比不上你。　　囊底智：口袋底下的智谋。指所怀的智谋很多。　　回首：回想，回忆。　　戊辰秋：指同治七年秋，许瑶光为臧可园题画(见《雪门诗草》卷十《题臧可园大令双杖图》)。

[3] 从前：往昔。　　中兴治：朝廷中兴,百业大治。　　遭逢：遇到。　　减赋仁：指同治六年许瑶光据情吁请,减丝贡一半(见《雪门诗草》卷十,《缫丝曲》嘉湖贡丝例八千余斤,六年奉减一半)。　　舆颂：民众的议论。　　上元：上天。

[4] 青州：州、府名。汉置青州。明改为青州府,清沿用之。旧治在今山东省青州市。琅琊：山东省临沂市旧称。　　旧有台：临沂历史悠久,周灭商后,临沂地域除分属齐、鲁等国外,见于《春秋》的还有颛、阳、向、莒、郯、根牟、於余丘、杞等国。　　风霜：指岁月变迁。　　小篆：指王羲之。王羲之,琅琊人,东晋时期著名书法家,有"书圣"之称。代表作《兰亭序》被誉为"天下第一行书"。　　金石：指秦琅琊台刻石。　　拨：拨乱,治理乱政。秦灰：指秦始皇所烧书籍的灰烬。　　乡关：故乡。　　海岱：今山东省渤海至泰山之间的地带。　　迂拙意：指自己蠢笨;拘泥守旧的心意。　　拓本：诗稿的复本。

9. 余修葺南湖亭阁有人题句云太守何庸博雅名作此解嘲

(同治十一年)[1]

润色湖山岂为名,春风沂水杏坛情。况邀翠辇巡游地,宜遂苍黎仰慕诚。[2]补种荷花延白鹭,预栽杨柳待黄莺。较他卧阁偷闲吏,似觉经营日有成。[3]

释：

《雪门诗草》卷十一,该诗题为："余修葺南湖亭阁有人题句云太守何庸博雅名作此解嘲。"许瑶光在南湖构筑亭阁,当时有人写了一首诗来讥笑自命清高的知府大人,故而许瑶光也以"较他卧阁偷闲吏,似觉经营日有成"、"补种荷花延白鹭,预栽杨柳待黄莺"的诗句诗来替自己辩解。

注：

[1] 八咏亭：许瑶光作《南湖八景诗并序》和《南湖八景诗》后,请秦敏树绘"南湖八景图",

由钟沈霖镌刻诗文和配图于碑。许瑶光又筑亭存碑，取名"八咏亭"。秦敏树，原名嘉树。字林屋，一字散之，又字雅梅，晚号冬木老人，吴县(今江苏苏州)人。能诗，兼工山水。五十后专用水墨。镌一印曰"五十戒色"。清末曾为惠树滋作《西湖载酒图》，为周梦坡作《灵峰补梅图》等画卷。年至八十余。有《寒松阁谈艺琐录》、《课余琐谈》、《吴门画史》。钟沈霖，字雨林。嘉兴人。岁贡生。就职训导。许瑶光察知其贤，聘入幕宾垂十七年之久。工篆刻，质朴有古意。善镌碑。兵后，官廨庙宇碑刻多出其手。寿至七十三，以微疾终。

何庸：何用，何须。　　**博**：取。　　**雅名**：美名。　　**解嘲**：因被人嘲笑而自作解释。

[2] **润色**：使增加光彩。　　**沂水**：指流经曲阜的西沂河。　　**杏坛**：在山东曲阜县圣庙殿前，即传说中孔子聚徒讲学处的遗址。宋乾兴间孔子四十五代孙道辅增修祖庙，移大殿于后，因以讲堂旧基甃石为坛，植以杏，取杏坛之名名之。嘉兴原也有杏坛。崇祯《嘉兴县志》卷五《古迹》："杏坛，在府学西，旧积土为之，植杏于上。"因嘉兴也有杏坛，故也是对嘉兴杏坛的真情实意。　　**况邀**：况且取得。　　**翠华**：饰有翠羽的帝王车驾。　　**巡游地**：指乾隆帝多次巡游嘉兴。　　**宜遂**：应当顺从。　　**苍黎**：百姓。　　**仰慕**：敬仰思慕。

[3] **延**：引入。　　**白鹭**：鸟名。嘴、脚较长，黑色，趾黄绿色，颈甚长，全身羽毛雪白色。**待**：等待。　　**黄莺**：鸟名。通体金黄色，背部稍沾辉绿色；羽衣华丽、鸣声悦耳。**卧阁偷闲**：卧床偷懒。与"卧阁清风"相对。"卧阁清风"指汉代淮阳盗坊甚器，皇帝令卧病在床的汲黯出任淮阳太守。汲黯卧治淮阳，淮阳政清，自己却晚节清凉，七年乃卒。**经营**：治理。

10. 南湖玩荷同罗熙甫作四首

(同治十一年)[1]

白鹭轻鸥静不猜，扁舟摇荡绿菱开。篙师招手僧雏笑，道为荷花冒暑来。[2]

香风潋滟水云天,今岁花开赛去年。隔岸小桥杨柳埠,有人遥唤渡湖船。[3]

绮岁罗君共玉蜍,兹来就我慰离居。湖光自足娱诗客,却看亭中榜额书。[4]

碧楝青槐石磴寒,钓鳌矶上久凭阑。归船不许胥童摘,留与禾城士女看。[5]

释:

罗熙甫由粤返湘,来嘉兴与许相会。许瑶光与亲家同游南湖,作此四首诗。当时许瑶光另有《罗熙甫亲家由粤返湘来浙赠此》(四月二十日)诗:"三湘时辈半金貂,四海戎容赞宝刀。愧我烽烟生白发,输君风雨守青袍。孤灯粤馆寒云重,一棹沧江夜月高。访遍苍梧来此地,五湖花柳待诗豪。"(见《雪门诗草》卷十一)

注:

[1] **罗熙甫**:许瑶光亲家。

[2] **轻鸥**:轻巧的水鸥。　**静**:静止不动。　**不猜**:不猜疑。　**篙师**:撑船的熟手。　**僧雏**:幼龄僧人。

[3] **香风**:带有花草香的风。　**潋滟**:水波荡漾。　**水云天**:将要下雨的云雨天。**杨柳埠**:嘉兴城南杨柳湾。

[4] **绮岁**:青春少年。　**共玉蜍**:"玉蜍"月亮的别称。一起在月光下读书。　**就我**:到我这里。　**慰**:抚慰。　**离居**:离开居处。　**自足**:自我满足。　**榜额**:匾额。

[5] **碧楝**:落叶乔木。花两性,有芳香,淡紫色。　**青槐**:树型高大的乔木,花期在夏末。　**石磴**:石级;石台阶。　**凭阑**:指身倚栏杆,凭栏远眺。　**胥童**:小吏、差役及童子。　**摘**:摘取。　**士女**:古代指已成年而未婚的男女,后泛指成年男女。

（七）俸满入觐，嘉兴百姓，建"来许亭"

同治十二年（1873），皇帝诏郡国各以其时入觐，许瑶光秩满将进京向皇帝述职。

据吴仰贤撰《来许亭记》："吾邑士庶闻公之行也，先期筑亭于南湖烟雨楼之左偏，相与扶老携幼，遮道攀辕，延公于亭，酌酒罗拜而言曰：'方今圣天子励精图治，前席而问苍生。公以慈惠之师，上结主知，行当膺不次之擢，陈臬开藩，岂私吾一郡哉。虽然吾侪小人。受公之赐，亲如父兄，何忍一日离公，公亦奚忍舍吾民而去。谁为请于朝，复借寇君乎？'言讫皆欷歔怫郁。中若有不自释者，公起而谓之曰：'噫，吾岂去汝哉？国家故事，秩满报政，引对毕，还郡视事如初。今航海而行，往返旬日计耳。吾岂去汝哉？'于是众皆喜曰：'公既许我来也，适亭成未有名，名之曰"来许"，将日夕倚亭，延颈以望公之来也。'"第二天许氏离别时，嘉兴父老燃银烛，悬珠灯，彩船相送。

许瑶光临别赠言："要根据古时的教导，提出可供借鉴的言行准则请建'鑑亭'。""鑑"为"诫"，同"鉴"；"亭"为"正确处理"之意。许瑶光撰书《鑑亭之铭》，刻碑置于"来许亭"前的"鑑亭"内。在文中，许瑶光以南湖景色，借"亭"发挥，引以为戒。

《鑑亭之铭》将孔子《论语》倡导的"知，仁，勇"，也就是"知者不惑。仁者不忧，勇者不惧。"的人格要求，及自己的做人准则，扩展为"仁，知，勇，达，洁"等"五鉴"，并赋于其现实意义。

"五鉴"一是做有道德品行的仁者，要节制嗜好和欲望，以保安分守己，生活安宁；二是做聪明有见识的智者，开放思想，不再昏庸不明，以长见识；三是做有胆量的勇者，不断吐纳百川，以谋宏图大略；四是做通达事理的达者，不被使用就退隐，被使用就要尽力；五是做操守清白、高尚纯洁的洁士，磨炼品行以表明高洁的内心。"三亭"则是要正确处理各种矛盾，处理矛盾要刚柔相济，处理好世态炎凉。

当时，地方官一般是三年一任，到期非升即迁。许瑶光在《嘉兴俸满入觐书事》一诗中说"嘉禾太守十经春,二百余年我一人",他对这次俸满入觐,是有所期待的。许瑶光乘船经上海、天津到北京后,被多次引见和单独召见同治帝,但当朝的宰辅重臣对他并不重视,最终重许他回任再管嘉兴。

自明代省置司道,知府退居地方官之列。以官场陋习,事不创议,事事皆禀承上司,唯诺以应而已。许瑶光却"为郡守者以为职分所应为者吾必为之,院司虽忌其才而亦无如之何"。他自己能力较强,政绩卓著,却不善于奉承上司,为省院司所忌。

这次俸满入觐,上面没有疏通,下面没人推荐,未升院司,在所必然。自左宗棠同治三年入闽,五年赴陕、陇后,许瑶光在任嘉兴知府十八年间未有迁升。真是所谓"有阶不迁,仕卒不进"。最后还遭致罢官。

1. 嘉兴俸满入觐书事四首

(同治十二年)[1]

嘉禾太守十经春,二百余年我一人。自注:瑶自同治三年四月廿八日履任至今四月廿五日,交篆已十年矣。考府志,惟顺治时李国栋曾任六年,康熙时吴永芳曾任八年,乾隆时郭廷肃再任七年,曾日理四年,嘉庆时伊汤安亦再任七年,此外或一年、二三年而已,无十年者。[2]日月中兴崇久道,桑麻重垦费经纶。频支鹤俸皇恩渥,累阅莺花白发新。此去燕云无限喜,薰风万里不惊尘。[3]

新年帘卷九天高,玉诏亲裁凤尾劳。深冀西陲驰凯奏,已闻粤事篆戎韬。香薰宝鼎千年业,蠲沛黄麻薄海膏。傥为民依蒙召对,光华应许近龙袍。[4]

为有轮船出沪程,徐扬官驿少人行。洋过黑水群蛟匿,山入青齐万马迎。捷径敢驰蓬岛路,边防聊悉海疆情。手提长剑扶桑晓,指向波涛问碧鲸。[5]

南湖久住已成家，烟雨楼台景物赊。暂别不须攀碧柳，重来正好醉黄花。腾霄白鹤终还海，近日秋云易变霞。携得炉烟双袖下，挑灯细与说京华。[6]

释：

许瑶光稽考当地《府志》，清代三百间任职嘉兴的数十位知府，任职期最多不超过八年，一般二三年而已，无十年者。但是其遗泽事迹传流至今者唯许瑶光为之最。

注：

[1] 俸满：又称秩满。即官员在任满一定年限后，得按例升调。　　入觐：入京朝见皇帝。觐，朝见君主。

[2] 篆：官印的代称。也借指官职。旧时印章常用篆书。　　李国栋：字隆吉。锦州人。顺治六年(1649)任嘉兴知府，至十一年(1654)擢宁绍道而离禾，前后六年。　　吴永芳：字椒堂。正蓝旗人。官生。康熙五十四年(1715)任嘉兴知府，至雍正元年(1723)去任，前后八年。　　郭廷耆：字虞受，号冷亭。山东即墨人。举人。乾隆二年(1737)任嘉兴知府，至四年去任。六年再任，十三年去任。前后共任九年，其中再任七年。　　曾日理：字栗岩。南昌人。乾隆二十一年(1756)任嘉兴知府，二十五年(1760)去任，前后四年。伊汤安：拜都氏，字小尹，号耐圃。满洲正白旗人。乾隆三十六年(1771)举人。嘉庆元年(1796)任嘉兴知府，至五年去任。同年再任，至七年去任。前后七年，即初任五年，再任二年。

[3] 日月：犹天地。　　中兴：由衰落而重新兴盛。　　崇久道：推崇长期推行的治国之道。　　经纶：比喻筹划治理国家大事。　　鹤俸：也称"鹤料"。唐代称幕府的官俸。后亦泛指官俸。　　渥：丰厚。　　累阅：连续多次经历。　　莺花：莺啼花开，泛指春时景物。　　白发新：已年近六十。　　燕云：明代京都地区。指北京。　　薰风：和暖的南风。　　不惊尘：不骑马或不坐马车。惊，骡马等因为害怕而狂奔起来不受控制。示走水路，不走陆路。

233

[4] 新年：指咸丰帝去世后新的一年。　　帘卷：指垂帘听政。另"帘眷"，谓大臣于太后垂帘听政时所得的优遇。慈禧咸丰六年(1856)生皇长子爱新觉罗·载淳(同治帝)，咸丰十一年(1861)咸丰帝死后，与孝贞显皇后两宫并尊，形成对同治帝"二宫垂帘，亲王议政"的格局，清政府暂时进入平静时期，史称"同治中兴"。　　九天：九天中的九字，只是因为它是数字单数中最大的数字，所以有"极限"之意。玉皇大帝住所，指皇宫。　　玉诏："玉"常指女性。玉人，仙女也。诏，诏令，帝王所发的文书命令。"玉诏"含慈禧皇太后出诏令的意思。　　凤尾：凤凰漂亮的尾羽。也指慈禧。　　劳：烦劳。　　西陲：西部边疆。指左宗棠西征新疆，收复伊犁。　　粤事纂戎韬：指清廷纂辑《钦定剿平粤匪方略》、《剿平捻匪方略》两书告成。　　香薰：焚香祈祷。　　宝鼎：古代多以宝鼎为王朝传世之重器。喻指国家。　　千年业：千年大业。　　蠲沛：减免赋税行动迅疾。黄麻：古代诏书用纸。亦借指诏书。古代写诏书，内事用白麻纸，外事用黄麻纸。　　薄海：本指接近海边，后来泛指海内广大地区。　　膏：丰润。　　傥：假设，相当于"如果"。　　民依：指百姓心向往之。　　蒙：承蒙，蒙受。　　召对：召见、答对。光华：光荣；荣耀。　　应许：答应，允许。　　龙袍：即皇帝的朝服，上面绣着龙形图案。指皇帝。

[5] 出沪程：从上海出走的海路。　　徐扬官驿：从扬州、徐州走的运河官道。　　黑水：黑水洋。宋元以来我国航海者对于今黄海分别称之为黄水洋、青水洋、黑水洋。大致长江口以北至淮河口海面含沙较多，水呈黄色，称为黄水洋；北纬34°东经122°附近一带海水较浅，水呈绿色，称为青水洋；北纬32°—36°、东经123°以东一带海水较深，水呈蓝色，称为黑水洋。许瑶光有《过黑水洋作》诗："可怜海水至此水清绝，胡为世人讹传黑水名。"群蛟：古代传说中能发水的一种龙。　　匿：躲藏。　　山入：进入。　　青齐：青州、齐州，在今山东省境内。　　万马迎：指进入华北平原万马奔腾。　　捷径：指走海路捷径。　　驰：快走。　　蓬岛：即蓬莱山。　　边防：边境防守之地。　　聊悉海疆情：姑且知道些临海边疆情况。　　手提长剑扶桑晓：扶桑，日本的别称。同治七年(1868)日本明治天皇建立新政府，开始进行"明治维新"，政治、经济、文化全面学习西方，实行军国主义，向外扩张侵略。同治十一年(1872)将琉球列为日本藩属。光绪五年(1879)并吞琉球，改称冲绳。

[6] 赊：空阔。唐杨炯《送李庶子致仕还洛》诗："原野烟氛匝，关河游望赊。"　　攀碧柳：折柳，古人离别时，有折柳枝相赠之风俗。最早出现在汉乐府《折杨柳歌辞》。　　黄花：指菊花，借指菊花酒。　　腾霄：升腾云霄，喻去京城。　　白鹤：小白鹭的别称。全身

白色。许瑶光常以白鹭自称。　　还海：回海内。《敦煌曲子词·感皇恩》："四海天下及诸州，皆言今岁永无忧，长途欢宴在高楼，还海内，束手愿归投。"　　霞：彩云。　　炉烟：旧时宫殿前丹墀设焚香炉。　　挑灯：挑灯夜谈。　　京华：是京城之美称。因京城是文物、人才汇集之地，故称为京华。

2. 余将北行禾中耆英构亭南湖截雅诗来许以名之六月三日设饯于斯赠诗者几百人即席作答

(同治十二年)[1]

　　昨日敛露之莲花，今日重向湖中开。昨夜入海之明月，今夜仍照湖中台。好花好月人不厌，俯仰盼望增徘徊。我今述职入京阙，南湖饯酒金尊凸。[2]岳岳贤豪会若云，欢然令人不忍发。帆遮杨柳何青青，菱花芡花拦桨馨。潭水深情数千尺，白鹭回首湖中亭。亭边古绿干霄树，却为浮云管来去。[3]我来檇李已十年，兹去不过三月天。久别自契阔，暂别胡缠绵。[4]探怀锦绣诗百篇，重压我船船不前。人生有情宦有迹，湖雨湖烟杳无极。月波楼榭金陀园，青苔碧草生颜色。鸳鸯有约定重来，且作长歌题素壁。[5]

释：

同治十二年(1873)夏，许瑶光嘉兴知府任期满，将赴京觐见。嘉兴乡绅为他在烟雨楼西北角建造了"来许"亭，记念他殚精竭虑，十年于兹；颂扬他公正廉明，为民办事；盼望他重来嘉兴，视事如初。此次鸳湖筋饯，赠诗者多达几百人。许瑶光深感隆仪有加，作诗以志盛情。

注：

[1] 禾中：嘉兴。　　耆英：对高年硕德者之称。　　来许：出自《诗·大雅·文王之什》："昭兹来许，绳其祖武。"朱熹《集传》："赋也。昭兹，承上句而言。兹，哉声相近。古盖

235

通用也。来,后世也。许,犹所也。绳,继。武,迹也。言武王之道昭明如此,来世能继其迹,则久荷天禄而不替矣。"大意是说,武王之道昭明若此,来世定能继其行迹。

[2]敛露:吸取晨露。　　湖中台:南湖烟雨楼。　　徘徊:表示在一个地方来回走动,比喻犹豫不决。　　京阙:京城皇宫门前两边供瞭望的楼,借指朝廷。　　饯酒:以酒食送行。　　金尊:金樽,中国古代的盛酒器具。　　凸:高举。

[3]岳岳:人头济济貌。　　贤豪:贤士豪杰。　　会若云:会合在一起威武纷纭。欢然:喜悦的样子。　　发:启程。　　遮帆杨柳:高大的杨柳遮拦了船帆。　　何:疑问代词,为何,为什么这样。　　拦桨:阻拦船桨。　　馨:散布很远的香气。　　潭水深情:深情潭水,比喻友情深厚。　　数千尺:深厚。　　白鹭:北魏官名。北魏初期的官制,是鲜卑官制和汉制相互混杂的,官吏的名称多仿照自然物之名而起,如奔走的使者,叫做凫(伯)鸭,取其快速之意;把纠察官叫做白鹭,取其延颈远望之意。此处是许瑶光自称。　　古绿霄干:古老常青的参天大树。霄干,高入云霄。　　浮云:浮云可有各种解释,由于浮云行踪无定,浮云可看成浪迹天涯的游子。

[4]槜李:嘉兴的代称。　　兹:这次。　　自:自然。自不待言。　　契:相投,相合。情投意合。　　阔:时间长。　　胡:疑问代词,为什么。　　缠绵:牢牢缠住,不能解脱。

[5]探怀:掏怀,怀藏。　　锦绣诗:精美的诗篇。　　宦有迹:做官要有政绩。　　杳无极:深远无穷尽。　　月波楼:古楼名。在嘉兴府(今浙江省嘉兴市)西北城上。《明一统志·嘉兴府》:"月波楼在府西北城上,下瞰金鱼池。"　　榭:建筑在台上的房屋。金陀园:南宋民族英雄岳飞之孙岳珂于南宋嘉定十年(1217)知嘉兴军府兼管内劝农使,遂家居于城南金陀坊(今南门杨柳湾),是为岳氏嘉兴支始祖。金陀园是岳珂的宅园,位于嘉兴城西南,至清初已废。　　鸳鸯:鸳鸯湖,南湖别称。

附:《来许亭记》

(同治十二年六月吴仰贤撰)

嘉兴地当孔道,为浙西剧郡。然席二百年来承平之盛,富庶相安,俗号"易治"，故守是邦者，秩未满辄他擢去，鲜久于其位者。[1]咸丰庚申，贼陷郡城。盘踞四载，焚剥蹂躏，庐舍为墟，郡民逃亡转徙之余，仅而免者，无自存计，同治甲子江苏官军乘胜收复吾郡，是时士马骈阗，箫鼓震厉，禾民柔怯，观望未敢归。[2]善化雪门许公宦浙久，大府倚其才，檄缩郡符。至则辑和将弁，约束健儿，土著之民始稍稍与客兵相狎处，未几即凯撤去。公乃辟榛芜，广招徕，剔奸除莠，嘘瘠起枯。七邑官吏，咸奉条教。凡簧序书院之属，养老恤孤之举，以次兴复，推广靡遗。民和年丰，百货鳞集。农忻于野，商歌于市，衣冠文物，蔚若旧观。入其境者，几忘昔年有兵燹事，而公之出斯民于水火而衽席之者。殚精竭虑，盖十年于兹矣。[3]癸酉正月，皇上躬揽万几，重二千石之寄，诏郡国各以其时入觐。公俟受代，至即戒装，吾邑士庶闻公之行也，先期筑亭于南湖烟雨楼之左偏，相与扶老携幼，遮道攀辕，延公于亭，酹酒罗拜而言曰："方今圣天子励精图治，前席而问苍生。公以慈惠之师，上结主知，行当膺不次之擢，陈臬开藩，岂私吾一郡哉。虽然吾侪小人受公之赐，亲如父兄，何忍一日离公，公亦奚忍舍吾民而去。谁为请于朝，复借寇君乎？"言讫皆欷歔怫郁。中若有不自释者，公起而谓之曰："噫，吾岂去汝哉？国家故事，秩满报政，引对毕，还郡视事如初。今航海而行，往返旬日计耳。吾岂去汝哉？"于是众皆喜曰："公既许我来也，适亭成未有名，名之曰'来许'，将日夕倚亭，延颈以望公之来也。"邑人士嘱贤叙次其事而勒石亭中，以志勿谖谖云。[4]

释：

吴仰贤，字牧驹，号萃思。嘉兴人。咸丰二年进士。官至云南迤东道。乞病归，居武水。主讲鸳湖书院。有《小匏庵诗存》、《小匏庵诗话》。有《来许亭记》碑，嵌于"来许亭"北围墙内侧。刻碑者为钟沈霖。

注：

[1] 孔道：大道，大路，必经之道。　　浙西：钱塘江以西。　　剧郡：大郡，政务繁剧的州郡。　　席：凭借，倚仗。　　承平：太平。　　富庶：物产丰富，人口众多。　　易

治：容易治理。　**秩未满**：任期未满。　**辄**：总是，动辄。　**他擢**：提拔，提升。

[2] **咸丰庚申**：咸丰十年(1860)。　**剥**：强行夺去。　**蹦躏**：践踏，摧残。　**墟**：毁坏，废墟。　**转徙**：辗转迁移。　**仅而免者**：幸免的人。　**同治甲子**：同治三年(1864)。　**江苏官军**：李鸿章所部。　**骈阗**：聚集一起，不是一人能领导。　**笳鼓**：笳声与鼓声，借指军乐。

[3] **善化**：今湖南长沙。　**雪门许公**：许瑶光，字雪门。　**大府**：明清时称总督、巡抚为"大府"。指当时浙江巡抚左宗棠。　**倚**：凭借。　**檄**：用于书写比较重要的文书。多用作征召。　**绾**：系结。　**郡符**：郡太守的印章。　**辑和**：团结和睦。　**将弁**：将领、高级军官。　**健儿**：指军中勇士。　**土著之民**：本地百姓。　**狎处**：亲密相处。　**凯撤**：凯旋撤军。　**辟榛芫**：开辟荒地。榛芫，形容荒凉的景象。　**招徕**：招揽。　**剔奸除莠**：剔除狡诈、品质坏的人。　**嘘瘠起枯**：即"嘘枯"比喻拯绝扶危。宋苏轼《答丁连州启》："每怜迁客之无归，独振孤风而愈厉，固无心于集苑，而有力于嘘枯。"瘠，土地不肥活，身体瘦弱。　**七邑**：指当时嘉兴府管辖的嘉兴、秀水、嘉善、平湖、海盐、桐乡、崇德等七县。　**咸奉条教**：全都遵守法规，教令。　**凡**：凡是。　**黉序书院之属**：指教育、学校。　**恤**：同情，救济。　**兴复**：推广。　**靡遗**：没有遗漏。毫不遗漏。　**民和年丰**：百姓安居乐业，五谷丰登。　**鳞集**：群集。　**忭**：喜乐的样子。　**野**：田野。　**衣冠文物**：成语，喻太平盛世，文人众多，文化兴盛。　**蔚**：茂盛，荟聚，盛大。　**衽席**：谓使得平安。　**殚精竭虑**：成语。形容用尽精力、费尽心思。殚，竭尽。虑，思虑。　**盖**：连词。因为，由于。

[4] **癸酉**：同治十二年(1873)。　**躬揽万几**：皇上亲自处理繁难的政务。　**二千石**：汉郡守俸禄为两千石，即月俸百二十斛，因此通称郡守(太守)为"二千石"。　**寄**：委托，寄望。　**诏**：帝王所发的文书命令。　**入觐**：指地方官员入朝进见帝王。　**俟**：等待。　**受代**：旧时谓官吏任满由新官代替为受代。　**戒装**：准备行装。　**士庶**：士人和普通百姓。亦泛指百姓。　**遮道攀辕**：拦住道路，抓住车辕。　**延**：假借为"引"。引入。　**罗拜**：罗列而拜。指围绕着下拜。　**励精图治**：振奋精神，竭尽全力治理好国家。　**前席**：表示想要更加接近对方而向前移动座位。　**苍生**：百姓。　**慈惠**：犹仁爱。　**师**：榜样。　**上结**：上谕，即诏书，皇帝的命令和指示。清代皇帝发布的命令。此处指同治三年对许瑶光"上谕有廉干朴勤，舆情爱戴之褒"。　**行当**：正应。　**膺**：接受，承当。　**不次**：不依寻常次序。犹言超擢、破格。

擢:提拔,提升。　　**陈臬**:指按察使。按察使又叫"臬台"。　　**开藩**:指"藩台",即布政使。封建时代王侯在封地上建国叫开藩。因此也可指到外省任高级官职。　　**吾侪**:我辈,我们这些人。　　**借寇**:典故名。寇,指汉朝寇恂,典出《后汉书·寇恂传》。光武帝南征,寇恂跟随,直至颍川,盗贼见寇恂到来,全部投降,根本不用任寇恂为太守。光武所经之处,百姓们纷纷遮道请求,说:"愿从陛下复借寇君一年。"光武帝只好命寇恂暂驻长社县,镇抚吏民,受纳余降。后遂以"借寇"表示地方上挽留官吏,含有对政绩的称美之意。**言讫**:言毕,讲完。　　**欷歔**:同"唏嘘"。本意是哭泣后不由自主地急促呼吸;现在通常指感慨、叹息的意思。　　**怫郁**:亦作"怫悒"。忧郁,心情不舒畅。　　**自释**:自行宽解的意思。　　**故事**:先例,旧日的典章制度。　　**秩满**:任期满。　　**报政**:陈报政绩。**引对**:谓皇帝召见臣僚询问对答。　　**视事**:旧时指官吏到职办公。　　**旬日**:十天。**许**:答应。　　**延颈**:伸长脖子,表示殷切盼望。　　**叙次**:按顺序。　　**谖**:同"谖"。忘记。

3. 彩船咏

(同治十二年)

嘉绅张莲舟兵部,吴牧驹观察,张晴江刺史,陆若卿太守,倪秋谷司马,陈定夫、钱云卿、蒋希伯、石莲舫、程少梅、王月江孝廉,倪亦山、王申甫、吴少溪、唐丹石学博,张少藻大令,金韵清、姚抚之提举,姚石笙州司马,张竹亭主政,陈海门、谢东山、藩参军、郭益三少尉,王铸庵明经,陆青选、吴晋仙、沈莘农、姚伯绳、葛星槎诸门人,既已饯饯鸳湖,复于初九日双船结彩,远送长塘,爰作是咏,以志盛情。[1]

秀州父老饮我酒,构亭青荫鸳湖柳。秀州父老送我行,彩船双双停北城。城中之人燃银烛,雕瓶莲花承盖绿。城外之人悬珠灯,流苏宝缬双凤腾。我欲摇桨去,父老为留住。邀我登彩船,玉杯深深注。[2]昨日之酒尚未醒,今日之酒何其馨。不辞豪饮为君醉,争赖好风催客舻。自注:是日顺风。主人祝风好,客却将风恼,人生难得是知心,官场自古知心少。

拜别彩舟中,彩毯团圃红。不洒别时泪,相约重相逢。[3]二十九人二十里,隆情盛会沧江水。江水悠悠接海流,海霞飞入船窗紫,黄浦波涛迎我始。[4]

释:

此诗写了嘉兴士庶欢送盛况和依依不舍之情。

注:

[1] 绅:指旧时地方上有势力、有名望的人,一般是地主或退职官僚。其装束主要体现在衣带上:使用宽大的丝帛质地,称之为"绅"的束腰带。　　张莲舟兵部:张清泰,字莲舟。秀水人。道光二十年进士,官至兵部员外郎。　　吴牧骀观察:吴仰贤(1821—1887),字牧骀,号萃恩。嘉兴人。咸丰二年进士。官至云南迤东道。乞病归,居武水。主讲鸳湖书院。有《小匏庵诗存》、《小匏庵诗话》。观察,清代道员的俗称。　　张晴江刺史:张清华,字晴江。秀水人。宰阳湖。刺史,清代知州的别称。　　钱云卿孝廉:钱清炤(1820—1894),字云卿,号问陶。秀水人。同治六年举人。官嵊县教谕。善画山水。孝廉,明、清对举人的雅称。　　石莲舫孝廉:石中玉,字莲舫,一字范湖。号蕴真堂。嘉兴人。咸丰八年举人。官富阳教谕。晚主鸳湖书院讲席有年,造就甚众。　　程少梅孝廉:程瑞生,字少梅。嘉兴人。咸丰八年举人。官象山教谕。　　王铸庵明经:王鼎华,字铸庵。秀水人。同治三年考取汉教习,授内阁中书。工楷书。明经,明、清时对贡生的敬称。　　吴晋仙:即吴受福(1844—1919),字介兹,号璀轩(亦作晋仙),晚号子黎。嘉兴人。光绪五年举人。尝为杭州诂经精舍学海堂监督,后主讲振秀、双山二书院。有《小种字林集篆》四种及《百衲编》、《运甓编》。遗著《贞孝先生遗墨》。　　长塘:嘉兴平湖长塘河。　　爰:于是。　　志:记载。

[2] 秀州:嘉兴代称。原为州名,包括旧嘉兴府(除海宁外的今嘉兴地区)与旧松江府(上海吴淞江以南部分)。原来秀州是唐代苏州府的一部分。后晋天福四年(939),钱元璙病支郡多阙而右藩疆大,始经邑为州,遂奏以嘉兴为秀州,绝其(苏州)华亭、海盐二地同附于州,乃以境西义和聚为崇德。下辖嘉兴、海盐、华亭、崇德四县。宋宁宗庆元元年(1195),以是郡为孝宗毓圣之地,升嘉兴府。秀州罕习军旅,尤慕文儒,不忧冻馁,颇务农务。介于苏杭二大府之间,旁接三江,擅湖海鱼盐之利,号泽国杭稻之乡,风俗淳秀。文贤人物之盛,前后相望。百工众技,与苏杭等。叙《吴郡志》者曰:有太伯辞逊之遗风。有夏禹勤俭

之余习。　　**父老**：对年老者的敬称。　　**饮我酒**：让我饮酒。　　**构亭青荫鸳湖柳**：在南湖烟雨楼柳荫下构亭。　　**银烛**：明亮的灯烛。　　**雕瓶莲花承盖绿**：纹雕荷花瓷瓶莲花盖的香薰炉。　　**珠灯**：指缀珠之灯。　　**流苏**：一种下垂的以五彩羽毛或丝线等制成的穗子。　　**宝缬**：染花的丝织品。　　**凤腾**：风中飞腾。　　**玉杯**：古代一种饮酒器具，最初出现在西汉时期，玉杯质地温润、色泽晶莹，制作精细。

[3] **馨**：香气远闻。　　**豪饮**：畅快痛饮；放量饮酒。　　**争赖**：怎奈。**舻**：有窗户的小船。　　**祝风**：对人对事美好祝愿的礼节、习俗。　　**知心**：彼此非常了解而关系密切。**彩毬**：彩球。　　**团圝**：团聚；浑圆。

[4] **沧江水**：江流，江水。以江水呈苍色，故称。　　**霞**：日出或日落时天空云层因受日光斜射而呈现的光彩。　　**紫**：古人以紫为祥瑞的颜色，正色。　　**黄浦**：黄浦江，黄浦江是历史上最早人工修凿疏浚的河流之一。关于黄浦江的开凿，有一个传说。很久很久以前，上海曾是一片荒凉的沼泽地，其中央蜿蜒流淌着一条浅河。雨水多了，就泛滥成灾；雨水少了，又河底朝天。人们深受其害，咒之为"断头河"。战国时楚令尹黄歇来到这"断头河"河畔，不辞辛劳地弄清其来龙去脉，带领百姓疏浚治理，使之向北直接入长江口，一泻而入东海。从此大江两岸，不怕旱涝，安居乐业。人们感激黄歇的恩德，便将这条大江称作黄歇江，简称黄浦。后来黄歇被封为春申君，便又名春申江。　　**始**：开始北行。

4. 鑑亭之铭

（同治十二年）

同治癸酉，孟夏之月。予以俸满，将觐北阙。嘉禾耆旧，出饯鸳湖。水滨百桨，清酒百壶。此地为别，临眺踌躇。亭构来许，意在趺予。予忝承乏，赖天子命。于今十年，罔敢不敬。有胡德惠，劳君觞咏。临别赠言，式资往训。爰举觯曰，请建鑑亭。劳劳送客，报以德馨。修慝辨惑，舞雩典型。天光云影，源头式听。金曰唯唯，爰勒斯铭。[1]

　　铭曰：

兹屿在水中央，不骞不陊，万寿无疆。有似仁者，静则延长，君子鑑之。节嗜欲以保安康。[2]兹亭轩旷，四无纤障。高天覆帱，明月逸宕。有似智者，洞察万状。君子鑑之，去蒙蔽以扩识量。[3]亭下湖水，流似不流，吐纳苕霅，古今悠悠。有似勇者，自强不休。君子鑑之，学百川以海谋。[4]绕亭卉木，春荣秋谢，荣固繁华，谢亦安暇。有似达者，与时变化。君子鑑之，舍则藏而得则驾。[5]嶔崎古石，于亭之东，瘦貌寒魄，稜稜生风。有似洁士，不与俗同。君子鑑之，砺廉隅以表孤衷。[6]朝开暝阖，亭中阴阳。雨润日丽，亭中柔刚。寒来暑往，亭中炎凉。[7]小鸟知止，渊鱼知藏。渔樵朋友，荇藻文章。俯仰皆乐，吟啸非狂。刻石表意，敢告同行。闲情鸥远，逸兴云翔。既亭既鑑，何用不臧。[8]

同治十有二年癸酉四月，道衔知嘉兴府事善化许瑶光撰书。

译文：

同治十二年农历四月，我任职年限已满，将去朝廷向皇上述职，嘉兴年高旧友在南湖送行。湖边人头攒动，满摆酒水，进行告别。临到要北上时，却又犹豫起来了。嘉兴百姓造"来许亭"意在盼望我回来。自己仗恃皇帝下旨授权，有愧于在位一时没适当人选，只能暂由自己充数。这十年里不敢不敬业，有什么恩惠给了百姓，而有劳诸位摆酒作诗。临别赠言："要根据古时的教导，提出可供借鉴的言行准则。"于是举起酒杯说："请建'鑑亭'。各位这样忙碌地送我，还对我的施政给以赞美之词。自己应该纠正过错、辨别是非、不要追求升官、要树立起旧法。天色这么美好，建亭的事最终还是要听取众人的意见。"大家恭敬地表示同意，于是就刻下这段警戒自己的文字。铭文说：

这座小岛在水中央，不升也不沉没，千秋万世永远生存。就像有道德品行的仁者，不受外界各种影响，自己的志向才能绵延久长，坚持到底。各位仁人君子对照一下，引以为鑑。要节制嗜好和欲望，以保安分守己，生活安宁。

这个亭子旷阔高大，四面没有遮挡，日光覆盖，明月长照。就像聪明有见识的智者，各种状况都能看得很透彻。各位仁人君子对照一下，引以为鉴。要开放思想，不再昏庸不明，以长见识。

亭子下的湖水在流动，又不随波逐流。靠着苕溪、霅溪吐故纳新，古今以来一直悠闲自在，从容不迫。就像有胆量的勇者，自强不息。各位仁人君子对照一下，引以为鉴，要不断吐纳百川，以谋宏图大略。

亭子四周的花卉、树木，春天茂盛，秋天凋谢，繁盛虽忙碌热闹，凋谢也安暇无事。就像通达事理的达者，随机变化。各位仁人君子对照一下，引以为鉴。不被使用就退隐，被使用就要尽力。

亭子东面崎岖不平的假山石，消瘦而见美貌，冷峻而显威严，棱角而露锋芒。就像操守清白、高尚纯洁的洁士，为人处事不庸俗。各位仁人君子对照一下，引以为鉴。要磨炼品行以表明高洁的内心。

世界上的事情就像亭子晨开晚闭那样不断变化，要正确处理事物变化中的各种矛盾。下雨温润，烈日势猛，处理矛盾既要和风细雨又要声色俱厉，刚柔相济。人生仕途就像天气一样，天凉了炎热就去了。世上一些人在别人得势时百般奉承，失势时就十分冷淡，离他而去，要处理好世态炎凉。

天上的小鸟知道何时停飞，水中的鱼知道如何躲藏，捕鱼打柴和做文章的人也都晓得讲究乐趣。这种高声呼喝和歌咏诗文是一种快乐的情趣，而不是发疯装傻，精神失常。

刻这铭文只是表示心意，岂敢告诉同为朝廷做事的人。自己哪有闲情去追寻水鸥，只想在白云中豪迈飞翔。

既然讲的是如何处理问题和警诫自己，这有什么不好。

同治十二年四月，道衔嘉兴知府善化许瑶光撰书。

释：

嘉兴民众建"来许亭"来纪念他，许瑶光受到如此敬重和爱戴，深感不安。临别赠言，请建"鑑亭"。"鑑"为"诫"，"亭"为"正确处理"之意。许瑶光自撰并书《鑑亭之铭》，刻碑置于"来许亭"前的"鑑亭"内，作为激励、警诫自己；正确处世为人的"座右铭"，留给了嘉兴人民。

注：

[1] **铭**：铸、刻、或写在器物上记述生平、事迹或警诫自己的文字。　　**同治癸酉**：同治十二年(1873)。　　**孟夏之月**：农历四月。农历一年四季中的每个季节都有"孟"、"仲"、"季"的排列。农历夏季的三个月即四、五、六月，分别对应称为"孟夏"、"仲夏"、"季夏"。**俸**：旧时指官吏任职的年限。　　**觐**：古代朝和觐分别指诸侯春天和秋天朝见天子，后来泛指朝见帝王。　　**北阙**：古代宫殿北门前的门楼，是大臣等候朝见或上书奏事的地方。后通称帝王宫殿为北阙，也用作朝廷的别称。　　**嘉禾**：嘉兴。　　**耆旧**：年老旧友。　　**出饯**：拿出酒食送行。　　**鸳湖**：南湖别称。　　**水滨**：水边，湖边。　　**百桨**：泛指人多。　　**清酒**：过滤过的米酒。　　**百壶**：泛指酒多。　　**临眺**：意为在高处远望。　　**踌躇**：指犹豫不决，拿不定主意。　　**来许**：出自《诗·大雅·文王》："昭

兹来许,绳其祖武。"朱熹《诗集传》:"赋也。昭兹,承上句而言。兹,哉声相近。古盖通用也。来,后世也。许,犹所也。绳,继。武,迹也。言武王之道昭明如此,来世能继其迹,则久荷天禄而不替矣。"大意是说,武王之道昭明若此,来世定能继其行迹。　　跂:抬起脚后跟站着。　　予忝:自己有愧于。　　承乏:表示所在职位一时没有适当人选,只好暂由自己充任。　　赖:仗恃,仰赖,依赖。　　罔敢:不敢。　　胡:何。　　德惠:恩惠,给人以好处。　　觞咏:喝酒赋诗。　　式:作为榜样。　　资:提供。可资借鉴。　　往训:古时的教导,教诲。　　爰:于是。　　斝:古代酒器,青铜制,形似尊而小,或有盖。盛行于商代晚期和西周初期。　　劳劳:惆怅若失的样子。　　德馨:德政,好的声誉。　　修愆:谓改正错误、纠正过错。　　辨惑:辨别疑惑,解除疑惑。　　舞雩:春天祈雨的仪式。　　典型:指旧法、模范。　　源头:事物的根源。　　式:发语词,无实义。　　佥:大家。　　唯唯:恭敬地表示同意。答应声。　　爰:于是。　　勒:雕刻。

[2]兹:这。　　屿:小岛。指烟雨楼小岛。　　骞:高举,飞起。　　陊:坠落;破败。　　万寿无疆:永远生存,祝寿语。　　仁者:心地纯正的人。　　静:停止,静止。　　延长:扩展长度,使更长。　　君子:仁人君子。指人格高尚、道德品行兼好之人。　　鉴:鉴别,借鉴,鉴戒,镜子。　　节:节制。节俭克制。　　嗜欲:嗜好与欲望。　　安康:身体健康,生活平安。

[3]轩旷:高大、开阔。　　纤障:遮蔽。　　高天:上天,上苍。高空。高朗的天空。　　覆帱:覆,遮盖。帱,覆盖。　　逸宕:超脱而无拘束。　　智者:有智谋或智慧过人的人。　　洞察:看穿,观察得很透彻。　　万状:各种状态,形容程度极深。　　蒙蔽:遮障;愚昧无知。蒙,蒙昧。蔽,遮蔽。　　识量:识见和器量。

[4]吐纳:吐故纳新。　　苕霅:水名,又称霅溪、苕溪。　　悠悠:从容不迫;久远。　　勇者:奋勇的人。　　百川:江河湖泽的总称。　　海:大的。　　谋:计划,计策,主意,策略,计谋。

[5]卉木:草木。　　春荣秋谢:春天茂盛,秋天凋谢。　　繁华:繁荣热闹。　　安暇:安静无事。　　达者:通达事理的人。　　舍:舍弃。　　藏:隐避起来。隐退。　　得:指被发觉。得到使用。　　驾:牲口驾辕拉车。

[6] **嶔**：高大。　**崎**：崎岖不平。　**瘦貌**：瘦美之貌。奇石以瘦为美。　**寒魄**：冷峻的气魄。　**稜稜生风**：威严貌。　**洁士**：高尚、纯洁的人。　**砺**：磨刀石，引申为磨炼。　**廉隅**：廉隅行为、品性端方不拘。　**孤衷**：清高的内心。

[7] **暝**：日落，天黑。　**阖**：关闭。门扇。　**亭**：正确处理。公平处理。《史记·酷吏列传》："补廷尉史，亭疑法。"裴骃集解引李奇曰："亭，平也，均也。"司马贞索隐："使之平疑事也。"　**中**：好；适中；折中；不偏不倚。　**阴阳**：古代哲学概念。古代朴素的唯物主义思想家把矛盾运动中的万事万物概括为阴、阳两个对立的范畴，并以双方变化的原理来说明物质世界的运动。　**雨润日丽**：下雨温润，烈日势猛。丽通"厉"，猛烈。　**柔刚**：柔和与刚强。　**炎凉**：世态炎凉，指有钱有势时，人就巴结，无钱无势时，人就冷淡。

[8] **小鸟知止**：小鸟知道停息。出自《诗·小雅·绵蛮》："绵蛮黄鸟，止于丘阿。"陈奂传疏："小鸟知止于丘之曲阿静安之处而托息。"　**渊**：深水。　**渔樵朋友**：捕鱼打柴的人。　**荇藻文章**：讲求辞藻文字的人，指文人。　**俯仰**：低头和抬头。一举一动。　**吟啸**：吟咏诗文和大声呼喝。　**敢**：岂敢的省词。　**同行**：同在朝廷班行。一起工作的人。　**闲情鸥远**：出自李鸿章的组诗《入都》十首(其一)："丈夫只手把吴钩，意气高于百尺楼。一万年来谁著史，三千里外欲封侯。定将捷足随途骥，那有闲情逐水鸥。"　**逸兴**：超逸豪放的意思。李白《送贺宾客归越》："镜湖流水漾清波，狂客归舟逸兴多。"　**云翔**：在云里飞翔。　**何**：询问原因，为什么。　**臧**：好，善。

5. 静安寺观涌泉

(同治十二年)[1]

滥泉泌沸见葩诗，今日来观海角知。[2]始信水流非尽下，乾坤万古擅离奇。[3]

释：

许瑶光北上途经上海，还有《兆富里听王丽娟弹词》、《申江杂感》、《携桐儿至徐家汇游洋人花园纪事》等诗,见《雪门诗草》卷十二。此行见到上海军工厂制水雷,铜炮后膛开,"灯火新开不夜城,冰笼铁竿自然明"等景况。

注:

[1] **静安寺**:又称静安古寺,位于上海市静安区,历史最早可追溯至三国孙吴赤乌年间,初名沪渎重玄寺。宋大中祥符元年(1008),更名静安寺。南宋嘉定九年(1216),寺从吴淞江畔迁入境内芦浦沸井浜边(今南京西路),早于上海建城。静安寺总建筑面积达 2.2 万平方米,整个庙宇形成前寺后塔的格局,由大雄宝殿、天王殿、三圣殿三座主要建筑构成,是上海最古老的佛寺。寺内藏有八大山人名画、文徵明真迹《琵琶行》行草长卷。静安寺的建筑风格是仿明代以前的建筑风格,典型的代表就是斗拱的形制。　　**静安寺涌泉**:静安寺涌泉曾是南宋"静安八景"之一,又称涌泉,沸井,原址位于静安寺正门之南,原静安寺路(今南京西路)上。当初涌泉昼夜沸腾,据传深可通海,被誉为"天下第六泉"。1899 年公共租界扩界筑路时,涌泉地下水道被切断,该井的沸泉景观逐渐被破坏,之后喷泉景象基本消失。到 20 世纪 60 年代道路改造时被彻底填没。

[2] **滥泉泚沸见范诗**:《诗·小雅·采菽》第二章:"觱沸槛泉,言采其芹。君子来朝,言观其旂。其旂淠淠,鸾声嘒嘒。载骖载驷,君子所届。"诗意为赞美诸侯来朝周天子。　　**滥泉泚沸**:涌出的水泉呈翻腾貌。觱沸,泉水涌出翻腾貌。槛,涌的意思。　　**海角知**:听到来自海角天涯涌泉的沸腾声。海角,海角天涯,形容极远僻的地方。知,听到。

[3] **水流非尽下**:流动的水不是都往下流。可理解为皇上不能都听凭臣下。尽下,听凭臣下,放任臣下。谓帝王宽以待下。《汉书·元帝纪》:"宽弘尽下,出於恭俭,号令温雅,有古之风烈。"《北史·隋纪上·文帝论》:"(隋文帝)素无术业,不能尽下,无宽仁之度,有刻薄之资。"　　**乾坤**:国家。　　**擅离奇**:一些臣子超越职权,自作主张,做出十分奇特、出人意料的事。

6. 天津谒节相李肃毅伯

(同治十二年)[1]

天倚威名卫玉京,特教东海峙长城。绸缪畿辅屯兵策,郑重楼船备敌情。十七国知尊上相,万千箱更活灾氓。安边抚内阴阳燮,未懈求贤吐握诚。[2]自注:近在香港及沪上互市者不止十七国,而十七国则天津通商国数也。其在欧罗巴洲者为俄罗斯、普鲁士、墺斯马加、法兰西、英吉利、意大利、西班牙、葡萄牙、瑞典、嗹国、希腊、土耳其、荷兰、比利时、瑞士共十五国;其在北阿默利加洲者为米利坚,合二十五邦为一国,又谓之合众国;其与中华同一亚西亚洲者为日本,现亦受制于泰西,计三洲共十七国。其立国有三等。一曰君主之国,昔之法国,今之俄罗斯、普鲁士是也。一曰民主之国,由民举一首领,期满则易之,前有瑞士、米利坚,今则法兰西、西班牙亦效之。一曰君民共主之国,英吉利、意大利、荷兰、葡萄牙是也。无子亦可传女,今英主维多利亚是也。其国设上、下议院,谓之巴立门。上院主以勋旧,下院主以绅民。有政会议以黑白珠定从违,白多者行。[3]嘉禾克复忆雄谋,松太苏常一律收。已渡长河清苏北,更驱万马扫青州。诗书气压萧曹侣,孝友门锺达适俦。我饮鸳湖今十载,思量勺水是谁留。[4]

释:

许瑶光从上海乘海轮,经烟台,进大沽口到达天津。六月二十日拜见直隶总督李鸿章,此诗赞美李鸿章,还讲到李鸿章克复嘉兴之事。

注:

[1] 谒:拜见。　节相:古代集地方军政大权的官职。李鸿章当时为直隶总督。**李肃毅伯**:李鸿章(1823—1901),字渐甫、子黻,号少荃、仪叟,别号省心,安徽合肥人。晚清名臣,洋务运动主要领导人之一。道光十八年(1838)进士,咸丰九年(1859)投奔曾国藩湘军大营,统带淮扬水师,湘军占领安庆后回合肥募勇。同治元年(1862)编成淮勇五营,抵达上海自成一军,称为"淮军"。后被任命江苏巡抚。同治二年淮军攻陷苏州、常州等地,平定太平天国。接着镇压捻军,加封协办大学士。官至直隶总督兼北洋通商大臣,授文华殿大学士,封一等肃毅伯爵,谥号"文忠"。

[2] 天:君王。　倚:倚靠,　威名:因有惊人的力量或武功而得到的很大的威望。**玉京**:玉京是道家称天帝所居之处。指帝都。　峙:稳固地、高高地立起。　绸缪:事前准备。　畿辅:指京都周围附近的地区。　屯兵:驻扎军队。　郑重:反复多次;认真严肃。　楼船:大型战船。　上相:大国之相,此处尊称李鸿章。　**万**

千箱更：千万方面。　　　灾氓：灾民。　　　燮：理。　　　未懈：无懈可击。　　　吐握：典故名，典出《史记》卷三十三《鲁周公世家》。即吐哺握发，意谓洗发时多次挽束头发停下来不洗，进食时多次吐出食物停下来不吃，急于迎客。比喻为了招揽人才而操心忙碌。形容礼贤下士，求才心切。

[3] 互市：中国历史上中央王朝与少数民族之间贸易统称。　　　欧罗巴洲：欧洲。普罗士：普鲁士。　　　奥斯马加：奥地利。　　　嗹国：丹麦。　　　北阿默利加洲：美国，美利坚合众国。　　　亚西亚洲：亚洲。　　　泰西：泛指西方国家。　　　君主之国：由君王统治的国家。　　　君民共主之国：君主立宪国。

[4] 嘉禾克复：同治三年淮军克复嘉兴。　　　松太：指松江府太湖湖州府一带。　　　苏常：苏州、常州。　　　长河：长江。　　　青州：地处山东半岛中部，为古"九州"之一。此处指同治七年(1868)东捻军在山东胶莱河寿光战斗中被李鸿章淮军歼灭，全军覆没。捻军是太平天国时期北方的农民起义军。　　　气：指作家的气质或作品的风格。　　　萧曹：萧何和曹参。前者草创了西汉王朝的各项制度，为西汉的运行奠定了基础，后者沿袭前者的做法并加以改进，成语"萧规曹随"就是从这儿来的。　　　侣：结为伴侣。　　　孝友：出自《诗·小雅·六月》："侯谁在矣，张仲孝友。"　　　门锺：门前汇聚。　　　达适：通达适洽。　　　俦：类，辈。　　　勺水：勺水是传说中的水名，出自《山海经》。据《山海经》之《山经》卷四《南山经》记载，勺水发源于会稽山，向南流入溴水。

7. 黄　河

（同治十二年）

流不尽塞北沙，注不满东海涯。浑浑泡泡数万古，春涨桃花秋桂花。[1] 博望寻源究何补，黄金买土作防堵。豫兖青徐无泛流，频年庆衍安澜谱。[2] 治源不如治流，防春不如防秋。元圭告成究何日，怅望苍天赐九畴。[3]

释:

这是许瑶光赴京觐见皇帝后,回嘉兴途中经过黄河时所作。表现出对治理黄河的关心。

注:

[1] 塞北:古代指长城以北,包括漠南、漠北地区,亦泛指我国北边地区。　　涯:指水边,泛指边际,穷尽。　　浑浑泡泡:大水涌流貌。一说,指水喷涌之声。　　万古:万世。形容经历的年代久远。　　春涨:春季涨水。

[2] 博望:透彻地探望。　　寻源:寻源讨本。指穷本溯源,即探寻事物的本源。　　究何补:探究有什么补救办法。　　豫兖青徐:据《尚书·禹贡》古中国分为九州:冀州、兖州、青州、徐州、扬州、荆州、豫州、梁州和雍州。"豫兖青徐"指豫州(今河南)、兖州(今山东一部)、青州(今山东泰山与东海之间)、徐州(今淮河以北、泰山以南、黄海以西,涉及山东南部、江苏北部、安徽北部)。　　流:大水漫溢。　　频年:连续几年。　　庆衍:和睦昌盛。　　安澜:水波平静。　　谱:按照事物的类别或系统编排记录。

[3] 源:水流所出的地方。　　流:江河的流水。　　秋:秋天水流小,秋收农闲季节。　　元圭告成:清人避康熙讳,改玄为元。即玄圭告成,出自《尚书·禹贡》:"禹锡玄圭,告厥成功"。　　怅望:伤感地望着天空。　　苍天:指天,古代人常以苍天为主宰人生的神。也叫上天,上苍。　　赐:赏给。　　九畴:指传说中天帝赐给禹治理天下的九类大法,即《洛书》。泛指治理天下的大法。相传大禹时,洛阳西洛宁县洛河中浮出神龟,背驮《洛书》,献给大禹。大禹依此治水成功,遂划天下为九州。又依此定九章大法,治理社会,流传下来收入《尚书》中,名《洪范》。《易·系辞上》说:"河出图,洛出书,圣人则之",就是指这两件事。

8. 廿九日引见于养心殿二首

(同治十二年)[1]

夜入东华不掌灯,玉阶金𦆑滑如冰。声飘绛帻传签紧,匦进黄绫奏事兴。景运门开初日丽,乾清宫静御香澄。月华西出瞻遵义,醓醢金猊目有棱。[2]

至尊手握绿头签,日角龙颜万汇瞻。北面头班先豸服,自注：是日御史引见。东楹盛典撤黄帘。自注：闻前垂帘在殿之东楹。铨臣近座蝉联肃,散秩分头鹄立严,亲政今年还旧制,对扬口奏语新添。[3]

释：

闰六月廿五引见遇雨奉旨改期,廿九日引见于养心殿,此诗对引见过程有详细的描述。其中提到西太后已撤垂帘,同治帝开始亲政。但是一年后同治帝死,年幼的光绪帝即位,西太后再次垂帘听政。

注：

[1] 引见：旧时皇帝接见臣下或外宾,须由官员引领,叫"引见"。清制,京官在五品以下,外官在四品以下,由于初次任用、京察、保举、学习期满留用等,均须朝见皇帝一次,文官由吏部、武官由兵部分批引见。　养心殿：养心殿始建于明代嘉靖年间,位于内廷乾清宫西侧。清初顺治皇帝病逝于此地。康熙年间,这里曾经作为宫中造办处的作坊,专门制作宫廷御用物品。自雍正皇帝居住养心殿后,造办处的各作坊遂逐渐迁出内廷,这里就一直作为清代皇帝的寝宫,至乾隆年加以改造、添建,成为一组集召见群臣、处理政务、皇帝读书、学习及居住为一体的多功能建筑群。一直到溥仪出宫,清代有八位皇帝先后居住在养心殿。雍正时期,皇帝的寝宫由乾清宫移到了养心殿。养心殿是工字形建筑,分为前朝和后寝,中间以穿堂相连。前殿三间,中间一间为皇帝召见大臣处理政务的地方,东间就是"垂帘听政"的场所;西间,有雍正皇帝手书"勤政亲贤"匾,是皇帝召见军机大臣的地方。

[2] 东华：东华门。东华门是紫禁城东门,始建于明永乐十八年(1420)。门外设有下马碑石,门内金水河南北流向,上架石桥一座,桥北为三座门。东华门以西是文华殿,迤南为銮仪卫大库。东华门与西华门形制相同,平面矩形,红色城台,白玉须弥座,当中辟三座券门,券洞外方内圆。城台上建有城楼,黄琉璃瓦重檐庑殿顶,基座围以汉白玉栏杆。城楼面阔五间,进深三间,四周出廊,梁枋绘有墨线大点金旋子彩画。东面檐下"东华门"匾额原为满、蒙、汉三种文字,后减为满、汉两种,辛亥革命后只余铜质汉字。清初,东华门只准内阁官员出入,乾隆朝中期,特许年事已高的一二品大员出入。清代大行皇帝、皇后、皇太

后的梓宫皆由东华门出,所以民间还俗称东华门为"鬼门"、"阴门"。　　**玉阶金陛**:"金玉阶"。金陛为阶旁金黄色的斜石。　　**飙**:传。　　**绛帻**:犹言鸡鸣、鸡啼。也指红色头巾。汉代宿卫之士着绛帻,传鸡唱。见《汉官仪》。后泛指传更报晓者之服色。鸡唱,犹言鸡鸣、鸡啼。　　**传签**:指传令,发令。　　**匦进**:用匣子收藏。　　**黄绫**:一种很薄的丝织品,一面光滑像缎子。这里指"绫纸",用绫做的纸,古时官诰所用。"官诰"为皇帝赐爵或授官的诏令。　　**奏事**:奏事有面奏和书奏的区分。面奏是具有一定身份等级的大臣和贵族当面向皇帝反映情况、回答咨询或请示。书奏是具有上奏资格的官署或官员通过一定渠道呈递文书请皇帝裁定审批。　　**景运**:指好时运。　　**初日**:早晨的太阳。　　**乾清宫**:乾清宫是内廷正殿,即民间所谓"后三宫"(乾清宫、交泰殿、坤宁宫)中的第一座宫殿,是皇帝召见廷臣、批阅奏章、处理日常政务、接见外藩属国陪臣和岁时受贺、举行宴筵的重要场所。　　**御香**:旧时宫殿前丹墀设焚香炉。　　**澄**:清澄,气体纯净透明。　　**月华**:月光;月色。　　**瞻**:瞻仰,怀着崇高的敬意、严肃而恭敬地看着某人或某物。　　**遵义**:故宫有东向遵义门,其内为养心门。　　**𪗨舑**:吐舌貌。　　**金猊**:神话传说中龙生九子之一(一说是第五子,另说是第八子)。形如狮,喜烟好坐,所以形象一般出现在香炉上,随之吞烟吐雾。喻指香炉。　　**棱**:威势。

[3] **至尊**:皇帝。　　**绿头签**:清制,凡进见皇帝者,皆用粉牌书写姓名、履历。牌头饰绿色者称绿头牌。亦称绿头签。　　**日角龙颜**:旧时相术家指额头隆起为龙颜。称之为帝王的贵相。日角,额角中央部分隆起,形状如日。　　**万汇**:万物。万类。唐韩愈《祭董相公文》:"五气叙行,万汇顺成。"　　**头班先豸服**:指御史领引见皇上。头班,犹令班品为首的人。豸服,豸衣,因其官服上绣有獬豸,故称。借指御史。　　**东楹盛典撤黄帘**:前太后垂帘在殿之东楹。后撤太后听政的垂帘,归政于皇帝。指同治十二年(1873)同治帝开始亲政。　　**铨臣**:掌握考核、选拔人才之权的大臣。　　**蝉联**:喻语言啰嗦,文词繁琐。　　**肃**:严正,认真。　　**散秩**:散秩大臣。皇帝和皇宫的警卫部队侍卫处的官员。　　**鹄立**:像鹄一样引颈而立。形容直立。　　**亲政**:归政于皇帝。指帝王亲理朝政。　　**旧制**:指旧的制度。　　**对扬**:谓答谢,报答。唐宋以来为官吏除授后谢恩的一种仪式。　　**口奏**:口头陈奏。　　**语新添**:新添谢恩之语。

9. 七月朔日蒙恩召见于养心殿之西阁退谒枢密纪事四首

(同治十二年)[1]

谢恩晓入叩丹墀,正是新秋荐寝时。金辇还宫天乍晓,铜人送寺仗潜移。彻归筵实颁清要,卸却龙衣问政宜。小憩养心西殿外,枢臣欲出侍臣知。[2]

瑶宫此日熟仙桃,节遇千秋著蟒袍。自注:是日内宫秋节得穿蟒服。曲入赭帘留夹道,门临宝镜察秋毫。免冠泥首东隅侧,咫尺瞻颜御榻高。不听深宫仙乐奏,垂询无乃圣躬劳。[3]

出身籍贯及年庚,更问双亲与弟兄。睹面创痕怜战绩,关心风雨察民情。直将孝弟乾坤转,喜定干戈宇宙清。语罢春生天色霁,委蛇退出有人迎。[4]

朝廷象果中兴隆,亲密无勋尽洁躬。吐握不卑湘曲士,殷勤重访海隅风。门庭狭隘难旋马,花竹清闲冷缀虫。更过砖桥来石汊,秋荷潋滟向阳红。[5]

释:

此时同治帝虚十八岁,才开始亲政,主要依赖大臣辅政。许瑶光从皇上召见中看到"枢臣欲出",觉察到朝廷宰辅重臣对他并不重视。他将自己喻为清高而不被重视的"花竹清闲冷缀虫",不会"殷勤"巴结讨好,"不卑"的湖南孤陋寡闻的乡下"曲士"。

注:

[1] 朔日:农历将朔日定为每月的第一天,即初一。 　　**蒙恩:**受恩惠。 　　**枢密:**军机大臣,宰辅重臣。

[2] **谢恩**：感谢别人的恩德，多指臣子对君主。　　**叩**：叩头下拜。　　**丹墀**：宫殿前的石阶，因其以红色涂饰，故名丹墀。　　**荐寝**：以时鲜贡奉君王或贡献祖庙。荐，即献。　　**金辇**：车舆名。清代皇帝所乘坐车之一。清初沿明制，设凉步辇。乾隆七年(1742)定皇帝大祀亲诣行礼，均乘舆出宫，至太和门乘辇。乾隆十三年(1748)谕定，改凉步车为金辇，皇帝每于北郊祀、享太庙、祭祀社稷乘金辇。　　**乍**：刚，起初。　　**铜人**：即铜铸之人，亦称"金人"。古多铸以置于宫庙间。　　**仗**：依靠，依赖。　　**潜移**：暗中移动。　　**彻**：撤去。　　**笾**：古代祭祀和宴会时盛果脯的竹器，形状像木制的豆。　　**实**：充满。　　**清要**：谓地位显贵、职司重要，但政务不繁的官职。也谓高显而重要的政务。　　**宜**：适宜。　　**小憩**：稍作休息。　　**枢臣**：宰辅重臣。　　**侍臣**：侍奉帝王的廷臣。

[3] **瑶宫**：泛指华美的房屋，也指神仙所居之处。　　**熟**：熟化。食物烧煮到可吃的程度。　　**节遇千秋**：千秋节，旧时皇帝的诞辰，是日内宫千秋节得穿蟒袍。　　**蟒袍**：又被称为花衣，因袍上绣有蟒纹而得名。凡有庆典，百官皆蟒服，于此时日之内，谓之花衣期。如万寿日，则前三日后四日为花衣期。　　**曲入**：弯弯曲曲。　　**赭帘**：红色门帘。　　**夹道**：狭窄之道。　　**察秋毫**：明察秋毫。明，眼力。察，看清。秋毫，秋天鸟兽身上新长的细毛，比喻极其细小的东西。　　**东隅**：东角。　　**咫尺**：形容距离近。　　**御榻**：皇帝的坐卧具。　　**深宫**：宫禁之中，帝王居住处。　　**仙乐**：皇家及宫中所奏的音乐。　　**垂询**：别人对自己的询问。　　**无乃**：岂不是。难道不是……吗？　　**圣躬**：指皇帝。

[4] **年庚**：旧指用干支表示的人出生的年、月、日、时。　　**怜**：怜悯。　　**风雨**：比喻艰难困苦。　　**察**：明察，知晓。调查。　　**孝弟**：亦作"孝悌"。孝顺父母，敬爱兄长。　　**乾坤**：乾为天，坤为地，乾坤代表天地、国家、江山、天下。　　**转**：转运。　　**干戈**：干戈，均为古代兵器，后来引申为指战争，　　**宇宙**：犹言天下，国家。　　**春生**：春天来到人间。　　**天色**：犹天气。　　**霁**：雨雪停止，天放晴。　　**委蛇**：曲折行进貌。

[5] **象果**：灵果，仙果。金元好问《贺德卿王太医生子》诗："此日寿筵分象果，异时云汉望仙槎。"　　**中兴**：指国家从衰退中复兴。　　**无勋**：没有功勋的意思。　　**尽洁**：比喻单纯；清白；作风正派；纯洁、廉洁。　　**躬**：亲身；亲自。　　**吐握**：典出《史记》卷三十三《鲁周公世家》。即吐哺握发，意谓洗发时多次挽束头发停下来不洗，进食时多次吐出食物停下来不吃，急于迎客。比喻为了招揽人才而操心忙碌。形容礼贤下士，求才心切。　　**不卑**：不亢不卑，指对人有恰当的分寸，既不低声下气，也不傲慢自大。　　**湘**：湖南。　　**曲士**：乡曲之士。比喻孤陋寡闻的人。《庄子·秋水》："曲士不可以语于道者，束于教也。"　　**海隅**：亦作"海嵎"。海角；海边。常指僻远的地方。　　**门庭**：指门前的空地；

门口和庭院等。　　旋马：掉转马身。　　花竹清闲冷缀虫：许瑶光自喻为不被重视的竹子和作为点缀的"冷缀虫"。竹子的竹节,被引申为"气节";竹子的耐寒长青,被视为"不屈";竹子的高挺,被视为"昂然";竹子的清秀俊逸,被引申为"君子"。　　清闲：清静悠闲。　　缀：装饰;点缀。　　石汊：河水的分支。　　潋滟：水波荡漾的样子。

10. 初六复行引见初八日谢恩蒙旨回任

（同治十二年）

秋色龙楼凤阁扶,天恩重许管南湖。颇闻泽国乖龙旱,可有吴儿竹马驱。[1]当日策廷先帝简,此时坚任圣人谟。五云携向浮云去,惹得鸳鸯水畔呼。[2]

释：

许瑶光任嘉兴知府十年未得迁升,这次进京向皇帝述职,六月二十九日。七月初一日、七月初六日三次被引见皇帝,有"可有吴儿竹马驱"的感叹。最终仍未获迁升,最终"天恩重许管南湖",回到他充满感情,难以割舍的嘉兴鸳鸯湖。

注：

[1] 蒙：承蒙。承蒙是敬辞,表示心怀感激地接受。　　龙楼：泛指朝廷。　　凤阁：华丽的楼阁。多指皇宫内的楼阁。　　扶：扶撑。　　天恩：帝王的恩惠。　　泽国：多水的地区;水乡。指浙江。　　乖龙：传说中的孽龙,指行雨,下雨。宋黄休复《茅亭客话》卷五："世传乖龙者,苦于行雨,而多方窜匿,藏人身中,或在古木楹柱之内,及楼阁鸱甍中,须为雷神捕之。"　　可有吴儿竹马驱：哪有少年玩竹马的。吴儿,江浙少年。竹马,儿童游戏时当马骑的竹竿。

[2] 策廷：古代帝王对臣下封土、授爵或免官;策命。策免。策封。　　坚任：坚任元良。太子的代称,指同治帝。　　谟：宏大的计划。　　五云：指同治帝赏赐的同治五云粉彩瓷器。　　浮云：比喻不把某事物放在眼里。浮云另一方面的意思是想要得到却得不到的东西。　　鸳鸯：鸳鸯湖,指南湖和嘉兴。

（八）查荒大案，为民伸冤，遭致罢官

　　许瑶光北上朝觐途中，见到上海对外通商三十年后，"繁华机巧"，感到应向西方学习，使中国富强起来。回嘉兴后，听嘉兴杜小舫方伯谈天主教暨外洋事，"使我从前方壶园峤之见一霍然"。对福建办船政、建水师，杭州设机器局，"文宗科岁算学求、武库精能机器制"，及南北各地开煤矿等御侮、自强、求富的洋务运动持积极态度。许瑶光在乍浦陈山、澉浦长墙山造新式炮台，以防"台湾有日本构衅"。光绪元年（1875），许瑶光又全面修复嘉兴至苏州、杭州的塘路，发展和活跃嘉兴地区的经济。

　　太平天国战争后，嘉兴农村土地荒芜严重，土地荒芜十有三四。光绪六年（1880）三月，浙省巡抚谭钟麟派道员王荫樾到嘉兴"查荒"，逼加征粮数额。省员撇开许瑶光等地方官员，也不下乡勘察，将有主荒地悉数征粮，令无主荒地增为熟地。消息传出，乡民纷纷入城，激起民变。浙省巡抚即上奏，并调楚军800人，连夜赶赴嘉兴镇压，拘捕数十人。清廷闻奏，于四月十六日谕旨，命"密拿首要各犯，解省讯办，如敢抗违，即行从严惩办，以儆效尤"。

　　许瑶光在此案中保护百姓，勘实是非，为民伸冤。四月廿四日、廿七日、廿八日接连复浙抚禀，力陈事系省员办理不善所致，却不合抚督之意。六月十三日，许瑶光被挂牌罢官。嘉兴百姓闻讯后，阖郡若狂，于西丽桥西，茶禅寺东泽地，筑亭名曰"许公亭"。

　　七月二十三日，上海《申报》登载了《嘉守罢官记》的消息："七月初三黎明，有耆老数十人，送水一缸，镜一面。进署呈帖，上书'明镜高悬，冰清水鑑，恭颂德政，敬送宪旌'。继有义塾蒙童五十人，持书包执香跪送。太守方出署，而孤老院男女并无目者亦来跪送。斯时街衢拥挤，自西县桥至北马头，家家香花高供，甚有悬彩灯结彩，额上书'官清民乐，情切攀辕'字样者十余处。及至北武庙，有老人数辈献酒，脱靴（许瑶光脱靴表示不带走当地一砂一土），感慨涕零，太守亦为酸鼻。再拜，下船。两岸看船停泊四五里，人不啻数万，船不啻数千，各镇乡市为之一清。

沿塘乡民执香跪送。次日,各绅送至陡门,殷勤道别。午后,过石门湾,尚有香花。噫异哉,离城百里,不可谓近,乃闻风激发顿见天良,非民情之厚曷克臻此。或云有绅耆门生辈,且远送至省焉。"七月二十五日,《申报》又发表了《书嘉守罢官记后》的社论,称许瑶光为近世少有的贤太守。

　　勘荒一事,明里是向乡民勒逼租税,暗里是打击许瑶光知府的威望。在封建社会的官僚体制下,腐败的官员们串通一气,狼狈为奸,清官不为他们所容是情理之中的事。许瑶光性格倔强执着,敢以职份所应为者吾必为之,最终遭致罢官。

　　光绪七年(1881)十月,浙江巡抚谭钟麟调任,后任陈士杰碍于舆论和民情,而嘉兴民间又出现了"荒田多,奈太守何?"的民谣,于光绪八年向朝廷上了为许瑶光翻案的奏折,请求恢复许瑶光的职务,并痛斥劣质道员,要求将王荫樾交部严加议处。

　　八年(1882)七月初三日许瑶光复任嘉兴知府。嘉兴父老得知许瑶光回任,十分高兴,即在三塔塘上建"许公三至亭",厅堂龛内盒中,装有许瑶光离嘉兴登船前脱下的"朝靴"一双。

　　许瑶光到任才几个月,即不幸于十一月初七日卒于官廨。诰授资政大夫(清文职正二品之封赠)。次年归葬湖南善化许家冲。

　　许瑶光去世后,其藏书赠送予嘉兴鸳湖书院。1928年其后人按照他的遗愿,又将长沙家中上万册藏书全部捐赠给嘉兴市图书馆。

1. 由杭返禾舟中作

(同治十二年)

　　扁舟江上问新霜,两岸霜林晓色黄。苍鹘摩天秋气厉,芙蓉近水晚年芳。深怜粳稻吴中歉,又接乡书湘地荒。此际玉溪波尚涸,西风烈日作重阳。

释：

许瑶光去京朝觐毕，在回嘉兴途中，已是早秋时光。虽然朝觐未获升迁，但"芙蓉近水晚年芳"，犹展现了他乐观向上的志趣，还关心着浙地和家乡的农业。

注：

新霜：借用宋苏辙《新霜》诗："败檐疏户秋寒早，老人脚冷先知晓。浓霜满地作微雪，落叶投空似飞鸟。新春未觉廪庾空，宿逋暗夺衾稠少。旱田首种未言入，敢信来年真食紗。"道出早秋时光。　　晓色：指拂晓时的天色。　　苍鹘：古书上说的一种老鹰，短尾，青黑色。　　摩天：指迫近天。形容很高的样子。　　秋气：指秋日凄清、肃杀之气。　厉：味浓。　　芙蓉：芙蓉至晚秋前后，花期才基本结束。因而有诗说其是"千林扫作一番黄，只有芙蓉独自芳"。　　芳：美好。　　吴中：指太湖南岸、浙江北部一带。玉溪：指钱塘江和钱塘江大堤。

2. 九月十五日恪靖伯陕甘总督克复肃州四首

（同治十二年）

　　九月十五日恪靖伯陕甘总督克复肃州，关内肃清，晋协办大学士。发部库银百万以犒军，诸将士策功有差。上命将军金顺会、景廉以剿古城穆图善，堵安西、玉门、敦煌。张曜、宋庆会、文麟明春以解哈密之围。西域戎机大转，诗以志喜。[1]

　　朝右久虚揆相席，天心留待报元勋。果清关内悬秋月，定见河源扫白云。万里冰霜真血战，中兴日月此雄军。腐儒资格休哓舌，谁奉金汤答圣君。[2]

　　黄麻手付大司农，百万朱堤启库封。金帛岂徒阃关虎。绣裳全仗补山龙。赤羌筋管还军乐，青海葡萄劳酒钟。试上崆峒窥北极，紫宫辅弼瑞光重。[3]

　　尚有余氛漠北游，神飚指顾一齐收。偏裨宵卧银鞍抱，盟部朝烟毳幄浮。天网那容青兔穴，江波应卷黑龙头。紫光阁上功成宴，予先和阗白玉瓯。[4]

　　伊犁藏事倚承平，叶尔擒酋止四城。兹定东南转西北，直扶江汉洗沧瀛。贤豪几辈推棋险，朝野多年望武成。积甲天山千万丈，海洲岛国定神惊。[5]

释：

这是许瑶光思念左宗棠并关注左氏西征诗中的一篇。

注：

[1] **恪靖伯**：左宗棠(1812—1885)，字季高，号湘上农人。晚清重臣，湘军著名将领，洋务派首领。曾平定阿古柏之乱，收复新疆，官至东阁大学士、军机大臣，封二等恪靖侯。**肃州**：在今甘肃省西北部。　　**关内**：指陕西、甘肃。　　**协办大学士**：清朝官制为从一品大员。

[2] **朝右**：位列朝班之右。指朝廷大官。　　**揆相**：因宰相管理百官百事，后遂以指宰相或相当于宰相之职。　　**元勋**：有极大功绩者。　　**河源**：古代特指黄河的源头。出于昆仑之东北隅。　　**中兴**：指清同光中兴。　　**日月**：时光。　　**腐儒**：迂腐的儒生，只知读书，不通世事。　　**哓舌**：唠叨，多嘴。　　**金汤**：形容城池险固。

[3] **黄麻**：古代诏书用纸。亦借指诏书。古代写诏书，内事用白麻纸，外事用黄麻纸。**大司农**：秦汉时全国财政经济的主管官，后逐渐演变为专掌国家仓廪或劝课农桑之官。**朱堤**：云南朱堤山，出银。朱堤银是古代的一种优质白银。　　**金帛**：黄金和丝绸。泛指钱物。　　**徒**：白白地，仅仅。　　**阚**：同㘎，形容虎叫声。　　**绣裳**：彩色下衣。古代官员的礼服。　　**赤羌**：中国古代西部的民族。　　**筎管**：即胡笳，古代管乐器名。**还**：恢复原状。　　**酒钟**：酒器。小者如酒杯，用来取饮；大者如酒瓮，用来贮酒。

崆峒：崆峒山，道教圣地，距离甘肃省平凉市区12公里，传说黄帝问道于崆峒山的广成子，因此被称为道家第一山，海拔高度在1456—2123.5米之间。　　北极：北方边远之处。　　紫宫：帝王宫禁。　　辅弼：辅佐君主的人。后多指宰相。　　瑞光：是指吉祥之光。

[4] 余氛：残留的妖氛。借指残存的寇贼。　　漠北：指中国北方沙漠、戈壁以北的广大地区。　　飚：同"飙"。上古时期的神兽，因其速度极快。成为旋风、暴风的代称。指顾：意为一指一瞥之间。　　偏裨：指偏将，裨将。将佐的通称。古代佐助大将的将领称偏裨，亦称副将。　　银鞍：银饰的马鞍；代指骏马。　　盟部：我国北方蒙古等少数民族集数部落为一盟。　　毳幄：游牧民族所居的毡帐。　　天网：指天道如网；也用以比喻国法。　　兔穴：兔穴三窟。喻多种避祸方法。　　黑龙头：神话中的黑色之龙。《墨子·贵义》："且帝以甲乙杀青龙于东方，以丙丁杀赤龙于南方，以庚辛杀白龙于西方，以壬癸杀黑龙于北方。"唐杨炯《唐上骑都尉高君神道碑》："娲皇受命，杀黑龙而定水位；汉祖乘机，斩白蛇而开火运。"　　紫光阁：始建于明代正德年间，初为明武宗朱厚熜跑马箭射之地，名曰平台。到了清朝，紫光阁成为皇帝殿试武进士和检阅侍卫大臣较射之所。　　和阗：1959年更名为"和田"，当地产玉。　　瓯：古代汉族酒器。饮茶或饮酒用。

[5] 承平：太平。　　沧瀛：沧海，大海。指东方海隅之地。　　积甲天山：成语"积甲如山"是指兵甲堆叠如山。

3. 听嘉兴杜小舫方伯谈天主教暨外洋事作

（同治十三年）

外域祭天自古而然，无所谓天主名也。《后汉书》云，焚老上之龙庭，注以为即《史记·匈奴传》五月大会龙城祭其先天地鬼神之处；又武帝以高句骊属元菟，其俗十月祭天大会名曰东盟。又云箕子封朝鲜，制八条之教常用十月祭天，昼夜饮酒歌舞名之为舞天。又云马韩诸国邑各以一人主祭，天神号为天君，立苏涂建大木以悬铃鼓事鬼神,夫曰天君几与天主隐合,然无所谓教也。至《隋书·漕国传》有顺天神之名,想皆婆罗门教之支派,即今回教也。明万历中西洋利玛窦始以西法入中国,建天主教于宣武门,内供耶稣画像,貌三十许人,左手执浑天仪,右叉指若方论说状。左圣母堂貌若少女,手一儿即耶稣也。同时熊三拔著《表度说》,阳玛诺撰《天问略》以承三拔之说,而其自序盛称天主之功,且举所谓第十二重不动之天为诸圣所居天堂之所在,信奉天主者乃得升之,以歆动下愚,盖欲借言天象以证其天主堂之不诬,惟天堂之说又颇近于佛耳。《钦定四库全书总目》已斥其用意极为诡谲矣。恭读《圣谕广训》云,教主已作罪魁,福缘实为祸本,如白莲、闻香等教皆前车之鉴也。又如西洋教宗天主,亦属不经,因其人通晓历数,故国家用之等。因是天主教之入中华在明之季,实随西法而来,得其一益,即受其一损,天下事往往如此。闻西洋谓耶稣降生至今同治十三年,西历已一千八百七十四年,考之在汉平帝元始元年。其初起于犹太国,名犹太教,又名刁筋教。现有希腊教、耶稣教、天主教各名皆异,派同宗,遂以犹太为旧教,大约俄罗斯、普鲁士、米利坚、英吉利、奥斯马加各国虽有天主教,而信耶稣教者十之八九。法兰西、意大利、西班牙、葡萄牙各国则专重天主,而法国尤甚。其始意大利于西历八百十六年,立为自主之国于罗马,城内设立天主教总汇之所,法国派兵四千保护之。谈往云十字架者耶稣仇人杀身之具也,礼拜奉其教必著架图于门首,初至礼拜十字架。意国忽造耶稣之像。拜之如佛,颇为耶稣教之所訕。又造作耶稣之母,名玛利亚,又云耶稣首徒名彼得,教主之名乃彼得所立。教主之下有主教、牧师、司铎、监督、神父诸名,皆有缺额。耶稣教之司铎娶妻,生子如常人。天主教之司铎不得有室家,如僧人,然此两教之分辨也。前年法国为普国所败,法国议院有上书,言天主教不利于国者,于是釐定教门新规,盖亦防之也。夫泰西谓耶稣乃天之子已属附会,至洪逆秀全乃谓己为耶稣之弟,为第二子,故伪示有天父天兄之语,谓天名火华。耶稣一名,基督创赞美上帝之词。虽其狂悖,自取天诛,然未始非天主教有以导其先路也。考《海国图志》,天主教总名克力斯顿,后分为三,一加特力教,一额利教,一波罗特士顿教,与今小舫方伯所言不合,盖方伯曾观察苏松,练习洋情,闻所言胜读。《职方外纪坤舆图说》诸书。始悟邹衍谈天谓九州之外更有如九州者,九其说非诬,盖衍居近海,意战国时必有海船至,故衍得闻之耳。

　　煌煌禹贡书,声教讫四海。胡来海外教,蔓衍华人骇。匪老上之祀龙庭,匪元莬之会东盟。匪舞天遵箕子之教,匪天君悬马韩之铃。非儒非佛非仙灵，云自元始元年会。西历耶稣是诞生，初名犹他后刀筋。今则希腊耶稣天主相纷更，耶稣教尚少偢扰，传播俄普墺美英。天主盛于意大利，礼拜总汇罗马城。母玛利亚徒彼得，从兹乃有主教牧师司铎监督神父名。创自八百十六载，当在唐宪元和十年乙未正。[1]恭读黜异崇正谕，西洋天主属不经。白莲闻香等前鉴，左道惑众有常刑。奈何今复分四会，自注：其传顺天、江南、山东、两湖者曰耶稣会；传直隶、河南、浙江、江西、山陕者曰味增爵会；传福建两广、云贵、川皖者曰天神会；传盛京、满洲、蒙古者曰方济会。其耶稣会乃天主教中之会名，亦非耶稣教也。[2]肇衅瀛海颇纵横。国家羁縻有深术，彼族煽惑无止日。即昨发逆扰乾坤，天父天兄妄相述。擅造赞美上帝词，火华基督语喽㗘。卒撄天讨取凶残，槁木摧折风雷疾。乃知教主即罪魁，圣言可畏如纶出。且闻法国定新章，亦恶教民多强梁。邦朋邦酗实戎首，作法自敝难为防。[3]浣花先生有心者，十洲三岛长河泻。兔亲狗国考周书，铁岘蜂岑出华夏。流观山海记拾遗，腹中琳琅真博雅。谈天非侈漫汗游，从戎曾勒追风马。朅来沪口起长城，鲛人安水农安野。为言时事多变迁，今日重洋非昔年。北魏海国作图志，自注：道光时楚有北魏、南魏之名，南魏魏湘，北魏魏源。徐君亦有瀛寰编。[4] 一自通商定和约，文同突过前人贤。圣人屡遣使臣出，自注：自五年曾遣恒子久斌椿出使后已数次矣。乘槎亲到天外天。寻源凿空古无有，始信佛书四部之说皆真诠，所历更比蓬莱远。不见五城饶婵娟，虎齿豹尾究何在。但有傀儡无神仙，使我从前方壶圆峤之见一霍然。[5]

释：

许瑶光北上朝觐，回任嘉兴知府，感到应了解西方和向西方学习。"听嘉兴杜小舫方伯谈天主教暨外洋事"后，他对天主教持怀疑态度。在"恭读黜异崇正谕"后，认为"西洋天主为不经"，"即昨发逆扰乾坤"。他对太平天国运动中洪秀全自称是天父"爷火华"次子，称"爷苏"为天兄，将此作为组织管理农民起义队伍的手段，心有余悸。对于"一自通商定和约"，感到"文同突过前人贤"，朝廷不会过日子，也"不见五城饶婵娟"，最后"使我从前方壶圆峤之见一霍然"，自己以前对神仙的看法豁然开朗。

注：

[1] **杜小舫**：杜文澜，字小舫，浙江秀水(今嘉兴)人。官两淮盐运使。著有《词律校勘记》《古谣谚》等。　　**方伯**：清时用作对布政使的尊称。后泛称地方长官。　　**煌煌**：光彩夺目。　　**禹贡书**：《禹贡》是《尚书》中的一篇。相传为周初人所作。　　**声教**：《尚书·禹贡》："东渐于海西，被于流沙，朔南暨声教，讫于四海。"　　**蔓衍**：蔓延，滋生演变。　　**骇**：惊惧。　　**匪**：不，不是。　　**老上**：本为汉初匈奴单于名号。后用以泛指北方少数民族首领。　　**祀**：祭神的地方。　　**龙庭**：匈奴单于祭天地鬼神之所。　　**东盟**：古代高句骊十月祭天大会名曰东盟。　　**舞天**：古代东方部族祭天之舞。　　**箕子**：商代最后一个帝王商纣王的叔父箕子在武王伐纣后，被武王分封于朝鲜，侯爵，史称"箕子朝鲜"。箕子封朝鲜制八条之教，常用十月祭天，尽夜饮酒歌舞名之为舞天。　　**天君悬马韩之铃**：马韩(公元前100—300)位于古代朝鲜半岛的西南部的部落联盟，各邑以一人主祭，天神号为天君，悬铃鼓事鬼神。　　**元始元年**：汉平帝元始元年(公元1)。　　**刀筋**：犹太人教俗宰牛挑去牛筋不食，故汉民呼之曰"挑筋教"或"刀筋教"。　　**纷更**：变乱更易。　　**傲扰**：开始扰乱。

[2] **黜异**：贬斥异端邪说。　　**崇正**：尊崇，推崇正道。　　**谕**：帝王通告百姓。　　**不经**：近乎荒诞。　　**白莲**：中国民间宗教之一，源于南宋佛教的一个支系，崇奉弥勒佛，元明清三代在民间流行，农民起义军常借白莲教名义进行活动。　　**闻香**：闻香教为明代民间宗教之一。又称东大乘教。万历(1573—1619)年间，河北滦州石佛口之王森所创立。自称曾救一狐，狐自断其尾赠之，有异香；以此号召徒众，人多归附，故称闻香教，至清代嘉庆年间始趋衰微。　　**左道**：邪门旁道，多指非正统的巫蛊、方术等。　　**肇衅**：启衅，挑起争端。　　**瀛海**：大海。　　**纵横**：肆意横行，无所顾忌。

[3] **羁縻**：笼络；怀柔。　　**术**：策略。　　**煽惑**：煽动诱惑。　　**发逆**：清朝对太平天国起义军的蔑称。　　**火华基督**：太平天国运动中洪秀全自称是天父"爷火华"次子，称"爷苏"为天兄，并将此作为组织管理农民起义队伍的手段。　　**喽啰**：喽啰。旧称绿林头领的部众。　　**辛撄**：终于触犯。　　**天讨**：上天的惩治。　　**凶残**：凶恶残暴的人。　　**槁木摧折**：槁木摧折般的纷纷破裂。槁木，干枯的木头。　　**纶出**：其出如纶。　　**强梁**：强横凶暴。也指勇武有力的人。　　**邦朋**：亦作"邦倗"，互相勾结违法乱政的人。朋党。　　**邦酌**：对酌。　　**戎首**：比喻首先挑起事端或带头做坏事的人。　　**作法自敝**：作定自弊。《史记·商君列传》："商君亡至关下，欲舍客舍。客人不知其是商君也，曰：'商君之法，舍人无验者坐之。'商君喟然叹曰：'嗟乎！为法之敝，一至此哉！'"

[4] **浣花先生**：指杜甫。杜甫在成都住过一段不短的时间，人们就从他的诗里追寻他当日居住的草堂的遗址。宋代开始，人们就在成都西郊为他建了一座祠堂，即"浣花草堂"。**十洲三岛**：道教称距陆地极遥远的大海宇宙空间之中有三岛十洲，皆人迹罕至，长满可使人不死的仙草灵芝，神仙们则在这些岛上风姿清灵，逍遥自在。三岛的原型为三神山，即先秦的传说中的蓬莱、方丈、瀛洲，后《云笈七签》定三岛为昆仑、方丈、蓬莱丘。明代道书《天皇至道太清玉洲》整理历史传说定十洲为：瀛洲、玄洲、长洲、流洲、元洲、生洲、祖洲、炎洲、凤麟洲、聚窟洲。　　**长河**：大河。特指黄河。　　**兔亲狗国**：狡兔死，良狗烹。兔子死了，猎狗就被人烹食。比喻事成后被抛弃或杀掉的人，出自《韩非子·内储说左下》。此处寓意不要被天主教利用。　　**铁岘蜂岑**：《拾遗记》卷二："越铁岘，泛沸海，有蛇洲蜂岑。"　　**流观**：周流观览。　　**拾遗**：指杜甫。杜甫被后人称为杜拾遗、杜工部，也称他杜少陵、杜草堂。拾遗本意是拾遗补阙，补充他人所遗漏的事物。　　**琳琅**：精美的玉石。借指优美诗文。　　**博雅**：渊博雅正。谓学识渊博。　　**侈**：夸大，侈谈。**漫汗**：散乱。　　**从戎**：投身军旅。　　**勒**：收住马匹缰绳不使前。　　**风马**：疾驰如风的马。　　**竭来**："竭"通"曷"，何来。　　**沪口**：指上海。　　**鲛人**：鱼尾人身，谓人鱼之灵异者。　　**重洋**：重洋指远洋，也指海洋。　　**徐君**：徐霞客(1587—1641)，名弘祖，字振之，号霞客，南直隶江阴(今江苏江阴市)人。明代地理学家、旅行家和文学家，有地理名著《徐霞客游记》。　　**瀛寰编**：指《徐霞客游记》。

[5] **一自通商定和约**：指清道光二十二年(1842)，清朝在第一次鸦片战争中战败后与英国签订的中国近代史上第一个丧权辱国的不平等条约——中英《南京条约》。条约规定中国开放广州、厦门、福州、宁波、上海等五处为通商口岸(史称"五口通商")；中国向英国赔款 2 100 万银元并割香港岛给英国。　　**圣人**：君主时代对帝王的尊称。　　**乘槎**：指乘坐竹、木筏。后用以比喻奉使，奉命出使。　　**天外天**：谓极远的地方。　　**寻源**：寻根究底。　　**凿空**：立论无据，凭空乱说或穿凿附会。　　**佛书四部**：佛书共有十二部，其中《华严》、《金刚》、《楞严》、《法华》这四部提到的人比较多。　　**真诠**：犹真谛。指真实不妄之义理。　　**不见五城饶婵娟**：五城，指中英《南京条约》，清朝政府开放广州、厦门、福州、宁波、上海等五处为通商口岸。饶，富足。婵娟，美妙的姿容。此句指五城开埠后商务并不繁盛。只有长江口的上海，原在广州的英美商人及其雇佣的买办(多为广东人或宁波人)蜂拥而至，开设洋行。　　**虎齿豹尾**：《山海经·西山经》记"西王母，其状如人，豹尾虎齿而善啸"。　　**方壶**：东海仙山。先民认为海上有五座神山：岱屿、员峤、方壶、瀛洲、蓬莱。　　**圆峤**：传说中的仙山。常指隐士、神仙所居之地。　　**霍然**：豁然开朗。

4. 慷慨歌

（同治十三年）

搔首问天天果平，双轮昼夜何由成。拔剑斫地地果平，江河汪洋何处倾。电激烈而雷奋，石巉刻而云生。蛟龙腾兮海若吼，虎豹守兮荆榛横。硁硁坑金石兮烁之使化，泛泛弱水兮凝之成冰。独立下界一回首，紫皇楼阁何峥嵘。[1]休效大鹏翼，去以六月息。休为蟋蟀吟，愁思秋风深。不如对花对月沽美酒，醉唤婵娟舞垂手。浩歌五岳浮云开，长啸十洲乱石走。驱策人间倮赢与螟蛉，尽化醯鸡入我缶。盘皇开辟何辛艰，虫书鸟篆无人娴。唐虞禅让商周继，竹书荒谬亦可删。麟笔以后少南董，谀词谤言堆邶山。乾坤悠悠昔人往，奚用怀古凋红颜。世间行乐现在好，学仙学佛徒痴顽。歌慷慨，悬人寰，非村非郭非深山，那用溪边访白鹇，春风在我方寸间。[2]

释：

这是一首充满正气，慷慨激昂的诗歌，浮想联翩。

注：

[1] 搔首：有所思貌。　平：无凹凸。　双轮：指日月。　斫地：锄地。　倾：倾向，流向。由高处指向低处的方向。　激烈：高亢激昂。　奋：震动。　巉刻：险峻陡峭。　腾：翻腾。　兮：文言助词，相当于现代的"啊"或"呀"。　守：在一个地方不动。　荆榛：谓没入荒野。　横：横世，充满世间。　硁硁：敲打石头的声音。　坑金石：金属矿石。　烁："烁"通"铄"。销熔，熔化金属之使化。　泛泛：平平常常。　弱水：词语，古代神话中央，地方一千五百里，洲四面有弱水绕之，鸿毛不浮，不可越也。泛指传说中称险恶难渡的河海。　下界：指人间；对天上而言。回首：回头看。　紫皇：即皇帝，一说为天神。　峥嵘：建筑物高大耸立貌。

[2] 翼：飞翔的样子。　去以六月息："息"是"大风"。大鹏乘着六月间的大风离去。吟：吟咏。　愁思：忧愁的思绪。　沽：买。　婵娟：美女。　垂手：舞乐名。

浩歌：放声高歌,大声歌唱。　　　　**五岳：**中国五大名山的总称。五岳指东岳泰山(位于山东省泰安市泰山区)、西岳华山(位于陕西省渭南市华阴市)、南岳衡山(位于湖南省衡阳市南岳区)、北岳恒山(位于山西省大同市浑源县)、中岳嵩山(位于河南省郑州市登封市)。

浮云：指飘浮在天空中的云彩,飘忽不定。　　　　**长啸：**大声呼叫发出高而长的声音。

十洲：古代传说中仙人居住的十个岛。古代志怪小说集《海内十洲记》中有:"汉武帝既闻西王母说八方巨海之中有祖洲、瀛洲、玄洲、炎洲、长洲、元洲、流洲、生洲、凤麟洲、聚窟洲。有此十洲,乃人迹所稀绝处。"　　　　**驱策：**驱使;役使。　　　　**蜾蠃与螟蛉：**蜾蠃是一种寄生蜂,螟蛉是一种绿色小虫。蜾蠃常捕捉螟蛉存放在窝里,产卵在它们身体里,卵孵化后就拿螟蛉作食物。古人误认为蜾蠃不产子,喂养螟蛉为子,因此用"螟蛉"比喻义子。　　　　**醯鸡：**即蠛蠓,古人以为是酒醋上的白霉变成。蠓是一种昆虫,俗称"墨蚊"、"人咬",叮咬人体吸血能致皮肤丘疹。　　　　**缶：**瓦器,圆腹小口,用以盛酒浆等。　　　　**盘皇开辟：**盘古是中国古代传说时期中开天辟地的神,是中国历史传说中开天辟地的祖先。　　　　**虫书鸟篆：**虫书,秦八体书之一,又名鸟虫书。鸟篆,篆体古文字,形如鸟的爪迹,故称。此处虫书鸟篆书意思是字体像鸟虫,借指外国文字。清李宝嘉《文明小史》第五十回:"巡捕传进一个洋式片子来,上面写着虫书鸟篆,说有位洋老爷拜会大人。"　　　　**唐虞：**唐尧与虞舜的并称。亦指尧与舜的时代,古人以为太平盛世。　　　　**禅让：**君主把君位让给他人。

商周：商朝、周朝(西周,东周)三个朝代的简称。　　　　**竹书：**指《竹书纪年》,有"舜野死,禹幽囚"等内容,与传统儒家观点大为不同。　　　　**麟笔：**孔子作《春秋》,绝笔于获麟,故称史官之笔为"麟笔"。　　　　**南董：**春秋时代齐国史官南史氏、晋国史官董狐的合称。皆以直笔不讳著称。　　　　**谀词：**谄媚的言辞;奉承话。　　　　**谤言：**造谣中伤的话。　　　　**乾坤：**称天地。　　　　**悠悠：**形容从容不迫。　　　　**昔人：**前人,古人,从前的人。　　　　**怀古：**追念古代的事情,多用为歌咏古迹的诗题。　　　　**凋：**凋,伤也。　　　　**红颜：**特指女子美丽的容颜。　　　　**徒：**徒劳。白费心力。　　　　**痴顽：**谓藏拙,掩藏拙劣,不以示人,常用为自谦之辞。或指故意不露锋芒,使外表看起来笨拙愚鲁,不合流俗。　　　　**歌：**唱,声调有抑扬地念。　　　　**慷慨：**充满正气,慷慨激昂。　　　　**悬：**告示。　　　　**人寰：**人间;人世。　　　　**白鹇：**李白喜养禽鸟终生不倦。他在《赠黄山胡公求白鹇》五言律诗一首,并在序文中透露了他热衷此道的心情:"此鸟耿介,尤难畜之。予平生酷好,竟莫能致。而胡公辍赠予我,唯求一诗,闻之欣然。"　　　　**春风：**融和的气氛。　　　　**方寸：**本指一寸见方的心部。又作寸心。内心世界。

5. 编诗既成系此

（同治十三年）

中兴豪杰建奇功，铁券河山其始终。俯仰一官真愧我，往来两浙渐成翁。何心汉宋争门户，无力苏韩斗异同。惟有卅年雷雨变，并随花鸟入诗中。

释：

这是许瑶光《雪门诗草》卷十三最后一篇，距《雪门诗草》开篇已有三十年。在这三十年中，诗篇的内容随着作者经历的变化也在不断变化，同时作者也将自己身世中的精彩片段写入了诗中。

注：

中兴：通常指国家由衰退而复兴。经过太平天国、第二次鸦片战争的磨难，清朝迎来了"同光中兴"。　　**铁券河山其始终**：保住国家永不消亡。铁券，也叫免死券。是中国封建时代皇帝赐给功臣、重臣的一种带有奖赏和盟约性质的凭证，允其世代享有优厚待遇及免死罪的一种特别证件。　　**河山**：指国家。　　**始终**：永久。　　**俯仰**：形容沉思默想。　　**两浙**：两浙路，两浙路范围基本继承了唐末的两浙道，大致包括今天的浙江省全境，江苏省南部的苏、锡、常、镇四市和上海市。此处特指杭州、嘉兴。　　**何心汉宋争门户，无力苏韩争异同**：指汉学和宋学。汉代经学中注重训诂考据之学，清代乾隆、嘉庆年间的学者崇尚其风，形成与"宋学"相对的"乾嘉学派"，也称"汉学"。宋学主要指宋儒理学，同汉学相对。　　**苏韩**：苏轼与韩愈并誉为"韩海苏潮"。谓唐韩愈和宋苏轼的文章如潮如海，气势磅礴，波澜壮阔。

6. 送阳湖盛柏生大令奉鄂抚调赴 广济蟠塘采煤二首

（光绪二年）

一从船政闽江开，沪渎金陵各购材。防海世方资火器，涉江君去采山煤。乾坤鼓铸洪炉助,川岳供储众宝来。为语岛夷休自恃,豫师奋地有惊雷。[1]

严君太仆挺丹忱,自注:柏生父彦人庚戌殉杭城,赠太仆。往日杭城交最深。苦节竹原多孝笋,孤高柏叟产青琴。帆开鸳水春潮涨,楼倚黄冈夜月深。怆过雪堂怀玉局,有无彬老共哦吟。[2]

释:

这是许瑶光为嘉兴县令盛柏生奉调支援湖北广济采煤写的送别诗。

注:

[1] **大令**:古代对县官尊称。　　**广济**:广济县,现湖北省武穴市。　　**船政**:指1866年左宗棠在福州创办的福建船政局,是中国最早的造船工业基地。　　**沪渎**:上海市的简称,以境内的吴松江下流古称"沪渎"而得名。古时,上海地区的渔民发明了一种竹编的捕鱼工具"扈",当时还没有上海这一地名,因此,这一带被称为"沪渎",故上海简称"沪"。**金陵**:金陵是南京的古称,一般认为因南京钟山在春秋时称金陵山而得名。　　**世**:通"太"。大的。　　**方**:舟。《诗·邶风·谷风》:"就其深矣,方之舟之。"高亨注:"方,以筏渡;舟,以船渡。"　　**资**:资助。　　**火器**:枪炮。　　**涉江**:远走高飞。　　**乾坤**:国家;江山;天下。　　**鼓铸**:鼓风扇火,冶炼金属。　　**洪炉**:指大火炉。　　**川岳**:犹山川。　　**供储**:供应、储备。　　**岛夷**:来自海外的入侵者等。　　**自恃**:过分自信而骄傲。　　**豫师**:事先做好准备的部队。　　**奋地**:奋地反击。指在绝境孤注一掷的进行反抗。　　**惊雷**:使人震惊的雷声,比喻突然发生的重大事件。

[2] **严君**:父母之称或者指父亲。　　**太仆**:官名。秦汉时主管皇帝车辆、马匹之官,后逐渐转为专管官府畜牧事务。　　**挺**:颇,相当。　　**丹忱**:赤诚的心。　　**苦节**:节操,苦守节操。　　**孝笋**:《三国志·吴志·孙皓传》裴松之注引《楚国先贤传》:"宗(孟仁)母嗜笋,冬节将至。时笋尚未生,宗入竹林哀叹,而笋为之出,得以供母,皆以为至孝之所致感。"后因以"孝笋"为称颂孝子之典。　　**孤高**:孤特高洁;孤傲自许。　　**柏叟**:指盛柏生。叟,年老的男人。　　**产**:制造,制作。　　**青琴**:指琴。古代以青桐木制琴最佳,故称。　　**鸳水**:南湖水。　　**春潮**:春潮就是春天的潮汐,形容其势之猛。　　**黄冈**:湖北黄冈,矿藏丰富。　　**怆**:失意。　　**雪堂**:指"东坡雪堂"。北宋元丰二年

(1079)岁末,苏轼被贬为检校水部员外郎、黄州(今黄冈)团练副使,为自己的陋室取名"东坡雪堂。"　　　玉局:指苏轼。苏轼曾任玉局观提举,后人遂以"玉局"称苏轼。　　　彬老:文雅有礼貌的老人。　　　哦吟:有节奏地诵读诗文。

7. 题五马图

(光绪三年)

　　韩干曾画十四马,三十九马松雪图。金宗太子写百骏,其余九逸八骏纷驰驱。兹图五马太守御,二千石粟恩处。两马騋騋三马骉,未知谁展麒麟步。可怜西陲正用兵,捷书已达南八城。万里沙场标战绩,雄姿几辈争功名。胡为乎不佩金鞍不锦勒,萧闲托足安平国。青刍细豆了平生,连钱汗血无颜色。愿鞭此马归天闲,驾驭大地之河山。他时金汤巩固狼烟靖,放向华山春草间。

释:

《五马图》作者为任薰、王礼,海上画派画家。

注:

韩干曾画十四马:韩干,唐代画家,擅绘肖像、人物、鬼神、花竹,尤工画马。苏轼《韩干马十四匹》:"韩生画马真是马,苏子作诗如见画。"　　　**九逸:**《西京杂记》记载:汉文帝有良马九匹,皆天下骏足也。名曰浮云、赤电、绝群、逸群、紫燕骝、禄螭骢、龙子、嶙驹、绝尘,号九逸。　　　**八骏:**传说中周穆王驾车用的八匹骏马,能日行万里。以马的毛色命名为赤骥(火红色)、盗骊(纯黑色)、白义(纯白色)、逾轮(青紫色)、山子(灰白色)、渠黄(鹅黄色)、华骝(黑鬃黑尾的红马)、绿耳(青黄色)。　　　**御:**驾驶车马。　　　**二千石粟:**食俸两千石的官吏指太守一级。　　　**恩处:**皇帝赐予安享的饮食。　　　**騋騋:**两匹马并跑发出的声音。　　　**骉:**三匹马并着。本意是众马奔腾的样子。　　　**麒麟步:**似指腿力和跨步大。　　　**西陲:**泛指西部边疆。　　　**南八城:**天山以南的清中期以来对新疆塔里木盆地周围各城之统称。喀喇沙尔、库车、阿克苏、乌什合称东四城，喀什噶尔、英吉沙尔、叶尔羌、和阗合称为西四城。东四城、西四城合称"八城"或"南八城"。　　佩金鞍：指"骑白马，佩金鞍。"　　锦勒：套在马头上鲜艳华美带嚼子的笼头。　　萧闲：亦作"潇闲"。潇洒悠闲。托足：使足有所凭借。借指驱驰、驰骋。　　青刍：新鲜的草料。　　细豆：豇豆之类的豆科植物。　　连钱汗血：连钱、汗血皆马名。　　颜色：指显示给人看的厉害的脸色或行动。　　天闲：皇帝养马的地方。三十六天罡星之一，天闲星。　　金汤巩固：固若金汤，形容城池和阵地非常坚固。　　狼烟：古代边防军事报警信号。指战争。　　靖：平定。

8. 送彭纳生由嘉兴厘局量移甬东

（光绪四年）

　　槜李同舟筹饷事，十五年来更十人（潘芸台、陈湘亭、黄黼堂、张逊侯、郭毂斋、宋叔元、李小涵、王申甫、郭子瀓，暨讷翁而十）。五人岳岳江南彦，就中意气君最亲。君今甬口探春去，离怅雪点金陀树。出钱鸳湖梅正花，香风缭绕湖边鹭。前年同僚五老多（丙子夏别驾郑伟士、嘉宰张六舟、秀宰徐子佩，均年逾六秩，拟合余二人绘南湖五老观荷图，议而未举），绘图未就渺星河。今年二老又话别，耿耿孤怀将奈何。人生暮齿寻乐好，坦荡襟期饶寿考。薄书纷扰两人同，豪情却把尘俗扫。仙桂根高宰相家，重除京兆常棣华（时哲昆、芍亭先生复授府尹）。几人显峻生骄蹇，而君落落如秋霞。中兴战绩盛簪笏，朘削民脂深刺骨。几人严健谲才能，而君溶溶似春月。怜余不调旧时稀（禾守阅十五年为今昔所无），星霜盘踞钓鳌矶。游鱼野鸟应相笑，迂拙谁知少是非。赠诗留别情何厚，江城灯火上元酒。一路青青谁送君，钱江曹江早杨柳。招宝山头莫论兵，普陀雪窦汲泉烹。相期鹤发他年杖，吴越溪山把臂行。

释：

参见本书"清秦敏树《鸳湖春饯图》长卷　许瑶光跋"图片。

注:

槜李:古地名。在今浙江省嘉兴西南。指嘉兴。　　**同舟**:比喻团结互助,同心协力,战胜困难。　　**筹饷事**:筹集军粮之事。　　**更**:改换。　　**岳岳**:形容人刚直不阿。　　**彦**:古代指有才学、德行的人。　　**就中**:其中。　　**意气**:情谊。　　**甬口**:浙江甬江口。　　**探春**:借指新官上任。　　**离悰**:惜别的心情。宋张龙荣《摸鱼儿》词:"思量遍,前度高阳酒伴,离悰悲事何限。"　　**雪点**:指细雪飘落。唐温庭筠《和道溪君别业》:"丝飘弱柳平桥晚,雪点寒梅小院春。"　　**金陀**:秦桧当国时,国史中有关岳飞功绩的记载,多被删削,岳飞之孙岳珂撰《金陀粹编》,搜辑岳飞传记资料,为岳飞辩诬。作者在浙江嘉兴金陀坊有别业,因用为书名。后因以"金陀"为辩诬的典故。　　**出饯**:饯行。　　**缭绕**:盘旋往复。多指抽象的事物。事情结束后延续存在。　　**鹭**:白鹭。　　**余二人**:指自己和秦敏树。　　**渺星河**:渺,茫茫然,看不清楚。星河:银河、宇宙也。出自唐朝开元年间名相张九龄(678—740)《旅宿淮阳亭口号》:"日暮风亭上,悠悠旅思多。故乡临桂水,今夜渺星河。暗草霜华发,空亭雁影过。兴来谁与语,劳者自为歌。"　　**耿耿**:心中挂怀。　　**孤怀**:孤高、孤傲的情怀。　　**奈何**:怎么办。　　**暮齿**:晚年。　　**坦荡**:喻人心地正直,心胸开阔。　　**襟期**:襟怀。　　**饶**:富裕。　　**寿考**:长寿。　　**薄书**:指宋仁宗庆历年间,著名散文家和诗人欧阳修的文章《原弊》,对当时为政者轻农,滥用民力的做法作出评判与后果的讨论。　　**纷扰**:纷乱骚扰。　　**尘俗**:世俗。指日常的礼法习惯等。　　**仙桂**:喻指科举功名。　　**宰相家**:南朝陶弘景隐居在茅山乾元观,与梁武帝书信来往,商讨国事,人誉之为"山中宰相",这是"秦汉神仙府,梁唐宰相家"之称的主要来历。也指"宰相门前七品官"。　　**常棣华**:《小雅·常棣》是《诗经》中的一首诗。这是周人宴会时兄弟歌唱兄弟亲情的诗。　　**府尹**:清代之顺天、奉天,均置府尹。后亦用以泛称太守。　　**峻**:有严厉苛刻的意思。　　**骄蹇**:傲慢;不顺从。　　**落落**:举止潇洒自然;豁达开朗。　　**霞**:彩云。　　**中兴**:通常指国家由衰退而复兴。此处指清同(治)光(绪)中兴。　　**簪笏**:冠簪和手版。古代仕宦所用。比喻官员或官职。　　**朘削**:剥削。　　**民脂**:民脂民膏,人民用血汗换来的财富。　　**刺骨**:入骨。　　**诩**:夸耀,自夸。　　**溶溶**:宽广的样子,也用来形容月光荡漾。　　**春月**:春夜的月色。　　**禾**:嘉兴。　　**守**:职守。　　**阅**:经历,阅历。　　**星霜**:指斑白。　　**盘踞**:指盘结据守;占据。　　**钓鳌矶**:嘉兴南湖烟雨楼南面临水拓台为垂钓之处,有"钓鳌矶"三字刻在石上。　　**迂拙**:蠢笨,拘泥守旧。　　**江城**:这里指嘉兴。　　**上元**:元宵节。　　**一路青青**:出自明代诗人李先芳的《由商丘入永城途中作》:"三月轻风麦浪生,黄河岸上晚波平。村原处处垂杨柳,一路青青到永城。"青青借指杨柳,古人惜别多折杨柳相赠。

钱江曹江：钱塘江、曹娥江。　　招宝山：位于甬江口的招宝山自唐代以来共发生大小战事46次之多，在这里留下了众多的海防遗迹和碑刻。"莫小候涛山（招宝山古称候涛山），东来第一关"。　　普陀雪窦：浙江舟山群岛普陀山和奉化雪窦山两大佛教名山。鹤发：白发。　　杖：扶杖。　　吴越：江浙地区的借代词。　　溪山：过河上山。把臂：握持手臂。

9. 武夷山图歌为秦散之作

（光绪四年）

　　巫山十二夹水多险迂，匡庐五老临水又浮荡。唯有富春七里水穿山，终逊武夷九曲随双桨。[1]我诵晦翁棹歌连十章，飘然已发升真元化想。张垓巉岩闻可以辟谷兮，李仙铁篴一吹息尘响。伏羲洞中簇盘古之石笋兮，玉女峰前罩妆镜以霞。[2]幌悦彭箋二子张幔亭彩屋以宴曾孙子，吾将挈十三仙人披鹤氅以偕往。至则开雷文之罍，饱斟彼灵液兮，烂醉壶天。恣幽赏应有仙鹤仙鸡仙猿仙羊麕至而沓来，子不妨强夺云裯霞被作罗网。无如帝乡既追遥不可期兮，虚无羽客更盟约之多爽。金龙玉简莽何日可投递兮，空羁绊于风尘之鞅掌。[3]兹秦君忽展示斯图兮，倏身凌天隐屏峰云直上，浮岚积翠扑入胸怀间，一洗平生丘壑象。[4]豪吟郎唱欲叩画中人，何修竟占名山清福享。望仙桥过肩舆乘万年宫入，僧借杖得无寻常卤莽收茶客，囊饱黄金窜入神仙杖。寻思巍峨精舍镇压诸琳官，安见从游黄蔡刘真党。[5]八闽山川拥此为独奇，椒畦笔古特把东邨仿（明周舜卿元本）。秦君六法夙出椒畦门（散之学画于寒碧山庄刘竹溆。刘乃椒畦高足，此卷为刘外王父蔡芗城藏，散之以文待诏画易得）。见我题此赏此技亦痒，爰变丹青旧本淡墨描，移来三十六峰充诗奖。[6]

释：

全篇文章遐想联翩，巧妙地插入有关武夷山的神话传说、历史人物、自然风景，并发出一些人生感叹。文章从巫山十二峰、庐山五老峰、富春江七里泷与武夷九曲溪相比,"终逊武夷九曲随双桨"开头。第二段"我诵晦翁棹歌连十章"后,发出对武夷仙境美好的遐想,讲了汉代张垓在武夷山修炼成仙,李仙陶真在武夷山吹铁笛作穿云裂石之音,伏羲洞中簇盘古之石笋,及"玉女峰前罩粧镜以霞。"转入第三段,遐想了武夷两君摆宴,他将带领十三仙人前往喝得"烂醉壶天",罗网纷至沓来的仙禽而逃,"既追遥不可期兮"。对世上不履行盟约,即使金龙驿骑也羁绊于鞅掌之中发出感叹。在"兹秦君(秦散之)忽展示斯图兮",遐想他见了画卷后,"倏身凌天隐屏峰云直上",一洗平日与世无涉的样子。接着第五段就"豪吟郎唱欲叩画中人",点了"何脩竟占名山清福享"。僧人借禅杖"得无寻常卤莽收茶客,橐饱黄金窜入神仙杖"。第六段讲"秦君六法夙出椒畦门",及此画卷的来龙去脉,以及题跋的原由结尾。

注:

[1] **巫山十二**:指川鄂交界处的巫山十二峰(登龙峰、圣泉峰、朝云峰、神女峰、松峦峰、集仙峰、净坛峰、起云峰、飞凤峰、上升峰、翠屏峰和聚鹤峰),屏列大江南北,尤以神女峰最为秀丽。　　**夹水**:峡,两山夹着的水道。　　**迊**:"迊"古通"怔",害怕。　　**匡庐五老**:指地处庐山东南的五老峰。五老峰因山的绝顶被垭口所断,分成并列的五个山峰,仰望俨若席地而坐的五位老翁,人们便把这原出一山的五个山峰统称为"匡庐五老"。　　**浮荡**:飘荡。小船在湖中飘荡。　　**富春七里**:富春江七里泷,分为"一关三峡",即乌石关、乌龙峡、子胥峡、葫芦峡。　　**武夷九曲**:武夷山九曲溪。九曲溪峰岩交错,溪流纵横,山挟水转。　　**随双桨**:任凭小船飘荡。

[2] **晦翁**:朱熹(1130—1200),字元晦,又字仲晦,号晦庵,晚称晦翁,谥文,世称朱文公。宋朝著名的理学家、思想家、哲学家、教育家、诗人。　　**棹歌**:行船时所唱之歌。　　**真元化**:指道教三十六洞天(仙境)中第十六洞天武夷山洞,名曰真元化玄(真元化洞天)。　　**张垓**:传说汉代张垓修炼成仙之处就在武夷山,在今张仙岩岩腰张仙洞内坐化。　　**巉岩**:一种陡而隆起的岩石,指张仙岩。　　**辟谷**:"辟谷"源自道家养生中的"不食五谷",是古人常用的一种养生方式。　　**兮**:文言助词,相当于现代的"啊"或"呀"。　　**李仙**:即李陶真,北宋东京人。熙宁末至武夷,居一曲止止庵。好吹铁笛,每作穿云裂石之音。后又居建平里之通仙岩,一日留诗别众,不知所适。　　**铁篴**:铁笛。"篴"古同"笛"。　　**尘嚣**:犹尘嚣。指人间的烦扰、喧嚣。　　**伏羲洞**:位于武夷山桃花源景区。　　**簇**:聚集。　　**玉女峰前罩妆镜**:罩妆,化妆。二曲溪南大王峰独耸山头,玉女峰伫立二曲水畔,铁板嶂(如屏风般的山峰)横亘其间,玉女在其峰左妆镜台前泪眼相望。　　**霞**:霞光,彩云。

[3]幌：喻进行某种活动时所假借的名义。　　悦：洒脱不拘，不拘于俗。　　彭篯二子：彭篯为古代受姓始祖。彭祖生篯武、篯夷二子，隐闽之名山，后号武夷山。　　张幔亭：张挂帐幕围成的亭子。　　彩屋：各种颜色的房屋。　　桍：带，领。　　十三仙人：指潘安、宋玉、子都、公子鲍、邹忌、周瑜、吕布、嵇康、卫玠、韩子高、高长恭、慕容冲、独孤信这十三个美男。　　披：覆盖在肩背上。　　鹤氅：隐士、仙人、道士等人物穿用的服装。古代指一种像鹤的水鸟的羽毛，用以做衣服，仙鹤是道教常用的图案。　　偕：一起、一同。　　雷文：也作"雷纹"雷纹是青铜器纹饰之一。　　罍：古代大腹小口的酒器。　　斟：往杯盏里倒饮料。　　灵液：仙液。　　壶天：仙境。　　恣：恣意，放纵，无拘束。　　幽：隐秘。　　赏：玩赏。　　麕至而沓来：沓来麕至，指纷纷到来。　　云裀霞被："裀"同"茵"，垫子。褥子。被，被褥。指宴会上铺的轻薄漂亮的裀褥。　　网：捕捉鸟兽的网。　　无如：连词，有"哪里想到"的意思，表示后面说的同前面想的正好相反。语气比"无奈"委婉些。略带意外的意味。　　帝乡：一般是指皇帝住的地方，也就是京城。　　既：已经，既然。　　遥不可期：遥不可及，意指很远很远。　　虚无：荒诞无稽。　　羽客：道士。　　盟约之多爽：违背、没有履行盟约。　　金龙玉简：金龙和玉简是帝王道教投龙仪中的两种重要信物。投龙仪，又称投简仪、投龙简，是在举行斋醮科仪祈福禳灾之后，将满载祈者愿望的玉简，与金龙一起投入名山大川、岳渎水府。金龙为驿骑，负载简文上达神灵。　　莽：无涯际的样子。　　渺茫：迷茫。　　羁绊：缠住不能脱身。　　风尘：尘世，纷扰的现实生活境界。　　鞅掌：谓职事纷扰繁忙。

[4]兹：现在。　　秦君：秦敏树，字林屋，一字散之，又字雅梅，噪名晚清同光年间。诗、书、画名闻海内外。晚年隐居太湖洞庭西山之麓，在消夏湾上建精舍数间，名小睡足寮。入民国，他已耄耋高龄，自称冬木老人。　　倏：疾速；忽然。　　凌：渡过，越过。　　天隐屏：指武夷山一线天隐屏峰。　　峰云直上：青云直上，指迅速升到很高的地位。　　浮岚：飘动的山林雾气。　　积翠：指翠色重叠。形容草木繁茂。　　丘壑：深山与幽壑。多借指隐者所居。　　象：样子。

[5]豪：豪放，豪迈。　　吟：唱，鸣，叫。　　郎：对年轻男子的尊称。　　叩：敲打。　　望仙桥：武夷山万年宫前池上的石桥。　　过肩舆乘：指众人。　　万年宫：武夷山万年宫，其三清殿建于唐代，位于大王峰下。　　借：凭借。　　杖：和尚的禅杖。是坐禅时用以警睡之具。　　卤莽：马虎。　　橐：指口袋。　　窜入：混入。　　神仙杖：神仙的禅杖。亦指茅山五老伏妖降魔的仙杖。　　巍峨精舍：指指朱熹所建武夷精舍。

镇压：压在下面。　　　琳官："官"字疑为"宫"字。即仙宫。为殿宇宫观的美称。
安：古代汉语中的疑问代词，"哪里"的意思。　　从游：随从出游。　　黄蔡：书法史上
论及宋代书法，素有"苏、黄、米、蔡"（苏轼、黄庭坚、米芾、蔡襄的合称）四大书家的说法。
刘真党：追求道家"万物并育而不相害，道并行而不相悖"自然之道的士人。

[6]八闽：福建省的别称。福建省在元代分福州、兴化、建宁、延平、汀州、邵武、泉州、漳
州八路，明改为八府，因有八闽之称。　　椒畦：王学浩号椒畦。　　东邨：指武夷山。
仿：仿效；模仿。　　元本：元代刻印的书籍。　　六法：品评绘画的六条标准，被称之
曰"六法"。分别为：气韵生动、骨法用笔、应物象形、随类赋彩、经营位置（或经营置位）、
传移模写（一作传模移写）。　　凤：早年。　　门：师门。　　寒碧山庄：即苏州留
园。嘉庆七年(1802)，著名画家王学浩绘《寒碧庄十二峰图》。　　文待诏：明代著名画
家、书法家文徵明，早年屡试不第。嘉靖二年以贡生进京，过吏部考核，被授职低俸微的翰
林院待诏。居官三年，考满，没去赴职，上疏乞归。　　技：技能。　　痒：形容忍受不
住某种强烈的欲望。　　爱变：变更；更换。　　丹青：绘画艺术的代称。　　淡墨描：
一种绘画手法，也可以理解为描绘一种景色。　　三十六峰：指武夷山画卷。　　奖：
辅助。

10.九月十八于役乍浦书感

（光绪四年）

夜过当湖晓乍城，海上秋山青翠迎。海云漠漠孤鹤远，海风瑟瑟惊
涛平。葫芦城高压众堡，自注：葫芦城旧为都统练兵演炮处，夷毁，案后改名保
安，改水师归绿营，另设副将统之。水兵无事割霜草。[1]北去陈山新炮台，土
筑空心形式巧。为避开花炮雨轰，南洋竞仿北洋造。自注：台湾有日本构
衅，又以滇案未结，沿海设防，议增炮台。瑶勘得乍浦以陈山为突出海面可御，采
旗门之来线，澉浦以长墙山为要。爱仿天津式筑空心土炮台于二处，新式也。沿
边万帐养貔貅，黄金不惜金汤保。[2]武显将军昨北来，官程不走苏州道。
附带轮船入申江，换乘小楫穿三泖。未经受事观形胜，公孙何急初难了。

询知丹阶叩辞时，懿旨殷勤垂训慈。[3]中原大定西事谧，海防最要卿互知。浙西管钥在乍澉，钦哉汝往慎所司。为此入疆先省括，备写焚香拜表词。我闻斯语感垂涕，天心眷眷西洋系。[4]台湾增城南田科，闽浙封圻竞多事。局开船政采山煤，师设长江扼水际。文宗科岁算学求，武库精能机器制。自注：杭州近有机器局。世间万事变态纷，夕昼竟与朝谋异。[5]我生弱冠道光中，海警由南渐转东。香港厦门始甬口，旋来此地观吴淞。润州既陷秣陵震，乃定羁縻销狼烽。似闻庙谟溲初策，侻进款议臣非忠。自注：夷毁初犯粤及闽浙时，屡奉旨有以款夷进奏者非朕臣子，后以疆臣武臣不力，星使又不力，致夷氛逼金陵，乃勉强议款计，今人多不知亦不考也。天时人事挽有术，抚御何碍皇道隆。于今机势又北转，险阻不隔天地通。浩渺瀛寰成坦道，要无弱水沈飞蓬。[6]吞舟巨鲸究何往，水击三千鲲无踪。长人千仞狐千里，不复驱驱当路雄。电机电讯在掌握，九万里遥俄顷风。人谋鬼谋互纷构，推背不到神仙穷。迂儒何事守目论，欲雷瓦釜毁黄钟。[7]理有一十三经所不载，事有二十二史文不同。试起往古神圣一向敬，窃恐十二万年之后冰海变而炎夏，火海变而隆冬高登九峰之顶。排阊阖玉皇无语颜融融，只得招呼六鳌为我守住蓬莱宫，黄人奉日长挂扶桑红。[8]

释：

嘉兴乍浦炮台包括南湾炮台和天妃宫炮台。南湾炮台位于乍浦镇东南 1 公里的灯光山和西常山之岙，为甲午战争以后，即光绪二十二年(1896)建造。天妃宫炮台，位于乍浦镇海塘街南端，雍正七年(1729)总督卫题准在苦竹山麓累石为基，安设大炮四位，上建阅操宫厅三间。乾隆四十六年(1781)，飓风大作，海水上溢而倒塌。道光二十一年(1841)，巡抚刘章员珂阅视沿海防诸事宜，题请复建炮台，并添设水炮，二十三年(1843)增建营房十间，咸丰十一年(1861)又毁。同治十三年(1874)，浙江巡抚扬昌浚题请重修，并建营房十间，安放铜铁炮十位。

注：

[1] 于役：行役。谓因兵役、劳役或公务奔走在外。　　乍浦：位于平湖市东南部，自古就有"江浙门户"、"海口重镇"之称。　　当湖：浙江平湖别称。　　乍城：乍浦。

海上秋山：《海上》《秋山》，分别是清顾炎武、唐白居易的诗。　　漠漠：紧密分布或大面积分布貌。　　孤鹤：孤单的鹤，特指高洁之人。　　瑟瑟：形容风声或其他轻微的声音。　　葫芦城：见自注。　　霜草：枯草。

[2] 陈山：浙江省宁波市象山县陈山岛。　　滇案：指"马嘉理案"。1875 年 2 月英国驻华使馆翻译马嘉理，擅自带领一支英军由缅甸闯入云南，开枪打死中国居民。当地人民奋起抵抗，打死马嘉理，把侵略军赶出云南。英国借此事件，强迫清政府签订了《烟台条约》。旗门：德国旗门公司。　　来线：来复线(rifle)，枪管中的膛线，让子弹产生自转，提高子弹射出后飞行中的稳定性。　　爰仿：仿造。　　貔貅：古时候人们常用貔貅来作为军队的称呼。　　金汤：金汤是"金城汤池"的略语，形容城池险固。

[3] 武显将军：清武散官名。正二品。　　三泖：三条河道。　　受事：接受职事或职务。　　观形胜：观察山川地形。　　公孙：对贵族官僚子孙的尊称。　　了：明白，知道。　　丹阶：喻指宫廷。　　叩辞时：拜辞、告别的时候。　　懿旨：皇太后或皇后的诏令或指令。　　垂训：垂示教训。　　慈：对人关怀。

[4] 谧：安静。　　卿：古代高级官员。　　管钥：比喻事物的重要部分。　　乍澉：乍浦。澉浦。澉浦在浙江省杭州湾北岸，有明代古城墙。　　钦哉：钦此。皇帝诏书结尾的套语。指皇帝布告臣民的文书。　　司：承担的事。承担的职责。　　入疆：进入所管地域。　　省括：谓将箭瞄准目标。括，箭杆末端。常用以比喻为政必须合于准则。天心：君主的心意。　　眷眷：一心一意。　　西洋系：心中牵挂西洋之事。西洋，泛指西方国家，主要指欧美国家。

[5] 台湾增城：指光绪元(1875)年正月十日，两江总督沈葆桢开禁建议获朝廷批准，所有从前不准内地民人渡台各例禁，著悉与开除。　　南田科：指光绪元年(1875)十月，经浙江巡抚杨昌浚奏请，台湾获准开禁。　　封圻：封疆大吏。　　师设长江：指南洋水师。文宗：清代用以誉称省级学官提督学政(简称"提学"、"学政")。清制各省学政在三年任期内依次到本省各地考试生员，称案临。考试的名目有"岁考"、"科考"两种。　　朝谋：朝廷的主意。

[6] 弱冠：20 岁称弱冠。　　道光中：道光年间。　　海警：海上的警报。　　甬口：指宁波。　　吴淞：指上海。　　润州：指镇江。　　秣陵：指南京。　　羁縻：笼络；

怀柔。　　狼烽：战争。　　庙谟：犹庙谋。庙算。朝廷或帝王对国事的谋划。 溲：浸。　　倜：同"俦"。　　星使：帝王的使者。　　挽：设法使局势好转或恢复原状。　　抚御：安抚和控制。　　皇道：帝王之道，帝王治国的法则。　　机势：局势；形势。　　浩渺：广阔无边。　　瀛寰：指全世界。　　坦道：平坦便利的道路。弱水：成语。古代神话中央，地方一千五百里，洲四面有弱水绕之，鸿毛不浮，不可越也。泛指传说中称险恶难渡的河海。　　沈：沉。　　飞蓬：在中国文学里，"飞蓬"一词有"野外飘零、身不由己"的象征意义，蕴含着无奈、哀愁与悲叹。

[7] **水击三千鲲无踪**：先秦神话集《齐谐》："北冥有鱼，其名为鲲。鲲之大，不知其几千里也。化而为鸟，其名为鹏。'鹏之徙于南冥也，水击三千里，抟扶摇而上者九万里，抟扶摇而上者九万里，去以六月息者也。'"。意为："当鹏迁往南海的时候，振翼拍水，水浪远达三千里，它乘着旋风环旋飞上九万里的高空，凭借六月的大风离开北海。"　　千仞：形容极高或极深。古以八尺为仞。　　狐千里：《楚辞·招魂》："蝮蛇蓁蓁，封狐千里些。"驱驱：趋行貌。急行；赶路。　　当路：执政；掌权。掌握政权的人。　　雄：强有力的。强有力的人或国家。　　俄顷：片刻、一会儿的意思。　　人谋：指人为的努力。鬼谋：指固有的规律。　　互：交互。　　纷：各种各样。　　构：制成。　　推背：谶纬预言。　　不到：不到位。　　神仙：中国神话传说中指一些具有特殊能力、并且可以长生不老的人。　　穷：穷尽、完结。　　迂儒：不通世情的读书人。　　目论：无自知之明。　　雷：雷击。　　瓦釜：比喻庸才。　　黄钟：比喻贤才。

[8] **一十三经**：儒家的十三部经书。即《易》、《书》、《诗》、《周礼》、《仪礼》、《礼记》、《春秋左传》、《春秋公羊传》、《春秋穀梁传》、《论语》、《孝经》、《尔雅》、《孟子》。　　二十二史：即《史记》、《汉书》、《后汉书》、《三国志》、《晋书》、《宋书》、《南齐书》、《梁书》、《陈书》、《魏书》、《北齐书》、《周书》、《隋书》、《南史》、《北史》、《旧唐书》、《新唐书》、《旧五代史》、《新五代史》、《宋史》、《辽史》、《金史》、《元史》、《明史》。　　阊阖：典故名，典出《楚辞·离骚》、《淮南子·地形训》。原指传说中西边的天门，后义项颇多。泛指宫门或京都城门，借指京城、宫殿、朝廷等。亦指西风。　　玉皇：指皇帝。道教称天帝曰玉皇大帝，简称玉帝、玉皇。　　颜融融：脸色和乐愉快的样子。　　六鳌：神话中负载五仙山的六只大龟。相传渤海之东，有一深壑，中有岱舆、员峤、方壶、瀛洲、蓬莱五山，乃仙圣所居之地。然五山皆浮于海，常随潮波上下往还。"帝恐流于西极，失群仙圣之居，乃命禺彊使巨鳌十五，举首而戴之。迭为三番，六万岁一交焉。五山始峙而不动。而龙伯之国有大人，举足不盈数步而暨五山之所，一钓而连六鳌，合负而趣归其国，灼其骨以数焉。于是岱舆、员峤二山流

于北极,沉于大海,仙圣之播迁者巨亿计。"事见《列子·汤问》。　　**黄人奉日**:成语。比喻朝政清明,国力强盛。　　**挂**:挂念。　　**扶桑**:神话中的树名。传说日出于扶桑之下,拂其树杪而升,因谓为日出处。亦代指太阳。

11. 七月廿五卸嘉守事留别耆旧二首

（光绪六年）

解阜温风有去时,而余此去较人迟。前经十载古无有,昨又七年才一离。妇孺但闻遮道叹,绅耆却作拜棠诗。龙潭新作亭相饯,秋色依依上柳枝。[1]

去任荣于到任时,送何来速别何迟。相从长水惨无语,已到西湖不忍离。触网乡黎沉大狱,荒田海国谱新诗。相期秦驻山头月,重与团圝话桂枝。[2]

释:

光绪六年(1880)三月初八,浙省巡抚谭钟麟派道员王荫樾等到嘉兴"查荒",逼加征粮数额。省员撇开许瑶光等地方官员,也不下乡勘察,于十六日起,在弘文馆调集庄书(经办田粮之吏员),会讯勒逼,动用刑罚,令有主荒地悉数征粮,令无主荒地竭力增为熟地。消息传出,乡民纷纷入城,至弘文馆执香跪请省员下乡实地查荒。省员出来大加斥责,随从以马鞭扬击,有的还持刀吓砍,以致激起众怒。顿时,省员被乡民簇拥出南门勘荒。许瑶光闻讯策马赶去,将省员接回。省员连夜回省,称被秀水知县廖安之策动乡民殴伤。浙省巡抚即上奏,偏罪乡民,归恶庄书,嫁祸于县令。并调楚军 800 人,连夜赶赴嘉兴镇压,拘捕数十人。清廷闻奏,于四月十六日谕旨,命"密拿首要各犯,解省讯办,如敢抗违,即行从严惩办,以儆效尤"。许瑶光在此案中,同情乡民,保护百姓,勘实是非,为民伸冤。在多次复浙抚禀中,力陈系省员办理不善,以致激起民变,责不在民,亟请乞休。由于他如实禀报,不按抚督之意,六月十三日被挂牌另委。

注：

[1] 守事：指所从事的公务。　　留别：多指以诗文作纪念赠给分别的人。　　耆旧：年高望重者。　　解阜：语出《孔子家语·辩乐解》："昔者舜弹五弦之琴，造《南风》之诗，其诗曰：'南风之熏兮，可以解吾民之愠兮！南风之时兮，可以阜吾民之财兮！'"后因以"阜财解愠"为民安物阜、天下大治之典。　　温风：和暖的风。　　遮道：指地方上挽留官吏的典故。　　叹：叹气，叹息。　　拜棠诗：指《诗·召南·甘棠》"蔽芾甘棠，勿翦勿拜，召伯所说"句。拜，折断树枝的意思。意为睹物思人，怀念贤明的官员。　　龙潭：指茶禅寺东泽地。　　新作亭：指于西丽桥西茶禅寺东泽地，筑亭名曰"许公亭"。　　相饯：设酒食送行。　　依依：形容依恋不舍的样子和树枝轻柔随风摇动的样子。

[2] 触网：触犯法网。　　乡黎：黎民百姓。　　沉：深陷。　　荒田海国：海国荒田，近海的嘉兴荒田。　　谱：谱写。　　相期秦驻山头月：相约在秦驻山头的明月下。团圞：团聚。　　桂枝：传说月中有树曰桂，因以桂代指月亮。

附：《嘉守罢官记》

（光绪六年七月廿三日《申报》）

　　嘉兴守许雪门观察自甲子莅任迄今十有七年。其来也当兵燹甫定，人民凋敝，城市荒凉，善后诸大事措置极难。而太守则刚健涵以大度，明决不事苛求，从容就理。先留养，次掩埋。集居民，招商贾。贫者恤之，恶者除之。设婴堂而幼孩保，复书院而文教兴。凡此数端，郡民之叨惠者广，而感德者深也。[1]去年冬，南湖有渚名裴公岛，里人请建苍圣寺于其上，未落成，石门学教谕过而叹曰：斯寺一建，恐不利于长官。太守招而问之，云三月有事，而六月尤甚。果于三月二十五日为嘉民宏文馆跪香求请勘田鞭扑激闹一事，至六月十三日挂牌另委，此事殆有定数，而斯民不愿闻之。十四日晚传闻省信，阖郡若狂。有耆民等叩府，欲上请留任。太守曰：毋新太守贤于我者也，我素佩之，尔民无恐于是。退而思，思而感，感而发，曰太守仁人也，不可忘也，即于西丽桥西茶禅寺东泽地，筑亭名曰"许公亭",盖志公德不朽,民心不忘也。[2]二十五日卸篆,作《积谷征信录序》,并撰《本觉寺三过堂碑记》。自念七至初二日,设饯于烟雨楼者七县也,郡绅也,门生也。饯于精严丈室者,嘉善与平湖绅也。嗣后杂职暨各局员饯,而新太守也饯。[3]初三黎明,有耆老数十人送水一缸,镜一面,进署呈帖。上书"明镜高悬,冰清水鉴。恭颂德政,敬送宪旌。"继有义塾蒙童五十人,持书包执香跪送。太守方出署,而孤老院男女并无目者亦来跪送。斯时街衢拥挤,自西县桥至北马头,家家香花高供,甚有悬彩灯结彩,额上书"官清民乐,情切攀辕"字样者十余处。及至北武庙,有老人数辈献酒,脱靴,感慨涕零。太守亦为酸鼻,再拜下船。[4]时群绅备大彩船两艘,并各绅送行船,合自坐船几及百余。两岸看船停泊四五里,人不啻数万,船不啻数千,各镇乡市为之一清。船至"许公亭"小泊。有题壁诗云:"情切攀辕感此时,此心惟有老天知。推诚空造亭留饯,不敢碑慕汉去思。"诗意悱恻,不知何人手笔。其时群绅邀太守过彩船饮,沿塘乡民执香跪送,此日数十庄俱隶秀水也。是晚泊万寿山本觉寺,老僧亦执香跪接登岸,观三过堂,为书碑记六百余字。仍至彩船夜饮,燃彩灯数百盏,标灯五色齐明,远近观者,男女喧哗,千古不易逢之盛事也。[5]次日各绅送至陡门,殷勤道别。午后过石门湾,尚有香花。噫异哉,离城百里不可谓近,乃闻风激发顿见天良,非民情之厚曷克臻此。即晚宿长安。初五日过半山小泊,有炮船五艘护送前来,一路号筒金鼓之声颇不寂寞。至旁晚进城。或云有绅耆门生辈,且远送至省焉。(蓬莱真实不虚子来稿)[6]

释:

光绪六年,嘉兴由"查荒"而激起民变的大案,震动各方。上海《申报》自三月二十八日刊登嘉兴二十五日"查荒闹事"的消息起,连续发表了二十多篇有关的社论、文稿和消息。如《论嘉属乡人抗勘荒田案》、《论杭州调兵赴禾》、《论民变》、《论杭嘉湖三郡民情》、《恭录谕旨》、《嘉兴府许瑶光嘉兴县廖安之通禀》、《嘉兴府知府许瑶光复浙抚谭中丞禀》等。文章批评浙江当局,同情浙江乡民。七月二十三日,上海《申报》登载了《嘉守罢官记》的消息后,七月二十五日,《申报》又发表了《书嘉守罢官记后》的社论,称许瑶光为近世少有的贤太守。社论说:"……近世贤太守,如谭君序初之于苏州,宗君湘文之于宁波,其最著也。

然亦有遇合存焉。嘉兴守许君，任禾二十年矣。昨观所录罢官记，一时民情爱戴至于如此，因知其居官之日，凡地方利病，民情甘苦，无不熟知而审处之，故能深得民心。即此次因勘查荒产一案，致乡民哄闹，殴辱宪委，不合于中丞，亟请乞休，亦可见平日之心矣。……即当肇事之日委员泣禀，归罪县令。太守以表率属员之故，不能不禀。然亦无妨委婉其词，不加可否。……何必一一勘实，坐委员以罪。中丞盛怒之下，苟委员泣禀之词，先入为主，则禾民实罹重辟，奇冤莫伸。此事之出最重，而谓可以不实陈乎。其平日之尽心于民事，胥于一禀见之矣。……此禀既上，而后宪意不合，宪意不合，而后太守乃行。"

注：

[1] **嘉守**：嘉兴府太守。太守是中国战国至秦朝时期郡守的尊称。汉景帝更名为太守，为一郡的最高行政长官，明清则专称知府。　　**《申报》**：《申报》原名《申江新报》，1872年4月30日(清同治十一年三月二十三日)在上海创刊，1949年5月27日停刊。是近代中国发行时间最久、具有广泛社会影响的报纸。《申报》历经晚清、北洋、民国三个时代，共出版27 000余期，被人称为研究中国近现代史的"百科全书"。　　**许雪门**：许瑶光，字雪门。　　**观察**：清代对道员的尊称。许瑶光光绪元年以海运出力晋道员。　　**甲子**：同治三年(1864)。　　**莅任**：官员到职。　　**兵燹**：指因战乱而遭受焚烧破坏的灾祸。**甫定**：刚刚安定。　　**刚健**：风格坚强有力。　　**涵**：包容，宽容。　　**大度**：气量大，能容人。　　**明决**：明达有决断。对事理有明确透彻的认识。　　**苛求**：过高的、不合情理的要求。　　**数端**：几方面。　　**叨惠**：承受恩惠，好处。　　**感德**：为其德行所感动。

[2] **渚**：水中小块陆地。　　**里人**：同县之人。　　**教谕**：学官名。教导训诫。　　**宏文馆**：清代嘉兴府考试秀才之处。　　**勘**：校对，复看核定。　　**鞭扑**：指查荒大员随从以马鞭扬击，持刀吓砍乡民。　　**挂牌**：特指明清时知府以下地方官的任免，由布政使在官署前悬牌公布。　　**委**：委任，任命，委派。　　**殆**：相当于"大概"、"几乎"。　　**斯民**：指老百姓。　　**省信**：省里的消息。　　**阖郡**：全(嘉兴)府。　　**耆民**：指年高有德之民。　　**叩府**：敲官府门求见。　　**毋**：莫。莫非。　　**西丽桥**：嘉兴西门外三塔路上西丽桥。　　**茶禅寺**：茶禅寺坐落在嘉兴三塔旁。　　**泽地**：水聚集的地方。　　**盖**：因为，由于。　　**公德**：即功德。公，通"功"。　　**不朽**：永不磨灭。

[3] **卸篆**：辞去官职。　　**精严寺**：为浙江嘉兴禾中八寺中最大的一座，精严寺始建于东晋，原名灵光寺，宋真宗大中祥符年间改称精严寺。太平天国后重建，范围北至今勤俭路，

南抵精严寺街。　　精严丈室：精严寺有房舍数百间，"丈室"称寺主的房间。　　新太守：指原候补知府陈桔。

[4] 耆老：原指六七十岁的老人。　　帖：名帖，又称名刺，即名片。旧时民间用一小方红纸书写姓名、职衔，用作拜谒通报的帖子。　　明镜高悬：指的是官员判案公正廉明，执法严明，判案公正，办事公正无私。　　冰清水鉴：出自中唐陈寡言(浙江诸暨人)《山居》名句："照水冰如鉴。"说的是冰雪境界，照着水面的冰好像镜子。　　宪旌：宪写表彰旗。　　义塾：旧时免收学费的学校。　　蒙童：指知识未开的儿童。　　无目者：失明者。　　街衢：大路，四通八达的道路。　　情切攀辕：感情真切挽留好官。　　数辈：几群，几队。　　脱靴：意为不带走一砂一土。　　酸鼻：悲痛欲泣。

[5] 不啻：不只；不止；不仅仅；不亚于。　　一清：清空。　　推诚：诚心相待。　　去思：典故名，典出《汉书》指地方士民对离职官吏的怀念。　　悱恻：内心悲苦凄切；忧思抑郁，心绪悲苦而不能排遣。沿塘乡民执香跪送，此日数十庄俱隶秀水也。　　本觉寺：宋朝嘉兴徒门报本寺(后改名为本觉寺)遗址在嘉兴秀洲区高照乡万寿山村。　　三过堂：北宋苏轼三访报本寺，后报本寺建"三过堂"，堂后建东坡祠，立东坡画像石。　　标灯：标致，俊美的灯。

[6] 陡门：嘉兴市秀洲区新塍镇陡门村。　　殷勤：情意深厚。　　石门湾：今石门镇。　　噫：表示叹息。　　闻风激发：听到音讯就激动而不可遏阻。　　顿见天良：立刻见到人的良心所向。　　曷克臻此：怎么能够到达这种地步呢？　　长安：长安镇，位于钱塘江北岸、海宁市西部。　　半山：杭州半山。　　号筒：早前军队号令用的管状乐器。金鼓：金鼓即四金和六鼓，四金指镈、镯、铙、铎。六鼓指雷鼓、灵鼓、路鼓、鼖鼓、鼛鼓、晋鼓。古代军队行军作战时离不开金鼓，命令军队行动与进攻就打鼓，即鸣鼓而攻，而命令军队停止或退回就击钲，鸣金收兵。

12. 长园五咏五首

（光绪六年）

余购宅于庆春门，菜石桥西塊南隅马所巷。宅西余地狭而长，栽花植石，小为布置，颜曰"长园"。今年夏季因荒案离嘉守任，闲居无事，咏以遣情。

寿星石亭

栽花不植石，名花苦柔弱。垒石成三峰，象蝠鹿与鹤。中有石岿然，骨瘦神矍铄。立我亭之南，苍然殊不恶。东方炳岁星，汉代风尘落。西方有长庚，李唐醉京洛。金邪抑木邪，那用深忖度。亭花烂漫开，把酒对君酌。[1]

宝月池

癸酉觐天颜，走马窥南苑。高登宝月楼，上界清光远。嫦娥被云遮，游子遂偃蹇。七年鸳鸯湖，无人鉴诚悃。朅来西湖居，夜月致缱绻。西湖奈隔城，浚池就西院。莲花招夏凉，桂花慰秋晚。池中无风波，七宝楼台稳。[2]

忆南湖烟雨之舫

孤舫系杭州，绵绵烟雨新。转忆鸳鸯湖，十有七年春。春来烟雨活，春去烟雨陈。烟雨何新陈，楼阁生精神。杨柳荡浅碧，桃花幂香尘。冉冉沧江隔，迷离见无因。东风吹客梦，飞渡玉溪津。[3]

棠憩亭

今夏离槜李，人绘拜棠图。怜此甘棠枝，屈曲鸳鸯湖。耆旧千万辈，送我杭城隅。举酒慰之去，重来缘岂无。万事有代谢，一官何区区。名场与利数，长年被驰驱。偶然得憩息，冷趣殊足娱。兹亭围海棠，二月垂红珠。绿章昨报可，应有春阴扶。[4]

长春室

草木爱故土，四序随炎凉。一自移盆盎，护惜人事忙。严冬得密室，非春春自长。芳菲增寿考，天地失冰霜。或言似美人，娇姿费艳妆。或言如君子，与时偕行藏。名花却无言，毁誉两相忘。室外有松竹，长年同青苍。[5]

释:

这是许瑶光卸任嘉兴知府在杭州庆春门菜石桥家宅"长园"闲居时所写,含意很深,足资揣摩。

注:

[1] **寿星石**:寿星石,位于杭州西湖旁宝石山(又名保俶山)上。山高百余米,山顶保俶塔旁有一个来凤亭,即"宝石凤亭",是清代"钱塘十八景"之一。亭旁有一块长两三米的椭圆巨石,下部与山岩脱离,如天外飞落,称"落星石"。吴越王钱镠,封为"寿星石"。 **象**:象征。 **蝙鹿与鹤**:蝙蝠是福,鹿指禄,鹤代表长寿,合起来就是"福禄寿"。 **岿然**:形容高大独立的样子。 **骨瘦**:消瘦刚劲貌。 **矍铄**:形容老人目光炯炯、精神健旺。 **苍然**:苍老的样子。 **殊**:独特。 **不恶**:不为恶声厉色。 **炳**:炳焕,光明显耀。 **岁星**:木星。 **长庚**:金星。《诗·小雅·大东》"东有启明,西有长庚",金星傍晚出现在西方时叫长庚。 **京洛**:指长安和洛阳。后世则用"京洛"泛指国都。 **金邪抑木邪**:金邪即指前文长庚星,木邪即指岁星,金克木。 **忖度**:推测,揣度。

[2] **癸酉**:同治十二年(1873)。 **觐**:朝见君主。 **天颜**:天子的容颜。 **走马**:比喻匆促;快速。 **南苑**:御苑名。因在皇宫之南,故名。 **宝月楼**:北京南海南岸建宝月楼,即今中南海南门新华门。 **上界**:天上神仙居住的地方。 **清光**:清美的风采。多喻帝王的容颜。 **嫦娥**:神话中的月中女神。亦指月亮。 **游子**:离家远游的人。 **偃蹇**:困顿不行。 **鉴**:觉察到。 **诚悃**:真心诚意。 **竭来**:犹言来。归来;来到。 **缱绻**:牢结;不离散,或形容感情深厚,难舍难分。 **浚池**:深池。深挖的水池。 **招**:使人感到。 **慰**:使人心里安适。 **秋晚**:深秋。 **七宝楼台**:七宝楼台,传说中神仙所居之处。清王韬《淞隐漫录·陆月舫》:"广寒宫阙皆以水晶筑成,内外通明,表里透彻……西偏峥嵘耸霄汉者,曰七宝楼台,乃以诸天宝贝所建造者,盖即嫦娥所居也。"

[3] **忆南湖烟雨之舫**:以前南湖湖中多画舫、精舫、唱曲船、丝网船、网船、挡板船、赤壁(膊)船、小洋船、公渡船,以供载游客游湖。 **绵绵**:连续不断的样子。 **何**:有什么。 **精神**:有活力。 **荡**:飘荡。 **幂**:覆盖。 **香尘**:芳香之尘。多指女子之步履而起者。 **冉冉**:慢慢地、缓缓地。 **沧江**:江流;江水。以江水呈苍色,

故称。杜甫《秋兴》："一卧沧江惊岁晚，几回青锁点朝班。"　　**迷离**：模糊而难以分辨清楚。　　**见无因**：无法重见。　　**东风吹客梦**：出自唐李白《江上寄巴东故人》："汉水波浪远，巫山云雨飞。东风吹客梦，西落此中时。觉后思白帝，佳人与我违。瞿塘饶贾客，音信莫令稀。"　　**飞渡**：指以冲跑的方式很快地越过江河。　　**玉溪**：溪流的美称。　　**津**：渡水的地方。

[4] **棠憩**：《诗·召南·甘棠》："蔽芾甘棠，勿剪勿败，召伯所憩。"此为周人怀念召伯德政的颂诗。后因以"憩棠"喻地方官的德政。　　**槜李**：嘉兴的代称。　　**屈曲**：委曲，曲意迁就。　　**辈**：批，群。　　**隅**：靠边的地方。　　**代谢**：交替变换。　　**区区**：形容微不足道。　　**名场**：泛指追逐声名的场所。　　**利薮**：财利的聚集处。　　**驰驱**：奔走效力，尽全力效劳。　　**憩息**：休息。　　**冷趣**：清雅的志趣。　　**娱**：使人快乐。　　**红珠**：比喻红色果实。　　**绿章**：绿章是道教举行斋醮时献给上天的奏章祝文。此处喻指浙江巡抚陈士杰为许瑶光翻案的奏折。　　**报可**：批复照准。　　**春阴**：春日的时光。春日花木枝叶繁茂。　　**扶**：帮助。扶助提携。

[5] **长春**：长春树。传说中四季开花的树。　　**故土**：指土生土长的地方。　　**四序**：指春、夏、秋、冬四季。　　**护惜**：爱护珍惜。　　**非春**：不是春天。　　**芳菲**：芳香而艳丽。　　**寿考**：年高；长寿。　　**娇姿**：美丽的姿容。　　**艳妆**：艳美的装扮。　　**与时**：追逐时机。　　**偕**：与时偕行。当着时机作出正确的判断和选择。　　**行藏**：《论语·述而》："用之则行，舍之则藏。"意为被任用就出仕，不被任用就退隐。　　**毁誉**：诋毁和赞誉。　　**两相忘**：都不必刻意去想。　　**青苍**：深青色。常用以形容树色、山色、天色、水色等。

13. 正月二十六日登玉皇山远眺

（光绪八年）

前日出游法华寺，一洗杭州尘俗意。今日高登玉皇山，蓬蓬大地春色还。钱江三折来天际，越中诸嶂屏风间。金绳玉检藏书在，时有瑞霭森天关。青云漠漠茁瑶草,渡江骑鹿应可攀。千岩万壑难与状,对此不觉开心颜。[1]琼宫帝子紫髯动,似向东风笑客闲。俯窥双井凿日月,铁缸象斗苔花斑。缸边窅然老人洞,道人打坐将经讽。窈窕寒泉四壁生,身抱灵丹不知冻。幽溪纵好究凄凉,胡不遐冲将鹤控。道人无语山无言,但闻谷口新莺弄。学仙太苦懒徘徊,登高长啸烟云开。归途小憩慈云岭,回首西湖一酒杯。[2]

释:

此诗写于罢官闲居杭州已两年,浙江新任巡抚正在为许瑶光翻案之时。诗中"老人洞","胡不遐冲将鹤控"等句,流露出"老人无用"的感叹。

注:

[1] **玉皇山**:玉皇山高237米,道教主流全真派圣地,地处西湖与钱塘江之间,原名龙山,远望如巨龙横卧,雄姿俊法,风起云涌时,但见湖山空阔,江天浩瀚,境界壮伟高远,史称"万山之祖"。　　**远眺**:指站在高处往远处望。　　**法华寺**:法华寺位于杭州市西湖区北高峰下。约有1700年的历史。东晋时,昙翼法师开山。　　**尘俗**:犹言庸俗。　　**蓬蓬**:指生机盎然的样子。　　**钱江三折**:钱塘江上游新安江,富阳段称为富春江,下游杭州段称为钱塘江。钱塘江最早见名于《山海经》,因流经古钱塘县(今杭州)而得名,是吴越文化的主要发源地之一。　　**天际**:肉眼能看到的天地交接的地方。古代指天空。**嶂**:形容高险像屏障一样的山峰。　　**金绳玉检**:皇上博购的群书。金绳,黄金或其他金属制的绳索,用以编连策书。玉检,玉牒书的封箧。　　**瑞霭**:吉祥之云气,亦以美称烟雾,类似于祥云。　　**森**:森严。　　**天关**:指地势险要的关隘。犹天门。　　**漠漠**:寂静无声。　　**茁**:指植物才苗壮生长出来的样子。　　**瑶草**:神话传说中的仙草。如灵芝等,服之长生。　　**渡江骑鹿应可攀**:古代神话传说中的仙人,常骑白鹿或乘白鹿所驾之车。后因以"骑白鹿"指仙人行空之术,泛指神仙。　　**千岩万壑**:形容山峦连绵,高低重叠。　　**状**:叙述,描写。

[2] **琼宫**:亦作"璚宫"。玉饰之宫。多指天宫或道院。　　**紫髯**:即两腮长满了紫黄的胡须。　　**双井凿日月**:一般指圆井为"日井",半圆的为"月井"。　　**铁缸象斗**:黑色的铁缸。　　**苔花斑**:石苔花,体呈叶状,全体为不规则的椭圆形,长达20厘米,表面褐色,凹凸成网状,雌器赤褐色,雄器细微呈黑点状。生于山间岩石上或树上。可入药。

宧然：精深貌；深远貌。　**打坐**：道教中的一种基本修炼方式。　**讽**：不看着书本念。　**窈窕**：幽深的样子。　**寒泉**：清冽的泉水或井水。　**抱**：怀有。　**灵丹**：古代道士炼的一种丹药。据说能使人消除百病，长生不老。　**鹤**：鹤龄长，比喻老人。　**谷口**：山谷的出入口。　**新莺**：初春的啼莺。　**弄**：指禽鸟鸣叫。　**学仙**：学习道家的所谓长生不老之术。　**徘徊**：比喻犹豫不决。　**长啸**：大声呼叫发出高而长的声音。　**小憩**：稍息。　**慈云岭**：玉皇山慈云岭。

(九)《诗经》评论，诗学理念，深受关注

    许瑶光在求学期间写的读书心得，其中《再读〈诗经〉四十二首》最受人关注。他在自注中称："向未精研注疏，何敢轻说经文。惟仁者见仁，智者见智，愚者何不许其扬愚。偶有触发，属为绝句。前人有韵之语录，正不妨有韵之训诂，妄何敢辞，要免饱食终日之咎，足矣。"他对《诗经》及历代《诗经》经典注释，以诗歌形式进行评论，提出自己的观点。

    这篇组诗首先是上世纪七十年代，著名文学研究家钱锺书在《管锥编》卷一《毛诗正义六十则·君子于役》提出，后世对《诗经》中《君子于役》的文学定位，曾不约而同地说它反映了当时重役之下人民生活的巨大痛苦之说"诚为迂拘"。他认为："许瑶光《雪门诗草》卷一《再读〈诗经〉四十二首》第十四首云：'鸡栖于桀下牛羊，饥渴萦怀对夕阳。已启唐人闺怨句，最难消遣是昏黄。'大是解人。"钱锺书高度评介许瑶光"已启唐人闺怨句"这一句，道出《君子于役》是中国最早的一首"闺怨"诗，正确论述了该诗在中国诗史上的开创性地位。钱锺书还进一步认为："许瑶光诗中'最难消遣是昏黄'，将'黄昏'的景致与'闺怨'的思念联系起来，点出从此诗逐渐形成了'日夕闺思'的原型和母题。暮色苍茫之中，思妇的那一份情意，这凄凉的境界打动了无数后人的心，具有永恒的感动力，这正是此诗最好注脚。"著名古籍研究家程俊英先生也认为许瑶光该诗是千百年来最得《君子在役》之诗旨。

    许瑶光的组诗强调《诗经》的教化作用。在《再读〈诗经〉四十二首》开篇第一首，对诗经《关雎》和《鹊巢》的评论说："周召庭前诏鲤为，洋洋两度说关雎。"认为诗经开卷《周南》、《召南》两章最前的两篇诗，都是周文王对其臣民的教导和告诫，洋洋两度诉说后妃之德和夫人之德。组诗最后一首议论《诗经·周南·汉广》时说："风兮欲语沧浪听，宜圣论诗楚国强。"更将《诗经》的教化提高到使楚国强盛起来。

    许瑶光崇尚创新，诗歌及其注解要有新意。组诗中说："不独诗家贵别伤，解

诗亦贵破寻常。杏坛弟子三千盛，可与言诗只赐商。"他在评论《诗经》时有自己独特的见解，有创意，有所突破，也给读者以新鲜感，并有所获得。

通过对许瑶光和《再读诗经四十二首》的关注和研究，一些学者认为，以组诗评论《诗经》，在许瑶光之外很是少见。许瑶光的组诗思想深刻，视野开阔，论述精深，别具匠心，对全面理解《诗经》有重要意义。组诗通过语言精美、形象生动的七绝来表达，不能不佩服许氏的文学素养。

嘉庆、道光、咸丰时期，诗界出现了"宗宋"的宋诗运动。宋诗派主张"学人之诗与诗人之诗合一"，即以考据、学问为诗，结合写景言情。这种重读书轻实践、忽视诗艺规律的思想是宋诗派的一大弊端。在《论诗三十二首》中，许瑶光比较集中地提出了自己的诗学理念和见解，深受人们的关注。

许瑶光在《论诗三十二首》开篇说："扶疏众鸟柴桑后，水竞云迟是嗣音。"又说："山光潭影不妨禅，必悟从禅却不然。"当今众多诗人学陶渊明退隐后描写景物，写的都是前人留下的声音。模山范水，吟风弄月，不妨师法、借鉴古人。要领悟如何作诗，从某个名家那里是学不到的。

许瑶光认为"强颜饰笑丧天真，无病呻吟更聒人"。诗人在鸦片战争、太平天国战争后跌落到愤怒、悲哀之中，写不出欢快的诗句。勉强装出来的笑容太虚伪，作诗缺乏真情实感更使人厌烦。他认为"劖镌造物古今同，毕竟雕龙胜刻虫"。作诗精雕细刻古今同，毕竟《文心雕龙》等文学大作要胜过钻研文字，琢磨词句，抄袭他人的诗文。

许瑶光认为："莺花雪月万年同，已被前人刻画穷；只有遭逢今古异，波澜沧海起东风。"莺啼花开、雪月风花古今无甚异，已被前人描写完。所以他主张作诗要写自己的身世，他说："古今人各有其身世，即各有其关关切其身世之诗而不可稍易。"

许瑶光对历代诗风的变化概括为："两朝忠质变睢麟，六代烟花卷汉秦；风会已开山海凿，难将旧法纠今人。"南北朝宋、齐以来诗坛出现忠于"诗言志，志不可伪"的风气。从魏到唐、宋等六代诗坛绮丽的诗歌，又卷走了秦、汉诗文。现今模拟宋诗的风气既开，已难以用古训、诗法去纠正今人的诗风了。

《读书三首》是许瑶光读书和治学理念的一篇诗。

许瑶光自小爱读书，可是"家贫求书难"。入仕后藏书万卷以上。有人从他诗中第一首"藏书不尽读,非止无闲时。为恐瘁心力,催促两鬓丝",认为"以杜甫诗才之卓越,犹云:'读书破万卷,下笔如有神。'"其实,这第一首诗是许瑶光对有人误解自己"藏书不尽读"的自我嘲解。

他接着提出:"名花满园林,悦目能几枝。锦绣充箧笥,称身曾几披。牙签浩烟海,沉入何太痴。"诗集装满了书架,适合自己的不一定很多。看书的标签可以插很多,但不必过于沉迷其中。

"昨来购千卷,浩汗徒咏叹。非关涉官政,无暇勘铅丹。但存好古念,超拔饶神思"。这与做官无关,只是没有这种悠闲去做校核文字工作。古人治学可分一为义理之学,二为考据之学。许瑶光读书和治学不用考据方法,而是讲求儒家经义的学问,吸取前人诗句中好的意念和技巧,要靠创作和想象,才能写出出类拔萃的诗。

最后讲到自己仰望古体诗雄健有力的风格,参读近体诗也是为了写好古体诗。

1. 读《论语》

（道光二十年至道光二十八年）

词简味偏长,东周木铎扬。儿童能诵习,贤哲苦趋跄。[1]淡淡笼千古,庸庸冠百王。始知论道德,原不斗文章。[2]

释:
《论语》由孔子弟子及再传弟子编写而成,主要记录孔子及其弟子的言行,较为集中体现了孔子的政治主张、伦理思想、道德观念及教育原则等,是儒家经典之一。与《大学》、《中庸》、《孟子》并称"四书",与《诗》、《书》、《礼》、《易》、《春秋》等"五经",总称"四书五经"。

注:
[1]味:意味　　长:深长。　　东周木铎:孔子(前551—前479),名丘,字仲尼,东周时期鲁国陬邑(今山东曲阜市南辛镇)人。中国古代著名的思想家、教育家、政治家,儒家思想的创始人。后世统治者尊为"孔圣人"、"至圣"、"至圣先师"。木铎,语出《论语·八

俏》："天下之无道也久矣，天将以夫子为木铎。" 　扬：振声激扬。 　诵习：诵读以学习。 　贤哲：指有才德、有智慧的人。 　趋跄：古时朝拜晋谒须依一定的节奏和规则行步。亦指朝拜，进谒。

[2]淡淡：不经意。隐隐约约。 　笼：包罗。 　千古：引申为具有长远存在的价值。庸庸：庸，功也。庸庸、劳劳，谓称其功劳，以报有功劳者。 　冠：超出众人。 　百王：历代帝王。 　斗：互争高下。

2. 读《诗经》

（道光二十年至道光二十八年）

　　感触出无端，能将国政观。缠绵贯金石，正变起波澜。[1]秦漠无人继，明良一咏难。圣贤见女共，选政亦何宽。[2]

释：

《诗经》是中国最早的一部诗歌总集，收集了西周初年至春秋中叶的诗歌。反映了周初至周晚期约五百年间的社会面貌，反映了劳动与爱情、战争与徭役、压迫与反抗、风俗与婚姻、祭祖与宴会，甚至天象、地貌、动物、植物等方方面面，是周代社会生活的一面镜子。《诗经》在先秦时期称为《诗》，或取其整数称《诗三百》。西汉时被尊为儒家经典，始称《诗经》，并沿用至今。诗经分《风》、《雅》、《颂》三部分。《风》是周代各地的歌谣；《雅》是周人的正声雅乐，分《小雅》和《大雅》；《颂》是周王室和贵族宗庙祭祀的乐歌，分《周颂》、《鲁颂》和《商颂》。孔子教育弟子读《诗经》以作为立言、立行的标准。

注：

[1]感触：接触外界事物而引起的思想情绪。 　无端：没有起点；没有终点。 　能将国政观：《诗经》是一部反映周代社会生活的著作。透过《诗经》我们可以观察到当时人们以德配天、敬天保民、尊贤重才、忠君爱国、厌战、礼乐致和等政治观念。 　缠绵：感情被牢牢缠住，不能解脱。 　贯金石：谓金石虽坚，亦可穿透。形容精诚之力伟大无

穷。 **正变**：风雅正变说是《诗经》学史上的一个基本问题。按照传统的观点，风、雅是指《诗经》的体裁，正、变是针对诗篇的内容而言的。然而关于风雅正变说的起源、产生的时代背景以及其存在的可能性，历代各家各派的学者却众说纷纭。 **波澜**：比喻起伏变化的思潮。比喻世事的起伏变化。比喻诗文的跌宕起伏。

[2] **漠**：茂盛貌。 **明良**：谓贤明的君主和忠良的臣子。 **一咏难**：难以吟咏。 **圣贤**：在儒学的王道信仰之中，生命的境界被分为圣人、贤人、君子、士人、庸人。圣贤即是圣人与贤人的合称，指品德高尚，有超凡才智的人。 **见女**：对女子的见。 **共**：彼此都一样。 **选政**：指铨选职官、提拔人才之事。 **亦何**：何其；多么。

3. 读《易》

（道光二十年至道光二十八年）

借象以明理，形形道见天。六爻万一策，四圣数千年。[1]奇法仍肤论，连归空旧编。后儒休聚讼，寡过是真诠。[2]

释：

《易》是《易经》的简称。《易经》指夏代的《连山》、商代的《归藏》及周代的《周易》，这三部经卦书统称为《易经》。其中《连山》、《归藏》已失传，只有《周易》一本传世。从本质上来讲，《易经》是阐述关于变化之书，长期被用作"卜筮"。"卜筮"就是对未来事态的发展进行预测，而《易经》便是总结这些预测的规律理论的书。《易经》涵盖万有，纲纪群伦，广大精微，包罗万象，亦是中华文明的源头活水之一。

注：

[1] **借象以明理**：《易经》通过观察自然界的森罗万象，归纳成六十四卦以表现世界静态事物和动态变化，这叫作"取象比类"。理即是自然界和人事的事理、物理。 **形形**：各式形象。 **道**：意思是万事万物的运行轨道或轨迹，也可以说是事物变化运动的场所。道，自然也。自然即是道。 **六爻**：构成八卦或六十四卦的长短卦画，分阴爻和阳爻。

万一:指可能性极小的意外的情况。　　**策**:古代用以计算的筹子(小竹片)。宋王安石《礼乐论》:"天至高也,日月星辰阴阳之气,可端策而数。"　　**四圣**:指《易经》成书的四位作者。传说伏羲画八卦,文王演为六十四卦,周公作爻辞,孔子赞十翼。

[2] **奇法**:指奇门遁甲,梅花六壬等。　　**肤论**:肤浅的学说。　　**连归**:指《连山易》和《归藏易》。　　**空旧编**:空虚、陈旧的书籍。　　**后儒**:后世的儒者。　　**聚讼**:指众人争辩,是非难定。　　**寡过**:少犯错误。指省身克己,使过失日少。　　**真诠**:真实的道理或意义。

4. 再读《诗经》四十二首[*]

(道光二十年至道光二十八年)

　　向未精研注疏,何敢轻说经文。惟仁者见仁,智者见智,愚者何不许其见愚。偶有触发,属为绝句。前人有韵之语录,正不妨有韵之训诂,妄何敢辞,要免饱食终日之咎,足矣。

　　4.1　周召庭前诏鲤为,洋洋两度说关雎;岐山圣德尼山教,王化人伦压卷诗。

释:

诗经《周南》《召南》两章最前的两篇诗,都是周文王对其臣民的教导和告诫,在《关雎》和《鹊巢》中洋洋两度诉说后妃之德和夫人之德。周王采诗孔子来编订传教,这两篇天子教化和人伦关系的诗,成为《诗经》开卷第一篇作品。

注:

绝句:又称截句、断句、绝诗,四句一首,短小精悍。　　**有韵**:以有韵的诗歌形式。
语录:古代文体名。记录传教、讲学、论政及交际等活动的问答口语,不重文字修饰,故名

---

　　* 《雪门诗草》实收四十一首。

"语录"。中国最早的语录文件是记录孔子言论的《论语》。　　**训诂**：解释古代汉语典籍中的字句。就是解释的意思。　　**周召**：此处指《诗经·国风》中《周南》、《召南》两章。**诏**：教导,告诫。　　**鲤**：庭鲤:《论语·季氏》载,孔鲤"趋而过庭",遇见其父孔子,孔子教训他要学诗、学礼。后因以"鲤庭"谓子受父训之典。　　**洋洋**：众多貌;感动貌;美善。**两度**：指《诗·周南·关雎》和《诗·召南·鹊巢》两度。　　**关雎**：《诗·周南》篇名。后世用此篇名作典故,含义也常不同。借指贤淑的后妃或后妃的美德;或借指夫妇;或借指淑女;或借指正统的诗歌。　　**岐山圣德**：此处指周朝王官采诗。岐山,周人故地。圣德,一般用于古之称圣人者。也用以称帝德。　　**尼山**：尼山原名尼丘山。《史记·孔子世家》中记载:孔母颜氏"祷于尼丘得孔子",因为孔子生于尼丘山,家中兄弟二人,排行第二,所以其父为其取名丘,字仲尼,后人为避讳孔子名中的丘字,简称为尼山。　　**教**：教导,政教,教化。　　**王化**：天子的教化,天子的教育感化。《诗大序》:"《周南》、《召南》,正始之道,王化之基。"　　**人伦**：指封建社会中人与人礼教所规定的君臣、父子、夫妇、兄弟、朋友及各种尊卑长幼关系。　　**压卷诗**："压卷"一般指诗文集中最好的作品,所谓"压卷之作"。这是"压卷"的引申意义。其本来意义是指诗文集中的第一篇作品。

4.2　情想当然事不真,悠悠反侧见何人;关雎荇菜和平曲,泥解几流荡子春。

释：

心想当然的事情并不真实,翻来覆去在思念谁啊? 雎鸠在关关叫,姑娘在采荇菜,引起哥儿的思慕。《周南·关雎》这样一首描写太平景象的诗歌,被人迂腐解释,几乎流言为放荡男子的春情曲。

注：

情：感情,心情,意愿,情理。　　**当然**：应当这样,表示肯定。　　**悠悠反侧**：《诗·周南·关雎》:"优哉游哉,辗转反侧。"悠悠:思念貌。反侧:翻来复去。　　**关雎荇菜**：《诗·周南·关雎》:"关关雎鸠,在河之洲。窈窕淑女,君子好逑"。"参差荇菜,左右流之。窈窕淑女,寤寐求之"。雌雄雎鸠关关叫得欢,成双成对在河滩。长短不齐的水荇菜,左边右边到处采。美丽善良的姑娘在河边采择荇菜,引得男子深深爱慕,日夜都想着她。**和平**：政局安定,没有战乱。　　**曲**：乐曲;歌谱;曲子。　　**泥**：迂泥;迂腐。　　**解**：解释。　　**几**：几乎;差一点。　　**流**：流言,散布没有根据的话。　　**荡子**：羁旅忘返的男子，浪荡子，不务正业或败坏家业的人。　　　春：情欲；春情。

4.3　瀚否私心问答神，不教说煞葛覃春；请听王季三朝日，世子传来口吻真。自注：否字作十成解，似呆作揣问解，则唤起下句归宁得催促之神似活。

释：

《周南·葛覃》中的女子问女师是否洗濯内衣那种敬重的神情，不教授她道德品行，那女子能做到躬俭节用，服瀚濯之衣，尊敬师傅这样美好的事情吗。再看周文王之父王季每天三次去跟父亲周太王问安。文王真是继承了其父精诚的德行。

注：

瀚否：见《诗·周南·葛覃》："害瀚害否"。　　害："害"是"曷"的假借字。盍，何，疑问词。　　瀚："瀚"同"浣"，洗涤。　　私心：指近身的衣服。"私"，日常闲居时穿的衣，便服。　　问答：与女师发问和回答。　　女师：指抚育古代贵族女子并教授其女德者。　　神：神情。　　教：教育，教导，教化。　　说：专指讲解或解说经文意义。煞：代词。啥；什么。　　葛覃：《诗·周南·葛覃序》："《葛覃》，后妃之本也。后妃在父母家，则志在於女功之事，躬俭节用，服瀚濯之衣，尊敬师傅，则可以归安父母，化天下以妇道也。"后因以"葛覃"为女子待字闺中之典。　　春：春天。温暖，美好。　　王季：季历，姬姓，名历，季是排行，所以称季历，尊称公季、王季、周王季，周太王之末子，周文王之父，周武王和周公旦之祖父。　　三朝日：周文王对他的父亲王季非常孝顺，真正做到了"晨则省，昏则定。"每天三次去跟父亲问安。　　世子：太子，帝王和诸侯的嫡长子。传：传授；遗留。　　口吻：说话时流露出来的感情。　　真：诚心实意；真切。　　十成：意指十层。十分。谓达到完满程度。　　似呆：如痴似呆，形容极其迷恋某事。揣猜想：推测；估量；揣度。　　神似，指神态或神情相似。

4.4　来朝走马至西岐，寇急摇鞭事可知；陟彼高冈尤显佐，莫言单骑始秦时。

释：

《大雅·绵》讲述周人先祖古公清早赶马到岐山下，可知那是为了逃避狄人侵犯，才从周人先祖所在的豳地远行来的。骑着马儿上高冈，人和马都生病了，更显开国治理的功业。不要再说至岐山定居建国始于秦国了。

注：

来朝走马至西岐：《诗·大雅·绵》："古公亶父,来朝走马。率西水浒,至于岐下。"古公名亶父高,清早起来赶着马。沿着漆水向西行,一走走到岐山下。《绵》是周人记述其祖先古公亶父事迹的诗。周民族的强大始于周文王姬昌,而基础的奠定由于古公亶父。　　**寇急**：指周人逃避狄人所侵。　　**摇鞭**：挥动马鞭。多谓远行。　　**可知**：可以知道。
陟彼高冈：出自《诗·周南·卷耳》："陟彼高冈,我马玄黄。"登上高高山脊梁,马儿腿软已迷茫。　　**陟**：由低处向高处走。　　**尤**：尤其;格外。　　**显**：显露,显扬。　　**佐**：开国治理。　　**单骑**：指独自骑马至岐山。　　**始秦时**：公元前约770年,周平王把岐山以西赏赐给秦襄公。直到秦文公即位后的第四年(公元前762),秦人才控制了关中平原,秦人从此开始定居于周人的故地关中平原,使原来落后的游牧经济变为较先进的农业经济。

4.5　谷风匏叶定方中,氓与鸡鸣击鼓风;葛屦鸱鸮秦驷驖,九诗章法野麕同。　**自注**：周颂惟有客有叠句。鲁颂惟閟宫无叠句。国风则叠章最多。即柏舟蝃蝀伯兮小戎,虽无叠章亦中有叠句,惟此十诗无叠句几似颂体。

释：

国风中叠章最多,只有《邶风·谷风》、《邶风·匏有苦叶》、《鄘风·定之方中》、《卫风·氓》、《郑风·风雨》："风雨凄凄,鸡鸣喈喈"、《邶风·击鼓》、《魏风·葛屦》、《豳风·鸱鸮》和《秦风·驷驖》,这九篇诗的诗文布局和篇章结构,与《召南·野有死麕》相同没有叠句。

注：

谷风：指《诗·邶风·谷风》。　　**匏叶**：指《诗·邶风·匏有苦叶》。　　**定方中**：指《诗·鄘风·定之方中》。　　**氓**：指《诗·卫风·氓》。　　**鸡鸣**：指《诗·郑风·风雨》："风雨凄凄,鸡鸣喈喈。"　　**击鼓风**：指《诗·邶风·击鼓》。　　**葛屦**：指《诗·魏风·葛屦》。　　**鸱鸮**：指《诗·豳风·鸱鸮》。　　**驷驖**：指《诗·秦风·驷驖》。　　**章法**：诗文布局谋篇的法则。　　**谋篇**：谓作文时谋划安排篇章结构。　　**野麕**：指《诗·召南·野有死麕》。　　**有客**：指《诗·周颂·有客》。　　**重章叠句**：重章叠句指上下句或者上下段用相同的结构形式反复咏唱的一种表情达意的方法。　　**閟宫**：指

《诗·鲁颂·閟宫》。　　　柏舟：指《诗·邶风·柏舟》。　　　蝃蝀：指《诗·鄘风·蝃蝀》。　　　伯兮：指《诗·卫风·伯兮》。　　　小戎：指《诗·秦风·小戎》。

4.6　君恩稍失众僚挤，僮仆呶呶宾客稀；颠倒绿衣黄里日，何曾见愠止旁妻。自注：小星称小是妾称小之证，群小则包者广，注作众妾似狭。

释：

《召南·小星》是一篇"贱妾进御于君的诗。"当妻子因贱妾谗言稍微失去丈夫对她宠爱，就受到众小妾的排挤，僮仆会在旁喋喋不休，宾客也将来得稀少。他日夫君穿了原来妻子所制的衣服，想到妻子是无过被休弃，并非自己所愿意，可是何时见到他的怨恨，制止众小妾的行为。

注：

君：妾称夫为君。　　　恩：情爱，宠爱。　　　稍：刚刚；才；略微；稍微。　　　失：丢失，没有把握住或控制住。　　　僚：同僚，指众小妾。　　　挤：陷害、排挤。　　　僮仆：仆役。呶呶：多言；喋喋不休；喧闹声。　　　颠倒绿衣黄里日：《诗·邶风·绿衣》："绿兮衣兮，绿衣黄裳。"古人以黄为正色，绿为间色。间色为衣，黄色为里，比喻尊卑倒置，贵贱失所。后因以"绿衣"为正室失位的典故。　　　愠：含愤；怨恨。　　　止：停止；制止。　　　旁妻：旁室；妾。　　　小星：指《诗·召南·小星》。《毛诗序》和朱熹《诗集传》认为，《召南·小星》是一篇"贱妾进御于君的诗"。

4.7　桃花灼灼柳依依，叠字重声一串玑；最是硕人犀齿利，参差燕燕貌双飞。自注：燕燕双燕也读上下颉颃，可知注作重言似欠明晰。

释：

《周南·桃夭》中"桃之夭夭，灼灼其华。"《小雅·采薇》中"昔我往矣，杨柳依依。今我来思，雨雪霏霏。"这些诗句叠字重声词，有如一串明珠。最美的是《卫风·硕人》中对美人描写："齿如瓠犀，螓首蛾眉。"以及《邶风·燕燕》中"燕燕于飞，颉之颃之"的描写，燕子上下飞舞，像双燕在飞似的。

注：

桃花灼灼：《诗·周南·桃夭》："桃之夭夭，灼灼其华。"　　　柳依依：《诗·小雅·采薇》：

"昔我往矣,杨柳依依。今我来思,雨雪霏霏。"　　叠字:单字的重叠。为构词方式之一。亦为修辞方式之一。　　重声:重声词。有声调的词。　　一串玑:一串珠,形容歌声圆转,有如一串明珠。　　最是:之最。　　硕人:美人。　　犀齿利:见《诗·卫风·硕人》:"齿如瓠犀,螓首蛾眉。"牙齿如葫芦的子,前额丰满开阔。眉毛细长弯曲。　　参差:长短、高低、大小不齐。　　燕燕:见《诗·邶风·燕燕》,"燕燕于飞,颉之颃之。"燕燕:朱熹注,"燕燕者,重言之也。"　　颉之颃之:颉颃。原指鸟上下翻飞,引申为不相上下,互相抗衡。　　重言:指两个相同汉字叠在一起。重言通常是一个词。从字上来说,也称为"叠字"。

4.8　　渭清泾浊在秦州,淇水闺中讵远游;能救凡民官样语,居然谪宦诉牢愁。自注:国风乃香草美人之张本,不然则泾渭与卫地不合,况凡民两句实不像妇女口吻。

释:

《邶风·谷风》是一首弃妇诉苦的诗。清澈的渭水和混浊的泾水都在秦国。被弃之妇难道会远游到邶国淇水。诗中"凡民有丧,匍匐救之"这样的官腔话,不像妇女口吻,倒很像被贬降的官吏诉说忧愁似的。

注:

渭清泾浊:渭:指渭水。泾:指泾水。见《诗·邶风·谷风》:"泾以渭浊,湜湜其沚。"秦州:秦国,在今陕西。　　淇水:在今河南一带。《诗·卫风·氓》:"淇水汤汤,渐车帷裳。"这是一条著名的象征爱情阻滞的河流。　　闺中:宫室之中;馆室之内;特指女子所住的地方。　　讵:表示反诘。相当于"岂"、"难道"。　　远游:谓到远方游历。凡民:普通百姓;一般民众。见《诗·邶风·谷风》:"凡民有丧,匍匐救之"。　　官样语:官腔话。　　居然:俨然,形容很像。　　谪宦:贬官另任新职;被贬降的官吏。　　牢愁:忧愁,忧郁。　　香草美人:解释是旧时诗文中用以象征忠君爱国的思想。　　张本:作为伏笔而预先说在前面的话;为事态的发展预先做的安排。

4.9　　清时钟粟乐妻孥,比到艰难内顾无;不避室人交谪语,乾坤柱石总心孤。

释：

清平之时家有粮食，就像《小雅·常棣》所述，"宜尔室家，尔乐妻孥"，妻儿都能快乐。待到艰难至"外望无寸禄，内顾无斗储；亲戚还相蔑，朋友日夜疏"的时候，朋友也会不避家人当面谴责，即使国家担当重任的人，毕竟心中也会感到孤立。

注：

清时：清平，太平之时。　　钟粟：钟，容量单位。一钟受六斛四斗，一斛为十斗，一石受十斗。粟，粮食的通称。也指俸禄。　　妻孥：妻子和儿女。　　比到：待到；等到。
内顾无：西晋左思《咏诗》之八："外望无寸禄，内顾无斗储；亲戚还相蔑，朋友日夜疏。"
不避室人交谪语：汉王符《潜夫论·交际》："夫处卑下之位，怀《北门》之殷忧，内见谪於妻子，外蒙讥於士夫。"室人，泛指家中的人。　　交：指朋友。　　谪语：谴责，责备的话。
乾坤：国家；江山；天下。　　柱石：顶梁的柱子和垫柱的础石；比喻担当重任的人。
总：总归；毕竟。　　孤：孤立；单独。

4.10　升虚望楚降观桑，大布中兴卜室臧；既景乃冈同此意，古人原不恃青囊。

释：

《鄘风·定之方中》中，卫文公登上卫国旧城墟遥望楚丘，下山观卜田地，被解说是文公中兴卫国后，望景观卜选择宫室。《大雅·公刘》中观测日影上高冈，也是观卜择室的意思。其实古代人造房并不依赖卜筮之术。

注：

升虚望楚降观桑：《诗·鄘风·定之方中》："升彼虚矣，以望楚矣。望楚与堂，景山与京。降观于桑，卜云其吉，终焉允臧。灵雨既零，命彼倌人。星言夙驾，说于桑田。匪直也人，秉心塞渊。騋牝三千。"　　升虚：登上旧城墟。　　楚：楚丘。　　降：从高处往下走，下山。　　观：观卜；占卜。推断未来吉凶祸福的手法。　　桑：桑田；农田；田地。
大布中兴：见《左传》："文公大布之衣，大帛之冠，务材训农，通商惠工，敬教劝学，授方任能。"卫文公穿着粗布衣服，戴着粗帛帽子，努力生产，教导农耕，便利商贩，加惠各种手工业，重视教化，奖励求学，向臣下传授为官之道，任用有能力的人，中兴卫国。　　卜室臧：占卜选择吉利的居室，营立宫室。　　既景乃冈：见《诗·大雅·公刘》："既景乃冈，相其阴阳,观其流泉。" 　　景:日影,观测日影定方向。 　　冈:登冈;观测日影上高冈。 恃:依赖;凭借。 　　青囊:古代术数家,也就是据自然现象推断吉凶灾祥人士盛书和卜具之囊。借指卜筮之术。

4.11　　畀虎投豺恶恶严,那知相鼠语尤尖;詈人至死惩无礼,叩胫尼山杖痛砭。

释:

《小雅·巷伯》中"取彼谮人,投畀豺虎"句,其痛恨邪恶已够严厉,那知《鄘风·相鼠》中的话语尤其尖刻。为了制止卫国宫廷荒淫无耻,其责骂已到了不顾生命的地步。孔子《论语·宪问》中"以杖叩其胫",也是为了治病救人。

注:

畀虎投豺:有巷伯者遭谗而被宫刑,作《诗·小雅·巷伯》,中有"取彼谮人,投畀豺虎"句,以表示痛恨邪恶。 　　**恶恶**:憎恨邪恶。章炳麟《国故论衡·论式》:"《诗》之恶恶,莫如《巷伯》,然犹戮及其身,今指斥及於腐骨,其疾恶甚於诗人矣。" 　　**相鼠**:《诗·鄘风》篇名。 　　**语**:责备;怪罪。 　　**尤其**:格外。 　　**尖**:尖刻。 　　**詈**:骂;责备。 　　**死**:不顾生命;拼死。 　　**惩无礼**:《毛序》谓:"《相鼠》,刺无礼也。" 　　**惩**:惩罚。 　　**无礼**:指不循礼法。 　　**叩胫**:出自《论语·宪问》:"以杖叩其胫"。 　　**叩**:敲;打。 **胫**:人的小腿。 　　**尼山**:指孔子。 　　**杖**:杖刑:古代刑罚之一。用荆条或大竹板拷打犯人。 　　**痛砭**:狠狠地用石针扎皮肉治病。救治。

4.12　　五马干旟聘彼姝,名贤仪表美人俱;怀佳何碍秋风客,始悟西山选政迂。

释:

卫文公乘坐五马驾着的车,车后的杆上飘着鸟隼旗,去寻求他的贤人。《鄘风·干旄》中,著名又贤惠的卫国大夫的仪表和品德都写到了。汉武帝在《秋风辞》中哪里掩饰过他思念贤人。开始觉得"伯夷、叔齐让国","义不食周粟、饿死於西山",不合事理。

注：

五马干旄聘彼姝：指《诗·鄘风·干旄》中的"孑孑干旄"、"良马四之"、"彼姝者子"三句。
五马：更言其盛也。清王念孙《广雅疏证》："四马，大夫以备赠遗者。下文或五或六，随所见言之，不专是自乘。"　　**干旄**：画有鸟隼的旗杆，树于车后，以状威盛。　　**聘**：探询；寻求。　　**彼**：他的。　　**姝**：品德美好的人。　　**名贤**：著名的贤人。指卫国大夫。**仪表**：指仪式；礼节。　　**美人**：容貌美丽的人。指品德美好的人。　　**俱**：俱全，都齐全。　　**怀**：思念，留恋，爱惜。　　**佳**：佳人。指君子贤人。　　**何**：哪里。　　**碍**：阻挡，妨碍。　　**秋风客**：指汉武帝。因汉武帝作《秋风辞》，故称。　　**悟**：理解；领会；知晓；觉得。　　**西山选政**：见《史记·伯夷列传》："伯夷、叔齐，孤竹君之二子也。父欲立叔齐，及父卒，叔齐让伯夷。伯夷曰：'父命也。'遂逃去。叔齐亦不肯立而逃之。国人立其中子。于是伯夷、叔齐闻西伯昌善养老，盍往归焉。及至，西伯卒，武王载木主，号为文王，东伐纣。伯夷、叔齐叩马而谏曰：'父死不葬，爰及干戈，可谓孝乎？以臣弑君，可谓仁乎？'左右欲兵之。太公曰：'此义人也。'扶而去之。武王已平殷乱，天下宗周，而伯夷、叔齐耻之，义不食周粟，隐于首阳山，采薇而食之。及饿且死，作歌。其辞曰：'登彼西山兮，采其薇矣。以暴易暴兮，不知其非矣。神农、虞、夏忽焉没兮，我安适归矣？于嗟徂兮，命之衰矣！'遂饿死于首阳山。"　　**西山**：指首阳山。在今山西省永济县南。**选政**：指铨选职官、提拔人才之事。　　**孤竹君**：商朝孤竹国国君。　　**迂**：迂腐，不合事理。

4.13　文章曲折始鲜妍，卫美齐桓琼玖篇；三字金丹无限思，商量匪报也缠绵。自注：木桃，美齐桓以终卫诗，亦下泉思，霸之思此，继以王彼，继以齿同也。

释：

文章情节错综复杂才鲜明巧妙，就像《卫风·木瓜》卫人赞美齐桓公复国厚恩的那篇答礼诗。诗中卫人赞美齐桓公，报之以"琼琚"、"琼瑶"、"琼玖"。诗中三次用了"琼"的字眼，表达卫人对齐桓公无限的思念。这不是为了回报，是求永久相好，那是多么情意深厚呀！

注：

曲折：宛转。指错综复杂的情节。　　**始**：才。　　**鲜妍**：新鲜，巧妙。　　**卫**：卫国人。　　美：赞美。　　齐桓：齐桓公。　　琼玖篇：指《诗·卫风·木瓜》："投我以木瓜，报之以琼琚。匪报也，永以为好也。投我以木桃，报之以琼瑶。匪报也，永以为好也。投我以木李，报之以琼玖。匪报也，永以为好也。"　　琼琚：玉佩。　　琼瑶：美玉。琼玖：美玉和似玉的黑色美石。　　字：字眼；指写字。　　三字金丹：三次写到"琼"字。琼：古代方士用以炼丹的材料。　　商量：估计；准备。　　匪报也：指诗中报之以"琼琚"、"琼瑶"、"琼玖"，不是为了回报，是求永久相好呀！　　缠绵：情意深厚。　　木桃：指《诗·卫风·木瓜》："投我以木桃，报之以琼瑶。匪报也，永以为好也。"　　美齐桓：赞美齐桓公。《毛诗序》云："《木瓜》，美齐桓公也。"　　下泉：《毛诗序》说："《下泉》，思治也。"　　王彼：指王风。　　豳：豳风。

4.14　鸡栖于桀下牛羊，饥渴萦怀对夕阳；已启唐人闺怨句，最难消遣是昏黄。

释：

鸡已歇宿于窝，牛羊放牧回栏了。妻子面对夕阳，如饥似渴地想念夫君。《王风·君子于役》这首最早的"闺怨"诗，已经开启了唐人白居易的《闺妇》诗。闺妇最难消闲解闷是黄昏时的怨情。

注：

栖：禽鸟歇宿。　　桀：鸡栖的小木桩。　　饥渴：比喻期望殷切，如饥似渴。　　萦怀：牵挂；挂念；想念在心。　　闺怨：谓少妇的哀怨之情。写此题材的诗称闺怨诗，也省称闺怨。　　消遣：用自己感觉愉快的事来度过空闲时间；消闲解闷。　　昏黄：黄昏。

4.15　莫顾歌残莫我闻，河湄葛藟自纠纷；抵他一幅流民画，饱雀饥鸟各自群。

释：

《王风·葛藟》中流离失所的百姓所作诗词有多么残酷，他们呼父、唤母、喊兄有没有人答理，就像河边的葛藤纠缠在一起，各有它的去处。这当是一幅离乡背井的流民画，有去投靠乡里家族的，有无去处而求食为生的，都各自聚集在一起。

注：

莫顾歌残莫我闻：呼父、唤母、喊兄有没有人管理，这诗词有多么残酷。见《诗·王风·葛藟》："绵绵葛藟，在河之浒。终远兄弟，谓他人父。谓他人父，亦莫我顾。绵绵葛藟，在河之涘。终远兄弟，谓他人母。谓他人母，亦莫我有。绵绵葛藟，在河之漘。终远兄弟，谓他人昆。谓他人昆，亦莫我闻。" **河漘**：河边。 **葛**：葛草。 **藟**：藤也。 **纠纷**：交错杂乱貌。 **抵**：相当。 **饱雀饥鸟**：指流民，有去投靠乡里家族的，有流离失所在外的。朱熹《诗集传》云："世衰民散，有去其乡里家族，而流离失所者，作此诗以自叹。" **群**：聚集而成群。

4.16　舒无感帨并惊尨，何异逾墙戒折桑；诱女怀春称吉士，风花疑案费猜详。

释：

《召南·野有死麕》首章："有女怀春，吉士诱之。"末章"舒而脱脱兮，无感我帨兮，无使尨也吠"之句，被注解为少女不为所动和女子拒之之辞。这和劝诫女子不要偷情，要贞洁自守有什么两样。可是诗中引诱少女相恋的男士被美称为"吉士"，诗文令人疑惑不解，还要费时揣测。

注：

舒：缓慢；从容。 **无感帨**：不要动我的佩巾。围裙。"感"是"憾"的古字，动也。帨，佩巾也。 **尨**：杂色长毛狗。 **何异**：用反问的语气表示与某物某事没有两样。 **逾墙**：偷情。 **戒**：防备；劝戒。 **折桑**：《诗·郑风·将仲子》中以"折桑"为男女间不文明之事。 **诱女怀春称吉士**：《诗·召南·野有死麕》中"有女怀春，吉士诱之。" **诱**：引诱；诱惑。 **怀春**：谓少女思慕异性。 **吉士**：善良的青年。男子之美称。 **风花**：指用华丽辞藻写景状物的诗文。 **疑案**：泛指情况不明、令人疑惑不解、不能确定的事件。 **费**：烦劳。 **猜详**：揣测审察。

4.17　齐首鸡鸣卫柏舟，二南维鹊应雎鸠；编诗大半房中始，牺象咸恒一例求。

释：

《诗·国风》中《齐首》、《鸡鸣》、《柏舟》等诗，及卫宣夫人所作《柏舟》，《国风·周南》、《国风·召南》中"维鹊"和"雎鸠"两诗,其中"关鸠"诗名,应为"雎鸠",这些诗歌大半从日常生活和女子说起,就像祭祀要用规定的酒器一样,经常成为作诗需要遵循的一种规律。

注:

齐首:《郑风·大叔于田》:"两服齐首,两骖如手。"　　鸡鸣:《齐风·鸡鸣》:"鸡既鸣矣,朝既盈矣。"　　卫柏舟:卫宣夫人所作《鄘风·柏舟》:"泛彼柏舟,在彼中河。"　　二南:指《国风·周南》、《国风·召南》。　　维鹊:《召南·鹊巢》:"维鹊有巢,维鸠居之。"　　应雎鸠:《周南·关雎》,中"关关雎鸠,在河之洲。"诗名"关鸠",应为"雎鸠"。　　编:编辑;创作。　　房中:特指内室、闺房。妇人。　　牺象:古代饰有鸟形、鸟羽或象骨的酒器。酒器。　　咸:咸卦。　　恒:恒卦。　　一例:一律。　　求:需要;追求;寻求。

4.18　长绳难系日乌倾,对酒英雄慷慨情;钟鼓衣裳谋喜乐,山枢已肇短歌行。

释:

时光难于留住人渐老,英雄对酒情绪激昂。敲起钟鼓,穿好衣裳,及时行乐,《唐风·山有枢》已启曹操《短歌行》:"对酒当歌。人生几何"的诗句。

注:

长绳难系日:谓难以留住时光。　　日乌倾:日乌指太阳。古代传说日中的三足乌,故称。　　倾:此处指西倾。喻年老。　　对酒:面对着酒。　　英雄:才能勇武过人的人;具有英雄品质的人。此处指曹操。出自《三国志·蜀志·先主传》:"是时,曹公从容谓先主曰:'今天下英雄,唯使君与操耳。本初之徒,不足数也。'"　　慷慨情:情绪激昂。钟鼓衣裳谋喜乐:钟鼓:钟和鼓。古代礼乐器。借指音乐。　　衣裳:古时衣指上衣,裳指下裙。后亦泛指衣服。　　谋:谋求;追求。　　喜乐:欢乐;高兴。　　山枢:《诗·唐风·山有枢》:"山有枢,隰有榆。子有衣裳,弗曳弗娄。子有车马,弗驰弗驱。宛其死矣,他人是愉。山有栲,隰有杻。子有廷内,弗洒弗埽。子有钟鼓,弗鼓弗考。宛其死矣,他人是保。山有漆,隰有栗。子有酒食,何不日鼓瑟。且以喜乐,且以永日。宛其死矣,他人入室。"意思是有衣裳不穿,有钟鼓不敲打,死后都是他人的。这是一首宣扬及时行乐的诗。　　肇:开启;创始。　　短歌行:此处指魏武帝曹操《短歌行》中"对酒当歌,人生几何"诗句。

4.19　居居究究古风唐,尔雅曾详注未详;狐貉以居羔更俭,鸡豚不察理堪商。自注:尔雅,居居究究恶也,注作均可憎恶。诗注云未详者盖以憎恶,与下文惟子之好语不属也。愚意狐貉之厚以居,唐俗俭故。羔裘以居居者如晏子衣狐裘三十年也。究与察同,究究犹言察察。大夫不察鸡豚而察察于羔裘豹袖,亦俭意也。

释:

"居居"、"究究"是《唐风·羔裘》的词句,在《尔雅》中曾细说。朱熹注:"此诗不知所谓,不敢强解。"晏子身居齐灵公、齐庄公、齐景公三朝卿相,以生活节俭,谦恭下士著称。可是不关注鸡豚小事之理也是值得商榷的。

注:

居居究究:见《唐风·羔裘》:"羔裘豹祛,自我人居居。岂无他人,维子之故。羔裘豹褎,自我人究究。岂无他人,维子之好。"居居:"倨倨"的假借字,态度傲慢无礼。引申为盛气凌人貌。　　**久久**:心怀恶意不可亲近的样子,指态度傲慢。又"究"与"察"同,究究犹言察察。　　**尔雅曾详**:《尔雅》中曾细说。《尔雅》是我国最早解释词义的专著。　　**注未详**:朱熹注解:"此诗不知所谓,不敢强解。"意为此诗主题很难理解。　　**狐貉**:指狐、貉的毛皮制成的皮衣。　　**羔**:羔裘衣。　　**更**:表示程度。　　**俭**:节约;约束;限制;节制。　　**不察鸡豚**:不关注鸡豚小事。　　**理**:道理。　　**堪**:实在可以。　　**商**:商榷;商讨。　　**晏子**:名婴,字仲,春秋时期齐国著名政治家、思想家、外交家。历任齐灵公、齐庄公、齐景公三朝的卿相,以生活节俭,谦恭下士著称。朱熹集注:"以狐貉之皮爲裘,衣之贵者。"

4.20　狐裘佩玉渥丹颜,鹑首天宫正醉还;不待六王军气墨,早知周鼎入秦关。

释:

秦襄公穿着狐裘礼服,佩玉锵锵作响,脸色红润,来到周平王所赐的周朝故都长安,沉醉在已成秦地的天宫中。不待周朝六王军队士气沉落,早就可以知道周朝传国的九鼎要传到秦国了。

注：

狐裘佩玉渥丹颜：见《诗·秦风·终南》："君子至止，锦衣狐裘。颜如渥丹，其君也哉"和"佩玉将将，寿考不忘"等句。　　**狐裘**：穿着狐裘衣服。　　**佩玉**：佩戴玉器。　　**渥丹颜**：脸色红润。　　**鹑首**：星次名。指朱鸟七宿中的井宿和鬼宿。古以为秦之分野，指秦地。　　**天宫**：指天帝居住的宫殿。　　**醉还**：沉醉于某种事物或境界里面。　　**六王**：指战国齐、楚、燕、韩、魏、赵六国之王。　　**军气**：军队的士气。　　**墨**：气色晦暗。　　**周鼎**：指周代传国的九鼎。后多以"周鼎"借指国家政权。　　**秦关**：秦地关塞，指关中地区。

4.21　同泽同袍意气夸，赠车赠玉势豪华；五陵游侠雄天下，迁史犹推剧孟家。

释：

《秦风·无衣》夸耀秦国士兵间友爱互助的情义，《秦风·渭阳》则显耀秦穆公送他舅父回国时赠车马又赠佩玉的豪情。秦人豪放、重义闻名天下，而司马迁的《史记·游侠列传》仍然推重了汉初的剧孟侠。

注：

同泽同袍：表示友爱互助的意思。见《诗·秦风·无衣》："岂曰无衣，与子同袍。王于兴师，修我戈矛。与子同仇。岂曰无衣，与子同泽。王于兴师，修我矛戟，与子偕作。岂曰无衣，与子同裳。王于兴师，修我甲兵，与子偕行。"　　**意气**：情谊；恩义。　　**夸**：炫耀。　　**赠车赠玉**：秦穆公送他舅父晋文公回国时赠的车马和佩玉。见《诗·秦风·渭阳》："我送舅氏，曰至渭阳。何以赠之，路车乘黄。我送舅氏，悠悠我思。何以赠之，琼瑰玉佩。"　　**势**：权势；声势。　　**五陵**：汉代五陵指的汉朝的五个皇帝陵墓，分别是西汉开国皇帝汉高祖刘邦的长陵，汉惠帝刘盈的安陵，汉景帝刘启的阳陵，一代雄主汉武帝刘彻的茂陵，最后一个是汉昭帝刘弗陵的平陵。五陵的位置大概在距离秦长安城约四十公里处。此处指关中地区。　　**游侠**：古称豪爽好结交，轻生重义，勇于排难解纷的人。　　**雄天下**：闻名天下。　　**迁史**：司马迁《史记》之别称。此处指司马迁的《史记·游侠列传》。　　**犹**：仍然；只；独。　　**推**：荐举；推选；推赞。　　**剧孟**：剧孟是汉代著名的侠客，《史记·游侠列传》记剧孟为洛阳人。周人以商贾为资，剧孟以侠显。 　　家：一家。

4.22　有情鹭翿宛丘游，市也婆娑亦解愁；为娶太姬歌舞惯，汉唐公
主复何尤。

释：

《陈风·宛丘》中，有情的男子和跳舞的女子在宛丘游玩。《陈风·东门之枌》中，陈国的女子弃其业在市上跳舞解愁。当年陈国国君娶了周武王爱好鬼神歌舞的女儿太姬，改变了陈国百姓的风俗习惯。汉唐公主王昭君、文成公主与太姬相比又有什么可指责呢？

注：

有情：指男女间互有爱恋之情。此处指有情的男子。　　鹭翿：用白鹭羽制成的舞具。形似雉扇，或似伞。此处指跳舞的女子。　　宛丘：宛丘是陈国人游观之地。见《诗·陈风·宛丘》："子之汤兮，宛丘之上兮。洵有情兮，而无望兮。坎其击鼓，宛丘之下。无冬无夏，值其鹭羽。坎其击缶，宛丘之道。无冬无夏，值其鹭翿。"　　市：在市场。　　婆娑：舞也。　　解愁：解除约束。愁：敛束也。指"不绩其麻"。见《诗·陈风·东门之枌》："东门之枌，宛丘之栩。子仲之子，婆娑其下。穀旦于差，南方之原。不绩其麻，市也婆娑。穀旦于逝，越以鬷迈。视尔如荍，贻我握椒。"　　太姬：朱熹《诗经集传》注："周武王时，帝舜之胄有虞阏父为周陶正。武王赖其利器，庸以其神明之后，以元女太姬妻其子满，而封之于陈，都于宛丘之侧。……太姬妇人尊贵，好乐巫觋歌舞之事，其民化之。"　　胄：古代帝王或贵族的后嗣。　　虞阏父：虞阏父，又名"妫满"，谥胡公。　　陶正：周代官名，执掌陶器的生产。　　赖：依赖。　　利器：喻杰出的才能。　　庸：古同"用"。神明：舜，圣，故谓之神明。　　元女：大女儿。　　满：妫姓，名满，又称胡公满，为陈国始封之君。　　巫觋：古代称女巫为"巫"，男巫为"觋"，合称"巫觋"。　　化：改变人心风俗。　　惯：风俗习惯。　　汉唐公主：指汉朝远嫁匈奴的王昭君、唐朝远嫁吐蕃的文成公主。强盛的汉唐，在雄武之外，尚需对边陲属地首领嫁女和亲。但绝少肯以自己的亲生骨肉为代价。汉元帝远嫁到漠北去的王昭君，是他的一位宫妃。唐太宗远嫁到西藏去的文成公主，也只是他的一位养女。　　复：还。　　何：谁，哪个。　　尤：责备。

4.23　孔嘉新偶旧如何，儿女私情宰相歌；和气旁流兵气敛，直从闺
阁定山河。

释：

《豳风·东山》中讲到，美丽的新婚妻子在东征久别后不知道怎样了，周公出征东山归途写了这篇歌颂军士儿女情深的诗。军中有了夫妻和睦的气氛，军队的士气就能凝聚。此诗居然从士兵夫妻感情融洽，说它对稳定军队和国土的重要性。

注：

孔嘉新偶旧如何：美丽的新婚妻子久别后不知道怎样了。见《诗·豳风·东山》："我徂东山，慆慆不归。我来自东，零雨其濛。仓庚于飞，熠耀其羽。之子于归，皇驳其马。亲结其缡，九十其仪。其新孔嘉，其旧如之何"。　　徂：往。　　慆慆：指长久。　　零雨其濛：落着小雨。　　仓庚：黄莺。　　熠耀：显耀。　　于归：出嫁。　　皇驳其马：指当时迎亲的马。　　亲结其缡：妻子的母亲给出嫁的女儿结佩巾。　　九十其仪：结婚时礼节繁多，　　其新孔嘉：新婚非常美满。　　其旧如之何：久别之后不知怎样了。　　新偶：新婚配偶。　　旧：久。　　如何：怎样。　　儿女私情：泛指青年男女间的爱情。　　宰相歌：指周公作此赞美军士儿女情深的诗。朱熹注："周公东征已三年矣，既归，因作诗以劳归士。"　　和气：古人认为天地间阴气与阳气交合而成之气，万物由此"和气"而生。此处指夫妻和睦融洽的气氛。　　旁流：流布广泛。　　兵气：士气。　　敛：收拢；凝聚。　　直：竟然，居然。　　闺阁：指女子卧室；指妻室、妇女。　　定：安定；稳定。　　河山：国土；国家。

4.24　鱼丽五什燕筵词，更犒彤弓敌忾师；朝会君臣宾礼重，笑他杯酒便吟诗。

释：

《小雅·南有嘉鱼》之什中《鱼丽》等五篇都是宴筵上的歌词，《彤弓》更是周王颁赏功的诸侯以彤弓后，赐宴劳师时所唱的乐歌。那时诸侯、使臣朝见天子的礼仪都很隆重，但是不可能喝了酒后就能吟咏出这样的诗。

注：

鱼丽五什：指《诗·小雅·南有嘉鱼》之什中《鱼丽》、《南有嘉鱼》、《蓼萧》、《湛露》、《彤弓》等五篇。　　什：《诗经》中《雅》、《颂》部分多以十篇为一组，称之为"什"。　　燕筵：同宴筵、宴会。　　词：歌词。　　犒：犒赏。　　彤弓：朱漆弓。古代天子用以赐有功的诸侯或大臣使专征伐。也指《小雅·彤弓》。　　敌忾：敌王所忾。指把天子所痛恨的人作为自己的敌人而加以讨伐。出自《左传·文公四年》："诸侯敌王所忾，而献其功。"
师：出师征伐。　　朝会：谓诸侯、臣属及外国使者朝见天子。　　君臣：君主与臣下。
宾礼：天子款待来朝会的四方诸侯和诸侯派遣使臣向周王问安的礼节仪式。　　杯酒：
喝酒。

4.25　子虚赋上悔轮台，羽猎长杨汉火颓；吉日车攻夸搏兽，哀鸿转眼泽中来。

释：

西汉司马相如写《子虚赋》，规讽天子奢靡游猎。当时汉武帝正致力开拓西域，以后国力大损，晚年深悔之，遂弃轮台之地。扬雄写《羽猎赋》、《长杨赋》等，歌颂汉王功德而无讽谏，以后汉朝边防颓废。《小雅·吉日》、《小雅·车攻》赞美周宣王恢复狩猎之礼。接着《小雅·鸿雁》说到周朝中衰，万民离散，流民在水草地以哀鸣的鸿雁自比。

注：

子虚赋：汉司马相如作《子虚赋》，假托子虚、乌有先生、亡是公三人互相问答。借着三个人的对话，规讽诸侯、天子镇日游猎，不务正事。　　**司马相如**：司马相如（前179—前117），字长卿，西汉辞赋家，作《子虚赋》。汉武帝即位后见到《子虚赋》大为赞赏。　　**上**：上章，向皇帝上书。　　**悔轮台**：轮台，古地名。在今新疆轮台县南。本为仑头国（一作轮台国），汉武帝时为李广利所灭。汉武帝一生，致力开拓西域，国力大损。至晚年深悔之，遂弃轮台之地，并下诏罪己，谓之"轮台诏。"　　**羽猎长杨**：指西汉扬雄曾模拟司马相如的《子虚赋》、《上林赋》作《甘泉赋》、《河东赋》、《羽猎赋》、《长杨赋》等四篇，歌颂汉朝的声威和皇帝的功德，把游猎说成是练兵，几乎无讽谏。　　**扬雄**：扬雄（前53—18），字子云，西汉学者。　　**汉火**：汉代边防报警的烽火。　　**颓**：衰退；衰颓废弛。　　**吉日车攻**：指《诗·小雅·吉日》、《诗·小雅·车攻》。赞美周宣王恢复狩猎之礼。　　**夸**：炫耀。赞美。　　**搏兽**：捕捉野兽。《诗·小雅·车攻》："建旐设旄，搏兽于敖。"　　**哀鸿**：悲鸣的鸿雁。《诗·小雅·鸿雁》有"鸿雁于飞，哀鸣嗷嗷"句。　　**转眼**：形容时间短促。
泽：称水草丛杂之地。

4.26　庭燎鸾旂魏阙前，雅诗初变早朝篇；商量艾字同颁白，正是东

方曙色天。自注：艾叶面青裹白，故五十曰艾，言发色半白也。即少艾之艾，当也形其发青面白。夜未艾，自是天未半白，与黎明字相通。注作尽解似误。

释：

《小雅·庭燎》中描述宫廷中火炬明亮、宫门外楼观两边的鸾旂铃声将将。《诗经》"二雅"开始变为写周宣王早起视朝的勤政诗篇。等待入朝的诸侯等大臣头发灰白，这确实是周朝将转衰为盛的景象。

注：

庭燎：古代宫庭中照明的火炬。树于门外曰大烛，于门内曰庭燎。也指《诗·小雅·庭燎》。　　**鸾旂**：天子仪仗中的旗子，上绣鸾鸟，故称。　　**魏阙**：古代宫门外两边高耸的楼观。楼观下常为悬布法令之所。亦借指朝廷。　　**初**：起始；开始。　　**变**：变化；改变。　　**早朝**：早上朝会或朝参。　　**商量**：交换意见。讨论。　　**颁白**：头发斑白。　　**东方**：太阳升起的方向。古代指陕以东周朝地区。　　**曙色天**：拂晓时的天色。转暗为明；转衰为盛。　　**五十曰艾**：艾，指五十岁(耆指六十岁)；这句话完整是，四十曰强，而仕；五十曰艾，服官政。含义是：古时做官从政的一般都是较大年纪了。**少艾**：指年轻美丽的女子。《孟子·万章上》："知好色，则慕少艾。"赵岐注："少，年少也；艾，美好也。"

4.27　但束薪蒸不束刍，麾肱毕集景堪娱；若评三百诗中画，一幅平林散牧图。

释：

在牧场上只捆柴薪不用捆饲草，手臂一挥就将驯顺的牛羊全部圈集，这种情景实在使人欢乐。若要评论《诗经》三百篇中的诗画，《小雅·无羊》描绘了一幅平野草原放牧图。

注：

但：仅。　　**束**：捆缚。　　**薪蒸**：薪柴。　　**刍**：饲草；草把。　　**麾肱**："麾"同"挥"，挥动。肱，手臂。　　**毕集**：全部聚集。见《诗·小雅·无羊》："麾之以肱，毕来既升。"　　**景**：情景。　　**堪**：足以；能够；可以。　　**娱**：欢乐；戏乐；使欢乐。　　**评**：评论；评定。　　**画**：指描绘，图画。　　**平**：平坦，平野。　　**林**：指丛生的草。　　**散牧**：放牧。

4.28　迩言筑室道旁谋，匪法先民匪大猷；南渡江山明季局，佞臣奄寺共春秋。

释：

人们常说没有主见，众说纷纭，事情难成。《小雅·小旻》讲周幽王不效法古时贤人，不走正道，任用小人谋事，以致江山不保，成了西周最后一个朝代。就如南明小朝廷一样同佞臣、宦官一起载入了史册。

注：

迩言： 浅近之言；常人之语。　　**筑室：** 建造房屋。　　**道旁谋：** 与过路的人商量。比喻做事自己没有主见，一会儿听这个，一会儿听那个，终于一事无成。见《诗·小雅·小旻》："如彼筑室于道谋，是用不溃于成。"　　**匪法先民：** 不效法古代贤人。　　**匪大猷：** 不走正道。见《诗·小雅·小旻》："匪先民是程，匪大猷是经。"　　**毛传：** "猷，道也。"　　**南渡：** 渡水而南。犹南迁。　　**江山：** 借指国家的疆土、政权。　　**明季局：** 明末、南明朝廷乱局。　　**局：** 局势；局面。　　**佞臣：** 奸邪谄上之臣。　　**奄寺：** 指宦官，古称阉人。　　**共春秋：** 一起载入史册。

4.29　无拳无勇住河湄，舌吐如簧君不知；近水人情善柔佞，群伦藻鉴古如斯。

释：

《小雅·巧言》周王身边那些没有力量和勇气而专门搬弄是非的人是祸根，他们花言巧语、悦耳动听的虚伪话，受其害的幽王还不知道。接近权贵的人善于伪善谄媚，对这类人的评价古时候就是如此。

注：

无拳无勇： 谓没有力量和勇气。见《诗·小雅·巧言》："彼何人斯，居河之麋；无拳无勇，职为乱阶。"　　**河湄：** "麋"通"湄"。河边；水边。　　**乱阶：** 祸根。　　**舌吐如簧：** 谓花言巧语，悦耳动听，有如笙中之簧。见《诗·小雅·巧言》："巧言如簧，颜之厚矣。"　　**君：** 此处指周幽王。　　**不知：** 不知道。不知道该怎么办才好。　　**近水人情：** 接近权贵人的本性。　　**善：** 擅长；善于。　　**柔佞：** 谓伪善谄媚。　　**群伦：** 同类或同等的人们。　　藻鉴：品藻；品评；评价；评论。　　古：古时；往昔；古人。　　如斯：如此。

4.30　捄毕牛箱与斗箕，诗人感触半离奇；离骚天问从兹出，更挽银河洗甲时。

释：

《小雅·大东》中，诗人通过柄儿弯长的毕星、闪亮的牵牛星、北面的南斗星、南面的箕星等星宿的奇特景象，控诉西周王室赋役东方各诸侯国臣民的罪恶，诗人的感触并不完全离奇。屈原被楚怀王流放写了《离骚》、《天问》，其中对日月星展等自然现象的发问，出自《大东》这篇诗。更要把世界拉回到收起武器，不再战争的岁月。

注：

捄毕：《诗·小雅·大东》："有捄天毕，载施之行。"捄，长而曲貌。毕，星名，毕星。　　牛箱：《诗·小雅·大东》："睆彼牵牛，不以服箱。"牛，牵牛星，俗称扁担星。　　斗箕：斗，南斗星。箕，箕星。见《诗·小雅·大东》："维南有箕，不可以簸扬。维北有斗，不可以挹酒浆。维南有箕，载翕其舌。维北有斗，西柄之揭。"南斗六星聚成斗形，当它和箕星同在南方时，箕在南，斗在北。　　感触：接触外界事物而引起的思想情绪。　　半：不完全。表示很少。　　离奇：奇特，离奇。　　离骚天问：屈原《楚辞》中《离骚》、《天问》两篇名。　　挽：拉；牵引出。　　银河洗甲：在银河洗净铠甲和兵械以收藏。谓停止战事。出自唐杜甫《洗兵马》："安得壮士挽天河，尽洗甲兵长不用。"　　银河：晴天夜晚，天空呈现的银白色的光带。银河由大量恒星构成。古亦称云汉，又名天河。

4.31　逃渊鳣鲔戾天鸢，人匪禽鱼转不然；始识桃源原妄诞，民生休遇乱离年。

释：

《小雅·四月》中，一位周朝大夫长期公务在外，跋涉于遥远的江汉南国，过时不得回去祭祀天地祖先，写道："匪鹑匪鸢，翰飞戾天。匪鳣匪鲔，潜逃于渊。"人匪禽鱼转不然：自己变不成鸢鸟、鳣鲔，不然可以上天入渊逃避行役。从此知道避世隐居的桃花源原本虚妄不实，人生只要不遭遇国家祸乱、百姓流离的年代就好。

注：

逃渊鳣鲔戾天鸢：逃避深渊的鲟鱼和鳇鱼，高飞天上的鸢鸟。比喻逃避艰难的境地和险境。见《诗·小雅·四月》："匪鹑匪鸢，翰飞戾天。匪鳣匪鲔，潜逃于渊。"　　　**人匪禽鱼转不然：**自己变不成鸢鸟、鳣鲔。转：转变。　　　**不然：**不成。　　　**始识：**开始知道。

桃源："桃花源"的省称。指避世隐居的地方。　　　**妄诞：**虚妄不实。　　　**民生：**人生。

乱离：遭乱流离。见《诗·小雅·四月》："乱离瘼矣，爰其适归。"

4.32　劳者常劳安更安，北山采杞诉艰难；君王嘉我何须怨，功狗西京尚有韩。

释：

《小雅·北山》中一位士子抱怨大夫分配工作劳逸不均，操劳国事者常年奔波在外，静享安乐者安睡在床不起。诗人借上北山采枸杞，诉说像我这样身强力壮的士子，每天起早到晚忙得不停息。君王还夸奖我不老，要继续劳苦何须抱怨，西汉有功名将韩信尚且被高帝刘邦称为"功狗"。

注：

劳者常劳安更安：见《诗·小雅·北山》："或燕燕居息，或尽瘁事国；或息偃在床，或不已于行。"燕燕：安适貌。息偃，安息。不已于行，在外奔波不停。　　　**北山采杞诉艰难：**见《诗·小雅·北山》："陟彼北山，言采其杞。偕偕士子，朝夕从事。王事靡盬，忧我父母。"上北山采枸杞，诉说像我这样身强力壮的士子，每天起早到晚忙得不停息。王命遣差的公事无止息，最忧心无闲问候父母起居。　　　**君王嘉我：**见《诗·小雅·北山》："嘉我未老，鲜我方将。旅力方刚，经营四方。"君王夸我不老，称我正壮，体力正强。　　　**何须怨：**何须抱怨。　　　**功狗：**典故名，典出《史记·萧相国世家》："高帝曰：'夫猎，追杀兽兔者狗也，而发踪指示兽处者人也。今诸君徒能得走兽耳，功狗也。至如萧何，发踪指示，功人也。'"后以"功狗"比喻杀敌立功的人。　　　**西京：**西汉都长安，东汉改都洛阳，因称洛阳为东京，长安为西京。　　　**韩：**韩信，汉初名将。

4.33　狐裘蚤尾彼都装，乱后重看士女狂；千古繁华征景运，结鹑何力系苞桑。

释：

《小雅·都人士》中，一位乱离在外的大夫回到西周旧都城，告诉人们原来的京都人士，男士穿着狐皮外衣，妇女鬓发上卷成像蚕蝎的尾巴。战乱后再看这些男女百姓，都已失去原来的仪容。这象征周朝将永别往年的繁华，那些衣衫褴褛的人还有什么心思和力量去恢复周王朝的强盛。

注：

狐裘蚕尾彼都装：见《诗·小雅·都人士》中"彼都人士，狐裘黄黄"。"彼君子女，卷发如蚕"。 **狐裘**：用狐皮制的外衣。 **蚕尾**：蚕的尾部。 **彼**：那时。 **装**：行装，装饰，打扮。 **士女**：旧指未婚男女、成年男女。泛指男女、百姓。 **狂**：失却常态，胡乱狂放。 **千古**：久远的年代。 **繁华**：繁荣热闹。 **征**：预兆；象征。 **景运**：指好时运。 **结鹑**：补缀的破旧衣衫，形容衣服破烂不堪。 **何**：哪里，什么地方。 **力**：力量；心力，心思体力。 **系苞桑**：见《周易·否卦》："其亡其亡，系于苞桑。"孔颖达疏："苞，本也。凡物系于桑之苞本，则牢固也。"后因用"苞桑"指帝王能经常思危而不自安，国家就能巩固。 **系**：牵挂。

4.34 白旄誓众牝鸡晨，牧野檀车肇缵莘；胜国兴王俱阃助，民间昏配亦终身。

释：

《大雅·大明》这篇周部族史诗，叙述武王出师讨伐商纣时告诫众人，纣王宠幸妲己，阴阳倒置，必将国亡。牧野兵车会战胜了商纣。从文王之父王季娶了挚国国君二女儿太任，严格遵循德行。文王继而娶了莘国国君长女，贤母大姒生了武王。国家兴亡和君主开创基业都有妻妾的原因，民间百姓婚姻配偶也是关系终生的大事。

注：

白旄：古代的一种军旗。竿头以牦牛尾为饰，用以指挥全军。喻出师征伐。 **誓众**：誓师，告戒众人。 **牝鸡晨**：牝鸡，阉割过的母鸡。成语"牝鸡司晨。"旧时贬喻女性掌权，所谓阴阳倒置，将导致家破国亡。 **牧野**：古代地名。在今河南省淇县南。周武王与反殷诸侯会师，大败纣军于此。 **檀车**：古代车子多用檀木为之，故称。常用以指役车，兵车。 **肇**：开始。 **缵莘**：缵，继承。莘，古国名，姒姓。指文王之父王季娶了挚国国君二女儿太任，文王继而娶了莘国长女大姒生武王。见《诗·大雅·大明》："有命自天，命此文王。于周于京，缵女维莘。长子维行，笃生武王。保右命尔，燮伐大商。" **胜国**：被灭亡的国家。　　**兴王**：指开创基业的君主。　　**阃助**：阃，内室。指妻室相助。　　**昏配**：婚姻配偶，男女结为夫妻。　　**终身**：终竟此身。指婚姻大事，关系一生。

4.35　迁岐夷骏蹶生文，肇锡昌名望大勋；绵瓞斯干同似续，梦熊鸣凤瑞平分。**自注**：文王生有圣瑞，古公曰予后世当有昌者，遂名之曰昌。王季之立为此，太伯之逃亦为此，是周之兴由文王，文王之王实由太王，所谓肇基王迹也。绵诗以绵名篇，有绵长之意。首章"民之初生"即贯蹶厥生句。《尔雅》释诂：蹶，嘉也，又动也，蹶蹶敏也。故唐风有良士蹶蹶之句，古人取以为姓。大雅有蹶父之句。至诗释蹶厥生蹶动也，俱有美之意。古人移家筑室皆有宜尔子孙之类之颂，檀弓轮奂之歌，终以聚国族。不独斯干之鸟革翚飞，终以梦罴也。且绵诗与周颂之高山和表里，太王荒之，文王康之，祖孙直沆瀣一气，其他诗之兼及王季者亦因而及之也。况因心则友则笃其庆，明明是王季知太伯为文王而逃，故颂太伯之心而辞位，所谓因心也。居其位则序及文是笃其庆也此诗序太王迁岐，而昆夷骏，由是得生圣孙，故直接以蹶厥生其上，曰虞芮质厥成，盖是年诞文，是年又有此美政，左传序年常有此例。如此解则全章文气通，即下文予曰四句作太王得意口气，如予后世有昌者解，亦顺惟虞芮质成，不符诸书作文王事，然总以经为正。

释：

《大雅·绵》是一篇纪述周人祖先古公亶父迁国开基，从迁于岐山、混夷突逃，一直写到文王公正解决虞芮两国之争，震动了诸侯各国的诗文。文王生有君王祥瑞之气，古公赐名昌王，期待他日后建立功勋。《小雅·斯干》似同《大雅·绵》的续篇，歌颂宣王宫室落成。周王将在宫中生儿育女。睡中梦见熊男凤女都一样是吉兆。

注：

迁岐：迁于岐山。见《诗·大雅·绵》："率西水浒，至于岐下。"　　**夷**：即混夷，又作昆夷。我国古代中原地区华夏族对西北各族的总称。亦泛称中原以外的各族。　　**骏**：奔窜，突逃。《诗·大雅·绵》："混夷骏矣，唯其喙矣。"　　**蹶生**：《诗·大雅·绵》："虞芮质厥成，文王蹶厥生。"蹶厥生蹶动也，蹶动意思是指震动、震惊。　　**文**：文王。　　**肇**：

开始;创始。　　锡:赐予。　　望:希望;期待;盼望。　　大勋:功勋;功劳。　　绵绵瓜瓞:绵绵瓜瓞,瓜藤绵绵不绝,周人开始兴起的意思。见《诗·大雅·绵》首章第一句:"绵绵瓜瓞,民之初生。"　　斯干:《诗·小雅》篇名。是周宣王建筑宫室落成时的祝颂歌辞。梦熊:古人以梦中见熊罴为生男的征兆。后以"梦熊"作生男的颂语。　　鸣凤:凤凰。传说中的瑞鸟。　　瑞:祥瑞;吉祥;吉兆。　　平分:平均分配;多少一样;对半分。圣瑞:古谓开国之君诞生时的祥瑞。　　古公:周文王祖父周太王。　　昌王:周文王季昌。　　季:此处指周太王幼子季历,即周文王姬昌。　　太伯:周部落首领古公亶父周太王长子。次子名仲雍。　　绵诗:《诗·大雅·绵》。　　厥生句:《尔雅》:"厥初生民,时维姜嫄。"见《诗·大雅·生民》。　　释诂,蹶嘉也:《尔雅·释诂》:"蹶,嘉也。"唐风:指《诗·唐风·蟋蟀》:"好乐无荒,良士蹶蹶。"　　大雅有蹶父之句:见《大雅·韩奕》:"韩侯取妻,汾王之甥,蹶父之子。"　　宜尔子孙:《大雅·螽斯》:"螽斯羽,诜诜兮。宜尔子孙,振振兮。"　　翚飞:形容宫室飞檐的峻丽。　　因心则友则笃其庆:王季因心则友,其兄则笃其庆。因心:谓亲善仁爱之心。　　质成:谓请人判断是非而求得公正解决。

4.36　被子岂无人道感,不呱始弃置平林;补歌载路覃讦句,想见姬公诗律深。自注:上古无人道之感而生子者,容或有之,若无人道之感而以被无子,则断无此理。而况姜嫄已作高辛妃乎,后稷名弃。愚见以为其弃也,因其不呱也。今人谓不呱者为梦生,即左传寤生恐也此类。不呱则疑其死故弃之,已而呱矣。且实覃实讦,厥声载路,乃取归抚养,自人情之常。惟此诗先未说不呱,故后世疑其弃为无因,遂疑至无人道之感。又以无感生子为不雅,乃以属高辛之帝字解作天字,谓大人迹即是天迹,是愈欲通愈不通也。盖高辛有四妃,此诗之意以为若第言出自高辛,则八恺不分其谁,母首言姜嫄而高辛自见。况履帝武敏歆,仍然女从男之大义也。周室亲亲尤尊母教,如思齐太任,文王之母一章不言王季,其例同也。至置巷置林置水不过夸饰之词,灵台讵成不日,嵩岳岂真极天。刘缦云:鸮音之丑,岂有伴林而变好;荼味之苦,宁以周原而成饴,与民无子靡同也。此诗汉人误于前,宋人误于后,未免将尧舜之时视作上古。不知易经系辞以洪荒作上古,故易书契则曰后世圣人作栋宇,则曰后世圣人,可见尧舜之时已属后世,何至有此怪诞不经之事。因此诗误解,于是议礼者乃谓此为祀姜嫄之诗。夫舍高辛而独祀姜嫄是,知有母不知有父矣。失夫妇之伦,乱尊亲之序,可慨也夫。

释：

《大雅·生民》中讲述上古时期高辛氏（帝喾）之妃姜嫄，为消除她无子的病痛，去踩了天帝足迹的脚拇印，怀了周人始祖后稷。生下后又弃之，难道就没有为人之道的感情吗？是因为小孩生下时没有哭声，才抛弃搁置在丛林中。后来后稷哭了出来，载声于路，伏地爬行，自求口食，长大成人，善于稼穑，教会周人耕作。由此推想周公旦写的这篇诗曲，内容是很深奥隐秘的。

注：

祓子：通过迷信活动求子。**祓**：古代为除灾求福而举行的一种仪式或活动。　　**人道感**：做人的道德理念。　　**呱**：小儿哭声。　　**弃**：抛弃。　　**置**：搁置；放下。　　**平林**：平原上的丛林。　　**补歌**：后又哭出声音。歌，鸣叫也。　　**载路**：朱熹《诗集传》："载，满也。满路，言其声之大也。"　　**覃訏**：毛传："覃，长；訏，大。"后以"覃訏"指年岁长大。见《诗·大雅·生民》："实覃实訏，厥声载路。"　　**想见**：推想而知。　　**姬公**：指周公姬旦。周文王姬昌第四子，周武王姬发的弟弟，曾两次辅佐周武王东伐纣王，并制作礼乐。是西周初期杰出的政治家、军事家、思想家、教育家，被尊为"元圣"和儒学先驱。**诗律**：诗的格律。格律指曲谱。　　**深**：高深；深奥；幽深隐秘。　　**窟生**：指婴儿生下，闷绝不啼。　　**八恺**：昔高阳氏有才子八人，谓之八恺，高阳氏即帝颛顼。　　**灵台**：《诗·大雅·灵台》记述周文王姬昌营造灵台，也就是候天台。　　**岳**：高大的山，如"五岳"。　　**刘勰**：《文心雕龙》的作者，文学理论家、文学批评家。　　**鸮**：俗称"猫头鹰"。鸮被视为不吉利的鸟。　　**子靡**："靡有孑遗"的略语。谓死亡殆尽。　　**洪荒**：指混沌蒙昧的状态，特指远古时代，洪荒世界。　　**慨**：叹息；叹气。

4.37　卷阿以后继民劳，编订尼山寓意高；润色谀词夸应制，竟忘丛脞拜皋陶。自注：君爱巡游而臣歌伴奂，诗中绝无戒意，实后世台阁谀词之嚆矢。圣人编诗继以民劳，与以鸿嗷继车攻、吉日同一垂成。

释：

《大雅·卷阿》歌颂周成王礼贤求士，接着就是《雅·民劳》劝告厉王不要实行暴政。孔子编订《诗经》含意高深。后世对周王朝粉饰、诌媚、夸张之辞应制止，难道忘了周厉王时期繇役繁多，人民劳苦，乱封狱官，违法作乱的情景。

注：

卷阿：《诗·大雅·卷阿》篇名，是一篇歌颂周成王礼贤求士的诗。　　继：随后；跟着。
民劳：《诗·大雅·民劳》篇名，是一篇劝告厉王不要实行暴政的诗。　　编订：编纂修
订。　　尼山：指孔子。　　寓意：寄托或隐含的意思。　　高：深，高深。　　润色：
粉饰。修饰文字，使增加光彩。　　谀词：谄媚的言辞，奉承话。　　夸：夸大，夸张；浮
夸。　　制：控制；制止。　　丛脞：杂乱。　　拜：授官。　　皋陶：虞舜时的司法
官。狱官或狱神的代称。亦作"皋繇"。　　伴奂：闲逸自在貌。　　嚆矢：鸣镝，意为
先驱、发轫。　　台阁：台阁体，指指明朝永乐至成化年间，文坛上出现一种所谓"台阁
体"诗，题材常是"颂圣德，歌太平"，艺术上追求平正典雅。　　鸿嗷：指《诗·小雅·鸿
雁》。　　车攻：指《诗·小雅·车攻》。　　吉日：指《诗·小雅·吉日》。　　同一垂
成：指上述三篇一起写成。

4.38　变风变雅语难拘，变内何曾一正无；正少变多应有意，六经垂
教在忧虞。

释：

《诗大序(毛诗序)》说"变风"、"变雅"是西周王朝衰落时期的作品，此话不能一概而论。难
道那个时期就没有美好的东西。《诗经》中讲述施政好的少而罪恶方面的多，应当是有意
图的。孔子编订《诗》、《书》、《礼》、《乐》、《易》、《春秋》六经，为后人留传教训，要人们常有
忧患意识。

注：

变风变雅："正风"、"正雅"是西周王朝兴盛时期的作品。"变风"、"变雅"是西周王朝衰落
时期的作品。出自《诗大序(毛诗序)》："至于王道衰，礼义废，政教失，国异政，家殊俗，而
变风变雅作矣。"　　变风：指《诗经·国风》中邶至豳等十三国的作品。　　变雅：据郑
玄《诗谱·小大雅谱》载："自《鹿鸣》至《菁菁者莪》为正小雅，自《文王》至《凫鹥》为正大雅。
大雅《民劳》、小雅《六月》之后，皆谓之变雅。"盖雅以述其政之美者为正，以刺其恶者为变
也。　　难拘：不易局限。　　何曾：何尝。　　有意：故意。　　六经：六部儒家经
典。《诗》、《书》、《礼》、《乐》、《易》、《春秋》等六经。　　垂教：垂示教训，留传以示后人。
忧虞：忧虑。

4.39　不独诗家贵别肠，解诗亦贵破寻常；杏坛弟子三千盛，可与言诗只赐商。

释：

不仅研究《诗经》的人崇尚与众不同的情趣，解释《诗经》也要重视不同的见解。孔了在杏坛聚徒授业讲学有三千多弟子，可与他探讨《诗经》的只有子贡和子夏。

注：

不独：不但，不仅。　　**诗家：**研究《诗经》的专家或诗人。　　**贵：**崇尚；重视；看重。　**别肠：**与众不同的情怀和情趣。　　**解诗：**解释《诗经》诗义。特指对古代典籍的注释，注解。　　**破：**破除；违背。　　**寻常：**平常，一般见解。　　**杏坛：**相传为孔子聚徒授业讲学处。指正统儒学。泛指授徒讲学之所。　　**弟子：**学生。　　**三千盛：**三千徒，指孔子弟子有三千人之多。　　**言诗：**探讨诗学。　　**赐商：**指孔子弟子端木赐（复姓端木，字子贡）和卜商（字子夏）。见南朝梁刘勰《文心雕龙·明诗》："子夏监绚素之章，子贡悟琢磨之句，故商赐二子，可与言诗。"

4.40　吐词风雅入天然，暴虎冯河论战年；何止断章兼断句，得鱼无处不忘筌。

释：

诗人作诗要风流儒雅，教化规范道德，出自内心。要大胆议论战争大事。可见诗人何止是一章、一段、一句地作诗。做到这些后，不要忘记这也是《诗经》对自己教导所致。

注：

吐词：发言。亦谓写作诗文。　　**风雅：**风雅来自《诗经》，指诗文之事是风流儒雅，教化规范的意思。　　**风：**风流；不拘一格。　　**雅：**正规的；标准的；美好的；高尚的；不粗俗的。　　**天然：**自然赋予的，生来具备的。指事物不加掩饰的本色。　　**暴虎冯河：**暴虎：空手和老虎搏斗。冯河，徒步涉水渡河。"暴虎冯河"引申为有勇无谋、冒险行动。见《诗·小雅·小旻》："不敢暴虎，不敢冯河；人知其一，莫知其它。"　　**论：**议论，叙说。　**战年：**战争年代；战争年代的事。　　**何止：**哪里止。以反问的语气表示不止。　　**断章：**诗文中的一章一段。　　**兼：**同时；并且。　　**断句：**古书无标点符号，诵读时根据文义作停顿,或同时在书上按停顿加圈点,叫做断句。　　得鱼无处不忘筌:成语"得鱼忘筌",比喻已达目的,即忘其凭借。无处,任何地方。筌,竹制的捕鱼器。

　　4.41　谁道三闾兰茝香,周南乔木召甘棠;凤兮欲语沧浪听,宣圣论诗楚国强。

释:

谁说只有屈原《楚辞》的《离骚》、《湘夫人》好,《诗经》中《汉广》和怀念召公的《甘棠》有多么高大、甜美。孔子听到楚狂接舆狂慢之词欲说不得,后来到荆州讲学给楚人听,应当是孔子讲了《诗经》使楚国强盛起来的吧!

注:

三闾:指屈原。战国时期古地名,屈原出生地,位于湖北秭归县三闾乐平里。又指楚国某地三个大姓家族的总称。屈原被贬后就曾任三闾大夫,掌管三个大姓宗族的宗族事务。因此,后世也用"三闾"代指屈原。　　兰茝:兰花和白芷。指《楚辞》中《离骚》、《湘夫人》两篇。《楚辞·离骚》:"杂申椒与菌桂兮,岂维纫夫蕙茝。"《九歌·湘夫人》:"沅有芷兮澧有兰。思公子兮未敢言。"　　周南乔木:指《诗·周南·汉广》:"南有乔木,不可休思。汉有游女,不可求思。汉之广矣,不可泳思。江之永矣,不可方思。"后因以"乔木"为形容故国或故里的典实。　　乔木:高大的树木。　　召:指召公。　　甘棠:甘棠,即棠梨。《诗·召南》篇名。《甘棠》:"蔽芾甘棠,勿翦勿伐,召伯所茇。蔽芾甘棠,勿翦勿败,召伯所憩。蔽芾甘棠,勿翦勿拜,召伯所说。"是一篇对召公赞美和怀念的诗。后遂以"甘棠"称颂循吏的美政和遗爱。　　凤兮:出自《论语·微子》:"楚狂接舆歌而过孔子曰:'凤兮凤兮,何德之衰。往者不可谏,来者犹可追。已而,已而。今之从政者殆而。'孔子下,欲与之言。趋而避之,不得与之言。"楚狂接舆是春秋时楚国的隐士,原名陆接舆,平时"躬耕以食",佯狂不仕,所以也被人们称为"楚狂接舆"。他以《凤兮歌》讽刺孔子,谓:"往者不可谏,来者犹可追",并拒绝和孔子交谈。　　欲语:孔子听到楚狂接舆歌后想要讲。沧浪听:孔子到楚国国都荆州讲学给楚人听。沧浪,古水名。《孔传》:"别流在荆州。"荆州是古代九州之一,大体相当于今湖北湖南二省全境,战国时荆州是楚国国都。　　宣圣:专称孔子。

5. 与诸暨蔡书樵弟子论诗

（同治四年）

花含紫艳柳含青，元化都凭物象形。丹凤自歌无定律，玉箫含怨其谁听。聊将身世抒怀抱，惧把雕华凿性灵。居近美人香草地，离骚原不祖葩经。

释：

花木本无定色，诗歌也无定律，怨诗现今无人听，只怕写了雕华诗，影响真情写心意。

注：

紫艳：色彩鲜明好看的紫红色。　　**青**：青绿色。　　**元化**：自然界。天地。　　**凭**：根据。　　**物象**：物象即是客观事物，不依赖于人的存在而存在，它有形状、颜色，有声音、味道，是具体可感的。如"柳"是一种客观事物，它有形状颜色，是一个物象。　　**丹凤**：即凤凰，传说中的神鸟。　　**玉箫**：唐代名妓。传说唐韦皋未仕时，寓江夏姜使君门馆，与侍婢玉箫有情，约为夫妇。韦归省，愆期不至，箫绝食而卒。后玉箫转世，终为韦侍妾。　　**聊**：姑且。　　**身世**：人生的境遇。　　**抒**：倾吐。　　**怀抱**：心意。抱负。　　**雕华**：奇巧华丽。　　**凿**：凿空。　　**性灵**：中国古代诗论的一种诗歌创作和评论的主张，以清代袁枚倡导最力。性灵说核心是强调诗歌创作要直接抒发诗人的心灵，表现真情实感，认为诗歌的本质即是表达感情的，是人的感情的自然流露。它与神韵说、格调说、肌理说并为清代前期四大诗歌理论派别。　　**美人香草**：美人香草意思是诗文中用以象征忠君爱国的思想。　　**离骚**：指《楚辞》。　　**祖**：效法，　　**葩经**：《诗经》。

6. 吟　诗

（同治四年）

吟诗神自劳，吟罢却自赏。白云出山中，仍与山来往。山静云自动，山高云更高。弥纶碧落间，随风多荡漾。未审无云天，卷藏在何壤。因悟诗前诗,有响根无响。

释:

诗中将诗看作云,诗人当作山,不作诗时也在酝酿揣摩诗句,才能"山高云更高。"即使后诗超过了前诗,作诗的理念是不会变的。

注:

吟诗:作诗。　　弥纶:统领;总辖。　　碧落:天空。出自唐白居易《长恨歌》:"上穷碧落下黄泉,两处茫茫皆不见。"　　随风:随俗从众。　　荡漾:指飘荡,起伏不定。审:详究。仔细思考,反复分析、推究。　　云天:云霄;高空;高厚,指仙境。　　卷藏:收藏。　　何壤:何地。　　悟:领悟;感悟;理解;明白;觉醒。　　响:回应;响应。根:事物的本源,根由,依据。指作诗的宗旨、理念。

7. 论　诗

（同治五年）

苍松虽晚翠,不如梅花鲜。高文虽典册,不如诗歌妍。欢写莺花舞,愁抒风月怜。摘彼六朝艳,粉饰西汉篇。珊瑚有根柢,照耀碧海天。夜取楚辞读,芬菲而缠绵。

释:

诗歌富有情感,"欢写莺花舞,愁抒风月怜。"但写诗不能有不客观不公正的言论"摘彼六朝艳,粉饰西汉篇"。出众的诗人要有根基,作诗才能公正若青天。

注:

晚翠:指植物经冬而苍翠不变的意思。　　高文:高文典册。原指朝廷发布的重要文书,如诏令制诰等。引申为经典性著述。　　妍:妍丽。　　莺花:莺啼花开。泛指春日景色。　　舞:起舞。　　抒:倾吐。　　风月:清风明月。　　怜:怜爱,怜惜。

六朝艳：六朝一般指中国历史上三国至隋朝的南方三国吴、东晋、南朝宋、南朝齐、南朝梁、南朝陈这六个朝代,六朝京师均是南京。六朝承汉启唐,创造了极其辉煌灿烂的"六朝文明。"　　粉饰：刻意地掩盖或美化事物的缺点和纰漏。　　西汉篇：指刘邦善用人才,在楚汉争霸中以弱胜强,推翻暴秦统治,统一全国,定国号为汉,史称西汉。　　珊瑚：喻俊才。此处指出众的诗人。　　根柢：比喻事物的根基。　　碧海天：指青天。天色蓝若海,故称。出自宋苏轼《登州海市》诗："斜阳万里孤鸟没,但见碧海磨青铜。"　　芬菲：花草茂盛貌。　　缠绵：牢牢缠住,不能解脱。

8. 观近人选诗志慨

（同治十一年）

　　文章性情花,今作酬应具。选政人物镜,今作攀援路。黄河改道行,何年返其故。白鹤向人舞,自失清高步。是非日以淆,真机日以锢。何如掩卷听田歌,绿蓑烟雨绕天和。唱罢溪山幽鸟答,声声摇曳白云多。

释：

诗歌本是美好的思想情感表露,现今却用来做攀援之道。"白鹤向人舞,自失清高步。"诗人向人摆弄,将失身于纯洁高尚之途。

注：

文章：篇幅不很长而独立成篇的文字。此处指文辞,诗歌。　　性情：思想情感。花：开花。美丽;美好。　　酬应：交际往来。　　具：用具。　　选政：指铨选职官、提拔人才之事,指编选乡试、会试中式试卷之事。　　镜：考察,明察,借鉴。　　攀援：比喻依靠有钱有势的人往上爬。　　自失：失身。　　清高：纯洁高尚,不慕名利,不同流合污。　　步：人生的足迹。　　淆：混淆。　　真机：真正的动机、目的。　　锢：通"痼"。疾病经久不治。　　何如：不如。　　掩卷：合上书本。　　田歌：指"嘉善田歌"是浙江民歌中的主要品种之一。由七种不同曲调组成,即《滴落声》、《落秧歌》、《棣头歌》、《羊骚歌》、《嗨罗调》、《急急歌》、《平调》。这七种曲调,既可单独演唱,也可以"田歌班"的形式数曲联唱。曲调极富江南水乡特色。歌词多用吴音俚语,谐音双关。　绿蓑:绿蓑青笠。绿草编的蓑衣,青竹编的斗笠。形容渔翁的打扮。　烟雨:指像烟雾那样的细雨,如诗如梦。　绕:围缠。　天和:天地之和气。　溪山:溪和山。幽鸟:幽谷里的鸟。　声声:声声吟咏。　摇曳:晃荡;飘荡。　白云:先秦离别诗《白云谣》,喻指诗歌。

9. 论诗三十二首

（同治三年）

9.1　淇澳磋磨悟道深,鸢飞鱼跃见天心;扶疏众鸟柴桑后,水竞云迟是嗣音。

释：

不同诗派之间切磋琢磨,才能对诗歌理论有深入的领会。各种诗派"鸢飞鱼跃"现露了本心。当今诗苑众多诗人步陶渊明之后描写景物。"水竞云迟"都是学的前人留下的声音。

注：

淇澳:《诗·卫风·淇奥》。淇,淇水。"澳"通"奥",水岸深曲之处。此处指《诗经》。　磋磨:切磋琢磨。　悟:感悟,了解,领会。　道:规律,理论,方法。　鸢飞鱼跃:《诗·大雅·旱麓》:"鸢飞戾天,鱼跃于渊。"孔颖达疏:"其上则鸢鸟得飞至于天以游翔,其下则鱼皆跳跃于渊中而喜乐,是道被飞潜,万物得所,化之明察故也。"后以"鸢飞鱼跃"谓万物各得其所。　见:"现"的古字。显现;显露。　天心:本性,本心。扶疏:树木枝叶繁茂分披貌。　柴桑:借指晋代陶潜(陶渊明),因其故里在柴桑,故称。　水竞云迟:水流竞逐云缓移。竞:争竞。逐也。迟:缓慢。　嗣:前人留下的。

9.2　九龄和婉子昂愁,感遇同源却异流;读到欣欣似生意,怜他摇落岁华秋。

释：

唐代诗人张九龄七岁就照六朝的诗词格律和内容，诗做得很华美。陈子昂却为初唐诗人沿袭前人缘情诗歌绮靡纤弱的风格而发愁。张九龄的诗同源于《诗经》，却不知齐梁诗词与《诗经》不同流派。待到他写诗生意盎然，在唐开元年间写出孤芳自赏，不求人知的《感遇十二首》时，可怜他已遭谗贬谪，年岁将尽。

注：

九龄：张九龄(678—740)，字子寿。张九龄从小聪敏善文，是唐代著名诗人。　　**和：**依照别人诗词的格律或内容作诗词。　　**婉：**美好。　　**子昂：**陈子昂(618—720)，字伯玉，唐代文学家、诗人，初唐诗文革新人物之一，他以其充实的思想内容，质朴刚健的语言风格，对扭转初唐绮靡纤弱的诗风产生巨大影响。因曾任右拾遗，后世称陈拾遗。　　**感遇：**张九龄《感遇十二首》诗名。　　**同源：**一同起源《诗经》。　　**异流：**不是同一流派。**欣欣似生意：**见张九龄《感遇十二首·其一》："兰叶春葳蕤，桂华秋皎洁。欣欣此生意，自尔为佳节。"欣欣，形容高兴。生意，生意盎然。　　**摇落岁华秋：**见陈子昂《感遇三十八首·其二》："迟迟白日晚，袅袅秋风生。岁华尽摇落，芳意竟何成。"　　**摇落：**凋谢。指贬谪。　　**岁华秋：**年岁将尽。

9.3　山光潭影不妨禅，必悟从禅却不然；风雅离骚秦汉上，此时何处证西天。

释：

写山水景色的诗，不妨去师法、借鉴古人。要领悟作诗的规律，从某个名家传授中却是学不到的。诗经、楚辞和秦汉文学都是上品之作，此时也不是学了那个朝代的诗，就能说掌握了作诗的真谛。

注：

山光潭影：山水景色。　　**悟：**理解，明白。　　**上：**上品。　　**证：**佛教语。修行得道。　　**西天：**求到真理。

9.4　舒卷飘飘似白云，仙心不为酒杯醺；邀来月影成三友，反复推敲独字勤。

释：

展开卷帙,书页像白云一样被风吹过去。求诗的心不为读了多少书卷而陶醉。月下喝酒作诗成"三友"。写好诗歌还须反复推敲琢磨,独自在那里为提炼文字而用笔忙。

注：

舒卷：展开书卷。　　飘飘：风吹的样子,轻飘飘好像浮在空中的样子。　　仙心：指道家超脱人世的思想;比喻卓越的文思才情。　　酒杯：借用前句"舒卷"的"白云","白"可译为"古时罚酒用的酒杯"。　　醺：醉;陶醉。　　月影：月光。　　三友：月下喝酒作诗成三友。　　独字勤：独自在那里用笔忙。

9.5　诗到无人爱处工,剑南能说未能从;纤纤玉楮于今贵,谁肯千金购璧琮。

释：

陆游诗中说:"诗到无人爱处工。"作诗要自然平淡,但内容深奥。陆游一生作诗近万,能说他不是这样做的吗? 如今受人尊敬、身居高位者,描写细微事物的著作价贵位高,谁肯花钱费时去看那些细巧的诗。

注：

诗到无人爱处工：陆游理想的艺术境界,即诗歌要自然平淡,以至于芸芸众生都无法看透的时候,才算得上是真正的好诗。出自陆游《明日复理梦中作》:"白尽髭须两颊红,颓然自以放名翁。客从谢事归时散,诗到无人爱处工。"　　剑南：陆游,南宋伟大的爱国诗人。他一年抗金的军中生活,极大地开拓了他的诗歌境界。有《剑南诗稿》八十五卷,古近体诗9 138首,从抒发政治抱负,反映人民疾苦,渴望国家统一,到抒写日常生活,题材十分广泛。　　纤纤：细巧柔美的样子。　　玉楮：指优质笺纸,身居高位者用的笺纸。贵：价钱贵,地位高。　　购：购买。　　璧琮：打了孔的瑞玉。

9.6　数蕊香新早梅动,一梢红破海棠回;须知楹帖非诗句,若论花原隔岁开。

释：

陆游《怀成都十韵》中著名诗句"一梢红破海棠回，数蕊香新早梅动"，须知不是像贴于楹柱的对联那样随手写成的。要说诗中精品原本都是长期积累和精心创作才能写得出来的。

注：

数蕊香新早梅动，一梢红破海棠回：引自被人称为陆游其诗万首中最为可观者《怀成都十韵》中的著名诗句"一梢红破海棠回，数蕊香新早梅动。"意为每年最早出现的花香要数腊梅萌动的时候，一旦腊梅花残海棠就将发芽。一梢，一个枝条。红破，花残。回，睡醒。数，计算起来。蕊：花蕊，未开的花。香：芳香。新，刚出现的。动，萌动。 **楹帖**：挂或贴于厅堂前楹柱的对联。 **若**：如果。 **论**：说明事理。 **花**：比喻事业的精华。 **原**：原本。 **隔岁开**：第二年才能开花。

9.7　谁将语录当诗吟，谁更华严度世针；理障禅魔贤智过，恐乖删订素王心。

释：

不能像南宋一些诗人以粗俗的语句来写诗，更不能以高深，令人难以解悟的诗句、文辞作为"出世成仙"，的手法。这些障碍真知真见，阻碍他人走正道的做法，是一些德高望重者的过失和错误，恐怕他们是违背和删改孔子诗学的精神了。

注：

谁将语录当诗吟：清代潘德舆在论诗歌品位时云："南宋以语录议论为诗，故质实而多粗俗不雅的文辞；汉、魏以性情时事为诗，故质实而有余味。" **华严**：《大方广佛华严经》的简称。指释迦牟尼成道之初在菩提树下所说的大乘无上法门，因其高深，解悟者少。 **度世**：出世成仙，超脱尘世为仙。 **针**：指针，工具。 **理障**：佛教语。谓由邪见等理惑障碍真知、真见。 **禅魔**：佛教语；魔有很多的类别，如五蕴魔、烦恼魔、业魔、心魔、死魔、善根魔、禅魔、善知识魔和菩提法智魔等；禅魔是阻碍他人走正道的魔。 **贤智**：有德行、智慧的人。 **过**：过失；错误。 **乖**：背戾；违背；不和谐。 **删订**：删改制订。 **素王**：儒家称孔子为素王。

9.8　金啼玉泣句伤情，白日无根少乐声；能解天殁成旷达，不须更拟短歌行。

释:

配乐演唱"抱玉泣血"的乐府句子多伤情。唐代张籍《短歌行》:"青天荡荡高且虚,上有白日无根株。"这样的新乐府诗少音乐声韵。当理解它们的规律而豁然知晓时,就不须再去摹拟他们了。

注:

金啼:配乐演唱。 **玉泣**:典故"抱玉泣血";春秋楚人卞和得璞玉于楚山,以献厉王,王不信而刖其左足。武王即位,复献,又刖其右足。及文王时,和抱玉泣于荆山下,王使人问之,乃理其璞而得玉,命之曰"和氏璧"。 **白日无根**:见唐张籍《短歌行》:"青天荡荡高且虚,上有白日无根株。流光暂出还入地,使我年少不须臾。与君相逢勿寂寞,衰老不复如今乐。玉卮盛酒置君前,再拜愿君千万年。"指新乐府诗。张籍是新乐府运动的健将之一。新乐府运动是唐朝元和年间(806—820)发生的用通俗化的乐府体写时事和社会生活的诗歌运动。安史之乱后,唐王朝走向衰落,一些有识之士,希望革除弊端,中兴王朝。反映在文坛上,便出现了韩愈、柳宗元倡导的古文运动和白居易、元稹倡导的新乐府运动。所谓新乐府,一是用新题;二是写时事;三是文辞质朴易懂;四是格律比较自由;五是不以入乐与否为衡量标准。发扬了《诗经》、汉魏乐府和杜甫讽喻时事的优良诗歌传统,提出了"文章合为时而著,歌诗合为事而作"的理论,具有进步的意义。晚唐人重新流入齐梁艳体,不为人所道。 **乐声**:乐府的音乐性。 **解天弢**:解开天然的束缚。弢,弓衣,装弓的袋。出自《庄子·知北游》:"解其天弢,堕其天袭,纷乎宛乎,魂魄将往,乃身从之,乃大归乎!" **旷达**:心胸开阔豁达。 **拟**:猜测,摹拟。 **短歌行**:受乐府诗影响而创作的诗歌;著名的有中唐时白居易一百二十句的《长恨歌》,曹魏时曹操的《短歌行》等。

9.9 律体难伸委曲思,短长太杂费猜疑;樊笼虽谢仍规矩,自是云霄采凤仪。

释:

近体律诗的声律格式要求严格,难以伸展表白,确实是要多方面的详尽思考。古体长短诗格律太杂,要花费精力来仔细想想。当今诗歌的形式不太拘泥于格律,但还是要有一定的规矩和习惯。自应壮志凌云，继续采掇和开拓孔子《诗经》的文化精神和艺术特质。

注：

律体：指近体律诗的句数、字数、平仄、对仗、押韵等声律格式。　　**伸**：伸展，伸开；表白。　　**委**：确实。　　**曲思**：多方面详尽的思考。　　**短长**：指古体长短诗。　　**猜疑**：猜测。仔细想想。　　**樊笼**：指诗歌的形式。　　**谢**：衰退；指不太拘泥于格律。　　**规矩**：一定的标准、法则或习惯。　　**自**：自己；自然；当然。　　**是**：表示坚决肯定。　　**云霄**：志凌云霄，壮志凌云。　　**采**：采掇。开发。　　**凤仪**：凤凰的仪态。老子比孔子为凤。　　**仪**：表率；标准；准则。

9.10　劂镌造物古今同，毕竟雕龙胜刻虫；凿句搜章勤梓斫，楼台何日起凌风。

释：

作诗精雕细刻古今同，毕竟《文心雕龙》等文学大作要胜过文字的考据和语言的模仿。那些穿文凿句，抄袭他人文章，勤于出版的风气要断绝。诗坛何日能刮起顶住这种"拟宋"的风气。

注：

劂镌：雕凿。劂：古代一种铲类工具。镌：凿也。　　**造物**：古人认为有一种创造万物的神力叫造物。　　**雕龙**：《文心雕龙》。南朝梁文学理论批评家刘勰创作的一部理论系统、结构严密、论述细致的文学理论专著。　　**虫**：虫篆，比喻微末的技能，"微不足道"的文字技巧。　　**凿句**：雕琢词句。　　**搜章**：指抄袭他人文章。　　**梓**：印书的雕版，后泛指制版印刷。　　**楼台**：此处指诗坛。　　**凌风**：顶风，顶撞之风气。

9.11　强颜饰笑丧天真，无病呻吟更聒人；只写怒哀删喜乐，千年冰雪不逢春。

释：

勉强装出来的笑容太虚伪，作诗缺乏真情实感更使人厌烦。诗人战后跌落到愤怒、悲哀之中,只写哀怒,写不出欢快的诗句。只要自己不放弃,再大的困难也可以被克服的。

注:

强颜:勉强做出笑容。 饰笑:掩饰的笑容。 丧天真:做作和虚伪。 无病呻吟:比喻文艺作品缺乏真情实感,矫揉造作,装腔作势。 聒:使人厌烦。 删:删去。 千年:久远的年代。 冰雪:比喻文章词义清新。出自孟郊《送豆卢策归别墅》:"一卷冰雪文,避俗常自携。" 不逢春:人间无处不逢春,只要自己不放弃,再大的困难也可以被克服的。

9.12 文章流入应酬卑,祝寿题图宴集诗;靡草纤萍随意录,生涯难问岁寒时。

释:

诗文成为应酬的卑辞,都是些祝寿诗、题图诗、宴会诗。靡细的小草和浮萍都成了写诗的题材。生活经过"岁寒"严峻的考验,才能看出一个人的品格。

注:

文章:各种文体的著作、作品,如诗文。 流:淹没,流行。 卑:卑辞。言辞谦恭卑贱。 宴集:宴会。 靡草:靡细的小草。 纤萍:细小的浮萍。 录:采取,收录。 生涯:人的一生。 岁寒:喻忠贞不屈的节操或品行。出自《论语·子罕》:"岁寒,然后知松柏之后凋也。" 时:当时的情况。

9.13 穷居陋巷羡金闺,比到金闺又羡归;廊庙山林无一可,何如素位尽忘机。

释:

住在简陋的巷子时羡慕漂亮的楼阁,等到住进漂亮的楼阁又想搬回去。既然儒家诗道不能行之于世,去廊庙、山林隐遁避世又都不合适,不如在清贫的职位,尽量忘却诗坛何时才能有变化的转机。

注：

陌巷：简陋的巷子。　　美：羡慕。　　金闺：女子闺阁的美称。　　比：等到。
归：返回,回去。　　廊庙山林：儒家士人选择隐遁避世之路。　　可：适合。　　何
如：不如。　　素位：清贫的职位。　　机：机心机巧。

9.14　但矜气骨无风韵,兀兀枯松绾断藤;铁干冰心仍活艳,梅花度世有元灯。

释：

只注意诗的风格骨力,没有风度声韵,就像被藤绕断气的高耸枯松。雄健有力的诗风,心地洁白的诗意,仍像古代楚国的诗歌那样富有旺盛的生命力,诗坛梅花开春有待来年元宵过后。

注：

但：只。　　矜：注重。　　气骨：诗文的风格骨力。　　风韵：优美的风度声韵,文采。　　兀兀：高耸的样子;静止的样子;昏昏沉沉的样子。　　绾：把长条形的东西盘绕起来打成结。　　铁干冰心：指雄健有力的诗风,心地洁白的诗意。　　活：活力;旺盛的生命力。　　艳：古代指楚国的歌曲。晋左思《吴都赋》:"荆艳楚舞。"　　刘逵注：
"艳,楚歌也。"　　度世：出世成仙。　　元灯：元月;元宵。

9.15　乌云烘日变苍霞,寒雨因风作六花;麦粟醅春丝练锦,不知酝酿岂诗家。

释：

诗歌有好的内容而语言庸俗也会变得苍白,朴素的诗句因能教育感化人也可成好诗。粮食经酿造才出好酒,蚕丝煮染后才成锦绣,作诗不酝酿斟酌岂能成诗家。

注：

烘：衬托。　　苍霞：青云。　　风：教化;教育感化。　　作：产生。　　六花：漂亮的白雪。　　醅春：酿造成酒。　　春：唐人呼酒为春,后沿用之。　　练：把生丝放到

水里煮,使柔软洁白。　　　　**酝酿**:斟酌。比喻事情逐渐达到成熟的准备过程。

9.16　天高星月自分明,一隔层云障翳生;故作艰深仍浅薄,何如表表玉霄清。

释:

秋天夜晚星星和月亮分外明亮,一有阻隔的云层,人的眼球就像长了白膜似的。诗句故意作出高深而使人难以理解,写的仍是一些浅薄的诗,还不如迥异众人写些天外之事倒能使人眼睛一亮。

注:

天高星月:乐府诗集《秋歌十八首》:"秋夜凉风起,天高星月明。兰房竞妆饰,绮帐待双情。凉秋开窗寝,斜月垂光照。中宵无人语,罗幌有双笑。"　　**自**:自然;当然。　　**分明**:清楚;黑白分明。　　**障翳生**:障翳;遮蔽;遮挡。　　**故作艰深**:意思是本来并不高深,故意装出高深而使人难以理解的样子。　　**何如**:不如。　　**表表**:卓异,特出,迥异于众貌。卓异,特出貌。出自唐韩愈《祭柳子厚文》:"子之自著,表表愈伟。"　　**玉霄**:传说中天帝、神仙的居处。　　**清**:眼睛明亮。

9.17　事纪当时质直宜,多加涂泽后谁知;一枝红杏尚书笔,札闼洪庥世已訾。

释:

写当前的事应直书不加润色为好。多加涂改修饰。后人怎能知道当时的情景。像宋代尚书宋子京那样"红杏枝头春意闹"的艳句,还有故作艰深古奥的诗,世人都已厌恶。

注:

质直:不绮靡,诗歌的风格品位。　　**涂**:乱写;涂改;随意地写。　　**泽**:修饰,粉饰。
红杏尚书:宋代词人宋祁(字子京,任工部尚书),所作《玉楼春》词有"红杏枝头春意闹"之句,时人张先称其为"红杏枝头春意闹尚书",后亦简称"红杏尚书"。宋祁一共流传有6首词,每一首都是涉及男女艳情。　　**札闼洪庥**:札闼洪休。嘲人作文用语故作艰深古奥。

訾：厌恶。

9.18　千枝弱柳平分绿，万树疏梅冷抱春；但论生机无定格，横斜旖旎各宜人。

释：

众多"温柔敦厚"的诗人在诗界占半数，更多分散的"傲霜斗雪"的诗人在等待诗坛春天的来到。要说哪派诗人更有生命力很难讲，"竹梅正直俏丽"和"杨柳温存柔媚"的诗风各有所好。

注：

弱柳：柳条柔弱，故称弱柳。此处指"温柔敦厚"的诗风。　　**平分**：对半分。　　**绿**：草和树茂盛时的颜色，指美丽的河山。　　**疏**：分散；疏散。　　**梅**：梅花，喻傲霜斗雪的梅花。　　**抱**：引申指胸怀；心里存有。　　**春**：春季。指草木生长，花开放。常喻生机勃发。　　**生机**：生存的机会。生命力，活力。　　**定格**：一定的标准、规则。　　**横斜**：或横或斜。多以状梅竹之类花木枝条及其影子。　　**旖旎**：旌旗从风飘扬貌，引申为宛转柔顺.温存柔媚貌。　　**宜人**：适合人的心意。

9.19　早春百舌晚春鹃，感气花前自在啼；日课一诗镌肺腑。可能句句出天倪。

释：

早春的白舌鸟和晚春的杜鹃鸟，在花前感慨当前的风气而不停地啼叫。要每天用心写作诗歌，做到句句出自灵性。

注：

百舌：百舌鸟。宋苏轼《安国寺寻春》："卧闻百舌呼春风，起寻花柳村村同。"晚唐词人温庭筠《惜春词》："百舌问花花不语，低回似恨横塘雨。蜂争粉蕊蝶分香，不似垂杨惜金缕。愿君留得长妖韶，莫逐东风还荡摇。秦女含颦向烟月，愁红带露空迢迢。"　　**鹃**：杜鹃鸟。　　**感**：感慨，有所感而激愤。　　**气**：风尚，风气。　　**自在**：佛教以心离烦恼之系缚。 　　啼：鸣叫。 　　日课一诗：谓每天写作诗歌。 　　镂：比喻铭记。 　　肺腑：比喻内心。 　　可能：表示可以实现。 　　句句："字字，句句，段段，章章。"指文章。 天倪：犹天边，天际。犹灵性。宋王安石《出城访无党因宿斋馆》诗："关外寻君信马蹄，谩成诗句任天倪。"

9.20　不要时誉不求奇，梦笔生花只自知；谁识孤吟滋味永，苍茫独立是我师。

释：

不要时人赞誉，不求出人意外，写作大有进步只有自己知道。谁能了解长久以来独自吟咏的苦乐感受，在苍茫的诗坛上独自奋斗是我的宗旨。

注：

时誉：时人的称誉。 　　奇：出人意外；奇妙；赏识。 　　梦笔生花：比喻才情横溢。文思丰富；或比喻写作能力大有进步。也形容文章写得很出色。 　　识：知道；了解。 孤吟：独自吟咏。 　　滋味：引申指苦乐感受。 　　永：长久；永远。 　　苍茫：空阔辽远；苍茫大地。 　　独立：超凡拔俗，与众不同；不依靠他人而自立。 　　师：老师；宗旨；学习的榜样。

9.21　老树艰难十载功，名花珍惜隔年红；无轻成就无轻弃，诗可随删断不工。

释：

老树长成要有十年的功夫，被人珍惜的名花也要隔年开花。没有轻易可得的成就，也不要轻易放弃已得的成果，作诗可以随时删去那些不精巧诗句。

注：

老树：也可理解为有经验的诗人。 　　艰难：指创业，犹劳苦。 　　功：功夫。 　　名花：也可理解为好的诗歌。 　　珍惜：珍重爱惜。被人重视。 　　隔年红：隔年开花。 无轻成就：没有轻易得到的成就。 　　无轻弃：不要轻易放弃。 　　随：随时。

断：断然。　　不工：不精巧之处。

9.22　紫凤天吴入北征，艰难家国状平生；今人录别惟凌杂，老媪挑灯话旧情。

释：

身在天堂般的浙江做文官，却要北行协防。在国家危难，祸乱丛生之际，却来叙述自己一生行事和平素志趣。今人要像李陵那样写"录别诗"，只能写成一些错杂凌乱的事，就像老妇那样在灯下叙谈往事旧情。

注：

紫凤天吴入北征：出自唐杜甫《北征》"天吴及紫凤，颠倒在短褐。"指国家残破之时，官服也破旧不堪。　　**艰难**：危难，祸乱。　　**家国**：家与国。亦指国家。　　**状**：指叙述人物生平行事的文字。　　**平生**：一生，此生。　　**今人**：现在的人，当代人。　　**录别**："录别诗"。李陵《录别诗二十一首》(亦称苏武李陵赠别诗)。李陵，字少卿，"飞将军"李广之孙。曾率军与匈奴作战，战败投降匈奴，汉武帝夷其三族，致使其彻底与汉朝断绝关系。其一生充满国仇家恨的矛盾，因而对他的评价一直存在争议。　　**惟**：只有，只是。　　**凌杂**：错杂凌乱；杂乱无条理。　　**老媪**：老年妇人。　　**挑灯**：拨动灯火；点灯。亦指在灯下。　　**话旧情**：叙谈往事旧情。

9.23　一篇毛颖近优俳，山斗文章例稍乖；白发梅村哀艳极，蝉猴鳌鹤直齐谐。

释：

唐代韩愈的讽刺作品《毛颖传》，以笔拟人，接近戏谑。诗坛泰斗的文章，偶然也有怪异的时候。明朝遗老吴梅村的作品《圆圆曲》，文词凄恻绮丽至极。但其《梅村诗集》中又用"蝉猴"、"鳌鹤"等菜肴之词作诗，直像《齐谐》记载奇闻逸事的志怪之作。

注：

毛颖：毛笔的别称。因唐代韩愈作寓言《毛颖传》，以笔拟人，而得此称。　　**近**：接近。**优俳**：古代化装表演的以谐谑为主的杂戏。　　**山斗**：泰山、北斗的合称。犹言泰斗；比喻为世人所钦仰的人。　　**例**：例外；按例；照例。　　**乖**：反常；怪异。　　**白发梅村**：指明朝遗老吴伟业,号梅村,有名诗《园园曲》。《圆圆曲》是一首七言歌行体乐府诗,诗中写的是明末清初名妓陈圆圆的事迹,反映了明末清初的政治大事,委婉曲折地谴责吴三桂降清。　　**哀艳**：谓文词凄恻绮丽。　　**绝**：至绝；至极；独一无二。　　**蝉猴鲞鹤**：指吴伟业《梅村诗集》卷十三《茧虎》、《茄牛》、《鲞鹤》、《蝉猴》……等篇"。蝉猴：蝉的若虫期叫蝉猴、知了猴或蝉龟。蝉猴营养丰富,味道可口,是美味佳肴。鲞鹤,即鳜鱼鲞；因鳜鱼头上有骨,合之如鹤喙形,故称。　　**直**：简直。　　**齐谐**：古代先秦神话集。记载奇闻逸事的志怪书籍。志怪之书以及敷演此类故事的戏剧,多以"齐谐"为名。

9.24　只要摇鞭有到时,仓山此句学人师；古今德业文章事,都是为山一篑思。

释：

"只要摇鞭有到时",是清袁枚《新正十一日还山》中的诗句,当是为学生的榜样。古今德行、功业、诗歌之事,都要想到是为文明进步的大山倒上一筐土啊！

注：

只要摇鞭有到时：只要你策马扬鞭,总有成功的一天,见清袁枚《新正十一日还山》："重理残书喜不支,一言拟告世人知。莫嫌海角天涯远,但肯摇鞭有到时。"海角天涯,谓偏僻遥远的地方。摇鞭,策马扬鞭。驱马快速前行。立即投入工作。　　**仓山**：袁枚称号"仓山居士"。　　**德业**：德行,功业。　　**为山一篑**：为大山倒上一筐土。篑：盛土的竹筐。**思**：念想。

9.25　两朝忠质变雎麟,六代烟花卷汉秦；风会已开山海凿,难将旧法纠今人。

释：

南北朝宋、齐以来诗坛出现忠于"诗言志,志不可伪"的风气,诗歌也变得欢乐和光明。从魏到唐、宋等六代诗坛绮丽的诗歌,又卷走了秦、汉诗文。现今模拟宋诗的风气已开,诗坛正在受到冲击和伤害,已难以用古训、诗法去纠正今人的诗风了。

注：

两朝忠质： 两朝，指南北朝宋、齐、梁、陈；北魏、东魏、北齐、西魏、北周等国。忠，特指事上忠诚。质：朱自清《诗言志辨·诗言志》："近人苏舆《义证》曰：'诗言志，志不可伪，故曰质。'质就是自然。" **雎：** 关雎。 **麟：** 麟趾。皆《诗经》篇目。 **六代：** 这里指魏晋南北朝。 **烟花：** 泛指绮丽浮靡的风格。 **卷：** 席卷。 **风会：** 风气；时尚。 **开：** 推开，开启。 **山海：** 山与海。 **齿：** 引申指冲击，冲刷。 **古法：** 旧法。以往的法度规范。 **纠：** 纠正；矫正。

　　9.26 立根深厚花前悟，雅量宽容酒后知；饮酒看花瞻德性，何须理语费深词。

释：

一个人的学识根柢有多雄厚在作诗时就能觉得，而气度气量有多宏大在饮酒后就能知晓。饮酒与作诗就可察看一个人的道德品行，何须耗时说理深谈。

注：

立： 立身；立足。 **根：** 根柢；基础；根基。 **深厚：** 指人们学业、技艺的功底雄厚。 **花：** 此处指诗，作诗。 **悟：** 知晓；觉得。 **雅量：** 宽宏的气度。还指大的酒量。 **宽容：** 气量。宽厚能容忍。 **看花：** 看诗。 **瞻：** 观察；察看。 **德性：** 指人的自然至诚之品性，道德品行。 **理语：** 说理之辞。 **费：** 耗也。 **深词：** 深谈。

　　9.27 下界人闻上界钟，前山云藉后山风；诗中韵致言难喻，半在形骸半在空。

释：

人间听闻上天的报时，君王运转国事、抚慰百姓。百姓闻命官家的风教。他们诗韵般的语言百姓难以明白，真是徒具形式，中无所有。

注：

下界： 人间。 **闻：** 听闻。 **上界：** 天界。 **钟：** 泛指击以报时的钟。指报时。

前山：五岳也。指君王。　　韵致：气韵情致。　　喻：晓喻,明白告知。　　形骸：指外貌;容貌。形式。　　空：指空虚,中无所有。

9.28　粗知音韵负诗豪,稍解雌黄竞贬褒;误尽白头骄吝字,难成屋柱是蓬蒿。

释：

略微知道些作诗的音韵就自以为成了诗界的领袖;稍为了解些作诗的谬论,就在那里争着评论诗的好坏。骄傲和庸俗而误其终生,蓬蒿草是难以成为支撑房屋的柱子。

注：

粗：粗略;略微。　　音韵：指文学作品的音节韵律。　　负：自负,自以为了不起。诗豪：诗界的统帅,首领。　　解：明白;了解。　　雌黄：指妄加评论;乱发议论。竞：争着;争相。　　贬褒：评论好坏。　　误尽白头：误尽终生。终生为此所误。骄吝：骄且吝。吝,吝啬;贪婪;鄙俗。出自《论语·泰伯》:"如有周公之才之美,使骄且吝,其余不足观也已。"　　蓬蒿：蓬草和蒿草,借指野草。

9.29　清奇浓淡各分科,不问来源问去波;诗海茫茫登岸少,世间万事半途多。

释：

作诗清新、奇妙、艳丽、素雅,各人有不同的专长,不要去问他出自那一家,而要看诗写得怎样。众多的诗人中登上成就之岸的少,世界上一切事最后只完成了一半的多。

注：

清奇：诗文的一种风格。谓清新奇妙的境界。　　浓淡：艳丽,素雅。　　分科：谓在学问业务上有不同的专长。　　来源：事物所从来的地方,根源,学说。　　去波：水波的去向。指结果;成败。　　茫茫：广大而辽阔。众多。　　登：成就,完成。　　万事：一切事。　　半途：比喻事情只进行了一半。

9.30　意贵缠绵不贵词，芬菲悱恻系人思；客来姹紫娇红队，终采幽兰一两枝。

释：

抒情诗以情意深厚而不以文辞为贵，芳香忧郁的诗句要打动人们的思情。赏客来到众多鲜艳的花草前，终究会选取素雅的兰花一两枝。

注：

意：情意；感情意味，情趣。　　贵：崇尚；重视；以为宝贵。　　缠绵：情意深厚。词：言辞；文辞。　　芬菲：花草茂盛貌；借指花草；芳香。　　悱恻：忧思抑郁；形容内心悲苦。　　系：连缀；联属；联结；牵挂。　　思：意念；心情；思绪。　　客：对人的客气称呼；指朋友；赏客。　　姹紫："姹紫嫣红"，指各种色彩艳丽的花。娇红，嫩红，鲜艳的红色。　　队：行列。　　终：事物的结局；终究。　　采：取；选取；搜集。　　幽兰：素雅的兰花。出自东晋陶渊明《饮酒·幽兰生前庭》。此诗作于陶渊明看破东晋黑暗，辞官隐退之时。陶渊明在偏僻山村，没有世俗侵扰，时常醉酒之后反而诗兴大发，胡乱扯出一张纸，书写感慨，等到第二天清醒后，再修改润色。写好的诗稿越积越厚，让老朋友帮忙整理抄录。一共得到20首诗，陶渊明把这一组诗题为《饮酒二十首》。此诗表现了陶渊明高洁傲岸的道德情操和安贫乐道的生活情趣。

9.31　莺花雪月万年同，已被前人刻画穷；只有遭逢今古异，波澜沧海起东风。

释：

四时景色自古至今都是相同的，已被以前的人描写完。只有各自的人生遭遇古往今来都不同。现今世事起伏变化，表明盛世即将来到。

注：

莺花雪月：莺啼花开，雪月风花，代指四时景色。　　万年：极言年代之久远。自古至今。　　刻画：雕刻绘画；谓精细地描写。　　穷：尽，完。　　遭逢：泛指人生的遭遇历程。　　今古：现时与往昔，古往今来。　　波澜：比喻诗坛起伏变化的思潮；比喻世事的起伏变化。　　沧海：大海。"沧海桑田"，大海变成农田，农田变成大海。比喻人世间事物变化极大。　　　东风：代指春天。谓"春风和畅,律吕调协",常用以称颂盛世。

9.32　蘸笔银河星斗摇,探花琼岛众仙嘲;波涛虽沸舟仍进,定向休为众口淆。

释：

在天河蘸笔挥毫遭到所景仰的人的骚扰,到仙岛采诗受到众多神通人士的嘲笑。艰险的处境中虽然人声喧闹,驶向成功彼岸的船仍继续前进,把握好方向不要为众人的言论所搅乱。

注：

蘸笔：毛笔蘸墨。　　银河：晴天夜晚,天空呈现的银白色的光带。　　星斗：泛指天上的星星;特指北斗星,指所景仰之人。　　摇：动摇。骚扰。　　探花：看花;采花。琼岛：传说中的仙岛,仙人的居所。　　仙：神话传说中长生不老、有种种神通的人。嘲：嘲笑;讥笑;挑逗。　　波涛：江河湖海中的大波浪;比喻艰险的处境。　　舟：操舟。　　众口：众人的言论。　　淆：搅乱;混杂。

10. 读书三首

（同治五年）

藏书不尽读,非止无闲时。为恐瘁心力,催促两鬓丝。名花满园林,悦目能几枝。锦绣充箧笥,称身曾几披。牙签浩烟海,沉入何太痴。但存好古念,超拔饶神思。游艺贱多能,尼山真吾师。[1]

弱冠饶精力,家贫求书难。昨来购千卷,浩瀚徒咏叹。非关涉官政,无暇勘铅丹。人情重未得,既得情易阑。三五明月满,问谁永夜看。所以渊博士,从古出单寒。神仙绿玉简,惭愧蠹鱼餐。[2]

兽鸣不如鸟，飞腾得天和。丝音不如竹，圆亮清风过。吾生好书籍，所好惟诗多。望古树风骨，参今助澜波。坐此五十年，精神役吟哦。近来颇悟道，持律每近苛。仙心笑太白，禅语耻东坡。正声在天壤，休受前人讹。五夜推灯起，明月澄天河。[3]

释：

这是许瑶光读书和治学理念的一篇诗。诗中他首先对"藏书不尽读"进行自我嘲解后，认为名诗和诗集繁多，赏心悦目的有多少。美好的诗集装满了书架，适合自己的不一定很多。看书的标签可以插很多，但不必过于沉迷其中，但要吸取前人诗句中好的意念和技巧。要写出出类拔萃的诗，创作前要更好地构思探索和想象。研习诗歌不求各种诗体都精通，孔子是我永远学习的老师。

接着讲到青年时精力充沛，但家贫求书难。近年购书千卷，浩汗卷帙仅能吟咏一番。这与做官无关，只因没有这种悠闲去做校勘文字工作。求书的欲望在尚未得到时十分珍惜。得到后就在书上画圈圈。从古以来知识渊博之士都出身寒微，家世贫穷的单身之士，有谁日以继夜地考证文字语义，自嘲即使是珍籍、珍本岂不是都将被虫蛀掉了。

最后，先以兽鸟、琴笛之声来比喻诗歌的差别。再从"吾生好书籍，所好惟诗多"，讲到自己仰望古体诗雄健有力的风格，参读近体诗也是为了写好古体诗。五十年来为推敲诗句而操劳，近来对诗艺很有些领悟，诗律的把持更加苛刻，做出更好的诗来"耻笑"太白和东坡。要按照儒家诗学的要求，不受前些时间一些人对自己虚假的误传影响，天亮前起床点起灯来作诗，明月之下天河会为自己澄清一切。

注：

[1] 非止：不仅。　痒：劳累。　催促：加快。　鬓丝：鬓发。　悦目：愉悦好看。赏心悦目。指看到美好的景色而心情愉快。　名花：指名诗。　锦绣：花纹色彩精美鲜艳的丝织品。喻美好的诗集。　充：装满。　篚筍：盛东西的竹器。指书架、书箱。　称身：合身。适合自己。　曾：曾有。　披：拨动；打开。翻开；翻阅。　牙签：插在书里用作标志的小纸片。　浩：多，众多。　烟海：多用于比喻事物众多。　沉入：沉溺。沉迷。　何：为何，为什么。　痴：入迷，极度迷恋。　但：只要。　存：怀着。　好古念：喜好前人的思想。　超拔：出色；超群；出类拔萃。　饶：多，很，额外添加。　神思：指文学创作前的构思、思索、想象。见刘勰《文心雕龙·神思》："古人云：'形在江海之上，心存魏阙之下。'神思之谓也。文之思也，其

神远矣。故寂然凝虑,思接千载,悄焉动容,视通万里;吟咏之间,吐纳珠玉之声;眉睫之前,卷舒风云之色:其思理之致乎?故思理为妙,神与物游,神居胸臆,而志气统其关键;物沿耳目,而辞令管其枢机。枢机方通,则物无隐貌;关键将塞,则神有遁心。是以陶钧文思,贵在虚静,疏瀹五藏,澡雪精神;积学以储宝,酌理以富才,研阅以穷照,驯致以怿辞,然后使元解之宰,寻声律而定墨;独照之匠,窥意象而运斤:此盖驭文之首术,谋篇之大端。"

游艺:《论语》中有"志于道,据于德,依于仁,游于艺"句。　　　**贱**:鄙视。轻视。　　**多能**:具有多方面的才能。　　　**尼山**:孔子诞生地。孔子名丘字仲尼,后人避孔子讳称为尼山。

[2]**弱冠**:男子 20 岁称弱冠。这时行冠礼,即戴上表示已成人的帽子,以示成年。**饶**:充沛;富足。　　　**昨来**:近来。　　　**浩瀚**:繁多。如卷帙浩瀚。　　　**徒**:仅仅。**非关涉官政**:这与当官无关。　　　**无暇**:没有悠闲。　　　**勘铅丹**:指考据学派的治学方法,对古籍加以整理、校勘、注疏、辑佚。铅丹:点勘书籍用的朱砂和铅粉。亦借指考证校订之道。　　　**人情**:人的喜、怒、哀、惧、爱、恶、欲等"七情"中人的欲望,此处指求书的欲望。　　　**未得**:尚未得到。　　　**重**:珍惜。　　　**易**:改变;变成。　　　**阑**:指画的圈儿。**三五**:农历十五日。　　　**长夜看**:每天夜间看书。　　　**渊博士**:知识渊博之士。　　　**单寒**:出身寒微,家世贫穷的单身人。　　　**神仙绿玉简**:帝王自称其所谓天赐的珍籍,珍本。　　　**惭愧**:客气的说法。　　　**蠹鱼**:一种蛀蚀衣物、书籍的小虫。

[3]**飞腾**:升腾,指谓超脱尘世;上升,向高处迁移。　　　**天和**:天地之和气。天生自然的协调。　　　**丝竹**:中国传统民族弦乐器和竹制管乐器的统称。　　　**清风**:比喻高洁的品格。　　　**望古**:崇敬古体诗。　　　**风骨**:雄健有力的风格。　　　**参今**:参看今体诗,比较对照今体诗。　　　**澜波**:比喻诗文的跌宕起伏。　　　**役吟哦**:为推敲诗句操劳。**道**:诗艺。　　　**律**:诗的格律。　　　**仙心**:修炼到道士的心念。比喻卓越的文思才情。**太白**:李白。号青莲居士,又号"谪仙人",是唐代伟大的浪漫主义诗人,被后人誉为"诗仙"。　　　**禅语**:掌握佛教的语言。　　　**东坡**:苏轼,号东坡居士,世称苏东坡、苏仙。北宋著名文学家、书法家、画家。　　　**正声**:雅正的诗篇。　　　**天壤**:天地。　　　**讹**:虚假,谣言。　　　**五夜**:即五更,古代民间把夜晚分成五个时段,用鼓打更报时,所以叫作五更、五鼓或五夜。　　　**澄**:澄清。　　　**天河**:银河的通称。

（十）《谈浙》四卷，经讳国恶，不尽合奏

　　许瑶光的《谈浙》四卷，是中国近代史有关太平天国的重要资料，是记载太平军江南、浙江战事的重要史籍。据《中国历史大辞典》介绍："《谈浙》，书名。清许瑶光撰。四卷。瑶光，字雪门，号复叟。善化（今湖南长沙）人。官浙江二十余年，曾亲见太平军在浙江的战事，据见闻撰为此书。自咸丰三年（1853）宁国清军设防始，凡《谈咸丰十年春二月杭州失守克复情形》、《谈咸丰十一年九月廿九日绍兴失守事略》、《谈咸丰十一年十一月初八日宁波失守事略》及《谈洋兵》等二十篇，记浙江各府属间及江南一带战事始末，内容丰富，事备文贬。其中于双方军事部署和有关部属编制、清军之掳掠及常胜军华尔被歼情状等，记叙具体，有为他书所不及者。"

　　又据许瑶光《谈浙自序》和《谈浙凡例》："顾自道光庚戌历咸丰一朝，迄今同治辛未，已二十有二年，均辗转俯仰于浙东浙西之境。所任之地，赤紧居多，烽火惊心，羽书骇魄。凡夫天时之迁变，地利之险易，人情之纠纷，皆以静念观其动态，而知其成败之由也久矣。兹于交游朋好，搜辑笔记，作谈浙一编，聊纪身世之遭逢也。""经讳国恶，传则直书，或严或夸，不必尽符。王庭扬言，草野讽议，同异之间，有忌无忌，所谈不尽与奏牍合。"

　　许瑶光认为："若广搜兼听，仍以已见断其是非，则浅语也具深心。"由于抱这样慎重的态度，加上敢于直言"经讳国恶"，国家的治理和有损国家的坏事、丑事，在书中议论纵横，记叙翔实，与清代正史有"同异之间"，足补官书之阙，反证当时之真相。因此《谈浙》一书成为研究太平军战事和太平天国人物的重要史卷，而被广为引用。今之谈浙江掌故者犹以《雪门诗草》和《谈浙》两书为珍闻，可见其价值也。

　　今人牧惠有文章说，许瑶光"是一位用事实说话的人。他对太平军确实不敬，称之为逆，同时对官军的骄淫也不隐瞒，还历史本来面目"。

1. 谈咸丰三年设防宁国之始

咸丰三年春，粤逆由湖北陷安庆，遂陷江南，扬镇继失，东南大震。提督向荣欣然追贼至江南，扎营雨花台，为苏常障蔽。苏常避难者纷纷迁至杭州，杭民亦相率他迁，钱江舟楫，为之一空。搢绅先生赁屋居杭者，抹其官衔门帖，若惧贼入城适以招害也。浙省偏处东南，地漕繁重，丝利鱼利盐利又称富饶，宦途趋之若鹜，守牧令候缺者，至官廨不能容。是年三月，抚辕听鼓者县令不过二三人，余率借事他往，官民惊惶如此。福建黄宗汉寿臣抚浙，闻芜湖已为贼踞，恐贼从徽宁入浙，乃请设防于宁国。时安庆已陷，皖省改设庐州，皖南隔于长江，文报不通，徽宁池太广德无所统辖，乃请皖南道单章入告，后并设皖南镇，旋欲改宁广暂归浙辖，卒以中止。宁国弁员勇丁，均由浙定饷糈，军火均由浙济，浙中向无劲旅，乃乞师于向帅。其时向营兵饷，除苏常供给外，每月由浙协济六万，拨解未尝稍缓；向亦以浙为饷源，因而健将劲兵，络绎调赴宁国。宁国兵勇，大约川广楚三省之人多，本省则募之台州，如夏宝庆、陶宝登皆台盗也。浙江杭嘉湖本为泽国，人素柔靡，衢严金处有力而无胆，绍兴则智巧有余，猛勇不足；惟温台宁三府，滨海负山，气质骁悍，而台州瘠苦又甚于温宁，其人颇可用。惜以盗首督带，招勇之始，其源不清，浙江本籍之不出将才，职此之故。[1]

此外纨袴子弟，夤缘带勇，藉为利薮名梯；而又有商贾之流如俞斌者，以权算之佣，趁因放债，得交结于当路，亦令带勇以相偿其恩而中分其所冒，轻科之为糜饷，实按之则盗帑也。乃江南既失以后，浙江尚得苟安数年者，实赖有宁国之防，创始者不为无见。惟自此以后，防宁国不出宁国一步，贼来始战，贼去不追，贼来报警，贼去报功，以致三年防宁国，六年失宁国。后经邓军门攻宁国，复宁国，周天受终失宁国，则防之一字误之，实设防之始已无进剿之心误之也。且浙江防宁，除自招台勇外，其将皆借之向营。夫两人同试文场，其笔墨之佳者，必不借之同试之人；两人同试武闱，其弓马之佳者，亦必不借之同试之人；金陵日日交战，浙江日日借将，其应借者果皆骁勇乎？且无论其不骁勇也，即使所借得人，而客将多豪，稍有骄肆，欲黜抑之而不能。且初至之时，地利人情又复不熟，幸而得胜，待之不得不恭；不幸失利，彼且借词于客兵之不悉地利而以卸其责焉。匪独此也，浙信紧则借金陵之兵以援浙，金陵紧又调援浙之兵以回援；勇健之将，催趱尚易于前进，一遇疲怯，则往返道途，迟迟吾行，此催其来而不肯遽来，信愈紧来愈迟矣；彼催其返而不肯遽返，贼已退而兵乃至矣。水路供其舟楫，陆行供其夫役，州县借此以浮冒报销，而钱粮致多亏缺，长年奔走，与贼相见之日少，可深慨哉！鄂抚胡文忠公曾疏于上云："国家用兵数年，各省皆有得力之将数人以折冲御侮于其间，浙省之有与否？臣不得而知之"云云；是邻封知浙省之弊而浙人不知也。夫设防创始，似亦不能不借，不料相沿不改，咸丰五年，则借福建之将饶廷选以守常山；六年，又借金陵之兵以始防常山，终防宁国；而金陵大营亦因借多而自溃。八年，则除借金陵外，又借徽州及江西之将以守衢处。至咸丰十年，杭州失后，苏常继失，大营之兵无可借则收败将溃卒以守杭，而杭事遂至不可为，此其弊不由宁国设防之始之所致，而由继事之人不能改弦易辙之所致也。易曰："君子以作事谋始。"孟子曰："七年之病，求三年之艾，苟为不蓄，终身不得。"不其然与？[2]

注：

[1] 搢绅：有官职的或做过官的人。　　漕：漕米；漕粮。明、清田赋的一种，征收谷米，后亦折银征收。　　趋之若鹜：成语，本意是像鸭子一样成群跑过去。比喻人们成群地争着前去。　　守牧令：知府、知州和县令的合称。　　抚辕听鼓：希望补缺的州县官。黄宗汉：字寿臣，福建泉州人。　　徽宁池太广德：徽州府、宁国府、池州府、太平府、广德州。　　弁员勇丁：低级文武官员和地方招募的士兵。

[2] 夤缘：指攀附上升，后喻攀附权贵，向上巴结。　　利薮名梯：财利的聚集和名望的攀登。　　榷算：征收算赋。　　佣：雇佣的报酬，工钱。　　当路：挡路；阻碍通行。糜饷：浪费军饷。　　周天受：清朝将领，随钦差大臣、广西提督向荣，转战于湖南、湖北、江南等地，立下不少战功。　　骄肆：骄纵放肆。　　黜抑：贬斥抑制。　　催趱：催赶，督促。　　迟迟吾行：指慢慢考虑考虑再走。　　折冲御侮：打退敌人的战车，指

抵御敌人。　　　七年之病，求三年之艾：比喻凡事要平时准备，事到临头再想办法就来不及。

2. 谈咸丰五年春浙江入贼之始

咸丰三年五月，贼扑江西，江忠烈公忠源岷樵由湖北臬司奉命帮办向荣军务，率楚勇援江西；城围既解，楚勇半散，忠烈乃率鹤丽镇之兵救田家镇。时鄂省之防田镇者，为粮道徐丰玉石民、汉黄道张汝瀛伯雨、荆州知州李刚介公榘子蕃、候补知县杜文浩少牧，军败死焉。忠烈兵少，亦不能独振。是年常山已告警，然贼恃舟楫以往来于江湖间，尚无旁窜浙省之意。四年冬，罗忠节公泽南罗山、李忠武公续宾迪菴败贼于田镇。五年春三月廿日，又败贼于戈阳贵溪之大水桥，进攻广信。廿七日，复之。贼乃由玉山入常山境，走七都球，入开化，遂由婺源而窜徽防，土匪导之，陷徽州府及歙县、休宁、婺源。浙抚何桂清听金华知府石景芬、副将魁龄请，派兵会团练复其四域，是为浙江入贼之始。是时常山防兵无多，除衢镇本标兵外，只台勇数百人，贼入玉山，衢镇兵溃，台勇乘机抢掠，贼入常境，台勇饱掠而走。县令李蟠根生，陕西洋县人，年已七十矣，然强项不畏事，衢府徐相繡庭，汉军人，在常设防，以舟作寓，舟中有妓谈香者，徐妮之，闻信即开船走。李蟠手拉之曰："请与公同死此，何遽行？"徐无语，卒回衢，李乃服公服坐，堂皇以待贼，贼卒因罗忠节追之急，不敢深入，常山得保无恙，常民由是德李蟠。次年，李以疾卒，常民为之立木主于邑庙侧以祠之。[1]

自此次入贼以后，当轴乃以常防为重，调福建漳州镇饶壮勇公廷选梅衫，闽人也，击小刀会于闽，有功荐升总镇，既至常，顿兵于城，未尝扎营，亦不知营垒为何物。盖闽地多险阻，扼险以守，即足以杜贼冲，小刀会多乌合，饶部下有健将毕定邦、赖高翔二人，各带漳州兵勇以为其爪牙，故闽省卒平；至此狃于闽省之胜，卒不扎营。至六年八月，往援广信，率兵六千余，城外亦无一营，幸毕高二将力战解围，饶得晋勇号，由是愈以为营可不必扎矣。八年，饶守衢，亦居城中，扎营城外者，皆外援兵勇；衢州围解，饶之威名愈著。浙中人无远识，未尝深较，朝廷更无由知之，未几即有提督之命。至十年由衢移守杭州。十一年出防兰溪，转援浦江，中丞王壮愍信之愈深，而饶之治军愈坏，卒至全浙失陷，人始咎饶之无能为，而究不知饶所以无能为之故。吾因浙江入贼之始论及之，以见命将出师，必深究其终始，胜必究其所以胜，败必究其所以败，有屡胜之将而卒不可恃者，有屡败之将而尚有可用者，彼有将将之任者，顾可据成败以论人哉？其时台勇掠于常山既饱，溃至西安，县令吴鸿来擒杀百余人，过龙游，民团又杀数十人，至兰溪，县令密云路又率民团截杀之，台勇鲜得脱者。然台勇既饱掠，团民之杀台勇者又转饱其所掠，甚至借杀台勇之名，遇估客赀重者，夺其所有而歼杀其人，由是龙兰沿河团练，颇以杀游勇为利。至咸丰八年，石逆由江常下窜衢州，龙兰团练拦河稽查商船官船，稍有辎重者，即以形迹可疑杀之；其逃溃各勇，更无论矣，甚至金衢道缪遣差弁由衢赴兰亦被杀。至咸丰十年二月杭州失守，五月而淳安入贼，龙兰团练乃无勇不杀，无船不查，无客得脱矣。至十一年团与张总统勇斗，而乃酿大祸矣。[2]

注：

[1] **江忠烈公忠源岷樵**：江忠源(1812—1854)，字岷樵，晚清名将。　　**臬司**：清各省提刑按察使司的简称。主管一省司法。　　**罗忠节公泽南罗山**：罗泽南(1808—1856)，号罗山，一字培源，晚清湘军将领。　　**妮**：昵爱。　　**德**：感恩；感激。　　**木主**：木制的神位。上书死者姓名以供祭祀。又称神主。俗称牌位。

[2] **当轴**：指要员或喻官居要职。　　**荐升**：被荐举提升。　　**总镇**：总兵的别称，官名，无品级，遇有战事，总兵佩将印出战，事毕缴还，后渐成常驻武官。　　**张总统**：清将张玉良。其全衔为"帮办军务、总统诸军、提督"。

3. 谈咸丰六年八月常防出援广信

　　六年四月，弋阳告警，驻常之贵州义安镇总兵饶壮勇公不敢出扎。至六月，福建调游击赖高翔带漳勇二百、守备毕定邦带漳勇三百赴常听调，饶乃于六月出防玉山。七月，有贼从江西之宁都州窜建昌抚州，遂由金溪窜贵溪，弋阳广信告警，学使廉兆纶树峰因江西四面皆贼，于七月赴广信校士。信警，贵溪有四秀才率众御贼败焉，一秀才跃马陷阵死。时乐平石景芬韫斋在贵溪劝团，闻秀才兵溃，遂脱归；廉树峰借往河口防堵名亦出城。今船政大臣广信府知府沈葆桢幼丹，福建人，林文忠之婿也；于饶壮勇为同乡，作书乞援，饶素怯，然是时抚建失守，湖南李元度、邓辅纶攻抚甚急，贼不敢出，其窜贵溪者，乃从宁来。宁都与闽交壤，谣传此贼非长发，乃小刀余匪，饶击闽省小刀有功，且恃有赖毕二人，乃决意往援，不知实老发贼也。平定粤匪纪略称为鞭钱会，误矣，闻即伪干王洪仁玕也。仁玕为秀全同祖兄弟，六年以前尚在粤，洪逆虽离巢，粤中余匪方滋，仁玕招集多人以附金陵，由江西走徽州，顺扑广信；《纪略》谓乞食来吴，不足信也。[1]

　　时陈竹伯中丞被参后，在玉山听候查办，亦怂恿饶援。八月初四，贼全股已抵贵溪，贵溪离广信仅二百里，疾趋则二三日可到，会天大雨不止，贼不能遽进；由玉山赴广信约百里，师陆行需二日，饶于初九日拔队，溪河大涨，舟行半日即抵广信，贼离城已止十余里矣。官兵仓卒入城修守备，十一日，出战于西郭，漳兵冲阵，赖高翔已被钞，毕定邦持矛跃入，手刺数贼，赖乃脱。十二日，又战胜之。十三日，毕从北门出，手拉骑马贼杀之，贼败走，毕夺得黄旗入城，树之于西门，群贼方从西至，见城上黄旗，吹螺引队蚁附城下，我兵齐发炮击之，毙贼无算。十四日，各军争出战，大败贼于宝塔山。十六日，贼乃由德兴窜去，广信围解。饶镇遣兵迎廉兆纶于河口，廉入广信大奏捷，文武各请奖叙。浙抚何不慊于廉，逾月檄饶归常山，饶亦不愿居广信，乃率众旅返。毕定邦康侯，山东人，其父善拳棒，以武艺游闽，定邦悉得其传。父死，随饶镇平小刀会，屡立功，尝夜偷营，误坠深濠，贼以铁钩刺之，定邦援钩纵入营杀数贼，抛火球焚其营，乃复跃出。来常时年只二十余，翩翩如书生，无武人相。性至孝，奉母最谨，吐词尤知大义，初赴玉山时，余设筵饯之，赖询曰：玉山属何省辖？余曰：江西。又曰：防玉之兵饷于何领？余曰：由浙给。赖曰：守江西地食浙江饷可乎？毕不悦曰：吾辈食皇家饷，守皇家地，问疆界何为乎？其深明大义如此。后率所部归闽剿贼，勇械斗，毕弹压之，为其部下枪伤，以阵亡奏得恤典。郭远堂先生有募乡勇新乐府云："桓桓如虎毕将军，倒戈竟受前徒祸。"盖纪实也。至此次援广信，非浙抚何之本意也，亦非何之必不欲也。是时金衢严道乃溧阳缪梓，带兵驻常山，与饶不相洽，饶既往援，请缪派兵驻沙溪以通广玉之饷道，缪不允行；请兵填扎玉山旧营，截贼东犯，缪亦不允行；其子三男所带之福胜勇，转出扎常山东门，其行为大类如此。私短饶于何，何因而不慊之，幸而毕赖力战解围，故饶得生还耳。至广信之守也，幼丹夫人林同在危城中，仆媪尽逃，夫人躬亲爨汲，神色不变，一切衣裛藏蓄，丝毫不移，解危后出其所蓄以饷士，各营喧忭。明德之后，必有达人，蕙阁女流得助黄堂之勋业，已而沈任封圻，不与有荣施哉？冠剑中不易观此人久矣。[2]

注：

[1] 校士：考评士子。　　劝团：劝组民团。　　林文忠：林则徐，谥文忠。

[2] 中丞：清代对巡抚的称谓。　　参：弹劾。　　蚁附：像蚂蚁一样趋集缘附。慊：满足，满意。　　檄：古代官府用以征召或声讨的文书。　　恤典：帝王对臣属规定的丧葬善后礼式。　　缪梓：清末官吏。咸丰六年，太平军由江西窥浙，梓统军驻常山防之，授金衢严道。十年死于杭州守城。　　喧忭：喧闹欢乐。　　明德之后，必有达人：出自《左传·昭公七年》：圣人有明德者，若不当世，其后必有达人。达人，出类拔萃的人物。

4. 谈咸丰八年石逆犯衢州
遂陷处州旋窜闽疆事略

　　咸丰六年五月,江南大营溃,向营退守丹阳,七月卒于军。朝廷以和春为钦差大臣,张国梁为帮办。金陵诸逆酋闻向荣卒,群相庆幸,伪东王杨秀清欲图洪秀全以自立,令其下呼万岁,洪逆知之,召伪北王韦昌辉、伪翼王石达开并图之,韦逆先至,乘杨逆招饮之次,刺其胸洞之,烹而歼其党。石逆自湖北后至,以韦逆太酷为不然,韦怒,将并杀之,石逆缒城遁,韦逆悉歼其妻孥。洪逆惧韦逆之横也,转攻韦逆,杀之。石逆自安庆还,卒亦不能自安,复之安庆,与洪逆分,率其党分扰江皖之间,旋踞抚州。时湖南援江南之兵,军威甚盛,石逆遂欲入浙,分踞一隅以自雄。其时西安将军福兴,奉命专办江西东路军务;六年冬由金陵过浙,七年驻弋阳。石逆由抚出扰,福兴不复御,乃退广信。时常山之防甚密,石逆乃由广丰扰闽之浦城,以入江山,遂扑衢州。先是防衢之兵均驻常玉,至是退保衢州,巡道缪梓,其麾下有杨国正、瞿先仲之勇尚可恃,衢镇饶廷选无能战兵勇,然调停兵民颇得法,知府则马椿龄,西安县则滨州李甫田,李文襄之七世孙也,康熙初造,耿逆反于闽,进逼浙境,文襄御之衢州,扎营铜钱岭,卒保浙江,几二百年矣。衢人闻石逆警信,有扶乩以问安危者,传言文襄降坛云:"衢可无恙,吾将使吾孙保护焉。"已而甫田署西安,危城果保,人以为异云。[1]

　　贼至衢,城守已豫。福兴办江西东路之贼,所以防浙也,贼既入浙,福兴不自安,亦来援衢,既至索犒,势甚汹汹,出战而捷,已捷仍返江西,以浙不欲留,廷旨亦切责之也。时李元度之兵来常,营官彭定结营屏风关,童梅华、郭世源、彭斯举堵于水田,隐防回窜江西,兼以遥为衢援。贼之犯寿昌者,中丞檄李定太御之,吴再升助之,张都堂亦调徽防之兵以来援,贼不能深入;其分股由永康、武义旁窜处州,遂陷府城。时金陵派周天受、胡安泰之兵以援浙,最先至明镇之兵染江南骄淫之习甚深,军中多美妇人,艳妆华服,驮以肥马,招摇过市,民咸惊讶;其所部仁勇尤为不仁，由兰溪过金华以入缙云，一路掳掠，至铅锡场，乡团大呼贼至，仁勇狂奔，遂拾其器械以杀之，并夺其辎重，将官死者马姓秦姓唐姓，勇之得免者不过十之二三，遂不能军；其实不遇一贼也。周天受之兵扎金华城，悉占民房。五月十三日，买牛祭关圣，不给价于民，团民哄入，周镇出令肆杀，歼民团数十人，遂与民不协。其时浙东之民团未能御贼而先与兵勇为仇，明镇之勇，因骄淫而歼于处团，周镇因牛，兵与团斗，将帅治军不严，致浙民玩视之而狠斗之，固无足论矣。乃其时缪道派营弁一员，携兵五人，持令催油烛，道过兰溪，兰溪民团毁其文折其箭悉数杀之，此尤骇人闻听者。明镇既败，晏中丞恐贼从永康以窥绍兴，请金陵续到周天培函齐之兵由诸暨进以防永康。周闻诸暨乃陆路，贪于舟行，乃乘舟由钱江至兰溪，晏虽谆嘱不顾也。其时衢防之兵二万有奇，金陵徽防宁防之兵接踵续至，兵既以分统而不相下，其兵又以客而难节制。浙绅之官京秩者，请趣征皖之李续宾赴浙藩本任以援浙，鄂督官文力争而止。何桂清请金陵和帅来浙统治诸军，和以疾辞不果。晏中丞乃请周天受督办金处，请张都堂移驻严州督办衢严，张尚未至而贼退，周天受饬副将陈开选、游击吴再升尾之。六月初九报收复缙云矣，周天培报收复宣平矣，陈开选、瞿先仲及温处道俞树枫于十六日报复处州矣。贼窜闽境过松阳，知县张士超越泉御贼死之。石逆既入闽，浙抚晏檄总兵饶廷选、副将张腾蛟援之，又饬副将陶茂森、韩廷桂出江山，分兵出龙泉以援浦城，而浙省报全境肃清矣。[2]

　　先是朝廷以浙江为财赋之区，饷源所出，东顾甚殷。时曾节相以侍郎丁父艰，七年春回籍，至是廷旨起复促赴浙江办理军务。六月十二日，由长沙水程赴九江，逮至河口而浙事缓，闽事急，复奉命援闽，遂改道由铅山入闽，不复至浙。鄂督既留李续宾，旋请饬萧启江、刘腾龙由祁门驰保杭州，绕出贼前为捕鹿势，廷旨允而旋亦未来，则以石逆已入闽也。石逆不得志于浙，乃扰闽疆，旋踞汀州宁化。九年二月，由龙岩州越山走江西之南安，以入湖南之永州，陷桂阳、兴宁、宜章、郴、桂二州以攻宝庆，为楚军所大败，乃徘徊于广黔交界之深林密丛中以入蜀，后歼于蜀焉。是役也，浙省援兵过多，正供不足，捐输又不足，运司杨裕深进变卖常平仓谷之计,贱售以供军饷;而各府县之积储荡然无存矣。是年英夷踞广东省城,有北犯势,天津讲防,京师望南漕甚殷,抚军晏截留十九万变价充饷,朝议允之而终不谓然。五月,广西藩司胡兴仁入京陛见,奉命驰赴浙江,随同侍郎曾帮办浙江军务,吾楚疆臣有以不足为帮办密劾之者,奉旨:朕自另有用处,盖俟其入浙,即命以代晏抚军也。胡抚七月舟行至嘉兴,维缆不发,奏报已入浙境,而调晏来京授胡浙抚之命随下。嘉兴县学有老柏,其年若叶结作翠毯,乡榜必得元;是年夏结毯,而晏抚已奏停乡试,人谓柏兆不灵;已而胡抚得命,请以十月补行,而嘉士得元,草木亦似有灵者。胡履任后,裁海运保案以惩前太滥,添修岳庙朔望行香以礼忠荩,于正漕之外招商采米欲实京仓,金陵大营,除每月协饷六万外,商肃清皖南之款五十万于浙,胡亦许之,乃倡借捐之法,亦似公忠体国者。惟因衢防既松,以浙省为完善之区,颇事西湖游宴,喜以银管吸鹿血,属吏以生鹿馈之者无不受;仆婢多杭人,听其出入,一举动皆传于外,致湖绅杨炳京控湖守梁正标牵胡抚演戏为乐以致罢职。余因衢防兵事关疆臣之迁调,故纵谈及之。[3]

抑又闻之:凡草木被剪伐而复萌芽也,必留其本根焉。咸丰二年,粤贼扑长沙不破,天留以为恢复东南之本也;咸丰十年苏省全陷而上海孤存一角,天留以为恢复苏省也;十一年,浙江全陷而衢州独完,亦天留进兵之路以与我恪靖伯也。第衢州之存,虽存于十一年之能孤守;恪靖之能援护,而实存于此次之先警以兵灾;何以知其然耶?方石逆之来犯也,衢城居民纷纷外徙,官亦不欲多留以竭米谷且以扰防守之计也,听之不禁;乃出城避地者惨遭掳杀,而城居转安然。至十一年贼至,民惩于前事,坊巷之民,安居不动矣。其乡农无不携牛负米罄家具而移入城,贼无所掳而民心愈固,与坚壁清野碉堡之法隐合。而又附城之房屋,八年焚之一空,不能藏奸;池凿加深,城修加固,衢州之能守,职是之故,谓非全浙之福哉?谓非天以与中兴之佐哉?至处州之陷也,知府郑篯、丽水县顾泰均奉严旨治罪。先是守处者恒太守也,履任廿年,坐享无事,当轴以其老勒令休致;郑受代时,常防正紧,人以杭州为危,谓处居万山中可以避地,钱江饯行,大排歌筵,郑亦欣然就道,乃履任一月而城陷奉严旨,祸福不可测如此。至石逆歼于蜀也,先是蜀有童谣云:"四川土地薄,硝(萧)磺(黄)用不着;若要太平时,除非马生角。"已而骆龠门宫保督蜀,调湖南记名枭司萧启江、记名道黄醇熙入川先后阵亡,而石逆卒平于骆宫保之手。由是观之,亦何事非天哉?[4]

注:

[1] 江南大营:咸丰三年,钦差大臣向荣领兵一万人,在南京城东孝陵卫驻扎,号称江南大营。钦差大臣琦善则领兵一万人在扬州城外驻扎,号称江北大营。六年江南大营第一次被太平军击破,八年年初钦差大臣和春再度重建江南大营。　　招饮:招人宴饮。
縋城:由城上以绳索垂至平地,缘而下。　　扶乩:是旧时民间信仰的一种占卜方法。

[2] 缙云:隶属浙江省丽水市。　　营弁:旧时称中下级武官。　　催油灯:煤油灯。

[3] 节相:指曾国藩。　　丁父艰:遭逢父亲去世。　　饬:命令。　　毬:指球形物。

[4] 恪靖伯:左宗棠。　　凿:挖掘。

5. 谈咸丰十年春二月杭州失守克复情形

浙江防务大目有三:衢防以防江西福建之冲;严防与徽防相表里以防绩溪婺源之冲,而遏金陵大股之窜越;最要者莫如宁防。自咸丰三年,省中视为外蔽,筹防筹捐筹制造,振精涤神,日夕相顾,未尝稍懈。惟由癸丑至己未,阅时五年,报战报功,将弁积加勇号,哨队半有室家,泗安粮台冒销护勇月数百名,如江允康以指捐通判交结王壮愍,拜藩司庆廉为师,承办粮台,分其所冒以啖当轴,不三四年保至遇缺知府补衢州,且以道员补用。随营委员先事侵蚀,继生忮心,酿邓许讦控之案。九年春提督邓绍良战殁,盖亦诸营弁不力之故也。继之者为郑魁士,钦差和春江督何桂清所荐也，惩于邓提督之失，讲求营制，绳怯去贪，驭下以法，壁垒一新，正月克复湾沚，平黄池之贼垒，欲进剿芜湖。然积宽成玩，严必召谤，点勇求精壮，数必与册符，而虚额冒粮者怨之矣；器械帐篷求坚利，否则驳回，而省中制造劣员怨之矣；扎营必当贼冲，而畏怯将弁怨之矣。且又自以为乃江南所援引，于浙省少浃洽，裨将游击杨国正交结浙省当轴甚厚而郑参之，于是蜚谤四起，浙抚胡未察其实，不会江南衔，密劾罢之，而受代者则周天受也。天受，蜀人也，滥得勇将名，讲求笔墨，以厚币聘名士入幕，书札谕檄，皆煌煌可观，矗矗动听，以是见重于当途。及其接办宁防也，撤夏家渡老营而不扎，是布置乖方也；其义子艳哨官某之妻，谗于周而冤杀之，其女子不夺，周并杀之，是刑罚乖方也。[1]

贼蓄意图杭，乘九年十月江南借浙闽，杂奸细于应试者中，又有伪平道王者，自称王道平，假算命名，赁居省中之梅花碑，探杭形势甚悉。抚军罗遵殿十月初三接印视事，其时宁防告警，石埭之贼窜入粽子店、蓝山岭，副将石玉龙、游击申明照、守备邓国泰先后阵亡，周天受以黄池兵溃飞咨请援。时郑魁士撤退宁防后，江督仍令驻扎高淳，罗抚知周天受之难以御敌也，奏称周天受勤于剿贼而御下稍宽，郑魁士虽积劳多病而纪律严明，现在宁防告警，请饬郑魁士为犄角；又函商江督何，欲请张都堂总办皖南。议犹未定而张殿帅克复九洑州，金陵贼窜，忠逆侍逆率吴廷彩、陈炳文、谭孝先、陈坤书、李尚扬诸逆，由六合渡江，集群匪会议，度岁于芜湖，图解官军之围，疾趋宁国县。正月中旬，泾太旌宁四县连失。周天受拥兵二万三千，困守宁国府城，不能御贼。（镇将萧知音奇胜勇、副将黄廷芳至胜勇、参将陈玉喜楚黔勇、吴再升果毅勇、都司熊廷芳凯勇、萧荣胜鹳勇、于绍昌勤勇、方国淮彪勇、游击吴正熙大胜勇、郑国泰凯勇、戴廷魁扬胜勇、熊定执勇、参将熊兆周等良勇、曾得胜台健勇、侍卫胡凤鸣梁勇、都司徐福带平阳营兵、袁守备带湖南七起兵、熊建猷带太子朝营盘，石玉龙带树勇，时阵亡刘仁福、刘仁禄带潮勇。）二月初三陷广德，据周天受咨称：宁防派三起兵来援，均败于流洞桥而归，不足信也。初六日陷泗安镇，粮台遂退湖州；李定太之兵败于梅溪，亦退湖州。初八日，安吉、长兴被陷，贼乃分股犯湖以牵我势。十二日，攻湖州之青铜门，其大股由武康走羊珠狗荡以逼杭省。十七至西湖山中。十九日抵武林门。[2]

是日为大士诞辰，杭州香客尚纷纷入天竺，又有难民过境，不知为贼至也。管带楚勇知府陈炳元炎生登武林门而望，知真贼，乃闭城登陴。省中除满营外，杭抚四营兵二千余名，宁绍台道仲孙懋兴勇一百二十名，运司缪福胜勇四百名，协防局团勇三百名耳。城外卫兵千名，新招江西勇千名，臬司段光清亲兵勇四百名，皆先出守余杭，为贼所格。二十日，段率亲兵由余杭返，且战且行，满营相应，乃入城。廿三日，贼绕至玉皇山，缪段两起出队，不战而归。廿五日，贼于湖上扎营十余座，段臬司率亲兵及江西勇三路出队，败而归。段主战，缪主坚守待援计，都堂张芾檄米兴朝由徽来援，次富阳不敢进，纵兵掳掠，民团歼之数百，省中尚引领望之也。时岁抚飞章告急，各路乞援，张玉良援杭州，副将何奎率先锋一千五百人，廿二日行至平望，苏抚徐留之，请扎于嘉兴，旋抵杭城，扎螺蛳门外，距贼甚远。廿四日，张玉良至苏，张虽受命于何督，而何督属张商之苏藩土壮愍，壮愍曾任湖守，左右湖州人居多，请张提督阅苏城后，遂促张率师救湖不必救杭。时署粮道何绍祺赴苏乞援，争于壮愍之前不获命，乃密函三次催张由湖援杭。三月初一日，张坐小船携六百人，初二日至武林门，而贼已于廿七日卯刻轰陷清波门矣。贼之开挖地道也，日夜击锣鼓，有丁忧绍兴照磨陈奉彝，楚人之习战者也，请由城内开地道以断之，被运司缪斥而退，地雷发而城塌，贼上城喊杀，福胜勇怀中出红巾裹头为内应，戕缪运司，遂开门纳贼而全城沸腾矣。忆自癸丑暮春，浙省旋警旋平，士民习惯不惊，避地外出者甚少，至是骤围城破，城中户口二百余万，人人知不免，愤与贼斗，伤贼无算，贼于是夜仍出城。次日乃率大队入踞之，下令屠戮，尸骸填道，人马不能行，投水死者上中下三河均塞。[3]

满洲将军瑞昌，谨愿人也，外城陷，将军欲自裁，都统来存（惜旋病疟死）佐领杰纯苦战自保，满营得全。初三日，张玉良架梯登艮山门，闪张字大旗，杀贼十八名，贼以为张殿臣帅至也，殊错愕；又以浙省去金陵远，杭州四面阻水，储粮无多，湖郡援兵转战甚悍，宁国亦存满营未破，恐官军蠡至，断归路，且欲退攻大营以解金陵之围，乃决意弃城，出清波、涌金门走。张玉良入城报收复，粮道何绍祺回杭办抚恤善后，江督何桂清以调度有方归功于王有龄，请以王有龄抚浙。闰三月十一日，王壮愍得旨视浙抚事，亦殊典也。由是朝廷有和春兼办浙江军务、张玉良总统援浙诸军之命矣。人称张总统而不称军门，异之也。杭省既复，人多归功于张玉良，而不知其以借名倖成也。惟能听何绍祺之言，率数百人由湖攻杭，逮王壮愍移文令其无得过嘉兴半步，而杭城已复，则其勇往亦可节取矣。满城不失，人咸归美瑞将军，而不知来都统杰佐领之力也。至杭州之失，浙人群咎抚军罗，以为主守不主战，守近不守远；萧山御史高延祜参奏请撤恤典，而不知纵贼入浙，周天受之罪擢发难数也。周知宁郡不失，可告无罪，而不知杭州沦陷，宁饷源绝，卒以是年十月溃败而天受亦战死，则其死晚矣。至劲严明之郑魁士，而易以宽玩粉饰之周天受，则前抚胡亦不能辞咎也。且张玉良廿四辰刻到苏，若兼程前进，廿六日亦可抵杭，虽兵抵北关而地雷发于南关，亦未必能解此大厄，然壮愍令其救湖不救杭，亦不知何心也？运司缪梓人谓其坚守待援之计为非，不知城无劲旅，出战而溃速，不如内守之计坚，则其策亦不左矣。惟福胜勇乃其三子及其仆邬姓管带，骄奢横肆，内藏奸宄，见殊谬矣。且其平日主持军事，见信上游，乃不急图整饬，转借此收营员为弟子，如仲孙懋出其门下，昏昏年少，不数载历保监司，皆其力也。郑魁士所参之杨国正亦其门下，因是于胡抚之前构郑，则其平日之私而忘公，抑又更谬矣。然守城被戕，殁于王事，而王壮愍寻在浙同官之旧隙，又因其子而咎其父，请撤恤典，亦非厚以劝忠者矣。抚军罗及妻女均殉难死，阖门忠节，不愧完人矣。其由鄂藩擢浙抚时，知浙兵不可恃，乃奏调训字营入浙，训营者唐训方之旧部也，习于水战，抚军以浙本泽国，欲改弦易辙，创立水师，不可谓无心军务矣。逮训营过徽州，适太平旌德不守，张都堂留训营助剿，克复三城，又留其偏师韦志俊，逮行至湖州虹星桥，营官观察萧翰庆阵亡，而杭州亦已告陷矣，此则抚军所不及料也。丧至安庆，曾节相挽之云：“孤军失外援，差同许远城中死；万马迎忠骨，新自岳王坟上来。”盖纪实也。夫古今成败之分，必追溯其由，败必知其所以败，胜必知其所以胜，庶得失之林，昭昭然耳。今则悠悠哆口，淆乱当时，而当轴士夫，又或以生平积愤，施排札于已死之黄馘，一唱百和，竟以私好恶为公是非，更逾十百年，仅据文饰之奏报以相品题，而征信无自矣。余偶谈时事，入耳多逆，不觉执笔欲争，传信秉公，岂有所偏袒与？[4]

昔侍曾文正公，论及杭省初次失守，专归咎于张小浦都堂，谓若不截留楚师，决无此失，治军如弈棋，一着错满盘空，深致太息也。(杜文澜缀言)[5]

注：

[1] 王壮愍：即王有龄(？—1861)。咸丰十一年，太平军陷杭州，以浙江巡抚殉难。清廷谥"壮愍"。　　浃洽：和谐；融洽。　　当途：指掌握政权；也指掌握政权的人。　　乖方：违背法度；失当。反常。

[2] 闱：科举时代称试院。　　犄角：比喻分出兵力，造成牵制敌人或互相支援的形势。

[3] 大士：指观世音。　　陴：城上的矮墙。亦称"女墙"；俗称"城垛子"。　　满营：清廷八旗官兵都集中居住，自建"满城"或"满营"。

[4] 军门：清代对提督的尊称。　　奸宄：犯法作乱的坏人寇贼。　　监司：有监察州县之权的地方长官简称。　　构衅：交结淫靡。　　曾节相：曾国藩。　　黄馘：黄瘦的脸。借指贫弱、年老者。　　征信：考核证实；取信，凭信。

[5] 杜文澜：杜文澜(1815—1881)，浙江秀水(今嘉兴)人。少年中举，逢太平天国战争，参军幕，有干才，为曾国藩所称。累官江苏按察使、苏松太道等。

6. 谈咸丰十年夏嘉兴失守事略

咸丰十年立春前一日，嘉兴官僚迎春，方出东城，土牛忽崩坼，人以为不祥，至夏四月廿六日果失守；妖孽以兆危亡，鬼神盖先知之也。是年正月初十，江南张殿臣帅克复九洑洲。十四日，败贼于江浦瓜子山。二月初三降复上关寿德洲、下关七里洲,军威甚振。又于上年添募勇丁,增筑长壕,以困金陵,风传指日可复。时王壮愍任苏藩,善综核,司库所藏或言百年来未之有;又商之浙省,筹肃清皖南饷五十万,名为皖南,实欲待金陵克复,作犒军牛酒之资也。已而忠逆、侍逆出其鼠牙雀角之智,蹈旁袭虚,率贼由宁国直犯杭湖,逮张玉良至杭,贼以为张殿帅出营,故弃杭而走建平、溧阳,以回攻我金陵大营;又结死党以窜踞句容,绕官军之后路;并纠英逆由潜山、太湖下江浦以助之。自闰三月初七日,纷扑大营,我军昼夜拒战,渐不支。十四日,大雷雨,至夜各营火起。十五日,和帅张帅均退丹阳,或谓分兵拨浙以致力单,事或然矣。又谓军饷不支,每四十五日发一月之粮,兵勇私布传单,因而携贰以致溃败,不知此乃既溃之后,各弁勇掩饰归咎于主帅之词,初无是事也。果有是事,则贼至立溃,何以初七至十四日尚力战八日乎?盖贼绕后路,城贼又出相攻,忠逆、侍逆、英逆聚啸生风,我兵之勇敢者转多死于长壕之内,职是之故。忆咸丰六年五月,向帅亦退保丹阳,卒能回攻金陵,赖有张殿帅也;此次殿帅如不阵亡,丹阳可保,未可知也。乃逆令黠贼潜入大营,伺张帅出战,自后狙击之,受创甚,血战刃数贼,跃马入丹阳河死,张帅虽阵亡,常州尚有饷银廿万,火药十八万也。廿八日,何桂清率司道弃城走,士民跪留于道,其亲军刺伤十余人,遂出城至苏,徐君青不纳,乃以照料粮台为词退常熟,旋低徊赴上海。和春亦同时出城,舟居浒墅关。初一日,贼扑常州。初四日,张玉良佯出战,遂率兵遁。初六日,常州失守,和春饮药于舟中死。张玉良至苏守高桥扼贼冲,贼分绕九龙山压高桥背,师遂溃。四月十三日,苏州陷,抚军徐有壬死之。苏州百姓要杀怯将溃卒于路,夺其所夺之辎重,海沸江翻,天昏日暗矣。王壮愍奏云:"百姓寒心,三军解体,以目前时势而论,断无挽回之理。"洵可伤也。[1]

苏州既陷之半月,至四月廿六日,贼乃扑嘉兴,使省中遣兵扼守,未始不及,乃巍巍大郡,听其逼近妖氛,无片甲只兵为之点缀。逮忠逆安住苏州,侍逆由金坛回扑,提督江长贵之兵溃于平望,知府张玉藻及知县以下闻警俱走。府教授张咏题绝命词于壁云:"城存与存,城亡与亡,人臣之义,千古昭彰;今也不然,目极心伤,身不可辱,在水中央。"投泮池死。

秀水教谕蔡兆辂亦自经死。城遂陷。王壮愍以嘉兴既失，浙省陷一名城，咎不可以无归，乃劾张云："以船作寓，其居心已不可问，渡江航海，越境不止一郡。"奉旨正法，并城汛某亦正法。逮旨至，听张遁去，汛某发仁和收禁，饮药死，以正法复奏。人谓壮愍外英鸷而内慈谅，故为是举，其亦因嘉兴并未与一兵，中有疚心与？张玉良之至杭也，收集溃勇万二千人，编列成军以图嘉兴，果能以剿为防，尚可藉作省中屏障也。壮愍为之造器械，制篷账，配药弹，筹口粮，雇舟楫，千苴百补，疾如雷火，苦如冰蘗矣。且杭州初经大劫，湖州日日交战，嘉兴业已陆沉，浙西悬罄，不得不取注于宁绍，而绍兴十倍加捐之议起矣。十倍者，较初次筹饷所捐而倍之以十也，绍民之怨从此深矣。然亦非得已也，使括民财以供兵食，兵果足以卫民，怨与德，犹两相敌也；乃张玉良于六月率兵攻嘉兴，不五十日，又溃于嘉兴城外矣。夫张之攻嘉，亦似非不力也；扎营三塔湾白衣庵，肉薄城根。十七日，轰破南门垛口，城贼半逃，旋因阻水不能入。廿四日，潮勇通贼，阵自乱，各营目画船绣幕，携眷舟居者，护眷先奔，河狭舟争，水军亦乱，参将张天禄子受引火药自焚死，烈哉。张至石门，县令李宗谟不知大营已溃，区区县城无可驻足，迎于河干请守石门，张佯诺，半夜走，天明贼至，李宗谟死之，而嘉兴无人过问矣。张再收溃卒，亦赴严州，不再谋嘉兴矣。是时嘉善已于十二日失，平湖以十五日失，桐乡于廿六日失。然石门失而贼不守，越日复之，我亦不守，止遣一衰老知县备员于中，旋为贼据，将城池拆毁改作营垒。平湖亦越日复之，八月五日又失，又复之，至十一年三月八日，枪船土匪勾贼破海盐，明日破乍浦，锡都统龄阿死之，遂破平湖。于是嘉兴惟澉浦城孤存一角，余陷丁贼矣。[2]

夫浙江之与江苏也，均滨海为国，地犬牙相错，兵与饷交相筹借，苏州失后，署抚薛焕驻沪上，平湖三泖与沪通。十年秋七月至十一年春三月，嘉兴之正道虽梗，而盐澉平乍四城未失，浙江之军书犹可由海宁绕此以达于沪。其守盐平者，有革提米兴朝、革将张威邦、副将黄金友、水师提督曾秉忠及其弟守忠、以保此偏隅，而乍浦满营亦苦战却敌。故嘉兴由汉塘一路不能竟扑平湖，至是土匪导贼旁袭，黄金友力战阵亡，而浙沪之路断矣。苏常之既陷也，张玉良革职撤总统之任，朝廷以总统江南诸军归瑞将军，将军不能见一客，惟其幕府是任，设文翼长武翼长于满营中，日日言出师攻嘉，饬雇大船数十号，以为缘江结营之备。时陆断水绝，勉搜避难之船以应命，由粮台给以坐食，前后发银数千两，旋以不能出师裁之，于是图复嘉兴并不作是想矣。伪听逆陈炳文、伪荣逆廖敬顺踞嘉，大造伪府，拆祠庙栋梁以供材，开嘉善千窑以供陶，攫苏州香山梓匠以供役，盘龙骞凤，重规叠矩，前后七重，外列朝房，中有崇陛，再外绕以禁城，七邑乡官各承修一重，由十一年至克复之日止，工尚未竟，费用不赀，皆剥取之民间而为之，剥削者大抵枪船博徒居多。嘉郡，水国也，人情多荡，其好赌若出天性，无赖之徒，修两头尖小轻船，架枪其上，始护私枭，继护赌厂，勾通胥吏，作奸犯科，无所不为，颠顸官长不识事体，收漕之时，恐乡民滋闹，转雇枪船以资弹压，彼类愈无忌矣。其廉干之官，如欲惩创，令尚未行，胥吏通信令其飏去，持之过激，转生事端；如咸丰中年有"杨打魏塘三店镇、马拖秀水五龙桥"之谚；杨，嘉善令杨炳暄也，马，秀水令马桂林也，皆以拿匪转被所辱云。盖道光之末，上恬下嬉，养痈不治，比粤匪滋扰江南，愈容忍乃愈鸱张。至郡城陷后，亦有受招入伍图效赎愆者，如石门一城曾招枪船克复是也。第阴鸷之性，凶顽居多，土著匪类，谁贫谁富，如数家珍，支河汉港，梭织又熟，故海宁及海平乍浦四城之破，皆此类所为，而纠谬纷烦，笔不胜纪，至今嘉兴士民言之，犹切齿恨，其害可谓烈矣。除外贼先请土匪，当于无事时豫谋之，且可乘用武时并剪之，乃见不及此，至强寇在门，坐视其藉风生焰，万无及矣。驱狐兔不足，尚能除豺狼哉？噫![3]

注:

[1] 张殿臣：张国梁(1823—1860)，字殿臣，清将，围困太平天国天京之江南大营统帅。鼠牙雀角之智："鼠牙雀角"原指讼事或引起争讼的细微小事。此处指小智慧。　　蹈旁艺虚：追求虚无。　　携贰：离心，有二心。　　忠逆、侍逆、英逆：太平天国忠王李秀成，侍王李世贤，英王陈玉成。　　洵：诚然；实在。

[2] 泮池：古代学宫(泮宫)前的水池。　　自经：上吊自杀。　　英鸷：勇猛强悍。

冰檗：喻寒苦而有操守。　　　陆沉：比喻国土沦丧。　　悬罄：形容空无所有。　　肉搏：近身相搏，指徒手或用短兵器等搏斗。　　城根：城脚，指靠近城墙的地。　　河干：河边；河岸。

[3] 私枭：指旧时私贩食盐的人。　　作奸犯科：为非作歹，触犯法令。　　颟顸：糊涂而马虎。　　纠谬：指改正过失，纠正错误。

7. 谈咸丰十一年三月十九日金华失守事略

金华上通衢、处，下接绍兴之诸、嵊，西与严州紧连，其东阳隔台州之仙居，不过数岭；前明太祖取浙，由金华、浦江入诸暨以定绍兴，实东浙之腹心也。咸丰八年，石逆扑衢州，陷处州，抚军晏端书派兵守金华，为宁绍障蔽也。至十年秋，徽宁既失，贼由淳安陷严州，张玉良收嘉兴之溃勇克复之，而余杭、富阳、桐庐复得复失，我兵注意浙西，金华未及布置。十年正月，侍逆山浙境，由徽州犯婺源，我恪靖伯败之于青华街。二月十一日，败之于柳家湾。三月十三日，大败之涌山。贼之出浙境也，欲绕楚军援浙之后也，屡经痛剿，乃跟跄狂窜，仍由婺源入浙之开化。十五日陷常山，并纠景德之贼范汝增、黄成忠、练业坤，由玉山入江山境，江常守兵溃。范黄练由江山之湖口村犯处州，侍逆率大股循衢城过，李定太守衢不出，贼得由灵山扑龙游；县令龙森书楼，殿撰龙汝言之长子也，善书耐勤苦，而性伉爽，御贼死之。十七日龙游陷，汤溪亦陷。时张玉良屯兵兰溪，金华知府王桐闻警，请兵于张。张于十八日率亲兵百人至，阅城而返。十九日，贼至，王桐走，城遂失。金华城南之通济桥跨大河，时兰溪尚驻重兵，贼舍此无陆路，若扼此而守，需兵无多，而城亦可暂保。张既不派兵守，王桐亦遂不一日守，侍逆踞之而浙东之全局坏矣。报至，王壮愍忧甚，延省中诸将入宴，问谁肯往金华者？各默默无一言。处州镇文端，江西拨浙之将也，其鼓左鼓右鼓前彪字长右共三千人，均食江西饷，壮愍以其客将也，平昔待之甚厚，文亦文雅知理义，自允赴金。五月初一日至诸暨，时诸暨东乡有巨匪何文庆，因其祖父葬鼍门山，妄谓乃南镇分脉，贵不可言；乃藉乡团为名，谋为不轨，入其团者，每人给锡铸莲叶捧荷花一枝，取连和之意，实隐何字于中也。其人能转招十人，即尊推之为头目，十人再百人，则加推而上，横行乡里，党羽互相保护，人无如何，无赖者遂欣然入狗。时警报日至，各村劝团，附近读书无远识者，亦或结而连之，图他日保村庄计，不知其谋逆也。何匪别勾余姚王春生、嵊县马阿元，以相潜煽。十年冬，余履诸暨任，廉得其实，借劝捐名亲诣其村察之，被围五日，后以计出。时军书纷驰，外寇未弭，未敢遽发大难，至是金华失，文所部人少不敷攻剿，壮愍乃谋之杭绅胡墉。胡有友戴孝廉燮帆，曾授徒于诸暨冯西村，辗转关通于何匪，给翎顶与器械火药并钱万串，令其带团五千人助攻金华，归文节制，要约已定，而余始得闻，无如何。五月初一日，文镇至暨未进。初四日，何匪率五六千居城外之江东，并不来谒文镇。初五口，何匪捉文镇之勇杀其一人，已又连杀三人，欲激怒以起事也。文镇骇不知所为，余曰："此土匪也，急击之可散，若入城则无及矣。"文乃出队，战于东门之大桥，何匪即以所领之抬枪火药抗拒，文营奋击乃败，追杀三四十人，遂纷纷鸟兽散。文镇暨游击曾得胜贵顺勇千人，遂进扎金华之孝顺街。时莲蓬党已露逆迹，壮愍终以文营太少，金华有在籍提督余万青者，请率众助剿，壮愍喜之，给以抬枪二百，配以铅弹，火药；余乃借名敛钱三十万串，每村夜以竹竿燃数灯相照，实并无一人，官军败，其器械均以资寇矣。已而米兴朝又率二千四百人，吴再升率二千二百赴暨，未至而孝顺之营溃。六月初一日，义乌失守，贼纵突过查林苏溪。幸诸暨学博韩煜文带团勇扎营善坑岭，贼乃不敢踰暨。韩，金华人，善六壬，曾从戎江南吉抚军营，故胆壮而识周。义乌贼旋引去。[1]

六月炎热，我军均避暑不进。七月，米吴曾进次义乌城，时东阳有土匪陈上连，杀孝廉吴荣诰以起事，米乃赴东阳剿之。先是浦江告警，都司刘嘉玉衡勇千名扎营五麓岭，已而兰溪贼势猖獗，文镇进守浦江，益以副将刘长培固胜勇一千四百名由诸暨进，况文榜川勇二千由小刀埠抄山路入，方入城而县官福恂出城走。初四日，贼大至，五麓岭之营退入城，贼遂围之。余忧浦江油烛食米之罄也，初六日，亲运接济，由白马桥夜至郑义门，方冀守城诸将前扎之营虽退，后必扎一营以通饷道以留归计，乃严城四闭，并巡哨之兵亦不出。贼绕过东门放火，并有土匪勾引至郑义门侦逻，见洋灯知为诸暨知县，乃吹唇作号，盖聚人欲攫也。余驰马走，追余从者奔而散，时无月无灯，幸火光相照乃归。报至省，壮愍批答云："前次杭州以不扎营失事，今之守浦者又不扎营，岂真时数使然邪？"文镇缒人出告急，饶廷选方败自兰溪归杭，壮愍请其援浦，跪而送之，带勇六千。（周壁闽潮勇五百，张振新带新宝勇二千名，此外百胜勇五百，奇胜勇五百，建威军五百，福威军五百，诏安军五百，尚有亲军五百，约六千人。）七月十四日，周壁为前锋，诸军继进，溃于郑义门。逾数日，运司庄二铭之勇一千，闽省候补道张启暄云霄勇二千人，绕处州来援，饶镇整军向进拔队玉牌头。八月初四日至郑义门又溃。余报云："由诸暨至郑义门，计程八十里，饶镇率军进发，五日而至，初二日午刻开仗，戌刻全行退回，所幸兵勇将弁不少一人，并无一人受伤。"壮愍得报愤甚，致书于饶云："省中库无饷仓无米，出阵之兵不见一贼而溃，新制锣锅帐篷尽行抛弃，度日如年，度夜比年更长，咨查首先溃退之人。"饶乃杀生平不悦之二弁以粉饰之，冤哉。是日方暮，余自东乡毛村剿匪归，斩级四十，各绅方庆未毕而全军溃退，县城鼎沸矣。时浦江军不敢出，诸暨军屡溃不敢进，金华无望而绍兴又急，乃檄副将杨金榜率壮愍亲军振威军一千五百人来守，省中已无兵可拨矣。藩司林福祥率定武军三千人，暨同知陈大力之新湘勇一千人，由江西来援，败于兰溪，又败于严州，亦至诸暨。杨扎营城南五纹岭，饶暨庄溃勇团住于城东金鸡山及城西七冈岭，曰团住者，非散住民房，亦无深沟高垒，聊筑三尺土墙以围风，以苇箔蔽雨而篷帐不全也。藩司林福祥住城中，洒扫馆舍，持螯饮酒，习兰亭帖以消忧。九月初四日，文瑞知无援，乃冲围由桐庐山中去，城遂陷。义乌东阳之军不知所往，张启暄之军遁入处州，贼以后无所忌，分路犯暨。[2]

十三日，西南乡团练奋勇杀贼，斩级四百来献，约官军会击。次日，西乡又败贼于蒲团岭，南乡败贼于丰江，官兵出城耀队，不敢近贼，并不敢尾团后。有狡猾弁兵伺知团击贼后，拾发级来献，然干枯无淋漓鲜色矣，饶乃报捷。廿一日，贼知官兵终不出，群蜂至，团勇阵亡二百余人。廿二日，有狡贼伪来王陆顺德绕浦江富阳山路，出和尚店渡临浦以陷萧山。我方防南路而贼已抄过北路，官军在腹中，诸将弁群谋溃省矣。诸暨通绍兴之路由东，赴省由北。廿四日，杨军退省，饶林均给余援绍出东门，余送之过江桥，不知其不援绍而绕路纷纷归省也，留奇胜勇百胜军以守暨，而大军既溃，留者亦散无多，又居江东不进城。廿五日夜，城中无民，余乃燃烛于南城之雉口，贼已逼近，不敢进城；甚矣，贼之怯也与官兵同。廿六日巳刻，四乡火起，狱囚噪，余方入狱抚囚，而骑马贼三人已入堂皇矣。余意百胜勇尚在江东，贼何由遽入？以为残兵乘城空入劫，欲往百胜营官商之，至东门，遇贼骑三，发长如妇人，各以长刀连劈，伤右额右耳右肩顶心六处，遂昏倒，俄而苏，有老媪扶余行过江桥，遇黄衣贼二人，见余血淋漓，遂让路而行；有义民马姓异至枫桥而城遂陷。忆自四月金华初失以来，已六阅月，各军分防浦、义、东阳三县，文一退而两进，饶吴曾米均两退而两进。行则为运军火，住则为备柴草芦菲，又以省中饷竭，无米接济，壮愍饬余就地劝捐，分解三县行营，自四月至八月三十日止，约济米三万余石。幸诸暨旧富饶，其绅士亦知大义，又见贼氛紧逼，亦踊跃乐输，余以印票给之，杜吞冒也；支发以绅士籍之，胥吏不与，信者信，畏者畏，故能支持数月也。时余年四十五，精神日用日多，不以为繁难。已而文军被困于浦城中，余运米不能入，浦民转笑余拙，谓浦江知县已走，邻县反来解米，何哉？至义乌兵米，余筹银与其县令甘履祥请代购，甘反负银而逃。东阳米军与米不受，向余索银，以彼营多虚额，米则计口授食，有余尚需变价，不如折银易于干没也。余以区区一县，支邻封三县之军需，各营不能进战，转归咎于米之不继，遂哀恳壮愍必设粮台。九月初一乃委金华知府刘笏堂办支应，而事势已败坏决裂矣。[3]

余之任仁和也，十城闭其六，（武林、钱塘、清波、候潮、太平，艮山旱门。惟涌金、凤山、望江、庆春四门及艮山水门而已。）钱粮不征，供亿如旧，不畏贼而畏需索，恳求交卸，乃任诸暨，东浙尚无恙也，逮金华不守，马蹄戈驰，日不暇给，幸诸暨绅士赞襄支应，兼助军糈，贼至之日，团练三次开仗，杀贼数百，故浦义既失之后，支持廿二日之久。受伤失陷，百姓负余出,余实有惭于斯民,何恨之有?所恨者借诸暨以图金华,防金华诸军并未出一战,致贼猖獗,又陷绍兴而杭州亦陷;畏怯将士卒亦不能自全,如饶死于杭之雀儿营而转得谥法,朝廷宽大之恩可谓至矣,死者有知,能无报颜?夫国家大事在于知人,金华知府王桐,张小浦之内表弟也,因江西被围,曾负小浦之母出城,由是在徽从戎,旋不容于徽,乃至浙江,而壮愍任之如子弟,不知其茶然无骨也。饶身长颀颀善谈,不知其见贼即奔,如败坏子弟,骄以抚之,哀以诰诫之,终无补丝毫也。至林福祥如果明哲,知浙江之大局已坏,何不以军附援浙之楚军,出上游以攻剿为救援,而乃率其乌合之众以入危邦,又不力战,狂投滨海无路可出之杭州,何哉?[4]

注:

[1] 诣:到,旧时特指到尊长那里去。　关通:连通。　翎顶:清代官帽上的翎子和顶子的并称。亦为官爵的代称。

[2] 缒:用绳索拴住人或物从上往下放。

[3] 舁:抬。　干没:侵吞公家或别人的财物。　粮台:清代行军时沿途所设经理军粮的机构。

[4] 马蹴戈驰:行军打仗。　军糈:军中粮饷。

8. 谈咸丰十一年九月廿九日绍兴失守事略

绍兴与杭州隔江相犄角,山、会、萧三县,北滨大海,西北逼钱江,西南则诸暨枫溪之水出临浦义桥以旋绕之,其东则曹娥江也;惟正南一线山脉,与诸暨、嵊县相联属,实泽国也。其民巧慧而鲜膂力,揆文有余,奋武不足之地也。平昔士风民风亦甚知礼义，尊官长而守法度，不知何以大难将临，而乖戾忽作，如此次失守之烈者？此次失守，无所谓守也，官绅兵民，水火相争，自相扑灭，如群盗踰垣欲入，家人父子兄弟主仆即使勠力同心，犹恐不足以捍外患，乃举刃相向，自相仇雠，其不速其覆亡者几何哉？咸丰十年夏，嘉兴告陷，朝廷命在籍漕运总督余姚邵灿又村、暨右副都御史会稽王履谦吉云为团练大臣，欲以绅助官，以民助兵也。第王壮愍之为人，忮心过甚，难以共事，邵见机先去，其事乃专之王，王侗侗而无远识者也，既得大臣命，乡里希荣之后辈多附从之，书札酬答之际，业已生衅矣。时军饷枯涸，绍兴有十倍劝捐之举，殷富之避重者，颇借王以自庇，于是与大吏相构矣。至共办团练也，名为全浙，实不过山、会、萧三县；至三县之中，又止府城尚有器械旗帜，招募水龙勇及坊巷游民以登册籍，外则并此无之，殊难恃也。六月，壮愍欲饬宁绍台道张景渠来修守备，以运司庄焕文二铭新选之闽勇守城，王信群喙，恐兵足扰民，以团练守城自任，辞兵不受，于是又相龃龉矣。当四月金华既失之后，壮愍以湖州解围，归安令廖宗元之力居多，乃调绍守怀清署杭守，而以廖署绍兴，为守备计也。王履谦屡函留怀，藩司麟与怀同旗，亦缓廖赴任之檄，故廖不得早任，至浦江围急，廖始受事，至则促修城垣，凡附郭厝棺悉令移去，民以为不便；议设水棚以断贼道，民又以为不便；于是廖与民不相能。夫市价之不平，即人心之不平也，浙江喜使用洋银，外洋银饼一重止七钱，色且低潮，咸丰七年以来抵库银一两，其轩轾已不可解。十年十一年，奸商借轩轾生波澜，于往日光板烂板轻板锈板之外，另生大糙（凿痕深多者）小糙（凿痕浅少者）净光之名，以轻重相同之货贝，而贸易价相悬殊，旦夕之间，亦有涨落，把持盘剥，民甚病之。其时嘉沪路断，惟绍兴居杭宁之中，故绍商得以操其权而进退之。廖至任，严禁所为，而商衔怨于官矣。积此数者，俱无以发，九月廿三日，逆目陆顺德率贼由富阳之和尚店夺临浦外江驳船渡。廿四日，陷萧山。廿六日，内河驳船御贼于钱清，营官陷贼中，驳勇退至昌安门外，采摘河中秋菱，百姓以骚扰殴之，哗甚，廖出城弹压。百姓谓贼之由临浦入萧山也，得驳船始渡，遂诬驳勇通贼；公意以萧山既陷，守城尚需驳勇，乃抚慰之，百姓语侵及公，哄然谓公亦通贼，毁其肩舆，王都堂亦出城劝止。公入城，观听者甚人，闻通贼语，即有无赖多人相聚而殴公，公受伤入署不能出。于是团勇攫驳勇及公之亲兵数十人杀之，为所欲为，王亦不能禁之。有带楚勇张某、田某者，率勇二千人，经廖请调来绍，欲入城协守，王不之纳。至是闻团勇杀驳勇及公亲兵事，欲入城报复，廖使人亟止之。至廿九日，贼逼城，团勇哄散，惟谢主事之黄头姚勇与贼巷战于大善寺前，保王履谦出城走上虞，上虞又失，乃航海入闽。知府廖宗元服蟒服自尽死之。贼入山，遣人聘山阴峡山户部郎中何惟俊使至，何从容作书戒其无杀百姓毕，投环死，此搢绅先生殉难之烈者也。[1]

十月中旬，绍城百姓有以匿名帖诟发逆者，贼怒杀坊巷人数百以示威。已而设伪总制监军军帅师帅旅帅谓之乡官，以苛敛财贿，不满其壑，即以先锋为逼迫之词；先锋者，抢掠之美名也。于城中江桥造伪来王府，外有缭墙望楼，巨贼拥资既富，复防群贼劫之也。后捉士人与试，不至者以赂招之，试题三：一、"真主尽子道，孝敬厶爹福久长。"一、"基督尽弟道，恭敬厶哥永荣光。"一、"朕幼尽臣道，令知幼主见父王。"诗题乃"皇皇上帝。"荒谬诡俶，绝不成语。考字书并无厶字，皆其伪造也。平定粤匪纪略曰："逆改鬼字为人字"，似厶字乃魂字也。余在龙游大营，获洪逆所与侍逆伪诏，均用七言韵语，与村巫神咒相仿；汉张角妖书，名太平，其即此类与？绍兴既失，杭州随陷，王壮愍不归咎于诸将之不力，转归咎于团练之失机，遗折以参王履谦，奚足服王之心哉？若王履谦者，知官兵不能御贼，而徒以扰民辞兵，亦未始无见，而其团又绝无可恃，颇如人身受病，明知难起，又无良医良药，遂杜门不延一医，不服匙药，其不起一也，旁观者无不咎其愁然矣。夫丧欲速贫，死欲速朽，有子以为非圣人之言，绍兴之失，辞兵固失，不辞兵亦未必不失，第王之心迹近于失欲速失耳。且其走闽之后，拜折参驳船通贼，是则疆臣既参巨绅，巨绅又参官兵，办事决裂之余，胶固之见，仍不能化；恪靖称其赋性迂憨，贻误各情多受人指嗾，信哉。易曰："羝羊触藩，不能退遂"，王履谦有之。冒不韪名而遣戍遐陬，宜哉。"遇尾之厉，不往何灾"，邵灿有之，殁于京秩而荣膺赐谥，幸哉。"泽无水困，致命遂志"，何惟俊有之，不辱其身，为邦家之光，烈哉。至廖宗元之守绍也,赴任过迟,未能先信于百姓,为民也转似厉民,非所谓"莫之与则伤之者至"与？至其城存与存,城亡与亡,大节昭然,上受专祠之恤,下有义民护其遗蜕,所谓"王臣蹇蹇,匪躬之故",爻词不言吉凶,而孔圣以"终无尤也"释之,不其然与？[2]

注：

[1] **揆文奋武**：成语。施行文教,振奋武事。　　**乖戾**：称急躁、易怒为性情乖戾。**踰垣**：跳越短墙。指逃跑。　　**仇雠**：仇人,冤家对头。　　**忮心**：嫉恨之心；妒忌之心。　　**侗侗**：长大貌。　　**希荣**：企求荣名利禄。　　**衅**：感情上的裂痕。　　**水龙**：古指战船。　　**群喙**：众口；众人的议论。　　**龃龉**：意见不合。　　**厝棺**：停枢户外,盖厝屋藏棺,俗称"厝棺"。　　**水棚**：在巷道中安装的水槽或水袋。　　**轩轾**：指高低轻重。　　**肩舆**：即轿子。　　**投缳**：上吊,自缢。

[2] **财贿**：财货；财物。　　**缭墙**：围墙。　　**望楼**：古时用作古代战争中观敌瞭哨。**赂**：泛指财物。　　**诡傀**：奇异。　　**遗折**：古代大臣临终前所写的奏章。　　**恃**：依赖。　　**杜门**：闭门的意思。　　**恝然**：漠不关心貌,冷淡貌。　　**胶固**：固陋；固执。**羝羊触藩,不能退遂**：公羊顶撞藩篱,角被挂住,结果不能退,不能进,没有好处,艰难自守就会吉祥。　　**题**：是,对(常和否定词连用)。　　**遐陬**：指边远一隅。　　**遯尾之厉,不往何灾**：朱熹《周易本义》："遯而在后,尾之象,危之道也。占者不可以有所往,但晦处静俟,可免灾耳。"后因以指退居以待时机。　　**泽无水困,致命遂志**：这是困卦。意指湖泊没有水。后面是指,求卦者若要达成自己的志向,需要付出很大的牺牲。　　**莫之与则伤之者至**：出自《易·系辞》"莫之与,则伤之者至矣。又定也。"　　**遗蜕**：遗体。**王臣蹇蹇,匪躬之故**：出自《易·蹇卦》："六二,王臣蹇蹇,匪躬之故。"指为君国而忠直谏诤。　　**终无尤也**：没有过失。不加谴罪。

9. 谈咸丰十一年十一月廿八日杭州复陷,十二月初一日满城亦陷

兵之胜败,与棋之胜败,小大虽分,理则一也；棋不知攻而但求自守,

活必不多，不必遇国手也，遇野战而即败矣。发贼，野战也；楚军，国手也；浙江，自活者也；其始防宁、防徽、防衢，为活角活边计，而以国手推金陵，误矣。逮逆贼以飞棋陷杭州，十年大局，已如螟之食苗，伤其心矣；然根也、节也、叶也，尚活也。嘉湖宁绍，根也，饷源所出也；衢严，节也，通江皖之路也；温台处，叶也，海洋之外障也；金华则又东浙之小心也。苏常失后，使下保嘉湖，而上固衢严门户，则金华不致为贼踞，而宁绍可安。然后俟江皖各军力为驱除，而浙军以堵御为夹击，虽穷贼纷窜，未必终不拦入，谅尚不致全省糜烂也。乃自十年四月嘉兴不守，湖州被扑，根已伤矣；至十一年三月，海平乍浦被陷，而浙沪之路断；四月，处郡被扰，金华告陷，而浙东之腹心受患；八月严州失而上江之势蹙；九月，绍兴失，宁波继失，而东渡之路绝；是无节不断，无根不掘，无叶不蔚矣。斯时杭州西只存一被困之湖城，东只存一弹丸之海宁，各路诸将纷纷退保杭州；米兴朝、吴再升、曾得胜，由东阳先退。廿五日，副将杨金榜率振武军二千五百；廿六日，藩司林福祥率定武军三千，陈大力一千；廿七日，饶廷选率所部三千人，由诸暨退至省城。以数万众群聚于区区一顷之西湖，即使贼不攻，城不陷，而饷绝兵哗，内患亦作矣。是时杨扎城外馒头山，饶不能外扎，居城中总统防守事宜，林方出扎望江门外，贼至而溃。十月初二，贼从太平门绕至螺蛳门，杨率六成队击退，欲以保江路也。西湖贼见杨之出营也，由净慈后扑馒头山，杨转而营已失；其太平门之贼，又复回击，杨军溃，乃抽剑自刎不殊，被贼惨戕之。逆贼陈炳文于罗木营扎营五座，初五日，张玉良自富阳来，壮愍夜犒之，泣曰："粮路不得通，食且尽，奈何？"张应以死战。处州镇文瑞、副将况文榜、俱由浦江冲围至，夺路入城，况即出城与张军合攻贼，踏其五座，营兵疲甚，未及守，贼乃夜抢筑而成；至是杭城十门合围，饷断信绝矣。贼乃于凤山清波门挖地道，城内开壕筑墙以断之，贼复自海潮寺至凤凰山筑木城实以土，开枪炮眼，日夜施放，城中困甚。张玉良于罗木营外叠次出战，并令钱江驳船夹击，不能开。十九日，张送客出营门方转，我守城兵枪伤其右胁，弁勇以船护至闻家堰而亡。况文榜接统其军，而况又褫职，张部遂无所统矣。城中日夕望李元度至，不知由徽州败出之军，且远隔常山也。廿五日，有福建兵勇告奋请攻罗木贼营，中丞许以赏而饶阻之，中丞不听饶乃密令部下至天明齐集放空枪而回。饶盖明知杭之不守，恐猛击激贼，破后福建勇无噍类与？[1]

十一月初，城中粮尽，升米两银，尚无购处，集议借捐，胡元博主之，杭民允从，得钱十万余贯，亦苦而急公矣。饥民满街市，哀号不绝，浮萍蕉叶不可得，新旧皮笼亦拆煮而食，僵毙相继，其后死者或割先死者肉食而延其残喘。将军病不能出，乍浦都统杰屡欲出战，杭副都统关福坚持不肯发兵，无如何。初九日，有贼于望江门外来投诚，林福祥受之，给以黄金二百并火药铅弹号衣红顶蓝顶花翎，约四鼓出队，彼即烧海潮寺营为应。至期，我军出击，贼初发空枪，继乃枪炮如雨，伤弁勇多人，贼追薄至城门下，适凤山门空心炮台火起，城几破，幸副将曾得胜力战，城上枪炮齐发，贼始退。是日武林、钱塘、清波门外营皆投贼。十三日，有放出监犯徐姓通贼，约期开城相迎，廉得其实，斩之。先是止民无食，至是兵亦无粮，碾义仓谷七千石以分授之，宰驴马以相饷而食仍不足，有至民家搜取食物者，土匪引导抢夺，城中大乱，壮愍自拿斩之，势稍定。城初围时，居民备粥饭担送上城以饷军士，若需用木板麻袋等物，一传立即输送，至是兵民相仇矣。延至廿八日，兵数日不食，乃各溃散，贼遂于巳刻由各城扒入，城遂陷。王壮愍回署自经死。学使侍郎张锡庚、处州镇文瑞均死之。胡元博投望仙桥河死。其自饶廷选及各司道以下官共五六百人，无一能出者，旋有死者。核保甲籍，居民计六十余万，半已饿死；时严寒，被驱被掳，死者复相继。十二月初一日未刻，满城亦破，杀戮更惨，将军瑞昌、乍浦都统杰纯死之。王壮愍知城之不守也，令壮士持帛书遗折并绝命词，缒城走海塘，至黄道关，交杭绅胡墉转致上海薛抚，请其代奏；意谓"杭州不守，由绍兴不守所致，咎由绍绅团练大臣王履谦，臣死不瞑目"云。其实绍兴不守，由金严不守所致，咎不全在绍也。且是时杭绅胡墉于初八日在宁波用白壳船运米二万石，由黄道关进江，十五日泊三廊庙，并西洋人同至，守候数日，以江路被阻，粒米不能入，后卒为贼所有。湖绅赵炳麟，亦由上海以轮船运米至，遇飓风而返；杯水虽无救车薪，并此杯水亦无由浇覆，惨矣！城中食尽，贼粮亦匮，忠逆拟回苏州度岁，听逆陈炳文询逃出难民，知城粮已绝不肯去，故杭城受此荼毒云。城既陷，驱饥民出，多冻死于江干。逆以棺殓王壮愍、张侍郎、文总镇遗蜕，交藩司林福祥、巡道刘齐昂送之上海，一如以棺殓苏抚徐，上书忠臣徐中丞之枢云。豺狼也，岂尚有人心哉？至初三日，遂攻海宁州陷之。[2]

王壮愍之为人也，伉爽而勤，但乐人顺从而不喜规谏，招兵不练，驭将太宽，每一出师，必以筵宴相犒，而省中委署索贿，采买扣价，壮愍皆不能制之。甚至各将偏裨及时行乐，虚额浮冒，藉作笙歌犒赏，杭城合围之后，而贵廷芳尚拥妓船于炮船侧，日夜豪饮。而祸之最烈者，则莫如洋烟，销铄精力，已成枯朽，尚倚从前之战功以自雄，如饶廷选嗜好洋烟，长灯不绝，而王壮愍以同乡倚之甚深，始以盟结，中以恩感，终以泣求，终不能动其心而激其气，悲矣！至张玉良自苏常既陷以来，裨将消磨，壮士半死，所收集皆靡靡者。候补道何绍祺曾因辞官上书于壮愍云："溃退之时，弃甲而并不曳兵，收集之后，免罪而更思图利，授食号称五六万，御敌不及五六千，威不知畏，整饬之法穷，恩不知感，策励之法穷，目前何以遏凶锋？驻省之外无他策，将来何以固省会？关城之外无他策。"痛言勇弊，实指饶张也。第二人无战不溃，张则战而溃，饶则不战自溃，张则营而溃，饶则不营而溃，是张轩而饶轻矣。至偏裨之中，尚有稍可人意者；而怯懦昏迷者太多，孤军无应，勇者亦不敢前，即前亦无有不败，可胜叹哉！[3]

先是十年六月廿六日，有杭州解围之奏，与保奖者百余员，藩司麟趾蕉园得勇号，谓英逆来扑省城也。时余宰仁和，探报至，随壮愍登武林门远望余杭塘人家，阒寂无炮声无火光也，徐而我兵开城，过卖鱼桥，于湖墅一带搜游勇十数人至谯楼杀之，刘季三吴再升报捷云："追至临安平其逆垒"，其实英逆由湖州走广建，或有游逆旁掠，并未来犯也。壮愍外颇欣然而心亦知诸军不足恃；七月，遣迎天竺大士供奉武林门城楼，迎者先夕入天竺，以筊卜之，不吉，强迎入城，择花择果，旦夕行香；后改供于吴山伍公祠，五日行香，为杭民祷也。又于东园设斗坛，祈天永命也。是时满城亦酿金建金华将军庙，金华者，青蛙之转音也，涌金门内旧有庙，杭城初次被贼时，青蛙游奕于满弁家，满城得保，群谓得将军之佑，乃择地为建庙，庙成飞甍耀日，金碧眩人。八月朔，绿营八旗群来贺神，千貂万骑，香烟熏天，余从当轴往观，则玻璃匣内设锦茵锦枕，而一惨绿之物居其中，睥其目，金丝绕之，与以白酒则俯吸而不醉，殊诧人。瑞将军多病不见客，是日亦为强起拜祝，征诸人而怯将不能抗敌，征诸鬼而蛙怒或可见轼与？城陷后，大士相被毁，青蛙不知何往，神且遭劫，何论人哉？至杭州素称佛海，寺观楼台，架山叠壑，十年被陷尚有存者，至此荡然矣。贼围城时，日则内外炮声相斗击，钱江潮水为之撼震，夜则火光燎云，天作赪怒色，乱民野掠，百十为群，亦不须烛照也。考杭州自钱王献土以来，南宋增华；逮元兵驻沙洲而潮不至，宋恭北拥，端昺南游，城民未遭惨杀；元季徐寿辉之攻，七日而已。至明之收浙西也，李文忠下余杭，潘原明以城降，中间倭寇焚雷峰塔而去，国朝定鼎，潞王守杭先降于嘉兴。是自唐至今千余年未遭此惨祸也。宋陈无己谓世世子孙当居杭州，非无先见也。不意运际中兴，而民生被劫，湖北则三次失，安徽则两次失，又何憾于杭州与？所异者，浙民素柔弱，而连年义愤，前敢于巷战，后忍于效死而无怨，岂壮愍之坚志足以感激之与？实亦国朝培养人心之所致也。曾节相奏云："浙抚王有龄绍人怨其朘削，杭人服其死守"，亦瑕不掩瑜矣。至浙军与楚军不相洽，非一日矣；咸丰五年，曾节相戎机不顺，坐窘豫章，遣太史郭筠仙商饷于何桂清，时王壮愍为杭守，以全善之区而丝毫未允，阳借金陵为推辞，实因来函有"平昔挥金如土"一语芥蒂其间，浙军之失外应此耳。报入，朝廷以浙江糜烂，乃命两江总督曾兼辖浙江军务，曾请派大臣赴粤抽厘以充浙饷，旨派晏端书航海赴粤；又以总督庆端救援不力，调两广总督耆龄援浙，而以巡抚浙江之任，特授统领楚军援浙之京堂左云。[4]

注：

[1] 角活边计：各负其责为守边之计。　　螟：蝗虫。　　俟：等待。　　胁：从腋下到肋骨尽处的部分。　　褫职：剥夺官职。　　噍类：指活着的或活下来的人。

[2] 皮笼：盛衣服的皮箱。　　自经：上吊自杀。　　遗蜕：遗体。

[3] 伉爽：指刚直豪爽。　　销铄：因久病消瘦。　　裨将：副将。　　弃甲曳兵：丢弃盔甲，拖着兵器逃跑。　　轩：高昂。　　轾：与"轩"组成"轩轾"，比喻高低优劣。

[4] 千貂万骑：形容车马之盛。　　锦茵锦枕：锦制的垫褥枕头。　　惨绿：浅绿色。　　眣：(眼睛)鼓出。　　朘削：剥削。　　曾节相：曾国藩。　　豫章：江西。　　抽厘：抽取厘金。地方筹集饷需的方法，又名捐厘。　　京堂：明清时称各衙门长官为京堂，意为堂上之官。

10. 谈咸丰六年春衢防告警，三月廿八日宁国失守及七年徽防事略

　　咸丰五年冬，江西袁、瑞失守。六年春，吉安失守，抚、建同日陷，浙江衢防告警。先是饶廷选已率福建兵驻常山，粮道周起滨蓉舫，贵州人，与浙抚何桂清姻娅也，授广东臬司，而道阻难前，因奏留办常山防，以游击杨国正彪勇归之，扎营常山城西之五里亭。已而抚州之贼窜至进贤、弋阳，乃增调衢镇富勒兴阿守常，周起滨飞书告警，乃乞援金陵，兵未至而弋阳信愈警。议者谓：常山城如釜底，不可守，远宜御之于广信，近宜出守玉山，最近亦宜扼之屏风关。饶曰："予奉天子命防浙，无出浙守江之理。"富曰："予衢镇也，不能越衢境。"彪勇止六百人，亦不敢再前，各军不相摄，无成议。乃檄署臬司缪梓来办军务，又因调集金陵大营兵多，恐缪不足以督之，遂奏请丁艰留浙办团之学使侍郎万青藜为统帅以援江。万，江西人也，常、玉，江浙界也，故有是请。奏方入，金陵兵方续续来，而贼由浮梁、乐平、祁门窜徽境，于是拨兵以防昱岭关、千秋关暨淳安威坪。而贼又由太平、泾县入宁国，三月廿八日陷之，浙西大警。乃檄各路兵折旋赴宁，特请邓绍良为统帅，兵既归邓，万青藜赴常不得，赴宁又不得，名虽受命，实无一兵，乃商之将军，以满兵数百人授之，扎营北关外。时大营弁弁如秦如虎、周天受、萧知音、虎嵩林、张朝光，虽均称能战，而谋勇

兼全忠诚不懈莫如张国梁,驭兵有法不避艰险莫如邓绍良。(数语见何桂清奏)邓,楚之良将也,二年秋,长沙被围,贼以地雷轰缺南门之左,悍党涌而上。邓孤身持长矛跃立缺口,十荡十决,殪先锋数人,敢死士随之,杀贼无算,全城得保,厥功甚伟。擢寿春镇,因失利于镇江褫职,旋攻江南之神策门获胜,击贼于东坝胜之,剿贼于黄池又胜之,五年援徽州,会石景芬、魁龄克复婺源、休宁,连败贼于石埭、祁门,威名著吴楚间。六年春,奉诏援扬州,冒雨渡江,率精队薄城,环攻六昼夜复之。江北方倚为长城,而浙事又急,朝廷从何桂清之请,授浙江提督,帮办皖南军务。邓驰赴宁国,先部兵驻金柯桥扼贼傍窜,败之于东溪桥,进次望羊墩,毒其汲道,贼来挑战,邓坚壁不出,俟其已薄外壕,乃纵击之,得大捷。复潜师取七里冈,遂薄城下,毁其牛马墙,贼弃城走。是年冬遂复宁国府,进兵繁昌,营老鸦山,顾一酋锐甚,跃马刺之,贼大溃,再败之于何家湾。当是时也,各路军情:皖北大捷于三河;鄂省虽丧我罗忠节,而卒亦克复武昌,江西内外江之水师,纵未遽通,而楚军之援江者,转战各郡,时报克复;于是贼势趋下。六月而金陵大营溃至丹阳,向帅卒于军,江苏巡抚吉尔杭阿亦力战于高资死之,若宁防非邓至,浙事盖未可知也。然自是以后,折冲御侮于区区一郡,相持两年,无人咎其迁延,则以疆臣专顾浙省,门户之词屡见之奏牍也。逮兵以久屯而老,将以积功而骄,至八年邓亦阵亡于湾沚,而浙事遂不可为,则其由来渐矣。夫邓非不能战剿之将,而浙中当轴以防守羁之,致邓不得展其长,卒亦焚营而死,可谓烈矣。举世颂之扬之,而吾终不能无歉然者,诚以易之为书,悔吝多而吉少,诗之为书,讽刺多而美少,春秋之为书,讥贬多而褒少,非好刻也,忧深思远,不能不责备于贤者也。考六年徽防之既警也,上江曾守七里泷,丹阳之既退也,下江曾守嘉兴之平望,暨仁和之武林头,而又以广建与江常镇相表里,可抄丹阳大营之后。安省既鞭长莫及,苏省又不能分顾,于是分添兵勇,以秦如虎统之为后援,添设粮台于泗安,以资接济。计此时宁防月饷十三万,徽防月四万,衢防月五万,省中防守制造月八九万,而协帖江南大营之饷尚不与焉。饷事日繁,兵事转日坏,其骁健者守而不战,日就颓靡;其新招者点名入籍,不复操练。名为使之守境内之隘要,乃一出杭城，择民房居之而不作营垒，于是有盗薮之兵，（台勇及盐枭薛举等是也）有商贾之兵，（钱店伙俞斌是也）有公子之兵，（缪南翁之子是也）有酬应宾客之兵（如有丁忧不能回籍之宜，或放他省而道阻，皆请其带兵）。是巨寇汹涌于外，我浙之军事鼓荡于内也，可谓败坏极矣。然而斯时浙之官弁，亦岂绝无致力疆场者乎？曰有之：一已革参将师长镖，七年春，七战于婺源之中云营，败而死之；一候补知府毕大钰，（善化附生以湖北崇阳通城军功选浙江仙居，丁忧后带勇宁国，捐升知府，不合于宁改徽防）及其侄毕少湘，御贼于婺源之青华街，孤军无援，力战阵亡；一则都司徐勇，亦阵亡于婺源；婺人为之立三忠祠云。

注：

摄：代理。　　十荡十决：成语。形容每战必胜。　　殚：杀死。　　薄城：逼近城下。
汉道：取水的通道。　　盗薮：意思是强盗聚集的地方。　　鼓荡：鼓动激荡。

11. 再谈七年浙江筹防事略

七年，浙江各防兵勇三万一千七百余名，其中兵止五千一百余名，浙兵则不过二千七百余名。候补道何绍祺请将徽勇挑选，立皖南镇三营。将池太宁之勇挑选，仿镇箪镇之例，立皖南道标。意以宁防徽防如戍守然，改勇为兵可以轻饷，将官可以补实。然是时军事尚紧，未能举行，且所议仍在主守，而亦无进战进剿之意，较之湖南以援粤、援鄂、援江、援黔为计，其策终不侔也。第何尚虑饷事之难而尽是策，余则并无一筹，则又不如何矣。古人云："言为心声"，志向之所趋，而言宣之而名定之矣。吾楚之为兵筹饷而设厘金局也，有东征名，旋有西征名，高登衡麓，始顾长江，继眺沙漠，非敢谓天下一家也，亦兄弟急难之情耳。今西征之事虽未竣，东征之愿则已酬，吴会安全而楚疆底奠，东南之福，亦桑梓之福也，浙之设局则不然，不曰会征而曰筹防，即一命名间，可知志之狭、识之浅、而气之靡矣，志狭不仁，识浅不智，气靡不勇，失此三者，为大盗且不可，而奈何以之平大难乎？何以知其然耶？伪忠逆李秀成，今之大盗也，考同治元年四月，曾沅圃帅率水陆诸军由周村次板桥，袭取秣陵关，夺其大胜关三汊河。侍郎彭雪琴、提督王明山夺取江心洲蒲包洲，水师泊护城河，陆师逼扎雨花台，洪逆窘迫求救于李秀成。时秀成踞苏州，改苏州为苏福省，于五月十一日，纠集伪听逆、纳逆、慕逆、孝逆、航逆、相逆暨蔡、汪、吉各伪主将、刘伪天将会议。旋于六月廿五日，又纠补逆、襄逆、奉逆、堵逆、首逆、来逆会议，拟合侍逆、护逆共十三伪王，号称六十万，于闰八月廿日至十月初五，拼死环攻我湘军大营，以图解金陵城围；幸我军出奇制胜，歼悍党万余，平坚垒数十座，乃以转危为安，卒奏中兴之伟绩耳。然秀成是举，纠合诸逆，亦知以战为是，以守为非，以同心为是，以分心为非，此贼之最猖獗者所以推李秀成也。予尝于营中获其会议伪书，自述其功已三解京围：一则八年德都统兴阿败于浦口，破天长六合，攻陷扬州，已而李忠武阵亡于三河，秀成谓为一解京围；一则九年扑六合城外官营，并破浦口九洑洲之长壕，致周天培阵亡，是谓二解京围；一则十年会议于芜湖，陷广德、泗安以破杭州，分我兵势，旋回聚于界牌，纠集上江诸贼，暨侍逆、辅逆、刘逆、古逆即英逆，亦由北渡南，扑我大营，致张帅阵亡于丹阳，和帅自缢于浒墅，是谓三解京围。伪书中云："如欲奋一战而胜万战，先须联万心而作一心"云云。由此观之，贼计甚狡，我浙之兵事，仅以防自拘，不独不能如湘楚诸军之纵横万里，即取逆贼之伎俩而与之较短量长，亦深愧不如，其不至于决裂几何哉？

注：

戍守：国家派兵守卫。　　主守：负责守护。　　侔：相等，齐等。　　酬：实现愿望。

底奠：底定。　　桑梓：借指故乡或乡亲父老。　　自拘：束缚自己，局限自己。

12. 谈严州四次失守及兰溪富阳事略

谈兵之家必据地利，谈严州而上及金辖之兰溪，下及杭辖之富阳者，以浙江一水所联贯也。地势合之，即贼势趋之，而我之兵势，始无成算，继无成功，随波逐流，如獭趁，如鸥聚，此所以有弱势无强势，有败势无胜势也。十年八月廿五日，徽州既陷，侍逆率贼由淳安以下窜严州，副将封九贵死之，九月有初七日城遂陷。奏云，"副将周万远知府松海出战被钞"，其实贼众兵薄，闻风先避，未敢交战。此严州先次失守情事也。时贼分股窜富阳，副将刘芳贵力战死之，记名提督直隶通永镇总兵刘季三亦死之，二刘俱勇将，而芳贵，宝庆人也，尤骁健，至是阵亡，富阳遂陷。壮愍设奠营斋于仙林寺哭之，哀奏于朝，季三得谥忠毅，芳贵谥忠壮云。浙江之驭将也，骄怯者或偃息在床，贤劳者或不已于行，知倚重之而不知所以护惜之，有先锋而无接应，骏马先死而宝刀先折，不其然与？时张玉良收嘉兴之溃勇，再编成军以顾上游，而侍逆亦有图犯湖州之举，不欲久踞严州。十月初八日，参将韩廷贵、衢镇李定太、守备陈永椿率水陆诸军复之。此十年严州失而复得情事也。顾严州虽复，而贼屡下犯，十月十四，有由富阳余杭分扑杭州之警。十一月有潜至富阳江口造搭浮桥以图犯浙东之警。十二月，又有窜踞富阳之警。虽屡奏击退，然上江不靖，自是迨无虚日矣。十一年春，楚军攻徽甚猛，徽贼多窜严界，由华埠走开化，陷遂安，入淳安之港口，副将余永椿败走桐关。四月，寿昌失守，严州又陷，知府李□□投七里泷钓台下死之，不数日而贼弃城走。此严州二次失而复得之情事也。时侍逆趋金华，张玉良援金华不力，二十日退至兰溪，兰溪民团愤其平日之掳掠，又以为不救金而回兰，詈之且遏之，欲其返队金华，团与兵斗，张兵败乃逃归严州，而兰溪遂于四月廿三日失守。[1]

五月初三，张玉良率兵由严州进兰溪，欲报民团之仇，纵部曲掳民财，团民杀之，遂下令肆杀，老弱妇女无一得免者，既杀其人，又纵火焚其屋，七十里皆灰烬。时军饷奇绌，三四月只给一月粮，行营掌支应者无粮可给，往往开船避去，饷无可闹，兵乃肆掠，有以激之，则变羞为怒，愈以杀人掳财为得计。其起衅之始，所杀所掳，尚在与之争斗之民团，已而杀焰外昏，贪火内炽，凡见可掳之船，无不竭力戕杀，以饱填其欲壑焉。三衢被难，士民舟居兰溪下游者，同时杀其人，掳其财，踞其舟以千百计。金华知府程兆纶激楫往救，乱兵戕其幕友，血染程衣，程愤甚诉之张，无一语亦不出一令，乃赴省上诉，王壮愍慨叹而已无如何。程呕血死于杭，程徽人而贸易于兰，旋以议叙得官，平日待兰人甚厚，至今思之。是斗也，漂尸如木秫被江而下，由童子滩入七里泷出富春江以至钱塘螺蛳埠，飘红惨碧，舟人不敢汲江而爨，可谓惨矣！杀团之信日日传播，而不闻一杀贼之信，贼势日张，而饥军饱掠归营，夜宴朝歌，逼掳女以佐酒，甚自得也。猎火围山而枭阳攫人而笑，猩猩见酒而嬉，凶猛而冥顽不灵，岂止如劣燕捎蜂蝶呢喃于将倾之大厦中，而不知其巢之将覆、死之将至也？哀哉！有参将王浮龙者，带奋武军千名赴兰溪防堵，归张玉良节制，张分其军为三：以三百守兰城，以三百守界址岭，留四百交与王浮龙带守小方岭（恪靖奏稿作小丁，误），以扼寿昌之冲。至四月廿三日，兰溪失守，张玉良之兵先退，王浮龙腹背受敌，仍鏖战杀贼，至五月初五，卒以众寡不敌，血战捐躯。其时小方岭之百姓全未迁移，赖王浮龙捍御十数日之久，居民得以奔避。又其驭军有法，不准扰民，故兰溪之团每与兵相仇，惟见奋武军之腰牌号衣，则无不互相救护，其感人可谓深矣，亦以见民团之非好与兵仇矣。王，直隶宣化武进士，以战功擢至宁海参将，予任宁海，知其贤，荐之王壮愍，壮愍未即用，令守太平门城楼。浮龙夜不解衣，日不下城者半年。壮愍异之，乃令募勇千人，卒以苦战死。恪靖伯奏云："其先未能专任而尽其长，卒以分兵而孤其势，孤忠伟绩，掩抑堪伤"，洵足以慰其忠矣。严州之既复也，已而又失，至六月二十日，罗大春暨藩司林福祥复之，林旋赴诸暨，罗以粮尽援绝，守至九月初而复陷，则失守已四次矣。张玉良舟退桐庐，旋退窄溪，后乃退义桥，而杭州被围矣。当兵团之仇杀也，王壮愍以饶廷选不扰民，乃促之赴严，至严不交一战，舟中度中秋而归。其后，兰溪为广东贼谭兴所踞，严州为谭星所踞，桐庐为洪逆之戚赖姓所踞。[2]

注：

[1] 如獭趁：如獭被追逐；追赶。　　驭：统率，控制。　　迨：等到。　　詈：骂，责骂。

[2] 欲壑：沟壑一样深的欲望。极言欲望之大。　　桿：划船。　　秭：古代数目名，万亿。　　爨：烧火做饭。　　枭阳：枭阳国。这个国家的人样子像人，但是嘴唇又大又长，黑黑的身子还长毛，脚跟在前而脚尖在后，一看见人就张口大笑；左手握着一根竹筒。呢喃：形容燕子的叫声。　　洵：实在。

13. 谈咸丰十一年冬台州失守，
同治元年正月民团克复事略

台州地瘠而险，民贪而悍，其平昔兵勇可恃而不可恃。咸丰二年，长江告警，调台兵援安庆，行至贵池县而即逃，调援镇江，扎小东门而自溃，以后宁国设防，屡募台勇，而土匪居半，卒亦无卓越之功可纪。至此次失守而民团克复，则诗书义侠之气多，不仅以强悍胜也。考逆贼之犯台也分两路：其由嵊县新昌于十月十二日陷天台者，则莲蓬党之羽翼也；其由永康于十月廿六陷仙居者，则侍逆正贼也。九月中旬，福建候补道张启暄援浙之兵，既败于浦江，乃由东阳、永康以入台，台人欲留之而饷无所出。天仙俱陷之后，台府虚无一人。莲蓬党于十一月初一陷府城，侍逆旋至，乃逐莲蓬党出而己踞之。初六日陷黄岩县，太平宁海相继陷，温郡亦摇。台州绅士候补道苏蓉镜品三者，豪侠士也，平昔疏财仗气，雄视乡里，又好保庇无赖以为爪牙。如咸丰九年宁海土匪林大光因牧牛野卧，蛇盘其腹，自以为乃龙绕其身，蛊众起事，戕知县邹全节，遂据城，其谋主实王彝牙也。逮林被获受诛，王走投苏蓉镜，蓉镜庇之，得免于法，故无赖多依附之，然庇匪而不与官仇，亦不纵匪再生波磔，而又募勇打仗，稍立功效，以是见重于王壮愍。副将陶宝登者，其行事与苏相规倣，带勇于宁国数年，颇习贼情，亦渐知大义，二人相倚以自重云。台郡之既失也，知府龚振麟士振，福建人，避居临黄交界之海滨，饬黄岩训导沈廷飏、县丞程龙光、约苏陶诸人阴结团练以图收复黄岩。西乡举人卢锡畴、东乡江苏直隶州知州徐灏、举人徐浚、同时起义，于十一日攻黄岩，杀贼净尽，立复县城。至十七日，贼众麕至，举人卢锡畴御贼于义城岭，力战阵亡，团民伤散，黄岩复失，知府龚振麟、协镇侍卫胡凤鸣死之。侍逆虽踞台，然心知台俗之贫，台民之悍，台地之险阻难出，乃先归金华，而令李金恩守台。仙居有副贡吴琼者，字玉叔，因其父被贼所辱，誓心杀贼以复仇，先遣人积石堵山路，拒金华、绍兴之贼援，更遣乡人赍贡入城，觇其情实。至贼之由新昌入天台也，天台士民之黠者，饷贼于要津，每贼贻饼一双，贼甚喜而不知借饼以计其多寡也。且贼自金处以来，皆金饰照目，至马贼则缠臂缠腰，无一非珍宝所结束，台人颇艳之而不敢骤发也。已而吴琼首倡义举于仙居，约及天台而天台应之，台郡亦应之。[1]

　　元年正月元宵之日，吴琼会知县费希濂攻仙居田市贼卡，杀贼四百名，进攻城贼，聚而歼之，天台贼被围不得出，战又被挫，情知不免，乃皆自反缚如掳人状，冀图民误为掳人而释之也。逮城复，引领就戮，无一能脱者。天台既复，团民守之甚密，贼不敢再入仙居，乃往来金华之路，府贼争之急，城旋失而团民之攻之也亦益急，凡出城掳掠者，若止一二骑一二人，团民或即匿草树间刺杀之。若十数骑，即缘伏悬岩，俟贼下过，推石坠而压之，砯崩一震，无不中者。贼谓之放天炮，畏天炮如天雷也。盖台岳四山所围谓之岙；岙，深奥也，其出入之路，非悬岩一线，即绝壑一门，贼虽悍终不如土人之熟，台人之敢与贼斗者实以此。贼计日窘，贼胆日虚，四月，仍克复仙居，初九克复府城，十一日克复黄岩，遂复太平。予在龙游大营，讯获逆酋李尚扬供云："入台之贼李金恩实数万人，无一人得回金者"，盖全歼于台也。偶有一二幸免者，皆从宁海而窜入宁波，以金绍之归路绝也。左恪靖伯奏云："臣获梯天义罗贼所致李世贤伪书，言台事甚详，其畏仙居士民尤甚。"则吴琼之功为不小矣。台郡从此肃清，总督者龄奏于朝，奉旨免钱粮三年，亦隆恩也。夫台州环山距海，其民水耕火耨，衣食粗足，汉唐以来，不过以金庭玉堂指为芝草桃花之仙国。逮宋崇宁间，朱子行部至台，从游之士如潘时举、赵师邸、杜知仁、林恪辈，皆能得其渊源，转相授受；至明而方正学先生，遂以节义抗于一朝。厥后代产英烈，其诗书礼义之泽为甚长也。此次首先倡义者，为举人卢锡畴、徐浚诸人。锡畴捐躯报国，吴琼复不避锋镝为父报仇，恪靖伯奏称："其英烈之风，尤足矜式乡里，为可嘉也"，不其然与？当咸丰二年，宁国设防，初招台勇，使即选读书有胆识者为之统率，训教有方，而犷悍之风，化为刚健，浙勇之可恃，盖未可知也。考康熙四十九年谕："武臣入文庙一体行礼"，圣祖之鸿谟硕诰，非止欲如虎贲脱剑，射不主皮，柔其气质也；实娴以礼义，长其识量，期为无敌之兵耳。我湘楚诸军，如罗忠节、李忠武、李勇毅、王壮武、江诚恪、江壮节、萧壮果诸公，莫不由名士而名将，由名将而名臣。始也觥觥庠序，继也鼎鼎河山，此固近事之可师者也；论语云："仁者必有勇，勇者不必有仁。"又云："君子有勇而无义为乱，小人有勇而无义为盗。"其兵家万世之常经也与？台州多土匪，而与此次兵事相先后者，则有奇田匪案。奇田属黄岩，咸丰十一年，巨匪黄贤暄自称王，官兵擒而诛之。同治二年四月，余党徐锦凤又聚山中，时出焚掠。知府韩承恩、同知希庆带兵往剿，土豪管继勇、周成镐与匪通，希庆遂被围受戕，迨兵至而土匪又复四散。十二月晦日，知府黄继诰擒管继勇斩之，至八年秋，知府刘璈招奇田匪三百人悉配为兵，饮之酒而悉杀之，奇田匪由是平。[2]

注：

[1] **麕至**：成语：沓来麕至，指纷纷到来。　　**觇**：看，偷偷地察看。　　**要津**：重要渡口，泛指水陆交通要道。

[2] **砯崩**：因撞击而产生宏大的声响。　　**水耕火耨**：耕，翻松田土以备播种。耨，除去田中的杂草。　　**金庭**：山名。道教称为福地。　　**玉堂**：泛指宫殿。　　**锋镝**：锋，刀口；镝，箭头。泛指兵器。　　**矜式**：敬重和取法、犹示范。　　**鸿谟硕诰**：指大的谋略。　　**虎贲**：宫廷禁卫军的将领为虎贲。　　**射不主皮**：射重在中与不中，不以穿破皮靶为主。　　**娴**：文雅。　　**觥觥**：威武勇敢。　　**庠序**：指古代的地方学校。　　**常经**：永恒的规律。　　**晦日**：指农历每月的最后一天。

14. 谈处州事略

十一年四月,侍逆之由衢犯金华也,意在分我兵势,别遣广东黄呈忠、范汝增、练业坤诸贼,由江山之湖口邨以入处。五月初六日陷遂昌,遂陷松阳。十六日陷处州府,知府李希郊出城御敌,至碧湖死焉。李建昌进士庠卿,由御史截放是缺,善画兰,或曰阵亡于堰头云。署温处道志勋、总兵特保督兵救处,贼来扑厦河营,战交绥。贼见处州之瘠也,十八日由北门去,知县姚复辉报收复。十九日陷缙云,次日又去,知县冯格报收复。廿一日遂昌知县郑口口报收复。松阳知县何口口亦报收复,贼窜宣平。廿二日知县何仁杰、游击黄载清又报收复;于是处州无贼,贼全萃于永康、武义以入义乌,而广贼与侍贼合。九月,贼复由永康走碧湖以犯处州,总兵特保、知府李澍不能御贼,十九日失守,特保退至石帆。二十日贼乘竹簰扑我厦河营,我军拒之,贼稍却,总督庆端檄游击黄载清往援,亦不能军,于是处属各邑陆续陷于贼,松阳知县李作干死之。元年四月十二日,总督庆端派陆兵及长龙船环攻青田,知县黄兆祥率勇自东门登城,贼自西门窜,遂复县城。八月,秦如虎林文察攻克处州府城,贼窜缙云,追而败之,遂复缙云。时我恪靖伯之兵已逼龙兰诸城,温台宁渐次肃清,因而处属陆续收复。当十一年春夏之交,金衢处同时告警,朝廷恐贼阑入闽境,命督臣庆督兵会剿,夏间贼势趋金,随失随复,庆督参特保守御不力,以应朝命而已。至九月,忠逆注意浙西,侍逆已踞金严,遂欲并吞吐东浙之地,为纵横海上之谋,与忠逆相颉颃,故九月分贼陷绍宁台,并陷处州以窥伺温郡,封豕长蛇,荐食之心毒矣。幸元年台团歼贼,中外克复宁波,而大营又逼龙兰,侍逆旋往援金陵,故攻处之闽兵亦渐逼入里;朝廷疑督臣庆之不力,而易以耆龄九峰,驻军浦城,时浙事已有转机矣。

注:

庠卿:学官。　　交绥:敌对双方军队刚接触即各自撤退。　　萃:聚集。　　竹簰:大的竹筏。　　阑入:擅自闯入。　　颉颃:不相上下,互相抗衡。　　封豕长蛇:封,大。封豕,大猪。长蛇,大蛇。贪婪如大猪,残暴如大蛇。比喻贪暴者、侵略者。

15. 谈咸丰十一年十一月初八日宁波失守事略

来逆陆顺德既踞绍兴,拥山、会、萧富饶之地,颇欣然自得,曹江东岸又有谢主事敬之黄头勇扼之,故亦无东窜犯宁之意。犯宁波者,乃贼目黄呈忠、范汝增自东阳而来;勾引之者,则诸暨莲蓬党何文庆也。其犯宁波分两路:一由嵊县上之山路走陈公岭,入奉化,以下绕入宁;一由嵊县之下走塘路陷上虞、余姚,入慈溪、镇海,而上绕入宁。宁波除鄞县附郭外,其外属五县;定海孤悬海中;象山虽属宁辖,由府乘潮则不远,若由陆路必绕台州之宁海以曲达之,距府二百八十里,远甚;宁以新昌、嵊县、上虞为背,以奉化、慈溪为左右手,以镇海为出海之咽喉,贼不直走宁波,而先窜陷四围之邻邑属邑,大局包抄,计亦狡矣。即其入嵊也,亦分两路:一由东阳踰白枫岭以犯嵊;一由会稽苦竹溪入孙坳;人言贼用兵如蟹螯,信矣。白枫岭者,金绍交壤之要隘也。先是,五月有绍绅候补道孙上达守之,绍兴既失,孙营溃,十月初一,莲蓬党引贼入孙坳,被嵊县北乡绅耆陈藩、杜宝田、陈家周、王寅达、张寿铭诸人三十六社之团练击退,杀贼数百,不敢直走。初六日绕傅公副仁以犯嵊,而白枫岭之贼亦麕至。初七日辰刻,嵊县失守,知县史致驯载军火于竹簰乘流下泛,团民请留以助剿,史吝而不与,异哉!贼既踞嵊,旁陷新昌,意在分路犯宁,其走陈公岭者,奉化团民亦稍阻之。十月廿五日,始陷奉化城;其趋上虞塘路者,必由清风岭过,清风岭乃宋末王烈妇啮血题诗处也,岩石峻险。下瞰深渊,三十六社守之甚坚,贼徘徊数日不能进,战又被团所败,乃遣人致书求假道,第让其过此,愿秋毫无犯,社团曰,“是纵狼入室也”,不允,守愈备。十九日,有土匪陈文潮引贼分绕渐水岭孙家岭,抄过清风岭之背,团民愤击,接战十八仗,杀贼甚众,旋因火药不继,愈杀愈多,且纠藤牌贼至,势不支乃溃,贼惨杀数千人,得由塘路直犯上虞,黄头勇溃,知县胡尧、戴映廷死之。胡,武陵人也,年廿余,工诗有胆识,七月间土匪王春生与莲蓬党结欲起事,胡亲率弁兵擒于梁陇斩之,当轴甚倚重,至是苦守殉难,城遂于廿一日陷;次日陷余姚。廿四日,慈溪知县牟温典赴宁乞兵,慈溪土匪陆心兰勾贼踞慈溪。廿八日宁府百姓因奸民董长生之衅,闹海防局,碎宁绍道之乘舆,旋擒董斩之,民乃定。[1]

十一月初六日,镇邑北山土匪范维邦勾何文庆陷镇海,何封志天义伪爵。初八日,奉化之贼先扑宁波西城,我兵施炮倒其白旗,贼绕南门,破参将叶圣言之八标勇营,慈镇之贼亦至。初八日,贼从南门入,提督陈世章航海入定海,巡道张景渠、知府林钧亦航海,鄞县臧均之受伤居乡,候补县丞言口口荫谷、候补从九席口口少莱、陆口口三人死之。范汝增留陆心兰于府城画策,令何文庆、范维邦守镇,初十日陷象山。由镇海之至定海也,有金塘山与城相犄角,团勇守之。又定海自夷毁善后案后,设兵最多,提标各兵又附之,贼航海来攻,所掳多小船,潮汐掀簸,不能久泊,定海遂无恙,此宁波失守情事也。贼之入宁也,虽由土匪勾引,实自洋人让之来,盖贼本畏洋人,而洋人颇利贼至,因宁城东北面江,江之北岸地形长狭,由南绕西而北三面皆水,旧有民居,外洋人造屋造楼于其中,不能展拓,素觊觎城东及江东市廛地,乘信警民迁之时,遂以火药包掷放,由东门至灵桥门濠河一带,无片瓦存者,江东岸亦烧四五里许,冀兵燹之余,可侵占作夷场也。又江北岸自桃花渡至泗洲塘为鄞镇分界处,旧有界河,当绍城告警时,英国水师总兵咈乐德克将河自南至北开掘通江,勒石于岸,名曰咈帅河,轮船周巡,阳为卫民,实阴以自卫也。措置既定,与贼潜通,约各不相犯,以故贼得安居府城。或有贼至江北岸游观者,洋人捉令薙发一半以为笑乐,贼遂不敢再至江北岸。元年奉上谕云:"上年宁波既失,事后英国人在京师归咎于中国官不肯照伊布置办理以致误事",苍天寥远,鬼语欺人,狡狯其性生,(生字疑衍)何足怪哉?[2]

注:

[1] 附郭:指古代没有独立县城而将县治附设于府城、州城的县。

[2]市廛：市场。　　薙发：剃发。

16. 谈同治元年四月中外官兵克复宁波府城连复各邑事略

初，贼之既陷余姚也，不敢遽逼宁城，洋人迎犒以洋枪，贼亦酬以战马，且促之进，贼乃进。初七日，知县臧均之从城上见洋人三自贼营出。初八日清晨，洋人入城登埤，劝兵勇早散，此皆英国夏领事之谋也。夏有通事郑阿福，名同春，字月峰，镇海人，年少多姿，素所信使，贼将至，夏询郑以利害，郑漫应之曰："贼来利。"已而贼既踞城，夏往谒之，逆目范汝增、黄呈忠昂然上坐，而坐夏于旁，送之不下阶，夏含怒出，决意不开关收税，并不许江北岸居人贡贼，郑阿福亦悔不自安。宁波正绅内阁中书陈政钥，乡里仰为楷模者也，诗书世家，而深达时务，痛桑梓之沦陷，急思恢复，密知洋人之尚可为我用也，乃约各乡起民团，以大义责郑阿福曰："子华人而供役于外洋，虽纳资得同知官，不足贵也。若能劝洋人会复宁城，传誉乡里，且蒙奖于当路，诚美名也，奚不为之？"郑大悟，乃劝洋人攻贼，而自募绿头勇三百，请泰西教师日练习于江北岸，欲以军功自振拔。[1]

同治元年，陈政钥亲至沪，商请前宁绍道张景渠、知府林钧劝捐集资，招雇英国轮船、法国兵勇，至定海，会同前提督陈世章谋先攻镇海以进图郡城。四月初七，陈世章、张景渠、林钧带率提标陆兵，暨副将李光、游击布兴有、布良带、守备张其光各艇船，会同海山六横两乡民团，暗将海口炮台之炮钉塞，并杀各乡卡贼以清野，令百姓即日薙发。有台州王游击者，失守后乘坐小船潜泊宁波之三江口，与贼通谋，且时以机事输贼，贼遣持书说布兴有降，布告提督陈，陈令醉而杀之，贼乃遣通事陆心兰赂洋人番银十万饼，属其勿助我攻，洋人贪利暗许之，佯托攻具不齐以掩耳目，将轮船尽出于镇海关，事几败。幸守镇海贼目范维邦、何文庆不睦,范有降志。初八日,何文庆独出战,我兵败之。初九日,广艇开炮奋击,范维邦开城先走,何文庆亦走,遂复镇城;十一日乘胜逼宁城,洋人坐观成败而已。十二日,广艇暨郑阿福之绿头勇攻城,贼以枪炮相拒,烟雾轰冲之际,郑阿福与布兴有秘谋向轮船开一炮,碎其船头,毙洋人二。洋人不知为广艇之炮。而以贼情反复也,大怒,遂将轮船五只,更叠驶进,架落地开花大炮于桅,针对城中贼馆旗梢三发三中,贼魄丧胆落。又轰陷和义门,郑阿福率绿头勇云梯登城,洋兵头耿某亦梯咸昌门入,耿被贼手刃阵亡,西洋军法有进无退,以故继上者不绝,而贼众拥至,幸轮船又针对发一炮,正中其众,贼乃从西南门遁,逆目黄呈忠恃陆心兰之略必行,逃最后,惜无追之者。十三日,宁绅前江苏粮道杨坊所分华尔常胜军数百人始至,而先日已收复雄城。洋人于宁波城东垒石为塔,用矾浇铸,上锐下圆,高二丈余,用汉文大书年月日大英国收复宁波城及某官某将死节事,不知此次克复,洋人之力而非洋人之心也,实国家如天之福耳。[2]

　　慈溪贼闻镇海宁府俱复,遂弃城遁,范维邦逃归慈溪,求绅士结保,愿效力赎罪,带白头乡勇守城。慈民闻贼退,纷纷薙发入城,讵知贼去未远,十五日复入城,见白头即杀,戕千余人,旋亦遁去。奉化与府城同日收复,象山于十四日收复,捷报至上海,经前苏抚薛焕、署苏抚李鸿章奏报,奉旨饬浙抚查复。左恪靖奏云:"克复宁波,多得布兴有布良带之力,布兴有在洋横行多年,熟习海上情形,前任浙江臬司段光清抚而用之,以护商旅,司巡缉,加意羁縻,始就安帖,此次用之,亦得其力。至外国助剿,非果义愤所激,虽可偶用其长,未可常恃其助。"斯时大营远隔衢州,海上实情亦无人传述,而恪靖如见其肺肝然,异矣!夏秋之交,因提督道府未定,无战事可纪,惟雇轮船以堵余姚江口而已。八月廿五日,新授道史致谔方任事,而贼复从余姚山北突入慈城,县丞薛世奎死之。次日下窜灌浦黄山骆驼桥,杀掠甚惨。其新嵊之贼,亦于廿八日突过陈公岭,陷奉化县,知县屈永清投水死,或曰:"此贼之来犯也,因广艇勇掠于慈,法国花头又转掠其所有,激广勇引贼至",其实不然也,贼于炎暑恒伏而不出,至秋凉则必肆犯,慈奉同时告警,乃贼仍欲以两路攻宁也,中外兵方构衅,而贼又内讧,故归咎广勇耳。当史致谔之由沪至宁也,借饷于苏抚李鸿章，又挈权授中国副将华尔同赴宁，统所分之常胜军七百人，既至而慈溪失。廿七日，华尔奋勇攻城，以远镜了贼，枪弹中胸达背，犹呼杀贼，常胜军鼓勇登，遂克之。廿八日华尔陨于宁。华尔者，美国部落钮要人，尝为其国武弁，咸丰十年至上海，吴煦募之领印度兵，两克松江府城，印度兵既撤，华尔自陈愿隶中国，乃立常胜军。元年正月，以五百人破十万贼于松江之迎喜滨天马山；至是阵亡，丧至沪，苏抚以中国章服殓葬松江，从其属中国之志也。请于朝，松江宁波俱建祠；华尔死，遗言令其副将白齐文、法思尔得领常胜军，旋以英提督何伯言，令白齐文独领之，给三品衔。闰八月，金陵湘营大警，檄沪上淮军往援，苏抚欲令常胜军往，白齐文始渐迁延，继乃跋扈，常胜全军四千五百人，其赴宁者乃其分军也；时分军方克余姚、上虞、新昌、嵊县诸城，英总兵呟乐德克方留倚之，而白齐文自赴宁挈之归沪，又弥月不发，闭松江城索饷，至上海殴杨坊，苏抚乃告英提督士迪佛立暨领事麦华陀，解其兵柄捕治之，而以奥伦领其众，浙江遂用勒伯勒东，常胜军不复至浙矣。白齐文后往投贼入闽，四年四月，被郭松林获于厦门，解沪过浙，至兰溪覆舟死。[3]

注：

[1] 迎犒：犒劳迎接。　　陴：城上的矮墙。亦称"女墙"；俗称"城垛子"。　　当路：握政权的人。　　泰西：旧泛指西方国家。　　振拔：超群出众。

[2] 薙发：剃发。　　更叠：交替。

[3] 谍知：探知；暗中查明。　　羁縻：笼络控制。　　构衅：结怨。　　章服：以纹饰为等级标志的礼服。

17. 谈灾异

彤日雊雏，天以警殷宗，大风拔木，天以戒成王，灾异之起，不必尽国家危亡秋也。即中兴时亦有之，苍穹盖以警上下之人心耳。粤匪倡乱于道光末年，由粤东狗头山起事，洪逆师事朱九涛，谓铸铁香炉成，可驾以航海。又立上帝会名目。谓耶苏为天父长子，别名基督；秀全乃第二子，自称禾乃师，造天父天兄之名，谓天父名大准，编造赞美经咒，每食礼拜，后以七日为率，造伪历以三百六十六日为一年，单月三十日，双月三十一日，立春、清明、芒种、立秋、寒露、大雪、俱十六日，余俱十五日，谓当今天日平匀圆满，无一些亏缺，皆天父排定，无吉凶宜忌。而又改丑为好，改卯为荣，改亥为开。伪爵上必加天字，刑罚必曰天条。是其伎俩不过凭空结构妖言，而并无妖术，非如白莲教之尚能剪纸为人，骑凳作马也。窃天主教之余膏剩沫，一诈骗之巫盅耳，乃肆其凶横残忍，卒至蹂躏十六省，沦陷六百余城，生灵荼毒，江海翻沸，以此言灾，可谓灾矣，以此言异，可谓异矣，奚必别求所谓灾异哉？且天心灭贼之时，即阴云雷雨助我兵机，皆为祥瑞，天心纵贼之时，即旭日和风亦为灾异，何以知其然耶？同治三年六月，金陵垂破之时，我兵肉薄城根，贼以药桶掷营，几被延烧，曾沅帅望空跪祷，十三日营中连得大雨，而数里外又皆晴明，异矣！十六日地道已成，酷热尤甚，倏有阴云自钟山而来，凉风习习，拥护兵勇登城，谓非祥瑞耶？若咸丰二年冬十一月，贼之由长沙以犯湖北也，舟过洞庭，而南风送之，由陆路走而冬日可爱，雨雪不阻，谓非灾异乎哉？故蚩尤旗见，尤其显浅者也。兹就余目之所见耳之所闻，笔以助他日之谈资，无不可也。[1]

　　咸丰二年十月，雨豆于湖南，其形圆而黑，中黄质而无阴阳瓣，鸡食之不能化多死，岂元史所谓黑子耶？至浙江灾异，余尤悉知之。如咸丰二年，浙西旱，西湖水涸矣。三年四月，浙西地震，予时侨寓桐庐，夜卧已熟，忽床笫震荡，如船遭波撼，惊心骇魄，醒后窗棂飒飒，箱厨铰链，琅琅作声，数刻乃止，乃知为地震也。后询知宁绍杭湖亦同时震。六年正月，予参谒抚辕，见大堂暴一黄豹于西檐，以红丝系领盖示服之意也。询知巡捕云："仁和武林头时驻防兵扑得之于桑陇中"，以原田而得猛兽，群以为祥，余何敢信？七年十一月，浙江地震，屋瓦时坠，衰年人有惊毙者。九年八月廿六日，昼晦，午未之间，无烛不见。上海毛祥麟墨余录云："十年春，何桂清驻常州，有异鸟集于庭，羽毛如雪，夜鸣竟日，何焚香祝之，越数日而常州陷。"以余所闻则不然。九年之冬，有沉香色花蝶约三寸许，集于何之衣领，挥之不去，何识之曰："此太常仙蝶也，劳伊自北而南，宜犒以酒"，蝶日以酒为饮食，何为之绘图征诗。至十年春，蝶由常至苏，集于抚军徐君青之衣，徐亦饲之以酒，月余不知所往，已而常州、苏州相继陷，何逮治而徐殉难死，是蝶也吊客耶？抑与杭城之青蛙同耶？果系太常蝶耶？亦别有所凭耶？至绍兴未失守之先，南镇社神像乃巨石镌成，忽近邨夜见火光燥烈，次日往视，则石像之首坠于地，岂兵火沧桑而社神亦变置耶？全浙沦陷之年，予于夏秋夜间每占云气，皆作剑戟交斗象，盖兵兆也。至同治元年六月十三日，予由安庆入九江以赴衢州，舟中欣见庆云干吕，江天旷览，五色纠缦，圆黄曲碧，淡紫微赪，叠皱处有如斜日照川浮光耀金者，有如春山叠翠碧玉嵌屏者，似锦非锦，似罗非罗，似芝非芝，似龙凤非龙凤，千态百状，不可名言。时苏杭虽陷，而朝廷不次用贤，如恪靖以太常少卿擢浙抚，李中堂以候补道擢苏抚，沈朴庵以候补道授江抚，郭筠仙以运司署粤抚，刘霞仙以同知署陕藩，刘郇膏以知县擢苏臬，而又起祁春浦、张石帆、徐树人、潘木君诸贤，布之中外，所谓光华复旦，非此时哉？雍正七年庆云见于曲阜，此盖再见耳，惜无人笔而书之，至十一年八月今上登宝位，日月合璧，五星联珠，中兴景运，猗与盛矣！[2]

注：

[1] 灾异：指异常的自然灾害，或某些异常的自然现象。　　苍穹：苍天。　　余膏发沫：膏沫，古代妇女润发的油脂。　　巫尪：古代祈雨女巫。　　荼毒生灵：残害人民，伤害百姓。　　倏：忽然。　　旗：表识，标志。

[2] 窗棂：即窗格。　　飒飒：形容风吹动树木枝叶等发出的声音。　　抚辕：指巡抚衙门。　　衰年人：年老人。　　庆云：五色云。古人以为祥瑞之气。　　干吕：谓阴气调和。　　纠缦：萦回缭绕貌。　　赪：赤。　　臬：臬台，提刑按察使，管刑事，司法。　　复旦：又光明，天明。

18. 谈谶兆

　　祸乱必有先机，人谋鬼谋，天若有预定之数存乎其中，虽不尽属可解，惟证以予所闻见，聊待知者微参，非谓即此可听之天而不以人定胜也。道光初年，帽多睡秋，明人所谓六合一统也，至廿年间，全戴将军盔，其式尖小而不暖，人偏爱之。衣则有军机袄之式，身紧而袖短，小军机之便服也，天下翕然效之。道光末年，靴式喜轻底者，而京外之靴，遂尚武备院之式，跑得快者，乃柳叶式也。初只营弁着之，后士人亦着之矣，杭人谓之跑得快。服之不衷，身之灾也，而世变存乎其中矣。粤匪既起，太平二字，诗文俱以此为忌，街市名亦多改避，乃京师演戏向用胡琴，旋经御史奏避，道光中年乃改用笛板，谓之太平腔，其即太平贼之兆乎？张角妖书，竟犯太平，异矣！至《千钟禄》传奇中惨睹一出，北调之最高者也，然悲壮淋漓，伤心惨目，细听之能令人不欢，而道光咸丰间文人好音乐者，靡不先习此曲。即如咸丰八年正月王壮愍由浙赴苏饯筵之曲，壮愍首点此出，且拍案叫绝，给伶人以重赏。予心不谓然，而满座点颔，亦似不知其所以然者，音乐之微，足以感天神而召地祇，其精吾不得知，第瓦石相磨，听之则牙齿俱酸，歌兆檀来，曲兆念家山破，固非无因而然也。粤事棘时，朝廷初命张壮武必禄，而壮武以道殂；继命林文忠，而文忠亦道殂；兆不利矣，然此尚在起事后也。乃粤抚郑鸣鹤少时曾梦睹冥司禄籍，云："官居四品，洪水为灾"，中年守开封而中牟决口，因举前梦以告人，自恐不免，乃竟无恙；后抚西粤，因粤事罢官，洪水应矣，终居金陵殉难，以道员赐恤，则四品又应矣。道光初年，李文恭为诸生时，问紫姑以终身，批答云："苍梧殉节"，后竟死于粤中，何哉？江忠烈于道光廿九年任秀水县，元旦以牙牌卜终身云："七十二战，战无不利，忽闻楚歌，一败涂地"，后竟以军功擢安徽巡抚，死于庐州，垓下楚歌，去庐不远也。至浙江初次之失守也，予时任宁海，而家寄杭州，信紧以生生易数卜云："奔走天涯，受恩深处且为家，功名富贵眼前花，劝君休怀牵挂！"宁海，天涯也，家人旋出免于难，且为家也，杭州官宦，沧桑换局，非眼前花乎？被围时，仁和知县李福谦求笺于城隍，末句云："明月清风共夜寒"，后贼于廿六日夜五更陷城。至咸丰十一年秋，全浙败坏，诸暨学博韩午桥善六壬，余询以挽回之日，韩云："必待姓名有木字者"，今恪靖之名第二字有木字也。曾相乡会本名子城，而后易今名，卒也砥柱颓波，此岂有机事乎？庚戌朝考，予有同年水安澜，后竟签掣河工，名与地符矣。分发浙江同年宣汝珍任新城，被土匪戕于宣公滩，名独地讳矣。毕秋帆征苗至沅州，而自知其年不永，竟死于沅。湖南赵金龙滋事，提督海总兵马至池塘墟而阵亡，人谓海马入池塘，坡惊落凤，不其然与？恪靖伯之攻龙游也，幕中虞凯仲以牙牌数占之云："终日江干守钓矶，水寒饵尽叹无鱼，耐心十日滩头坐，获得金鳞愿不虚。"后于正月初十日克复龙游，遂复金华。诸暨克复在二月，先年冬有人问何时可以薙发于乩？答云："诸君莫问弹冠庆，二月春风似剪刀"，亦灵应矣。此皆不可解事，倘所谓物生而后有象，象而后有滋与？至洪逆生于粤东花县，而此次平定粤匪之功臣，自推骆文忠为先路，亦籍属花县，是瘴生炎海，解瘴之槟榔草果亦生于炎海，即生即克，不必对待为克，似天非无意也？广东为逆匪起事之地，至同治六年，恪靖伯追剿汪逆侍逆至嘉应州而大功告成，坏云归岫而败叶归根，汉朝终始在三巴，岂逆贼亦有终始耶？此事不关谶兆，而理有难解，故并谈之。

注：

谶兆：预兆。　　先机：意思是关键的时机，决定未来形势的时机。　　人谋鬼谋：鬼谋指占卜吉凶。《易·系辞下》："人谋鬼谋，百姓与能。"　　孔颖达疏："卜筮于鬼神，以考其吉凶，是与鬼为谋也。"晋左思《魏都赋》："人谋所尊，鬼谋所秩。"　　六合一统帽：也称六合巾、"小帽"。用六片罗帛拼成，多用于市民百姓，相传为明太祖所制。倡导一统山河，故取六和一统、天下归一之意。　　翕然：一致。一致称颂。　　不衷：不合适；不恰当。　　张角：中国东汉末年农民起义军"黄巾军"的领袖，太平道的创始人。　　千钟禄：昆曲剧目。　　殂：死亡。　　紫姑：是中国民间传说中的司厕之神。　　垓下楚歌：楚汉相争汉军围楚军于垓下，刘邦采用张良之计，在楚营四周唱起楚地民歌，楚兵闻乡音而军心涣散。　　签掣：即抽签。　　不永：意思是寿命不长久。　　倘：表示假设，相当于"如果"。

19. 包立生遇仙记

　　诸暨离城七十里东北有包村,前带枫溪,后枕白塔湖,林深地僻,非关要津也。有农家子包立生,生而颀长,眉若剑上横,目深而秀,膂力过人,健行如飞,性似痴非痴,笑多言少,年二十余,尝兀立田间若有所思,村人目为呆。咸丰庚申六月,夜宿晒禾场,有人呼立生起,视之岸然古貌白发皤皤一老翁也,遽问曰:"识我乎?"曰:"否",翁曰:"汝七龄时某月日墙倾压汝身得不死,我救汝也,记忆否? 汝有夙缘,异日当为大将,我为汝师故救汝,汝当从我游,某日黎明,待汝于昌安门外石桥前,我逝矣,慎无爽约!"行数武忽不见,及晓以墙覆事询父母,果不误,并述所遇,告欲往,父母骇不许,生意悄然。夜卧辗转不成眠,同眠人问之,生言:"欲至绍兴访友,求路资于父母不得,故踌躇",其人探枕下得钱与之,坐候鸡鸣,携钱径出门去。至山阴刘龚溪,适有一舟摇桨遂行,由生村至昌安门近百里,是夜抵昌安门,东方尚未明也。落月西横,岸树童童有影,凉露湿衣,水气浸人肌骨,舍舟攀岸,老翁已坐巨石上,谓曰:"盛夏日出苦热,乘早凉待子久矣。"拉之行,倏至一山,山中有庵,指曰:"此余住也。"导至门,有二少年相揖入,互通款曲,俄而酒行,酒如玛瑙,甘洌异凡,盘中馔亦人间有,惟味异而色皆白耳,酒毕,引至后堂,堂西阶卧大刀一,如新发硎,翁曰:"试举之。"立生俯而挐,刀不为动,翁命少年舞,一少年探手举刀,回旋转运,寒光闪烁,室如绕电。生彻体生粟,面有惧色,翁指舞刀者谓立生曰:"余初授伊刀时亦如汝怯,世间至重事,但不畏难自能胜之,试壮尔心,举重若轻矣。"生念自负膂力,何竟不如此少年? 愤甚,乃再举刀,果如一毛,翁遂授以刀法,且曰:"今长发贼遍东南,将来必至此间,持此刀可以杀之。"生告辞,临行又授以先天一目斗咒,咒曰:"娑哈一目浑般,(句)娑哈帝帝新般,(句)娑哈,(句)波罗波罗观般观般,(句)因般帝帝凶般,(句)娑传诃。(句)"每诵一遍积一拜,至四十九遍毕。宜从甲子庚申朔望子亥二时起,合四十九日为一度,以三月半年一年为恒;或终身立誓自持,吉星呵护,临敌不惧,生谨志之。归至家,父母已遣其兄追之,遍访无影踪，至刘龚溪问舟子，谓今辰并无放棹者，兄乃返，则立生已在家中矣，共相诧异，遂一一具道所阅。阅日生又外出，次晨乃返，询之谓翁引我至南乡斗子岩，叩石门入，楼阁院宇，旷然宏开，一深堂中，英俊满坐，各披览书籍，堂下有演习武艺者，技皆超越，翁曰："余徒也。"旋引登岩巅望气，见诸暨村庄四面尽黑气，唯东南角稍淡，曰："此杀气也，淡处当减耳。"又曰："我本白鼋仙人，明初助洪武阵受封金井，上帝命我掌雾于此，余不忍见生民惨，汝归当劝世人为善。"乃与以香曰："此岩香也，礼忏时焚此，能降上界真神，余亦感香至。"其香黄如腊，软若败絮，袖之归，不复见来去路；后于城乡各处延僧供佛，人哄然信之，共呼为包神仙云。辛酉九月暨城陷，有衙吏二入城贡贼，强与俱，贼见生遽曰："此妖也。"欲杀之，生笑而不言，小不惧，贼卒不杀；衙吏问生何无惧色？生曰："贼耳，何足畏，杀之亦甚易易耳。"遂归村兴团杀贼。贼初至，服白衣白冠而前，贼自披靡，阖邑从而归之，入其邬，胆怯者壮，当夜焚烧银楮锞于营墙曰："明日当有战事，以此犒阴兵耳。"明日果然。比贼至村外，且围村，立生施施自如曰："天香未发，非战时也。"已而曰："可矣。"各团勇亦如闻异香，遂出战，战无不捷，贼中谣传包神仙飞竹刀能自落贼头，相戒不准言包字。至七月初一日，贼以隧道破其邬，死者十余万，立生冲围出，至马面山受弹死，年二十有五岁。[1]

雪门子曰：谈兵之家，托始轩辕，谈神仙者，亦托始轩辕，阪泉之师，教六猛兽以战，异矣！涿鹿蚩尤作雾，已类后世喷水吐火之符术，即帝作指南车，刻仙人于其上，岂五帝时已有所谓仙人耶？太史公谓百家言黄帝文不雅驯，或即指此，而纲目载之何耶？《易》言弧矢以威天下，取象于睽，而张弧说弧，先有载鬼一车之文。至盲左以翼《春秋》，而晋杀秦谍，六日而苏，诚耶妄耶？范宁谓左失之巫，不其然与？汉武好神仙而巫蛊祸作，山东盗起。唐玄亦好神仙而安史乱作；宋徽称道君而北狩，由是观之，言神仙者，干戈之兆而劫杀之先机也。诸暨包立生，从其后而观，守孤村者十阅月，歼贼数万，致激贼愤以被围破，义民士女无一降者，可谓烈矣！羁绊贼势，使不得逞，亦非无裨于大局矣。然当其初，则固以神仙动人者也。夫后世之以神仙动人者，大抵借以惑人而谋不轨者也，而立生则又不然,人自惑之而人自附之,几有不可解者。予以咸丰七年三月宰诸暨,至九年三月卸任,无所谓包神仙也。至十年十一月复宰暨,则人啧啧称神仙不辍,盖始于是年六月立生自谓遇仙也。其遇仙事与黄石传书颇相类,无甚异也;即其所授之咒文出道藏,亦无甚异也,惟其人本呆痴,自遇仙后,言休咎颇验,若有凭之者然,岂其真精早丧而鬼物附体与?不然,何以似痴非痴与?至其无事时独居一楼,不与人见,战之前夕,必焚银锞以犒阴兵,其讨贼之檄,乃文士所代为,末云受列仙之指示,得神将之扶持,不居然以神仙自居与神仙以避兵避劫为事,而兹之所谓神仙,转若与兵劫相构,其孰从而探其端倪哉?圣人不语神怪,是谈包立生,第谈其团练杀贼足矣,而予必为之作遇仙记者,抑以农家子目不识诗书,又无势位名望资财足以雄视一方,招致乡里,乃云聚雾结,至数万人,群奉为神师,其中固有阴为之主持而驱策者也,岂果立生所能自为哉?全村被难后,山阴倪杰上其状,以义士相视;未破之时,余姚朱兰奏其可用,奉旨饬查,恪靖伯复云:"诸暨包村,传闻异词",卓哉见乎,此足以定包村团练之案矣。[2]

注:

[1] 要津:指重要渡口;要路;显要的地位。　　顾长:身材细长;修长。　　兀立:笔直挺立。　　岸然:严肃的神态。　　白发皤皤:形容头发雪白;丰盛的样子。　　夙缘:前生的因缘;命中注定的缘分。　　武:半步,泛指脚步。　　悄然:忧愁地,寂静地。　　倏:极快地,忽然。　　款曲:指衷情;内情;详情。犹言细诉。　　甘冽:指甘美、清冽的意思。　　发硎:硎,磨刀石。指刀新从磨刀石上磨出来,十分锋利。　　彻体生粟:全身发抖。　　膂:脊梁骨。腰力。　　鲎:鲎是一种古老的生物。　　披靡:喻军队溃败。　　楮锞:祭神鬼时烧的金银纸锭。　　轩辕:黄帝,中华"人文初祖"。

[2] 托始:缘起;开端。　　阪泉之师,教六猛兽以战:轩辕氏黄帝、神农氏炎帝在阪泉之战,黄帝教以六种野兽为图腾的六个氏族或部落打仗。　　文不雅驯:指文章措辞粗俗不优美,没有文采,俗气。　　弧矢:弓箭。　　取象:取某事物之征象。　　暌:是本卦的标题。暌的意思是相违,矛盾。　　张弧:把弓拉开,做好发射准备。　　盲左以翼春秋:传说《左氏春秋》的作者是左丘明,左丘明双目失明,故称"盲左"。　　晋杀秦

谍，六日而苏：《左传·宣公八年》：晋人获秦谍，杀诸绛市，六日而苏。　　范宁：东晋大儒、经学家，《后汉书》作者范晔的祖父。范宁推崇儒学，反对何晏、王弼等的玄学。　　巫蛊祸作：是汉武帝在位后期发生的一次重大政治事件，巫蛊为一种巫术。当时人认为使巫师祠祭或以桐木偶人埋于地下，诅咒所怨者，被诅咒者即有灾难。　　北狩：皇帝被掳到北方去的婉词。　　不辍：不止；不绝。　　端倪：事情的头绪迹象。

20. 谈洋兵

　　《牧誓》有羌髳之文，汉唐以蕃人为中华将者有之，剺面雪耻乞援于外域者有之，然皆西北攸关，非东南隔海也。前明曾用佛兰机火器，非用其人也。洋兵之用，盖始于华尔之常胜军也。苏沪用之，两克松江，而洋兵之名遂著；旋分军攻宁波，而浙亦用之矣。顾名为洋兵，实则募华人之桀者充之，不过数十洋人为之教师、领队而已。其军服青呢小袖短衣，各执洋枪，以铜冒发自来火，加铁矛于其上，用以搏刺，故人谓之洋枪小队云。始以八十人为一排，后增至百十二人；长胜改为常胜者，避长发之嫌也。法国用花布缠头，英国则用绿布，故人呼绿头花头云。其总带一人，月给饷番银五百饼，马干银二十二饼；副带二人，人月给银三百饼，马干同。牌排头十人，人月给银二百饼，马干减半。粮台一人与排头同；其百长谓之沙仁美住，每排一人。人月给银二十五饼；五十长谓之沙仁，每排二人，人月给银十六饼，二十五长谓之考北，每排四人，人月给银十一饼。兵则以百十二人为一排，人月给银八饼五角；（十分其饼谓之角）外给通事银五十饼，计一军千百二十人，月需番银万四千有奇，盖两倍于华饷矣。其阵以步武齐整为进退，故谓之排，无他妙巧也。[1]

　　洋人以通商为大计，英国主之，法国附之，各国听之，法国武于英国，不及英国之巧且富，故兵船则推英国为最利，宁波之复也，得英国兵船之力多，而郑通事所募之绿头勇实为之倡。至常胜军，则宁波府城既复之后,始用以会攻剿耳。咸丰六年春,托将军失利于瓜洲,镇江陷于贼,金陵负固不下。时江中有红单夹板诸兵船,均不能得力,钦差向荣、苏抚吉尔杭阿有雇轮船入江击贼之议。浙抚何桂清饬候补道何绍祺催办天平架(轮船名)入江,其船乃沪上捕盗之船,有文员姚曦、武弁张云翔驻其中,非全恃洋人也,何上方略甚详,卒格不行。同治元年,英国提督何伯挟官军弃嘉定城以走,已而内惭,大言秋间召印度兵助我,语达于驻京之公使,旨询及之。恪靖伯复奏云:"英国兵饷最重,亦颇以调度之烦为苦,调兵必俟其国主之命,非公使所能专,且印度距中国五六万里,亦非一时所能骤集",盖已深烛其夸诈也。已而宁波既复,兵事稍利,华尔虽阵亡,而慈溪卒复。九月,法国公使乃言于总理衙门,欲以勒伯勒东统办宁波筹防事宜,恭邸不允,始愿权受中国职任,听浙抚暨宁绍台道节制。恭邸终虑其骄蹇也,请由浙江巡抚酌给扎凭,以一事权。又严谕宁绍台道史致谔赏功罚罪,报战给饷,当秉公核实,毋致为外国人所轻视,俟兵力稍足,仍行撤回。其防维羁縻如是之严且密者,抑以始用华尔,权自外操;继用勒伯勒东,事由内请;恐其恃内以箝外,而兵不听命,转增骄蹇也。恪靖伯以为由衢州至宁,中隔贼氛,不如上海之近,则由苏抚给扎,亦足以资控制,惟洋将受中国职任,本是权宜,易时更易撤留,仍宜由浙主政,于是由浙给扎以正其名。又复奏云:"五口既开之后,沿海士民,嗜利忘义,习尚日非。又自海上用兵以来,至今未睹战胜之利,于是妄自菲薄,争附洋人,其黠者且以通洋语悉洋情猝致富贵,趋利如鹜,举国若狂。自洋将教练华兵之后,桀骜者多投入其中,挟洋人之势,横行乡里,官司莫敢诘治。近闻宁波标兵多弃伍籍而投洋将充勇丁以图厚饷,致常胜一军增至四千五百。若不稍加裁禁,则客日强而主日弱,费中国至艰之饷,而贻海疆积弱之忧,恐终非计。"奉旨云:"洋人教兵领队,流弊甚多,是以前有准减不准增之谕,所陈各情,与朝廷之意吻合",其得嘉奖如此。[2]

注:

[1] 牧誓:是《尚书》篇名。公元前 1046 年 1 月 20 日,周武王率戎车三百辆,虎贲三百人,与商战于牧野,作《牧誓》。　　剺面:以刀划面。古代匈奴、回鹘等族遇大忧大丧,则划

面以表示悲戚。　　**仪关**：所关。　　　**桀**：凶暴；桀骜不驯。

[2] **烛**：洞悉。　　　**恭邸**：恭亲王奕䜣府邸，此处指奕䜣。　　　**骄蹇**：傲慢；不顺从。
羁縻：羁，马络头也；縻，牛靷也。引申为笼络控制。　　　**札**：旧时的一种公文。　　　**趋
利如鹜**：比喻人们追求财利成群地争着前去。

三、附　录

（一）许瑶光传略

（许维格著）

许瑶光，字雪门，号复斋，晚号复叟。湖南善化（长沙）人。清嘉庆二十二年（1817）生，光绪八年（1882）卒。道光二十九年（1849）拔贡。官浙江三十年，历任桐庐、淳安、常山、诸暨、宁海、仁和、诸暨等县知县，有循声。同治三年（1864）起十八年间三任嘉兴府知府，政声卓著。著有《雪门诗草》十六卷、《谈浙》四卷。清代循吏和诗人，浙江名宦，被当时舆论誉之为近世少有的贤太守。

1. 出身微寒，道光二十九年拔贡

善化圭塘许氏家族住善化、东乡、圭塘、许家冲。系明正德年间（1506—1521）在全国性的流民潮中，自江西迁居到湖南的。许瑶光是圭塘许氏家族第十一代。许瑶光出身微寒。父亲许永璜、字国贤，母张氏，兄仁甫、次衡、荔裳（力常），种菜务农。长兄仁甫尝语：治生之事吾任之，显扬之事则属之弟辈。妻朱氏，继配朱氏，妾陆氏。有四子，方钰（殇）、方义（殇）、方穀、方藻，女四。许瑶光读书做官后，许氏家族这一支系也由农转士。以后，许瑶光之女忆梅嫁何绍基（著名学者，书法家）之侄何庆涛（诗人）；再后，何绍基小孙女何琳荪又嫁许瑶光长孙许直，许、何两家结为亲家。

许瑶光五岁时，父母聘请老师督教他上课，大哥、二哥也常购书督促他读书。他和三兄考取秀才（附生）后，进省城东南的紫荆山房读书。学校位于东茆古里，面临小瀛洲，十分幽雅。秀才享受食廪，免除丁粮税，见到知县可不下跪。

道光二十一年，许瑶光父亲去世。二十四年丧满，正好骑跨省试日期，许瑶光因此错过了考举人。清代科举，丧服三年未满者不得应试。他感到悲伤忧郁。二十五年，岁试"四十贤人"赋，及"秋兰"诗，见赏于南皮张振之（名燦）学政，补升为增生。次年，科试"谷山研"赋，及"拟西崖"乐，在长沙府得第一，成为廪生，享受"廪饩银"（每年可从国库支取白银四两）。他三兄亦以一等生员同时成为廪生。

许瑶光冀望能博取举人，有相命者对他说，你文才星相虽佳，然而命中决定你接连三次科考，均不能实现你的愿望；至己酉年，当因明经科得官（即拔贡科、拔萃科，明清时期朝廷为征天下贤才，每十二年各省选拔贡生，不问是否举人，送京师由皇上考验授职），今世你过悠闲的日子无指望了；四十五岁时应防大难。他不以为信。后肄业于城南书院，为陈尧农（名本钦）老师所赏识，每年科试诗赋，四次均得第一。道光二十八年，番禺梁矩亭（名同新）学政选拔贡生，考"拟王繁缀珠为烛"赋，他得第一。次年复试仍第一，果然入道光二十九年己酉拔萃科。他三兄亦以乡试入式，被荐举入该科，同去京都。

是年，咸丰帝登基尚未改年号。他三兄会考前复试失败，遂先回去。当时京师因薛执中邪门左道酿案，七月会考文题为"务民之义敬鬼神而远之"，诗题为"兴雨祁祁"。主试者批他的卷子，"惊才绝艳"。京师当时的习气，主试者重诗不重文。许瑶光会考后以诗谒拜各位老师，大家都相信他必能中选，但笑称诗中有过多放任敢讲的辞句，恐怕要被派到下面当县令了。后再朝考于保和殿，诗题"秋光先到野人家"。最终得朝考第七名，被引见皇上于勤政殿，果然被任用为县令，派遣到浙江。朝考得拔贡一等（前三名）和二等（四至十名）者，拣选引见皇上，与考得进士那样，被录用为京官、地方官或儒官（这次为"三京六外一儒官"）。其他二、三等及第者作为拔贡生送国子监读书，候选录用。

浙江钱粮甲天下。自洋人以鸦片专横销售获取暴利，国内银两外流，银价骤然昂贵。州县征收地丁税，进的都是铜钱。铜钱贱，换成银两后多有亏损，以至挪用国库款项。道光二十九年，朝廷命户部尚书季仙九清查，被查抄者数十人，受追究者四百多人。湖南学政梁矩亭（时任翰林院编修）担任拔贡科主考和主批，为他赴浙做官将困于银价而忧虑，劝他改任内阁中书，不必赴浙。内阁大学士曾国藩当时正缺少官员。许瑶光则因母亲年老，家庭贫苦，没有其他办法，故先改进翰林院，内阁中书科中书入仕。

2. 遣任县令，遇太平军进军浙江

二月重至诸暨，作《二月重至诸暨时县域初复》。时城中无遗粮，许瑶光亲赴金华运谷三千石移赈诸暨百姓。"借给耕牛籽谷，以开济农民。招商贾贸易。命绅董，劝筹米，捐平粜。修葺书院，以待开课。……斯民欣欣有生机矣。"在他卒后三十年，宣统二年（1910）编纂的《诸暨县志》里，列许瑶光为名宦，对他在诸暨两任内之事，"暨民至今犹思之不置云"。

在太平军战争中，许瑶光对清廷使用洋兵攻打太平军，多有议论。"前明曾用佛兰机(法兰西)火器，非用其人也。"(《谈洋兵》)"借兵于洋，贪利策功。沪渎开先，浙踵其辙。滨海习惯，咄咄称奇。非族心异，终贵自强。""西洋乃中华之敌仇，拼死助我实自谋。"

鸦片战争，英军曾侵犯浙江，进攻定海、镇海、宁波、乍浦等地。第二次鸦片战争后，英商怡和洋行擅入嘉兴非法开栈，美国长老会有人来嘉兴传教闹事，许瑶光出面阻止和交涉。这些都是他赴嘉兴后的事。咸丰二年壬子(1852)秋，许瑶光至浙江，出任桐庐县知县。二个月后，卸去桐庐事务去杭州，在省试时任誊录官。同年十二月到淳安县任知县，三年去任，调省协防。六年署常山县。七年署诸暨县，安民养生，不遗余力。九年补宁海县。十年三月调署任和县。同年十一月，再任诸暨县知县。

咸丰年间，正值太平军和第二次鸦片战争。自咸丰元年(1851)第二次鸦片战争开始，英、法、美、俄进一步入侵我国内地。同年，洪秀全金田起义。三年，太平军攻克南京，建立太平天国。六年，洪秀全、杨秀清争权内讧，太平天国开始衰败。十年(1860)，忠王李秀成进军浙江，以解天京之围。

咸丰十年七月初四，李秀成进攻诸暨。当时清军扼守城中，而县官出城，负责后勤之事。李秀成绕越诸暨，突陷萧山。清兵退保杭州，李秀成复分兵回取诸暨。九月二十六日，四乡火起。许瑶光以为驻军"百胜勇"尚在，实则闽楚军都已撤去。至东门，遇骑兵三，各以长刀相劈。许瑶光左右额顶心、发际、右耳根、右臂膊共受七伤，遂昏倒。俄而苏醒，有老妪扶他行过石桥里许。又遇黄衣兵二，见他鲜血淋漓，遂让路放行。有马姓百姓抬他至枫桥，裹伤后去绍兴府。二十九日，府城陷。至甬江口，杭州胡雪岩买船送他去了舟山。

同治元年(1862)七月，许瑶光谒左宗棠于衢州，两人一见如故。左宗棠访询浙江民众，知他在官无恶劣状。十二月二十八日，特奏《查明失事可原各员恳请免罪留营折》，以许瑶光在浙多年，历任均著贤声，请留军中帮办营务。同治二年正月十三日，皇上谕示：革职免其治罪，准其留营差委。

同年二月，许瑶光随左宗棠回诸暨善后。

3. 十年治理，嘉兴七邑嘘瘠起枯

同治三年四月十八日，闽浙总督左宗棠上奏《请以许瑶光等分别委署嘉兴等府事片》，以嘉兴府城一切善后抚绥事宜，非勤明干练之员，不足以资治理，许瑶光守洁才长，堪以委署嘉兴府事。皇上说了句"知道了"，许即赴嘉兴上任。十月初五，左宗棠入闽前再次上奏《特保政绩卓著知府折》，特保许瑶光抵任以来，于赈抚、清粮各事尽心经理，实属廉干朴勤，舆情爱戴，政绩卓著，以知府留于浙江补用。十月十三日旨谕，"许瑶光着以知府留于浙江补用"。许瑶光因于诸暨县任内失守，经左宗棠先于委任，后又上奏特保，直至同治四年二月二十日，才旨授许瑶光嘉兴府知府（即先署旋实），加道衔。辖嘉兴、秀水、嘉善、海盐、平湖、石门、桐乡等七县。光绪元年晋道员。光绪二年左宗棠关陇肃清，叙筹解协饷功，加三品衔。

同治三年（1864）四月二十八日，许瑶光由杭州赴嘉兴。当时嘉兴地区农民因逃避战乱，人口锐减，土地荒芜，海塘失修。嘉兴"昔日名城今瓦砾"。作诗《覆巢燕叹》：

> 翩翩鸳湖燕，五月入我屋。绕梁重定巢，似诉新巢覆。不惜燕无巢，栖栖林木梢。所惜残黎返，一橼风雨抛。伤哉由拳城，四年为贼踞。城中旧主人，天涯逐飞絮。今年官兵来，二月追贼去。仓皇复城时，华屋一炬付。一炬烧不尽，东西老兵住。老兵门内卧，主人门外觑。门外觑何为，依依情欲归。沧桑存旧业，里巷问斜晖。那知军斧利，不为主人计。长绳曳榱题，一扫东风碎。儒将丰功竹帛垂，偏裨小节莫深追。禾城今日难言事，试问梁间燕便知。

诗中虽称太平军为贼，但仍斥责清军进入嘉兴时烧房拆屋，更叹百姓惧怕官兵之心，"禾民柔怯，观望未敢归"。

许瑶光上任后首先安定民心，整饬军纪，撤走湘军；又置义冢，收埋野外遗骨。许瑶光关心贫困民众，个人出资购屋，带头倡办育婴普济堂和嘉秀栖流所，获士绅、商人响应。许瑶光号召逃亡在外的业户还乡，广招客乡农民垦荒，逐渐恢复生产；还据情吁请减宽赋税得旨，民困大苏。

当时，嘉湖地区枭徒，以尖头船架枪其上，枪船数愈万千。土匪地棍，以强为胜；行船驾桨，自成党羽；日则赌博，夜则劫掠，大为民患。许瑶光据左宗棠指示，捕杀其头目，收缴枪炮千余杆；枪船瓦解，地方治安大为改善。

浙西地区（指新安江、富春江、钱塘江以西，杭州、嘉兴、湖州地区）战乱前，完纳地丁税有大户小户之分。小户税重，而大户轻。其纳漕粮有红、稽、读三户之名。红是已仕绅户，稽是未仕科户，读是讼户。讼户也称公户，短交不付，弊端百出。税粮不足，乃取妇弱者而重加之，于是公私交困。许瑶光为除漕蠹，减小户之浮收，而定大户之加耗，漕政一清。一改往日"强豪中坐饱，雌弱怨谁伸"之情景，促进了生产发展，深得乡民爱戴。

许瑶光十分重视教育。到任后即重修嘉兴府学（明伦堂）和试院（宏文馆）。集资重建鸳湖书院，自任院长（山长）并讲学。鸳湖书院创建于康熙五十五年，于府治之北。当年太守奉陆清献栗主于敦宿齐楼。许瑶光考虑到张扬园学问也十分好，都是浙西最有名的文人；又考查嘉兴以往卓越的文人，以唐代的陆宣公最著名。于是增加陆宣公和张扬园之位，设"三贤堂"，以三位先生作为学生的榜样。为表示对先贤的敬重，许瑶光又请左宗棠写了"景行维贤"匾，挂于堂内。此外，还率邑绅重修嘉兴、秀水等县学，修后均有许瑶光的碑记。又建义塾，延师以课童蒙之无力读书者。这样，嘉兴地区的教育很快得到恢复。次年，嘉兴府七县参加县试、府试、院试的，多者百余，少者三四十人。而邻近的湖州府和杭州府各县参试者均不过数人，一二人而已。以后，嘉兴府和七县科试成绩均居全省前列。这之后嘉兴也出了不少贤人名仕。

许瑶光在嘉兴，对农业生产一直挂在心上。在他的诗文中有大量关心农事和农民的诗文。许瑶光在《城市》一诗中云："兵火之厄，附廓为先，善后事宜，群谓宜先兴市，余意不以为然。"称："干戈既定讲农桑"。

许瑶光在任期间关心慈善救济事业。在知府官房兼办普济育婴，称育婴普济郡堂。又倡导捐建栖流所，为嘉秀两县孤贫栖息之地。嘉兴地区慈善救济事业得到较大发展。

许瑶光在城乡浚河，修桥，筑路，修塘，发展农工商。修建和重建桥梁52座，还修复完成坍塌缺口的平湖、海盐海塘。当时秀水、石门、桐乡沿河、跨河各桥有其碑记。

许瑶光以身作则，言传身教，整顿吏治。在《拙宦叹》中对劣吏作了形象的描绘：

> 巧官恋微禄，卖众恒言归。袖中黄者金，深夜权贵闺。炙手势果热，膏粱荖体肥。攀缘居要津，恣睢谁敢非。善进亦善退，苍鹰盘空飞。侧目击丛雀，腾身入翠微。缯缴不能篡，将军空合围。一朝秋气清，似诉腹中饥。修翎仍就人，草枯扬旧威。可怜耿介雉，趋避先失机。文明蒙大难，离披锦绣衣。古来拙宦都如此，人海茫茫空涕挥。

经十年治理，"辟榛芜，广招徕，剔奸除莠，嘘瘠起枯，七邑官吏，咸奉条教。凡黉序书院之属，养老恤贫之举，以次兴复，推广靡遗。民和年丰，百货鳞集，农忻于野，商歌于市，衣冠文物，蔚若旧观"。许瑶光为嘉兴的发展办了不少实事。

4. 北上引对，嘉兴士庶建"来许亭"

同治十二年（1873）四月二十日，许瑶光任期已满，将进京向皇上述职。据《嘉兴县志》吴仰贤撰《来许亭记》："吾邑士庶，闻公之行也，先期筑亭于南湖烟雨楼之左偏。六月三日，相与扶老携幼，遮道攀辕，延公于亭。酌酒罗拜而言曰：……吾侪小人，受公之赐，亲如父兄，何忍一日离公，公亦奚忍舍吾民而去，谁为请于朝，复借寇君乎。言已皆歙歔怫郁。中如有不自释者，公起而慰之曰：噫吾岂去汝哉。国家故事，秩满报政。引对毕，还郡视事如初。今航海而行，往返旬日计耳，吾岂去汝哉。于是众皆喜曰，公既许我来也，适亭成未有名，名之曰'来许'，将日夕倚亭，延颈以望公之来也。"饯间，赠诗者几百人。许瑶光即席作答："我来槜李已十年，兹去不过三月天，……鸳鸯有约定重来，且作长歌题素壁。"诗中槜李和鸳鸯均指嘉兴。槜李系嘉兴古称，又为历史悠久的嘉兴特产珍果；鸳鸯即鸳鸯湖，嘉兴南湖别名。第二天离别时，嘉兴父老燃银烛，悬珠灯，彩船相送。

嘉兴民众建"来许亭"，记念他殚精竭虑，十年于兹；颂扬他公正廉明，为民办事；盼望他重来嘉兴，视事如初。许瑶光受到如此敬重和爱戴，深感不安。临别赠言，请建"鑑亭"。"鑑"为"诚"，"亭"为"正确处理"之意。乃自撰书《鑑亭之铭》，刻碑置于"来许亭"前的"鑑亭"内。铭曰：

兹屿（指烟雨楼小岛）在水中央，不骞（举）不移，万寿无疆。有似仁者，静则延长。君子鑑之，节嗜欲以保安康。兹亭轩旷（高大开阔），四无纤障（遮蔽）。高天复帱（复盖），明月逸宕（超逸无束）。有似智者，洞察万状。君子鑑之，去蒙蔽以扩识（知识）量。亭下湖水，流似不流。吐纳苕霅（霅溪），古今悠悠。有似勇者，自强不休。君子鑑之，学百川以海谋（宏图大略）。绕亭草木，春荣秋谢。荣故繁华，谢亦安暇。有似达者（通达事理者），与事变化。君子鑑之，舍（被舍用）则藏（隐）而得（被信用）则驾（尽力）。嶽（高）崎古石，于亭之东。瘦貌寒（贫）魄，棱棱（棱角）生风。有似洁士，不与俗同。君子鑑之，砺（磨）廉（洁）隅（谦）以表孤衷（心境清高）。朝开暝阖（闭），亭中（处理好）阴阳

（事物矛盾）。雨润日丽,亭中柔刚（处事柔刚）。寒来暑往,亭中炎凉（世态炎凉）......

许瑶光在文中借"亭"发挥,总结经验,引以为"鑑"。文中"五鑑"和"三亭"是许瑶光激励、警诫自己,正确处世为人的"座右铭",留给了嘉兴人民。

同治年间,日本变法维新,开始侵略中国,意欲侵占台湾,兼并琉球。左宗棠向朝廷提出,须派"严操守,勤防治,孜俸公,不敢暇逸"的官员担任台湾军政职务,欲调许瑶光守台湾城。中丞（省长）马公（毅山）曾勉留任。许瑶光自叹:"我生孱弱亦何能,敢作铁柱蛟龙国;胡为数千里外屡相招,使我南望仙霞生太息"。因此,许瑶光此次进京述职,皇上有可能派他去台湾。

许瑶光乘船经上海、天津到北京。六月二十五日,引见遇雨,奉旨改期。二十九日,引见于养心殿。七月初一,同治帝召见许瑶光于养心殿之西阁,退谒枢密（军机大臣）,垂询他的出身和地方民情。初六,复行引见。初八,皇上重许他回任管嘉兴。许瑶光成为从古无有,连续两任的嘉兴太守。

许瑶光北上途中,见到上海对外通商三十年后,"繁华机巧",感到应向西方学习。回任后,"听嘉兴杜小舫方伯谈天主教暨外洋事","使我从前方壶园峤之见一霍然"。对福建办船政、建水师,杭州设机器局,"文宗科岁算学求、武库精能机器制",及南北各地开煤矿等"御侮"、"自强"、"求富"的洋务运动,持积极态度。许瑶光在乍浦陈山、澉浦长墙山造新式炮台,以御"台湾有日本构衅"。光绪元年（1875）,全面修复嘉兴至苏州、杭州的塘路,发展和活跃嘉兴地区经济。

5. 烟雨楼旁,建亭阁增南湖景色

嘉兴府城以南,春波门外的南湖,与杭州西湖、绍兴东湖,并称浙江三大名湖。南湖东北湖心岛上的烟雨楼,四面临水,水木清华,晨烟暮雨,向称瀛洲胜景。

五代十国时期,后晋天福年间（940 年前后）,吴越广陵王在南湖东畔造台榭。南宋淳熙三年（1175）,烟雨楼始建于湖滨。明嘉靖二十八年（1549）,嘉兴知府赵瀛,在湖中用疏浚的河泥垒成的湖心岛上,创建坐南朝北的烟雨楼。万历十年（1582）,嘉兴知府龚勉在楼南筑"钓鳌矶";北面拓放生池,称"鱼乐国";又建"大士阁"。清顺治二年（1646）,在抗清斗争中,烟雨楼毁。康熙二十年（1681）再建。乾隆十六年（1751）,乾隆皇帝南巡前,改建烟雨楼为坐北朝南。咸丰十年（1860）,在太平军战争中,烟雨楼又毁。

许瑶光十分关注历史遗迹。同治四年(1865),他到南湖寻访烟雨楼旧址,栽桃李于湖堤,意欲复建烟雨楼。后来,他以地经兵燹,物力维艰,楼制崇闳,未能重建。而在楼址四旁建十数景,点缀南湖景色,以"补种荷花延白鹭,预栽杨柳待黄莺"。

同治六年,许瑶光于烟雨楼埠头建"清晖堂",面湖三楹。写了"六龙曾驻"匾额,以示皇帝曾在此驻跸。又作《初秋游南湖时清晖堂落成》诗。

许瑶光认为,"地以景彰","询之耆旧云,前代曾有八景之目,而平章未确,志阙不载"。遂取当时嘉兴的八个景点,聚之取名"南湖八景"。同治八年,许瑶光作《南湖八景诗并序》:"嘉兴南湖,吐纳苕雪,襟带城郭,古奥区也。而禾志只绘烟雨一楼,何揽胜之少乎。……余守嘉今五年,凭眺川原,俯仰风月,目之所寓,有会于心。为湖山标异,得南湖八景,且系以诗,增嘉话也。"许瑶光撰书的八景诗为:《南湖烟雨诗》、《东塔朝暾诗》、《茶禅夕照诗》、《杉青风帆诗》、《伍塘春桑诗》、《禾墩秋稼诗》、《韭溪明月诗》、《瓶山积雪诗》。一年后,许瑶光请秦敏树画《南湖八景图》,刻《八景诗》和《八景图》碑石。又构亭于烟雨楼以南"钓鳌矶"故址平台上,将碑石置于亭内,取名"八咏亭"。

八年,建室三间在"大士阁"后,遵御制诗"不蓬莱岛即方壶"句,取名"亦方壶"。又写了《构亦方壶于烟雨楼侧题壁诗并序》。诗云:"蓬莱在何许,缥缈不可求。何如鸳湖去,咫尺见瀛洲。"

十二年,在"亦方壶"右建"菰云簃",在"清晖堂"侧建"菱香水榭"。许瑶光又在一石两面,刻自书"福"字、"寿"字碑,置"来许亭"和"鑑亭"间围墙上。

同年,许瑶光喜得米芾真迹。米芾与苏轼、黄庭坚、蔡襄为宋代四大书法家,曾居浙江。十三年,摹刻《米芾真迹碑》于《鑑亭之铭》碑的反面,碑面露在"鑑亭"墙外,面向"来许亭",供公众观赏。

光绪元年(1875),彭雪琴"辞官来看浙中山"。彭雪琴即彭玉麟,湖南衡阳人,湘军将领,兵部尚书,善为诗,尤善画梅。许瑶光邀彭雪琴游南湖,请他画梅。彭雪琴画横、直梅花于二石,并题诗。许瑶光对彭雪琴所画梅花十分欣赏,将此两幅《梅花画》和题诗,请钟沈林摹刻碑石。同年,许瑶光在"亦方壶"右侧,"凝碧阁"旧址建"宝梅亭",将两块碑石保存于亭内。还撰书《构宝梅亭》诗,刻石记事。

许瑶光喜得的元代画家吴镇(嘉善人)的《风竹图》真迹,于同治六年摹刻碑石并题诗,后亦移置"宝梅亭"内。

许瑶光在嘉兴府任内,在烟雨楼小岛建造了不少景点。地方人士还公建"来许亭"、"鑑亭",僧人重建"大士殿"(即观音阁)。但最终未能复建烟雨楼。

6. "查荒"大案,为民伸冤招致罢官

太平军战争后,嘉兴地区人口由战前近 300 万人,下降到同治十二年的不到 100 万人。农村土地荒芜严重,约有半数以上的田地无人耕种。至光绪六年(1880),荒芜的土地仍十有三四。

同年三月初八,浙省巡抚谭钟麟派道员王荫樾等到嘉兴"查荒",逼加征粮数额。省员撇开许瑶光等地方官员,也不下乡勘察。十六日起,在弘文馆调集庄书(经办田粮之吏员),会讯勒逼,动用刑法,令将有主荒地悉数征粮,令无主荒地竭力增为熟地。消息传出,乡民纷纷入城,至弘文馆执香跪请省员下乡实地查荒。省员出来大加斥责,随从以马鞭扬击,有的还持刀吓砍,以致激起众怒。顿时,省员被乡民簇拥出南门勘荒。许瑶光闻讯策马赶去,将省员接回。省员连夜回省,称被秀水知县廖安之策动乡民殴伤。浙省巡抚即上奏,偏罪乡民,归恶庄书,嫁祸于县令。并调楚军 800 人,连夜赶赴嘉兴镇压,拘捕数十人。清廷闻奏,于四月十六日谕旨,命"密拿首要各犯,解省讯办,如敢抗违,即行从严惩办,以儆效尤。"

许瑶光在此案中,同情乡民,保护百姓,勘实是非,为民伸冤。在复浙抚禀中,力陈系省员办理不善,以致激起民变,责不在民,亟请乞休。由于他不按抚督之意,如实禀报,六月十三日被挂牌另委。七月二十三日,上海《申报》登载了《嘉守罢官记》的消息:

嘉兴守许雪门观察,自甲子莅任,迄今十有七年。其来也当兵燹甫定,人民凋敝,城市荒凉。善后诸大事,措置极难。而太守则刚健涵以大度,明决不事苛求,从容就理。先留养,次掩埋。集居民,招商贾。贫者恤之,恶者除之。设婴堂而幼孩保,复书院而文教兴。凡此数端,郡民之叨惠者广,而感德者深也。……三月二十五日,为嘉民宏文馆跪香求请勘田鞭扑激闹一事,六月十三日被挂牌另委,此事才有定数,而斯民不愿闻之。十四日晚传闻省信,阖郡若狂。有耆民等叩府,欲上请留任。太守曰:毋新太守贤于我者也我素佩之,尔民无恐于是。退而思,思而感,感而发,曰太守仁人也,不可忘也。即于西

丽桥西，茶禅寺东泽地，筑亭名曰"许公亭"。盖志公德否朽，民心不忘也。二十五日卸篆。……七月初三黎明，有耆老数十人，送水一缸，镜一面。进署呈帖，上书："明镜高悬，冰清水鉴，恭颂德政，敬送宪旌。"继有义塾蒙童五十人，持书包执香跪送。太守方出署，而孤老院男女并无目者亦来跪送。斯时街衢拥挤，自西县桥至北马头，家家香花高供，甚有悬彩灯结彩，额上书"官清民乐，情切攀辕"字样者十余处。及至北武庙，有老人数辈献酒，脱靴，感慨涕零，太守亦为酸鼻，再拜，下船。时群绅备大彩船两艘，并各绅送行船，合自坐船几及百余。两岸看船停泊四五里，人不啻数万，船不啻数千，各镇乡市为之一清。船至"许公亭"小泊。……其时，群绅邀太守过彩船饮，沿塘乡民执香跪送。此日，数十庄俱隶秀水也。是晚，泊万寿山本觉寺，老僧亦执香跪接。……次日，各绅送至陡门，殷勤道别。午后，过石门湾，尚有香花。噫异哉，离城百里，不可谓近，乃闻风激发顿见天良，非民情之厚曷克臻此。……或云有绅耆门生辈，且远送至省焉。

当时，嘉兴由"查荒"而激起民变的大案，震动各方。上海《申报》自三月二十八日刊登嘉兴二十五日"查荒闹事"的消息起，连续发表了二十多篇有关的社论、文稿和消息。如《论嘉属乡人抗勘荒田案》、《论杭州调兵赴禾》、《论民变》、《论杭嘉湖三郡民情》、《恭录谕旨》、《嘉兴府许瑶光嘉兴县廖安之通禀》、《嘉兴府知府许瑶光复浙抚谭中丞禀》等。文章批评浙江当局，同情浙江乡民。

七月二十五日，《申报》又发表了《书嘉守罢官记后》的社论，称许瑶光为近世少有的贤太守。社论说：

近世贤太守，如谭君序初之于苏州，宗君湘文之于宁波，其最著也。然亦有遇合存焉。嘉兴守许君，任禾二十年矣。昨观所录罢官记，一时民情爱戴至于如此，因知其居官之日，凡地方利病，民情甘苦，无不熟知而审处之，故能深得民心。即此次因勘查荒产一案，致乡民哄闹，殴辱宪委，不合于中丞，亟请乞休，亦可见平日之心矣。……即当肇事之日委员泣禀，归罪县令。太守以表率属员之故，不能不禀。然亦无妨委婉其词，不加可否。……何必一一勘实，坐委员以罪。中丞盛怒之下，苟委员泣禀之词，先入为主，则禾民实罹重辟，奇冤莫伸。此事之出最重，而谓可以不实陈乎。其平日之尽心于民事，胥于一禀见之矣。

明清时期,知府退居地方官之列,事事皆须禀承上司。官场陋习,事事因循,处处推诿。然而许瑶光为官,地方应为之事,吾必主之。则院司虽忌其才,而亦无如之何。以致政绩卓著,为百姓所拥戴。

许瑶光卸任后居杭州庆春门,菜石桥西塊南隅,马所巷家宅"长园"。光绪七年(1881)十月,浙江巡抚谭钟麟调任,后任陈士杰碍于舆论和民情,八年(1882)七月许瑶光复任嘉兴知府。嘉兴父老得知许瑶光回任,十分高兴,即在三塔塘上建"许公三至亭",厅堂龛内盒中,装有许瑶光离嘉兴登船前脱下的"朝靴"一双。

7.《雪门诗草》,具文学与史学价值

许瑶光出梁章钜门,诗文书法,均有所就。有《雪门诗草》(同治十三年刻本十四卷、光绪二十四年校刊本十六卷)流传于世。许瑶光作诗求真求实,包涵内容至为广泛。其诗不乏歌咏抒情之作,既具有文学欣赏价值,又含不少史实记述,可供文史考证,具有历史文献价值。

许瑶光以为,诗应以写身世,写各有关切其身其世之诗。《雪门诗草》自序谓:"际休明时,人知作褒美诗矣;然褒美而无实,直谀词耳。处忧患时,人知作讽刺诗矣;然讽刺而不当,直下流讪。"又谓:"运意措词宜法古,抒情写景宜从今,或歌或泣随所遭。曲尽其态,渺无成见,与其间庶。作诗者如署行义年,览诗者如亲见当时事,则真切矣。"在许瑶光的诗篇中,还有不少论诗之作,对诗文有他独自的见解。

《雪门诗草》十六卷分《悠游集》、《蒿目集》、《上元初集》、《上元二集》等四集,为道光二十年至光绪八年诗,共二千零三十首。附《衍古谣谚》五十五首。

《悠游集》为咸丰二年赴浙江出任前诗。多载读书科试,纪行闻见。《炎州行》、《沔阳女儿行》、《射蟒台怀古》、《杨花薄曲》、《游金山寺》、《湘江竹枝词》、《西湖杂咏》等篇,当为上乘。《再读诗经四十二首》、《论诗三十二首》,足供采撷。

他在《再读诗经四十二首》中论诗时谓:"向未精研注疏,何敢轻说经文。惟仁者见仁,智者见智,愚者何不许其见愚。"这些诗篇,均可见他青春年少时,风华正茂之情。

《蒿目集》为同治三年任嘉兴府知府前诗。许瑶光"栖迟吴楚,目击戎马,举凡官吏之是非,营政之得失,民气之盛衰,无不默识之,而徐徐焉以笔墨宣达之。"《闻长沙被围书愤》,详述太平军起事经过。以后每一重要战役,均据所闻,记有诗文。

在他回长沙家中探视，诸暨失守后养伤，去安庆见曾国藩，随左宗棠回浙江等途中，写了不少伤感于战祸之诗。《病媪行》写道："龙兰未陷，兵与民斗，（清将）张玉良冤杀数万。"乃作《病媪行》：

> 田中草如人高，山中树无鸟巢。村中茆屋频火烧，火烧不尽余枯寮。中有病媪烹藜蒿，藜蒿秋老不可咽。血泪界破黄尘面，携囊乞食向邻村，邻村寂寞无人见。去年大厦连青云，今年赤壁留斜曛。纵横白骨缠草根，惨澹重惊病媪魂。

许瑶光有慨于鸦片害人，清廷甚至以鸦片捐助军饷。在《志慨》一诗中写道："洋烟由海舶以入中华，见于明万历间。李时珍本草部，名阿芙蓉，一名阿片，俗谓之鸦片，性能止痢涩精。……本乾嘉间，流染渐盛。华人迷之，有自种者，然终不及洋产。以内地宝贵之银，易外域害人之物。……有请开烟禁之疏，未能遽用。今则藉洋药捐，以助军饷矣。"还有慨于华人借用洋兵，"我民既日亲外国，彼族亦日入内地矣"，乃作《钱江歌》：

> 钱江东岸蓬莱驿，防江尚驻重洋客。钱江西岸是杭州，二月官军薄上游。请将羽扇画江流，自陈战舰压潮头。何人结束花绿绸，华言夷服相对愁。胡不驱归海隅休。

《上元初集》为嘉兴首任时所作。有《秀州咏事》、《凋敝叹》等来嘉所见诗，《祈雨作》、《种桑咏》等关注农事诗，《宏文馆试士作》、《学额》等兴学主张诗，《拙官叹》、《米捐叹》、《慨流亡》等讽刺感叹诗，《题秀水沈君古梅图》、《题嘉兴王艻亭学博携李谱》等题图索题诗，《南湖八景咏》、《访烟雨楼址》等南湖楼景诗，《申江杂咏》、《京都偶感》等北上入觐诗，《与诸暨蔡书樵弟子论诗》、《论诗》等诗作议论诗，《过朝鲜难夷作》、《台湾行》等时事杂感诗。

《上元二集》为嘉兴二任时所作。有《送阳湖盛柏生大令奉鄂抚调赴广济蟠圹采煤》、《九月十八于役乍浦书感》等"强国"、"求富"诗，《七月廿五卸嘉守事留别耆旧》触网冤狱诗，《长园五咏》、《正月廿六日登玉皇山远眺》等闲居杭州诗。

许瑶光后期阅历大为丰富，诗作更为成熟。在《中年》一诗中自感："人近中年愁，我近中年乐，读书悟根柢，颇悔章句薄。"又在《编诗既成系此》一诗中自聊："何心汉宋争门户,无力苏韩斗异同。惟有卅年雷雨变,并随花鸟入诗中。"

许瑶光作为清代诗人,文化艺术出版社的《清人诗集叙录》对《雪门诗草》有较详之评介和提要,并将其中一些诗文附之于后。北京古籍出版社的《清人诗文集总目提要》、台湾国学文献馆的《中国历代诗文别集联合书目》也有介绍。《雪门诗草》在全国各大图书馆均有庋藏。

8.《谈浙》四卷,与正史有同异之闲

许瑶光不仅是个诗人,还以其史学著作而知名。他的《谈浙》四卷,是记载太平军江南、浙江战事的重要史籍,中国社会科学院组织编写、上海辞书出版社出版的《中国历史大辞典》(史学史卷)对此书有专条词目予以介绍。

《谈浙》四卷于同治十年(1871)成书,有光绪十四年(1888)刊本。《谈浙》自序谓:"顾自道光庚戌,历咸丰一朝,迄今同治辛未,已二十有二年,均辗转俯仰于浙东、浙西之境。所任之地,赤紧居多,烽火惊心,羽书骇魄。凡夫天时之迁变,地利之险易,人情之纠纷,皆以静念观其动态,而知其成败之由也久矣。兹于交游朋好,摘辑笔记,作《谈浙》一编,聊记身世之遭逢也。"

《中国历史大辞典》(史学史卷)对《谈浙》的评介是:"自咸丰三年(1853)宁国清军设防始,凡《谈咸丰十年春二月杭州失守克复情形》、《谈咸丰十一年九月廿九日绍兴失守事略》、《谈咸丰十一年十一月初八日宁波失守事略》及《谈洋兵》等二十篇,记浙江各府属间及江南一带战事始末,内容丰富,事备文赅。其中于双方军事部署和有关部属编制、清军之掳掠及常胜军华尔被歼情状,记叙具体,有为他书所不及者。"

如在《谈咸丰三年设防宁国之始》中记述:"宁国兵勇,大约川广楚三省之人多。本省则募之台州,如夏宝庆、陶宝登,皆台盗也。"太平军进入浙江常山后,"台勇乘机抢掠、饱掠而走"。"台勇掠于常山既饱,溃至西安,龙兰团练借杀台勇之名,遇估客赀重者,夺其所有而歼杀其人;又拦河稽查,稍有辎重者,即以形迹可疑杀之。"

又如《谈同治元年四月中外官兵克复宁波府城连复各邑事略》:"廿七日,华尔以李鸿章副将,率常胜军七百人攻宁波城,枪弹中胸达背,廿八日华尔陨于宁。"

许瑶光在《谈浙》中对太平军战事的记述,正如自序所谓,来自"交游朋好,摘辑笔记"。其中亲身经历的,恐只有《谈咸丰十一年三月十九日金华失守事略》中,金华失守后太平军攻入诸暨一段。许瑶光咸丰十年闰三月廿四日视仁和事,是

"咸丰十年春二月杭州失守克复"以后的事，也可能因协防而得以"俟同知补缺后以知府用"。

许瑶光重视史料收集，在官时耳闻目见，均有详细记载。在对待收集的史料上，持慎重态度。其自序谓："若广摘兼听，仍以已见断其是非，则浅语也。"又谓："经讳国恶，传则直书，或严或夸，不必尽符王庭扬言。草野讽议，同异之闲，有忌无忌，所谈不尽与奏牍合。"由于许瑶光在《谈浙》中议论纵横，记叙翔实，"以静念观其动态"；对待"经讳国恶"敢于直书，不尽符合"王庭扬言"，"与奏牍合"，与清代正史有"同异之闲"。因此《谈浙》一书成为研究太平军战事和太平天国人物的重要史料，被有关著作广为引用。

在《雪门诗草》中也有不少太平军战事，如长沙被围、武昌失守等记述。还有一些记述内外关系的诗篇，如《琉球贡使过境偶记》，记述琉球历来进贡，及此次补贡和贡使沿途与华人谈必称天朝等情况。又如《过朝鲜难夷作》被《清人诗集叙录》作为价值较高之文献刊载介绍。诗云：

> 白衣圆领发覆额，乘槎东海遭风厄。漂流遇拯到中华，中外升平方一家。给衣给食给船载，遣使护送天之涯。慎听约束归故国，宜感皇家绥远德。琉球又报难夷过，东南海阔真难测。（难夷过无虚日，需索颇甚。恐外国流氓有倚此作生涯者）

光绪元年（1875），许瑶光组织重修《嘉兴府志》，自任总修，制定体例，负责总审。光绪三年定稿，秋月开雕，四年季夏竣工，版藏鸳湖书院。光绪五年应各方要求重印一百部。这部《嘉兴府志》俗称《许志》，共48册88卷，体例得当，篇帙浩博，记载翔实，被认为是府志中的上乘之作。为《续修四库全书》收录，并有多个出版部门影印出版。

光绪八年（1882）十一月初七日，许瑶光卒于官廨。诰授资政大夫（清文职正二品之封赠）。九年十一月十四日归葬于湖南长沙浏阳门外，东乡、圭塘、许家冲，许氏宗祠祖坟山。其所藏图书赠予嘉兴鸳湖书院。其后人又将许瑶光在长沙余下的所有藏书，捐于嘉兴市图书馆。

许瑶光一生勤学，爱书，重视教育。善书，嗜碑帖，初由董香光入手，后学苏黄，又变其格。又喜画兰，不肯轻于下笔。许瑶光擅长诗文，诗质实，崇史实。性格倔强执着,也就是湖南人的"犟"脾气,认死理。许瑶光关心民众,爱护百姓,清正廉明,为官务实。朝考居第七,因放任敢讲,遭到浙江。对太平军战事,敢于直书,慨朝廷用洋兵,斥清军乱烧杀。嘉兴任上,敢以职份所应为者吾必为之,省院司忌其才,十八年未得迁升。"查荒"大案中,为民伸冤,如实禀报,终招罢官。

然而,许瑶光在浙江诸暨县、嘉兴府做官得民心,有政绩。他的《雪门诗草》、《谈浙》流传于世,有文学和史学价值,收录于《续修四库全书》和《中国历史大辞典》。清代有名望的人很多,不可能均进入史册。许瑶光以其有勋业德望,著作可传,被载入《清史列传》和《中国历代人名大辞典》等书,成为二十五史记传人物。

于 2001 年

（二）《雪门诗草》篇目

（许维格编）

《雪门诗草》卷一 （《悠游集》,道光二十年庚子至道光二十八年戊申）

道光二十年庚子至道光二十八年戊申(1840 年至 1848 年)

1.0 《雪门诗草》十四卷总叙

1.0 《悠游集》叙

1.1 五古

1.2 湘江竹枝词

1.3 读论语

1.4 读诗经

1.5 读易

1.6 再读诗经四十二首

1.7 淘金儿

1.8 沔阳女儿行

1.9 仿香奁体

1.10 拟古

1.11 招友

1.12 游麓山

1.13 登云麓顶作

1.14 黄陵庙

1.15 射蟒台怀古

1.16 初春雪霁同李笠帆诸友登天心阁

1.17 九月送崔和斋归霸州

1.18 郎月行

1.50　冬闺琐句

《雪门诗草》卷二　（《悠游集》,道光二十九年己酉至咸丰二年壬子）

道光二十九年己酉(1849)

2.1　咏兰

2.2　清明

2.3　辰溪龚虹桥来岳麓书院晤而有赠

2.4　仲春马云庄招饮澹园纪赠

2.5　题麻姑采花图

2.6　夜泊铜官渚

2.7　朝发白鱼矶

2.8　北风大作暮泊洞庭湖心

2.9　守风鹿角同友人作

2.10　登岳阳楼

道光三十年庚戌(1850)

2.11　元日题观城旅舍

2.12　渡河

2.13　茌平旅舍

2.14　日暮

2.15　都门杂纪

2.16　东阿道中

2.17　车中晓怀

2.18　夜泊淮浦

2.19　高邮道中

2.20　游金山寺

2.21　阊门纪事

2.22　到杭州

2.23　钱塘杂感

2.24　钱江子夜歌

2.25　西湖竹枝词

《雪门诗草》卷三　（《蒿目集》，咸丰三年癸丑至同治二年癸亥）

咸丰三年癸丑（1853）

《雪门诗草》卷四 （《蒿目集》，咸丰四年甲寅至咸丰八年戊午）

咸丰四年甲寅（1854）

4.1　庐州从军词

4.2　枯杨叹

4.3　拟晓仙谣

4.4　纪异

4.5　弔储数功

4.6　村居

4.7　遇郑南桥谈去年避乱事

4.8　再谈某贵公子避乱事

4.9　石马哀

4.10　庐州失守江忠烈公死之感而赋此

4.11　荷钱行

4.12　飞萤怨

4.13　水军哀

4.14　水军咏

4.15　老农叹

4.16　游官山寺三首

咸丰五年乙卯（1855）

4.17　战船咏

4.18　闻景州连镇大捷

4.19　鄂云怨

4.20　健将咏

4.21　听毕淳斋弹琴

4.22　贺聘臣同年由樊山避地来湘见赠奉答

4.23　顾复斋侨寓鄂城壬子冬贼陷其室人罗投井死室中女君子四人均殉难索
诗纪事

4.24　李力帆舍饮佛脐茶

4.25　题东坡读书图

4.26　咏园中草木（杨柳　海棠　蔷薇　山茶　忍冬　樱桃　兰　石榴　茶

蘼　白桃　木芙蓉　蜡梅）

《雪门诗草》卷六 （《蒿目集》,同治元年壬戌至同治二年癸亥）

同治元年壬戌(1862)

《雪门诗草》卷七 （《上元初集》,同治三年甲子）

同治三年甲子(1864)

7.13 将赴嘉兴周益斋舍人孙瘦梅太守鲁晴轩农部莫意楼司马饯行柯山遂游石佛寺七星岩纪事

7.14 越州事竣奉檄守禾章梓良观察以诗赠行答此

7.15 偶感

7.16 由杭赴嘉途中所见时湖州尚未克复

7.17 秀州咏事

7.18 覆巢燕叹

7.19 题严缁生秋部诗集

7.20 午睡

7.21 银汉曲

7.22 初秋凉夕

7.23 凋敝叹

7.24 六月十八日克复金陵纪事

7.25 禾城高眺

7.26 禾中秋夜

7.27 嘉兴有石莲舫（中玉）孝廉乱后归自上洋作鸳湖棹歌百章索题

7.28 不寐

7.29 揽镜

7.30 送宁乡许石峰抱骨归里

7.31 述怀诗示程少梅（瑞生）孝廉

7.32 钱江看潮书感

7.33 送左恪靖伯督师入闽

7.34 握算篇

7.35 因事赴杭夜冻行舟

7.36 石门舟夜

7.37 书事

7.38 夜宿王江泾

7.39 见夜烧志慨

7.40 西水驿谒大府夜归作

7.41 舟行夜归书感

7.42 补梅作

《雪门诗草》卷八 （《上元初集》,同治四年乙丑）

同治四年乙丑(1865)

《雪门诗草》卷九　（《上元初集》,同治五年丙寅）

同治五年丙寅(1866)

《雪门诗草》卷十　（《上元初集》,同治六年丁卯至同治八年己巳）

同治六年丁卯（1867）

10.1　拟古乐府（西门行六解　东门行四解　有所思　墙上难为趋行　煌煌京洛行五解　门有车马客行　白头吟　君马黄　今日乐相乐　三妇艳　估客词　前溪歌　阿子歌　君子行）

10.2　吴仲仙制军度岁于嘉兴作此

10.3　四月

10.4　寄赠申江王叔彝观察时应官绍兴

《雪门诗草》卷十一　(《上元初集》,同治九年庚午至同治十一年壬申)

同治九年庚午(1870)

《雪门诗草》卷十二 （《上元初集》，同治十二年癸酉）

同治十二年癸酉（1873）

12.1 南湖八景有蕊珠阁纸客图入诗笺求题

12.2 酬寄张少蕖

12.3 江干早春

12.4 诗翁

12.5 静室

12.6 自知

12.7 江暮

12.8 天师来

12.9 三月二十三日敬祀

12.10 暮春赠阮雨农

12.11 乾坤

12.12 访江夏王琳斋（景彝）同年于精严寺

12.13 衡山陈槐亭（锺英）同年以知非斋诗集见示题此

12.14 赠陈湘亭（祖襄）太守

12.15 嘉兴俸满人觐书事

12.16 游半山庙登云锦亭

12.17 五月十八日善化吴诚斋宁乡周藻臣安化李少枚三司马邀同湘阴左泉山场政饯别西湖

12.18 过孤山仁和典史林雨人墓书感

12.19 彭雪琴宫保营退省庵于三潭映月

12.20 吴山太虚楼书感

12.21 余将北行禾中耆英构亭南湖截雅诗来许以名之六月三日设饯于斯赠诗者几百人即席作答

12.22 采船咏

12.23 平湖高抡元秀水许蕭和屠树荣桐乡陆费煊陆费熙诸门人送至枫泾志感

12.24 同乡傅翊梁军门邓书田总戎锺高福都阃各以水师相送

12.25 行程即景

尚书宗室灵芗生前乌里雅苏台大臣福元修诸夫子退作

寄此

《雪门诗草》卷十三　（《上元初集》,同治十三年甲戌）

同治十三年甲戌(1874)

14.50　鹁鸠树上鸣叹

14.51　不斑白语道失篇

13.52　美服人指篇

14.53　读诗理乱丝篇

14.54　相士失之贫篇

14.55　智贵卒篇

《雪门诗草》续编卷十五　（《上元二集》,光绪元年乙亥至光绪三年丁丑）

光绪元年乙亥(1875)

15.1　和何青士观察寄题烟雨楼原韵

15.2　纪异

15.3　游仙诗

15.4　三月二十六日彭雪琴宫保出南湖乞画横直梅花各一于石构宝梅亭护之以诗当记

15.5　买牡丹

15.6　题吴门王絅参炳燮孝廉三印草庐图

15.7　花落

15.8　太息

15.9　秋意

15.10　题湘阴郭子瀞太守读书秋树根图

15.11　闻道

15.12　偶记

光绪二年丙子(1876)

15.13　元旦雪

15.14　夜宿临平书遣

15.15　泊玉溪镇

15.16　送阳湖盛柏生大令奉鄂抚调赴广济蟠塘采煤

15.17　春暮与袁雨农夜话

15.18　秀水令黄子远因漕去任作诗慰之

15.19　臂疼

15.50　书蝗

15.51　伏雨

15.52　深夜

15.53　立秋

15.54　三月二十三日彭雪琴宫保驻节南湖於前画直幅梅花石缺补月於其上

15.55　园亭

15.56　杨柳蠹

15.57　蚊

15.58　蝶

15.59　蜘蛛

15.60　秋闲

15.61　陈槐亭同年权理洋务文牍於中丞幕中书来时以洋情为虑寄此

15.62　秋晓

15.63　题五马图

15.64　题嘉兴郭止亭寒香书屋勘印图

15.65　题平湖徐眉似砚山图

15.66　题玉溪渔隐

《雪门诗草》续编卷十六　（《上元二集》,光绪四年戊寅至光绪八年壬午）

光绪四年戊寅(1878)

16.1　送彭纳生由嘉兴釐局量移甬东

16.2　雪霁

16.3　题吴县汪尔祉乘风破澜图

16.4　花翎咏

16.5　令桐儿海宁观潮

16.6　赠吴康甫老人即题其问礼盦金石文字释言

16.7　重阳日晴

16.8　九月十八日于役乍浦书感

16.9　独山野眺

16.10　题金眉生偶园图册即以挽之

（三）许瑶光年表

（许维格编）

本表起自清嘉庆二十二年丁丑（1817），至光绪八年壬午（1882）。

嘉庆二十二年丁丑（1817）　1岁

正月初八出生于湖南善化（长沙）、圭塘、许家冲。父许永璜，字国贤，母张氏，兄仁甫、次衡、荔裳（力常），种菜务农。

长兄仁甫尝语："治生之事吾任之，显扬之事则属之弟辈。"

道光元年辛巳（1821）　5岁

四月开始受学，父母聘请老师督教他上课，大哥、二哥也常购书督促他读书。

在凤凰台置屋一椽，黄泥冲田数亩，全家过着日耕夜读的生活。

道光十六年丙申（1836）　20岁

考取秀才（附生）后，与三兄力常一起进省城东南的紫荆山房读书。学校位于东茆古里，小瀛洲，十分幽雅。

道光二十年庚子（1840）　24岁

道光二十年（1840），第一次鸦片战争清朝对英宣战，道光二十四年（1844）清廷战败，与英国签订不平等的《南京条约》。

道光二十年（1840）至咸丰二年（1852）期间，风华正茂，作品中已有不少佳作。如《五古》、《勖志》、《阿芙蓉咏》、《炎洲行》、《粤海从军咏》等反映他禁烟和抗击外敌志慨的诗篇，以天下为己任的情怀。《湘江竹枝词》、《射蟒台怀古》等山水景物、纪行闻见诗，《沔阳女儿行》、《湘江词》、《杨花薄曲》等叙述妇女悲伤的民间故事，以及《荒园》、《秋日晚眺》、《秋夜》、《木芙蓉》、《菊花》等抒情写景诗歌，都被称为上乘之作。

道光二十一年辛丑（1841）　25 岁

父国贤公去世。清代科举，丧服三年未满者不得应试。

道光二十三年癸卯（1843）　27 岁

肄业于城南书院，为陈尧农（名本钦）老师所赏识，每年科试诗赋，四次均得第一。

在城南书院期间，作《再论〈诗经〉四十二首》，对《诗经》四十二篇诗的主题，以及历代《诗经》的注解进行评论，被后世学者认为对全面理解《诗经》有重要意义。

道光二十四年甲辰（1844）　28 岁

丧服还未满，正好骑跨省试日期，错过了考举人，感到悲伤忧郁。

道光二十五年乙巳（1845）　29 岁

岁试"四十贤人"赋，及"秋兰"诗，见赏于南皮张振之（名燦）学政，补升为增生。

道光二十六年丙午（1846）　30 岁

科试"谷山研"赋，及"拟西崖"乐，在长沙府得第一，成为廪生，享受"廪饩银"每年可从国库支取白银四两。

道光二十七年丁未（1847）　31 岁

读书出众，忽遭非分，经深思后认为"若有由致"，"忌我实爱我"，作《勖志》自勉。

道光二十八年戊申（1848）　32 岁

番禺梁矩亭（名同新）学政选拔贡生，考"拟王紫缀珠为烛"赋，得第一。

道光二十九年己酉（1849）　33 岁

贡生选拔复试仍第一，入道光二十九年己酉拔贡科。三兄力常亦以乡试入式，被荐举入该科，同去京都。作《朝发白鱼矶》。

三兄会考前复试失败，遂先回去。

七月会考,文题为"务民之义敬鬼神而远之",诗题为"兴雨祁祁"。会考后以诗谒拜各位老师,大家都相信他必能中选,但笑称诗中有过多放任敢讲的辞句,恐怕要被派到下面当县令了。后再朝考于保和殿,诗题"秋光先到野人家"。最终得朝考第七名,被引见皇上于勤政殿,果然被任用为县令,派遣到浙江。

当时朝廷正在清查浙江国库款项,拔贡科主考和主批梁矩亭劝其改任内阁中书,故先改进翰林院,内阁中书科中书入仕。

道光三十年庚戌(1850)　34岁

介绍京都见闻和会试情况,作《都门杂纪》。

道光三十年秋,离京至浙江。途中作《车中晓怀》、《高邮道中》、《游金山寺》。

到杭州后作《到杭州》、《钱塘杂感》、《西湖竹枝词》、《孤山赏梅》、《闱中感事》。

咸丰元年辛亥(1851)　35岁

咸丰元年(1851),洪秀全金田起义。

咸丰元年秋,出任桐庐县知县。

二个月后,卸去桐庐事务去杭州,在省试时任誊录官。作《号啸》。

同年十二月,到严州府淳安县任知县。

咸丰二年壬子(1852)　36岁

年初作《到严州》。

八月太平军进攻长沙,在得知长沙被太平军包围,作《闻长沙被围书愤》,详述太平军起事经过。

十二月太平军占岳州(岳阳)。三年初作《乌鹊怨》

咸丰三年癸丑(1853)　37岁

咸丰三年一月太平军占领武汉,作《黄鹤怨》。

二月,太平军夹江东下,连克九江、安庆、芜湖。二月初十日攻克南京,建立太平天国王朝,作《春感四首》。

咸丰三年六月三日,太平军由天京溯江而上,开始西征,意欲夺取皖、赣,进图湘、鄂,控制安庆、九江、武汉等军事要地,以屏蔽天京。十日西征军占领安庆,旋进攻江西。

离别淳安县,调省协助浙、赣当地民众防备太平军,写了《暮泊滕王阁书感》、《寒雨》。

年底到长沙,作《除夕到家写悲》。此时长子方珏未成年早就去世。次子方义因亲事意志消沉。第三个儿子方毂离宦媒还远。第四个儿子方藻才出生。

作《谈咸丰三年设防宁国之始》(《谈浙》)。

咸丰四年甲寅(1854) 38 岁

四年初在长沙所见所闻作《石马衰》、《飞萤怨》。

一月,太平军破庐州(合肥),湘军将领江忠源投水自杀。作《庐州失守江忠烈公死之感而赋此》。

曾国藩办湘军水师。

二月,太平军西征进入湖南,四月曾国藩亲率水师一部进攻靖港,大败而回,所率领水师战船损失三分之一,他自己也差点跳水自尽。作《水军衰》、《水军咏》。

咸丰五年乙卯(1855) 39 岁

正月,湘军水师败于九江,太平军再克武汉三镇。作《战船咏》、《鄂云愁》。

作《谈咸丰五年春浙江入贼之始》(《谈浙》)。

咸丰六年丙辰(1856) 40 岁

第二次鸦片战争爆发,英、法、美、俄进一步入侵我国内地。

八月,太平天国内讧,开始衰败。杨秀清居功自傲,逼洪秀全封他为"万岁",洪秀全密令韦昌辉、石达开回京相救。9月初,杨秀清及其部属数万人被韦昌辉残杀。不久,韦昌辉又被洪秀全处死。合朝文武迎石达开到京辅政。

同年,就江西广信解围中所见所闻,作《广信解围纪事》。

同年回浙江常山任知县,作《视事常山阅视曹城有感》。

作《谈咸丰六年八月常防出援广信》、《咸丰六年春衢防告警,三月廿八日宁国失守及七年徽防事略》(《谈浙》)。

咸丰七年丁巳(1857) 41 岁

太平天国石达开因遭洪秀全疑忌,五月负气出走,于同治二年(1863)六月在四川大渡河畔覆灭。

二月离别常山,作《留别定阳》。

任诸暨县知县,安民养生,不遗余力。作《登诸暨署楼》。

次子方义(字庆堂,1837—1856)去世,作《闻庆儿去腊瘵逝》。

作《再谈七年浙江筹防事略》(《谈浙》)。

咸丰八年戊午(1858)　42岁

太平军北伐、西征后,天京一直处于清军江南大营、江北大营的包围之中。作《二月纪事》。

于咸丰七年三月、十年十一月,同治二年,三任诸暨知县。咸丰八年作《诸暨县湖种柳》。

作《谈咸丰八年石逆犯衢州遂陷处州旋窜闽疆事略》(《谈浙》)。

咸丰九年己未(1859)　43岁

第二次鸦片战争失败,咸丰九年前后,清朝与法、英、俄、美签订天津条约、北京条约。作《初秋感事》。

针对清廷借洋药捐以助军饷及烟土始于明,或谓唐时已有之的谣言,以及烟土可以强身等奇谈怪论,作《志慨四首》。

咸丰九年春离诸暨,作《西施庙》、《别诸暨作》。

在杭州逗留一段时间,同年秋到宁海剿海盗。作《宁海杂咏》。

作《谈严州四次失守及兰溪富阳事略》(《谈浙》)。

咸丰十年庚申(1860)　44岁

咸丰十年太平天国忠王李秀成进军浙江,以解天京之围。

在宁海剿海盗后赴仁和,作《闰三月初八将赴仁和任慰宁海诸父老》。

咸丰十年闰三月回杭州仁和任知县,《闰三月廿四日视仁和事作》。

九月杭州被困,作《饥鸟行》、《白衣仙人曲》、《门墙桃李篇》等。

分析杭州城破的原因,作《暮春志慨》。

李秀成破金陵江南大营,作《金陵失大营叹》。

同年十一月,再任诸暨县知县。

作《谈咸丰十年春二月杭州失守克复情形》、《谈咸丰十年夏嘉兴失守事略》(《谈浙》)。

咸丰十一年庚申（1861）　45岁

杭州战事见闻，作《浙西从军行》。

清将张玉良骄横不法，纵容士兵夺民财、烧民居，怒杀百姓数万，百里长街成灰烬。顷刻诸船老幼空，只留少妇充军妾，作《兰溪官军咏》。

杭州告陷，作《闻杭州告陷书感》。

咸丰十一年七月初四，李秀成进攻诸暨。当时驻军扼守城中，而县官出城，负责后勤之事。李秀成绕越诸暨，突克萧山。守城清兵退保杭州，忠王复分兵回取诸暨。九月二十六日，诸暨四乡火起。许瑶光以为驻军"百胜勇"尚在，实则闽楚军都已撤去。至东门遇骑兵三，各以长刀相劈，左右额顶心、发际、右耳根、右臂膊共受七伤，遂昏倒。俄而苏醒，有老妪扶其行过石桥里许。又遇黄衣兵二，见其鲜血淋漓，遂让路放行。有马姓百姓抬至枫桥，裹伤后去绍兴府。二十九日，府城陷。至甬江口，杭州胡雪岩买船送其去了舟山。

作《谈咸丰十一年三月十九日金华失守事略》、《谈咸丰十一年九月廿九日绍兴失守事略》、《谈咸丰十一年十一月廿八日杭州复陷，十二月初一日满城亦陷》、《谈咸丰十一年冬台州失守，同治元年正月民团克复事略》、《谈处州事略》、《谈咸丰十一年十一月初八日宁波失守事略》（《谈浙》）。

同治元年壬戌（1862）　46岁

失城落职，在长沙家中养伤，作《长沙春日》。

五月，赴安庆见曾国藩，作《五月朔日赴安庆谒节相涤生师时庐州新复》、《伤安庆行》。

同治元年初，左宗棠在太平军侍王李世贤部阻击下，从安徽进入浙江衢州。

七月，谒左宗棠于衢州，两人一见如故。十二月二十八日，左宗棠特奏《查明失事可原各员恳请免罪留营折》，以其在浙多年，历任均著贤声，留营帮办营务。

十月，左宗棠沿钱塘江东进，克汤溪、龙游、兰溪、金华、绍兴、台州、诸暨，浙东以清。

行军途中作《从军苦热行》。

途中所见作《病媪行》、《难民行》、《阻饥行》、《荒村叹》、《田父叹》、《素衣伤》等反映战争造成百姓乱离的诗篇。

作《谈同治元年四月中外官兵克复宁波府城连复各邑事略》（《谈浙》）。

同治二年癸亥（1863）　47岁

年初作《定浙东》。

对清廷使用洋兵攻打太平军，多有议论。作《钱江歌》、《洋兵行》。感慨官军华人借用洋兵。

二月重至诸暨，作《二月重至诸暨时县域初复》。时城中无遗粮，亲赴金华运谷三千石移赈诸暨百姓。借给耕牛籽谷，以开济农民。招商贾贸易。命绅董，劝筹米，捐平粜。修葺书院，以待开课。斯民欣欣有生机矣。作《二月廿三日由诸暨至金华运赈》。

十月，淮军李鸿章收复苏州，作《闻十月二十五日李少泉中丞收复苏州》。

同治三年甲子（1864）　48岁

二月，官军克复杭州，作《二月二十日官军克复杭州志感》。

六月，曾国藩攻陷太平天国首都天京，太平天国运动的失败。作《六月十八日克复金陵纪事》。

同年，左宗棠以嘉兴府城一切善后抚绥事宜，非勤明干练之员不足以资治理，上奏《请以许瑶光等分别委署嘉兴等府事片》。以其守洁才长，堪以委署嘉兴府事。皇上说了句"知道了"。

于四月二十八日由杭州赴嘉兴上任。时太平天国战争才结束，破坏严重，满目疮痍，一片萧条。作《由杭赴嘉途中所见时湖州尚未克复》、《秀州咏事》、《覆巢燕叹》、《凋敝叹》、《禾城高眺》、《慨流亡》。

同年，左宗棠督师入闽，作《左恪靖伯督师入闽》送行。

战争结束后要上行下效开展教育，又作《书事》。

作《中年》，以为人近中年，工作上能负重担，但一定不能妄随他人。

同年，琉球作为清王朝的藩属，贡使过境向清朝朝贡，作《琦球贡使过境偶记》。

作《论诗三十二首》，提出自己的诗学理念和反对宋诗运动的见解。

同治四年乙丑（1865）　49岁

经过太平天国、第二次鸦片战争的磨难，同治四年九月二十日，由曾国藩规划，后由李鸿章实际负责的，制造枪炮、弹药、轮船、机器的上海江南制造局成立，同治五年由闽浙总督左宗棠创办，生产军舰的福建船政局成立，标志以"自强"为口号的洋务运动开始，清王朝进入同治、光绪中兴时期。

奉旨修海塘，作《海盐阅塘作》。

又作《富室叹》、《拙宦叹》、《庸医叹》。对社会上一些弊端进行评击。

到嘉兴时，烟雨楼只剩下一片荒基。三月，在烟雨楼沿湖堤岸边上，种植了一些桃李和杨柳等花木，以"补种荷花延白鹭，预栽杨柳待黄莺"，作《寻烟雨楼旧址并栽桃李于湖堤》。他以地经兵燹，物力维艰，楼制崇闳，未能重建。而在楼址四旁建十数景，点缀南湖景色。

重修嘉兴试院宏文馆，认为"土木工虽费，诗书教贵勤"，作《宏文馆试士作》。

为安定民心，整饬军纪，撤走左宗棠所部的湘军和他在绍兴招募的五百越勇。作《撤楚军越勇书感》。

作《四月四日喜妻子至禾》。作《何子贞亲家过禾作此》，女许忆梅嫁给何绍基的侄子何庆涛，两家成为亲家。

同治五年丙寅（1866）　50 岁

作《读书三首》，提出对读书和治学的理念。

惩枪船、劝葬、除漕蠹、浚河、修石门城、修鸳湖书院。作《嘉兴杂咏》。

善后事宜，群谓宜先兴市，其意不以为然，作《城市》。

对科举录取名额持宁缺毋滥的态度，作《学额》。

发动丝商集捐在官府建成"育婴普济郡堂"，兼办育婴救济，作《育婴》。

对同窗学友和老师，工作中的知己朋友，几次危境中救助他的人都念念不忘，作《难忘二十一首》。

同治六年丁卯（1867）　51 岁

作《初秋游南湖时清晖堂落成》。

以嘉兴特产桂花、毛栗、没角菱入诗，作《八月》。

作《哭继室朱淑人》。妻朱氏生方珏、方义、方毅，道光二十年去世。继室朱氏生方藻，女咏梅、忆梅，同治六年去世。

同治七年戊辰（1868）　52 岁

作《早起送客北郭遂游南湖》。

作《示留春陆姬》。副室陆氏杭州人，生两女。

难夷过无虚日,需索颇甚。恐外国流氓有倚此作生涯者。作《过朝鲜难夷作》。

同治八年己巳(1869) 53岁

同治七年日本变法维新,开始侵略中国,意欲侵占台湾,兼并琉球。左宗棠向朝廷提出,须派"严操守,勤防治,孜俸公,不敢暇逸"的官员担任台湾军政职务,欲调其守台湾城。中丞(省长)马公(毅山)曾勉留任,作《台湾行》。

感叹对农民摊派米捐,作《米捐叹》。

湘军水师创建者彭玉麟(号雪琴)路过嘉兴,作《彭雪琴宫保见过作此》。

同治八年五月作《南湖八景咏序》:"余守嘉今七年,凭眺川原,俯仰风月,目之所寓,有会于心。为湖山标异,得南湖八景。并系以诗。"南湖八景为:"南湖烟雨"、"东塔朝暾"、"茶禅夕照"、"杉闸风帆"、"韭溪明月"、"汉塘春桑"、"禾墩秋稼"、"瓶山积雪"。

又作《构亦方壶于烟雨楼侧题壁》。

同治九年庚午(1870) 54岁

作《陪中丞宴南湖》。

嘉兴王芑亭《携李谱》重刊,向其索书册首,并索题句,作《题嘉兴王芑亭学博携李谱》。

同治十年辛未(1871) 55岁

左宗棠西征闻奏捷,春天将到来,作《细雨》。

三兄荔裳在广东番禺知县任上病逝,作《惊闻力常兄三月廿八日疾终番禺任所》。其三兄荔裳公在广东曾先后任惠州、饶平、潮阳、新会、琼山、番禺等县知县,四品衔。

作《嘉兴令诸城臧可园将因入觐归省其私钱别南湖作此》。

作《谈灾异》、《谈谶兆》、《包立生遇仙记》、《谈洋兵》(《谈浙》)。

《谈浙》四卷于同治十年(1871)成书,有光绪十四年(1888)刊本。

同治十一年壬申辛未(1872) 56岁

八月十九日辛未嘉兴地震,作《纪异》。

作《余修葺南湖亭阁有人题句云太守何庸博雅名作此解嘲》。

与亲家罗熙甫游南湖作《南湖玩荷同罗熙甫作》。子许方毂继配罗氏，系罗熙甫之女。

弟子促其出《诗草》，作《前诗既成更系此章》。

同治十二年癸酉（1873）　57岁

自同治三年四月廿八日履任嘉兴知府至是年四月廿五日已近十年。将入京朝见皇帝述职，作《嘉兴俸满入觐书事》。

嘉兴士庶为其在烟雨楼西北角建造了一座亭子。此次鸳湖舫饯，赠诗者多达几百人，其深感隆仪有加，作《余将北行禾中耆英构亭南湖截雅诗"来许"以名之六月三日设饯于斯赠诗者几百人即席作答》。

第二天士庶彩船相送，作《彩船咏》、《平湖高抡元，秀水许鼐和、居树荣，桐乡陆费煊、陆费熙诸门人送至枫泾》、《同乡傅翊、梁军门、邓书田，总戎锺高福都阃各以水师相送》等。

其中《嘉兴俸满入觐书事》、《余将北行禾中耆英构亭南湖截雅诗"来许"以名之六月三日设饯于斯赠诗者几百人即席作答》、《彩船咏》、《平湖高抡元，秀水许鼐和、居树荣，桐乡陆费煊、陆费熙诸门人送至枫泾》等四诗（简称《嘉兴俸满诗》）等，有碑置于南湖烟雨楼畔。

受嘉兴士庶敬重和爱戴，临别赠言，请建"鑑亭"。同年作《鑑亭之铭》，刻碑置于"鑑亭"中。"鑑"为"诚"，"亭"为"正确处理"之意。将孔子《论语》倡导的"知，仁，勇"，也就是"知者不惑，仁者不忧，勇者不惧"的人格要求，及自己的做人准则，扩展为"知，仁，勇，达，洁"等"五鑑"和"三亭"，并赋予其现实意义。

从上海乘海轮，经烟台，进大沽口到达天津。六月二十日拜见直隶总督李鸿章，作《天津谒节相李肃毅伯》。

到达京城后三次引见皇上，作《六月廿九日引见于养心殿》、《七月朔日蒙恩召见于养心殿之西阁退谒枢密纪事》、《初六复行引见初八日谢恩蒙旨回任》。

回嘉兴途经黄河，对治理黄河表现出关心，作《黄河》。

从杭州回嘉兴途中作《由杭返禾舟中作》。

同治十三年甲戌（1874）　58岁

北上朝觐，回任嘉兴知府，感到应了解西方和向西方学习，作《听嘉兴杜小舫方伯谈天主教暨外洋事作》。

充满正气,慷慨激昂,作《慷慨歌》。

《雪门诗草》十四卷出版,距《诗草》开篇已有三十年。作《编诗既成系此》,"惟有卅年雷雨变,并随花鸟入诗中"。

所作《初秋游南湖时清晖堂落成》、《早起送客北郭遂游南湖》、《题亦方壶壁》、《杨石泉中丞临禾大阅礼毕陪宴南湖》、《钱嘉兴大令诸城臧可园入都》、《八咏亭成有人题云太守何庸博雅名作此解嘲》、《同罗熙甫南湖玩荷》等七诗(简称《烟雨楼编年诗》),有碑置于于南湖烟雨楼畔。

光绪元年乙亥(1875)　59 岁

光绪元年全面修复嘉兴至苏州、杭州的塘路,发展和活跃嘉兴地区经济。

光绪二年丙子(1876)　60 岁

送盛柏生赴江西广济蟠塘采煤,作《送阳湖盛柏生大令奉鄂抚调赴广济蟠塘采煤》。

第三个儿子方穀(号诒孙,1840—1876)去世,作《闻诒儿于十一月二十二日病殁作诗示桐儿》。桐儿是其第四个儿子方藻(号桐生,1853—1910)。

光绪三年丁丑(1877)　61 岁

作《三月二十三日彭雪琴宫保驻节南湖于前画直幅梅花石缺补月于其上》。

光绪四年戊寅(1878)　62 岁

在乍浦陈山、澉浦长墙山造新式炮台,以御"台湾有日本构衅",作《九月十八于役乍浦书感》。

光绪五年己卯(1879)　63 岁

日本正式吞并琉球,改为冲绳县,废其国王,作《纪事二首》。

光绪六年庚辰(1880)　64 岁

光绪六年三月初八,浙省巡抚谭钟麟派道员王荫槲等到嘉兴"查荒",逼加征粮数额。省员撇开许瑶光等地方官员,也不下乡勘察。将有主荒地悉数征粮,令无主荒地竭力增为熟地,引起民变。浙省调楚军800人,连夜赶赴嘉兴镇压,拘捕数十人。清廷闻奏,于四月十六日谕旨,命"密拿首要各犯,解省讯办,如敢抗违,即行从严惩办,以儆效尤"。而其在此案中,保护百姓,勘实是非,为民伸冤。在多次复浙抚禀中,力陈系省员办理不善,以致激起民变,责不在民,吁请乞休。由于不按抚督之意,如实禀报,六月十三日被挂牌另委。

七月二十三日,上海《申报》登载了《嘉守罢官记》的消息后,七月二十五日,《申报》又发表了《书嘉守罢官记后》的社论,称其为近世少有的贤太守。作《七月廿五卸嘉守事留别耆旧》。

卸任嘉兴知府,在杭州庆春门菜石桥家宅"长园"闲居,就园内"寿星石亭"、"宝月池"、"忆南湖烟雨之舫"、"棠憩亭"、"长春室",作《长园五咏》。

光绪七年辛巳（1881）　65岁

十月,浙江巡抚谭钟麟调任。

光绪八年壬午（1882）　66岁

登道教圣地玉皇山,作《正月二十六日登玉皇山远眺》。

后任浙江巡抚陈士杰碍于舆论和民情,上奏了为其翻案的奏折。七月初三日复任嘉兴知府。嘉兴父老得知其回任的消息,即在三塔塘上建"许公三至亭",厅堂龛内盒中,装有其离嘉兴登船前脱下的"朝靴"一双。

光绪八年十一月初七日,卒于官廨。诰授资政大夫（清文职正二品之封赠）。九年归葬湖南善化许家冲。

去世后将藏书赠予嘉兴鸳湖书院。1928年,其后人按照他的遗愿,将长沙家中上万册藏书捐赠给嘉兴市图书馆。

（四）诰授资政大夫浙江嘉兴府知府许公墓志铭

（王先谦撰）

公讳瑶光，字雪门，晚自号复叟，善化许氏。廪膳生，道光己酉科拔贡，朝考二等，以知县用，分发浙江。历署桐庐、诸暨、淳安、常山、仁和，补宁海，擢同知、知府，再署诸暨。咸丰十一年城陷贼，同治元年坐失城落职，寻复原官以道员升用。三年署嘉兴府知府，越二年实授。光绪六年以委察荒田忤巡抚意解任。八年七月复任。十一月初七日卒于嘉兴官廨，先后知嘉兴府十七年，年六十六。著有诗集十六卷，谈浙记略四卷。曾祖讳大沅，祖讳宏安，考讳永璜，三世赠如公官。夫人再娶，皆长沙朱氏，先卒。妾陆氏。子四。长方钰殇，次方义，次绶若（注：方毂），湖北候补同知，并先公卒，元配出。次方藻，继配出。女四，长适武昌县学生刘荫芬，次适道州增生何庆铢，三四未字。孙男五，钟岳殇，钟翰、钟蕃、钟琇、钟锜。孙女十。曾孙女一。光绪九年十一月十四日归葬县东官冲大山坡，钟翰来请铭。始公在诸暨，贼至，公率乡兵婴城，守数十日，屡破贼。城陷，公与贼搏，贼刃之颠，余贼环刃其额颊，委之去。诸暨民负而藏之他所，越日乃苏。巡抚左公验知其伤，审其贤能得民心，奏保留营，公名用是大显，然仕卒不进。铭曰：

太岳之裔，始迁容城。子孙分徙，代有公卿。唐睢阳守，大勋峻节。巍嘉兴公，旷世继烈。少通经术，匪禄之干。选贡太学，俾为宰官。五权剧县，民欢吏伏。岂无奸顽，不劳鞭扑。粤寇狂煽，蹂浙西东。公所治邑，屹当厥冲。公曰我民，天子恩尔。畴无忠义，不奋以起。民曰我公，民母而恃。活公我活，愿为公使。朝完楼堞，夜斫贼营。卒困不支，地坼天倾。交刃垂绝，或舁以行。公甘其死，民祝其生。疆吏议功，玺书报允。贤声上达，公道弗泯。奉檄筹粮，大济军资。命复旧秩，用苏孑遗。公居大郡，海涵春育。横目颙颙，一以儿畜。匪曰水懦，教成于肃。鸿雁飞鸣，复其邦族。越十七年，有阶不迁。人或中热，公心怡然。民不吾舍，吾不民捐。此土此官，永与周旋。昔公秩满，入觐而归。民亭鸳湖，来许以题。壬午之秋，公复其位。民喜公还，亭曰三至。公去民送，倾郭塞路。归公之丧，号泣孺慕。匪民独良，公政有成。岂伊异术，能通民情。慈惠之师，荣哀之式。伐石刻文，敬告典职。

（《虚受堂文集》）

四、参考书目

1.《清诗史》,严迪昌著,浙江古籍出版社,2002 年

2.《中国诗歌源流史》,莫林虎著,中国社会科学出版社,2001 年

3.《清诗流派史》,刘世南著,人民文学出版社,2004 年

4.《清代诗学》,李世英、陈水云著,湖南人民出版社,2000 年

5.《续修四库全书总目提要》,中国科学院图书馆整理,齐鲁书社,1996 年

6.《四库提要辨证》,余嘉锡著,云南人民出版社,2004 年

7.《诗经》,朱熹著解,西安三秦出版社,1996 年

8.《管锥编》,钱锺书著,三联书店,2001 年

9.《谈艺录》,钱锺书著,三联书店,2001 年

10.《诗经注析》,程俊英、蒋见元著,中华书局,2009 年

11.《再读〈诗经〉四十二首述考》,方盛良著,中国韵文学刊,2002 年 02 期

12.《清人诗集叙录》,袁行云著,文化艺术出版社,1994 年

13.《清人诗文集总目提要》,柯愈春著,北京古籍出版社,2002 年

14.《台湾文献丛刊》,台湾银行经济研究室辑,台北台湾银行排印,1972 年

15.《中国历代诗文别集联合书目》,联合报文化基金会国学文献馆,1981 年

16.《中国历史大辞典》,中国社会科学院编,上海辞书出版社,2010 年

17.《中国诗话辞典》,蒋祖怡、陈志椿著,北京出版社,1996 年

18.《中国历代人名大辞典》,上海古籍出版社,1999 年

19.《近代经学与文学》,刘再华著,东方出版社,2004 年

20.《湖南近代文学》,孙海洋著,东方出版社,2005 年

21.《晚晴簃诗汇》,徐世昌著,北京出版社,1996 年

22.《随园诗话》,袁枚著,凤凰出版社,2009 年

23.《樵隐诗话》,林钧著,清代广州学原堂刊本,光绪二年

24.《雪桥诗话》,杨钟羲著,人民文学出版社,2011 年

25.《梦苕庵诗话》,钱仲联著,齐鲁书社,1986 年

26.《钱仲联讲论清诗》,钱仲联、魏中林著,苏州大学出版社,2004 年

27.《小匏庵诗话》,吴仰贤著,光绪八年刻本

28.《艺林悼友录》,郭容光著,光绪十八年

29.《清实录》,中华书局,1986 年

30.《清史列传》(循吏传),中华书局,1928 年

31.《清代起居注册》,中华书局,2009 年

32.《左宗棠全集》(奏稿),岳麓书社,2009 年

33.《诰授资政大夫浙江嘉兴府知府许公墓志铭》,王先谦撰,光绪九年

34.《善化县志》,吴兆熙等修,乾隆十二年

35.《诸暨县志》,陈遹声总修,宣统二年

36.《嘉兴县志》,赵惟崙总修,光绪四年刻本

37.《嘉兴府志》,许瑶光总修,光绪四年刻本

38.《嘉兴市志》,嘉兴市志编纂委员会,史念总编

39.《烟雨楼史话》,吴藕汀、吴小汀著,1997 年

40.《许瑶光与嘉兴》,吴梁著,《嘉禾春秋》第三辑 1998 年

41.《许瑶光传略》,许维格著,《嘉禾春秋》第四辑,2001 年

42.《许瑶光知府在嘉兴》,陈伟桐著,《嘉兴文博》第 114 期,2003 年

43.《嘉兴太守许雪门》,许维格编,嘉兴图书馆三人丛书,2004 年

44.《诗吟时事,考镜得失　论近代湖南诗人许瑶光的诗歌创作》,赵志凡,《求索》
  1999 年 06 期

45.《嘉兴历代碑刻集》,嘉兴历代碑刻集编委会编,群言出版社,2005 年

46.《申报》,1880 年合订本

47.《申报》,1882 年合订本

48.《圭塘许氏族谱》,民国十一年,上海图书馆藏

后记一

一

1988年我从部队退休,开始写家史,那时对高祖父许瑶光除了知道他曾在嘉兴做官,其他一无所知。

1999年我完全脱离业务工作,《家庭简史》也写完了,就带了部队政治部的介绍信,到嘉兴市政协文史办了解许瑶光的情况。我第一句话就问许瑶光是好官还是坏官,当时在我印象里,旧社会更不要说清代了,官员都是压迫老百姓的。文史办主任告诉我许瑶光是个好官,为嘉兴做了很多好事,这下我把心放了下来。

接着,文史办华丽带我们去了嘉兴市地方志办公室、南湖革命纪念馆、嘉兴市图书馆,各单位在介绍情况时都一致称颂许瑶光的为官和为人。从嘉兴市地方志办公室得知,许瑶光虽然对嘉兴有重大贡献和影响,但他不是本籍人士,地方志中没有他的人物志。

回上海后我跑上海市图书馆,寻找、抄录有关许瑶光的资料,开始了对许瑶光的研究。2001年8月写了《许瑶光传略》,发表在嘉兴市地方志刊物《嘉禾春秋》第四辑。

2004年应邀参加嘉兴市图书馆成立100周年活动,在嘉兴市图书馆古籍部吴美娟协助下,我拿到影像版《雪门诗草》十四卷、十六卷,又开始了对许瑶光诗文的研究。

在阅读《雪门诗草》和各种"诗话"对《雪门诗草》的评介后,决心写一本关于许瑶光的诗文集。2006年嘉兴市图书馆馆长崔泉森为此召开了有史念等参加的座谈会。

2007年我开始编制写作提纲和挑选诗篇,先后制订了《诗人许瑶光》、《时政记事诗人许瑶光》、《敢说真话的晚清请诗人许瑶光》、《许瑶光及其诗文》等8个写作提纲,并撰写绪论,初步确定各章标题,对选用的一些诗篇打字。此外用了半年多时间学习《诗经》和诗学理论,对《雪门诗草》中《再读诗经四十二首》、《论诗三十二首》等两篇较难理解的诗进行注释和译文,以提高自己的诗歌知识水平。

2010年受朋友之托写了本小说,加上自己身体不好,《许瑶光及其诗文》的撰写停了5年。

前些年听到一些研究单位有"许瑶光诗歌创作方面的成就,他的这份遗产长期封存,令人惋惜"的呼声。有学者认为:"我们难道还有理由忽略许瑶光吗?难道还不应该关注清代非主流但颇有个性特征的作家作品。"一些市民也提出:"许瑶光拍曲吟咏,神采飞扬,他的《雪门诗草》已经辑入《续修四库全书》,然而一般读者仍不易见到,其诗文不见有集,建议选编许氏诗文,以飨读者。"

考虑到自己年岁已高,再过几年就要进九十,加上2017年是许瑶光诞辰200周年,2016年6月征求了图书馆好友范笑我意见,写书的消息出现在网上后,决心在原来《许瑶光及其诗文》一些草稿基础上,再次提起笔来撰写《许瑶光诗文注评集》。

2016年10月嘉兴市图书馆馆长章明丽、原馆长崔泉森来到我家,表示可以协助出版《许瑶光诗文注评集》,并立即与上海书店出版社签订了该书的出版协议。

二

这次《许瑶光诗文注评集》与2007年《许瑶光及其诗文》的写作提纲相比,无论是内容还是篇幅都有了很大扩展。如:

1. 增加了许瑶光画像和图片40多幅;

2. 增加了许瑶光生平与著作评介,其中包括对他的诗文成就与特点的评介;

3. 诗文注释与评介从数十篇增加到173篇、434首,其中还将《谈浙》四卷也放了进去;

4. 新编制了《〈雪门诗草〉篇目》、《许瑶光年表》,与《许瑶光传略》、许瑶光墓志铭一起作为本书附录。

三

这次《许瑶光诗文注评集》写作中遇到的困难主要是:

1. 最大的困难是时间紧。从2016年10月算起,要对他的诗文成就与特点作出评介,要对447首诗和《谈浙》进行注释,外加《雪门诗草篇目》和《许瑶光年表》的编制,以及撰写自序、制作图片等加起来,仅字数就有数十万,诗文注释和评价近5000条,而要在9个月内交稿,对我来讲是一次很大的挑战。经过周密安排,终于在2017年6月按时交付全部稿件。

2. 诗文撰写中的困难也不少,如诗篇断句,古体字、异体字、通假字的处理,其中有些字根本不认识,词典中没有、电脑字库中也没有,往往为了一个字就要花去我半天时间。

3. 诗篇注释中如果不了解诗人当时的处境和心情,单从诗句字面解释,往往会作出不确切的注释。如《俸满入觐,嘉兴百姓,建"来许亭"》中第10篇《初六复行引见初八日谢恩蒙旨回任》最后一句,"五云携向浮云去,惹得鸳鸯水畔呼。"其中"五云"开始从字面解释,注为:"青、白、赤、黑、黄五色云色。"后来我弄清许瑶光这次觐见皇上,上面没有疏通,下面没人推荐,未有迁升的情况,还知道许瑶光这次入觐带回一些同治帝赏赐的瓷器。因此"五云"应注为:"同治帝赏赐的五云粉彩瓷器",而"浮云"则应注为:"比喻不把某事物放在眼里,另一方面的意思是想要得到却得不到的东西。"

四

二年多来在有关方面关心和帮助下,《许瑶光诗文注评集》即将出版了。

这里首先要感谢嘉兴市图书馆原馆长崔泉森、章明丽,现馆长沈红梅、古籍地方文献部主任郑闯辉对本书撰写和出版一贯支持和帮助,感谢陈家骥老师帮助对稿子校对订正,帮助解决《谈浙》繁体字改简体字的打字问题,以及图片中的一些问题。

还要感谢南湖革命纪念馆原副馆长陈伟平协助提供许瑶光在南湖湖心岛上的碑刻照片,感谢南湖革命纪念馆原资料陈列科科长谢慧琴协助提供悬挂在南湖"来许亭"内外许瑶光对联照片。

并要感谢嘉兴博物馆为本书拍摄和提供精美的《鸳湖春饯图》。

再要感谢嘉兴教育学院吴梁老师寄来有关光绪八年许瑶光复任嘉兴知府,嘉兴父老在三塔塘上建"许公三至亭",厅堂龛内盒中装有许瑶光离嘉兴登船前脱下的"朝靴"一双等详细书面材料。感谢嘉兴市档案馆年鉴办尤裕森寄来《嘉兴历代碑刻集》,为我撰写本书有关内容提供参考。

　　特别要感谢好友彭长卿先生长期以来对我的关心，不断为我寻找和提供许瑶光的有关信息和资料，还送我《许瑶光题虚谷"荨山钓徒"》画册和许瑶光题《焦山寺景》扇面。

　　最后要感谢上海书店出版社对本书的重视。感谢上海书店出版社原社长许仲毅亲自参加本稿的校对、订正工作，感谢编辑室主任解永健对本书编辑、出版工作的安排和认真负责的工作态度，感谢编辑陈鉴、编辑盛魁为本书排版前的核对、修正、编辑做了大量工作。

　　本人不是文科出身，虽然这些年来看了不少书，写了不少东西，文学、历史方面的知识仍十分有限，不当之处望各位专家、读者指正。

许维格

2018 年 10 月

后记二

　　1928年，时任嘉兴图书馆负责人沈本千接到上海特别市工务局总工程师许贵三（清末嘉兴知府许瑶光之曾孙）邀约，去上海大达码头办理图书捐赠接收事宜。许氏后人经商议后决定将家藏图书悉数捐赠给嘉兴图书馆。于是，这些珍贵古籍从许瑶光老家湖南善化（此时已并入长沙县）北上东行，经浩渺的湘江、长江来到上海十六铺。因路程遥远、水运凶险，损失许多，但到嘉兴图书馆的仍有一万两千余册。这对于建馆已二十四年，购书经费捉襟见肘、总藏书只有两万册的嘉兴图书馆而言，无疑是一笔巨大的宝藏。这次捐赠如一棵文化大树，从湖南移栽，一路艰辛颠簸，终于在嘉兴这片土地上落地生根，庇荫后贤。而这棵树的种子早在晚清就与嘉兴、与嘉兴图书馆结下了不解之缘。

　　同治四年（1865），许瑶光出任嘉兴知府。此时，嘉兴刚经历太平天国运动，满目疮痍。许瑶光励精图治、清正廉明，经过多年经营，嘉兴一地政清人和，经济恢复并得到较大发展。他三次连任嘉兴太守，政绩卓著，非常重视嘉兴的教育和文化。在其任期内，重修府学、试院宏文馆，集资重建鸳湖书院。他主持修纂的《光绪嘉兴府志》，是目前嘉兴存世旧志中内容最为完备的方志，嘉兴人敬称为《许府志》。在编修过程中，许瑶光收集了大量的嘉兴历代文史资料，在其逝世后，其子许方藻遵其遗嘱将这些地方典籍赠于鸳湖书院。1904年，正是以这批藏书为基础，先贤陶葆霖、沈进忠等捐书集款倡议建成全中国最早的公共图书馆之一——嘉郡图书馆（嘉兴市图书馆的前身）。

　　许氏后人秉承先祖优良家风，人才辈出。许瑶光玄孙许维格先生退休后开展许瑶光文化遗产的研究，并撰著了《许瑶光诗文注评集》。嘉兴市图书馆对该书的编撰和出版予以了高度重视和全力支持。作为嘉兴地方文献重点出版项目，提供了大量研究资料，派专人帮助校对审核，最终协助促成该书顺利出版。

　　在许瑶光诞辰两百周年之际，《许瑶光诗文注评集》的出版是嘉兴人民对先贤的景仰和对其最好的纪念。书中梳理、注评了许瑶光最具史学价值、诗学价值和艺术价值的诗文,也承载了许瑶光一生清正廉洁、为民为官的精神,对弘扬中华民族优良传统具有一定现实意义。愿本书能打开广大读者了解许瑶光先生的一扇大门,从诗里读出嘉兴地方历史文化的魅力、读出嘉兴自古延续的人文精神。

嘉兴市图书馆　沈红梅

图书在版编目(CIP)数据

许瑶光诗文注评集/许维格著. —上海：上海书
店出版社,2018.12
ISBN 978-7-5458-1749-2

Ⅰ.①许… Ⅱ.①许… Ⅲ.①古典诗歌–诗歌评论–
中国–清代②古典散文–散文评论–中国–清代 Ⅳ.
①I207.22②I207.62

中国版本图书馆 CIP 数据核字(2018)第 248925 号

责任编辑　解永健　盛　魁　陈　鑑
特约编审　许仲毅
特约编辑　陈家骥
装帧设计　汪　昊

许瑶光诗文注评集
许维格　著

出　　版　上海书店出版社
　　　　　　(200001　上海福建中路 193 号)
发　　行　上海人民出版社发行中心
印　　刷　上海叶大印务发展有限公司
开　　本　787×1092　1/16
印　　张　31.25
字　　数　527,000
版　　次　2018 年 12 月第 1 版
印　　次　2018 年 12 月第 1 次印刷
ISBN 978-7-5458-1749-2/I.462
定　　价　160.00 元